ESSAIS PHILOSOPHIQUES SUR MONTAIGNE ET SON TEMPS
sous la direction de Philippe Desan
12

Série *Lectures des* Essais
dirigée par Thierry Gontier
5

Du pedantisme

Michel de Montaigne

Du pedantisme

Essais, I, 25

Édition critique par Marc Foglia

PARIS
CLASSIQUES GARNIER
2022

Marc Foglia, ancien élève de l'École normale supérieure et docteur de l'université Paris 1 Panthéon-Sorbonne, enseigne comme professeur agrégé de philosophie. Sa thèse de doctorat est publiée sous le titre *Montaigne, pédagogue du jugement* (Paris, 2011). Son dernier ouvrage s'intitule *Montaigne* (Paris, 2021).

ISBN 978-2-406-13763-4 (livre broché)
ISBN 978-2-406-13764-1 (livre relié)
ISSN 2116-7974

ABRÉVIATIONS

BHR	*Bibliothèque d'Humanisme et Renaissance*
BSAM	*Bulletin de la Société des Amis de Montaigne*
BSIAM	*Bulletin de la Société Internationale des Amis de Montaigne*
EB	*Exemplaire de Bordeaux*
MS	*Montaigne Studies*
NBSIAM	*Nouveau Bulletin de la Société Internationale des Amis de Montaigne*
NRSS	*Nouvelle Revue du Seizième siècle*

AVANT-PROPOS

L'objet de la série « Lectures des Essais » est de proposer un commentaire suivi de différents chapitres des *Essais* de Montaigne, chaque ouvrage de la série étant consacré à un chapitre.

L'édition reproduite et citée est celle de Pierre Villey (F. Alcan, 1922-1923), qui a été plusieurs fois rééditée aux PUF, en conservant toujours la pagination de l'édition originale (indiquée entre crochets). Nous en avons conservé la ponctuation et le découpage en paragraphes. Les auteurs ont librement ajouté en note les variantes qui leur paraissaient les plus significatives et en ont tenu compte dans leur commentaire.

Le texte de la couche [A] de l'édition de Pierre Villey (édition de 1580 des *Essais*) est reproduit en caractères gras, celui de la couche [B] (édition de 1588) en caractères romains, celui de la couche [C] (ajouts faits à partir des additions manuscrites de Montaigne sur l'exemplaire de Bordeaux) en italiques. Les citations épousent la casse de la couche du texte et sont signalées par des guillemets ou un retrait de paragraphe. Les citations en langue étrangère sont traduites entre crochet dans le texte. Sauf indication contraire, et pour simplifier la lecture, toutes les citations, dans l'introduction et le commentaire sont en caractères romains.

Pour les variantes, les éditions les plus courantes du vivant de Montaigne sont indiquées par les deux derniers chiffres de la date d'édition (80 = édition de 1580 ; 88 = édition de 1588, etc.). Il en va de même pour l'édition de 1595 (95). L'exemplaire de Bordeaux, mis en ligne par Philippe Desan sur le site des Montaigne Studies, est noté EB. Les autres éditions sont nommées d'après nom de l'éditeur (par exemple l'édition d'André Tournon = Tournon ; MONLOE : édition publiée sur le site de l'ANR « Montaigne à l'œuvre », etc.) ou, dans le cas, d'éditeurs multiples, du premier qui apparaît sur la page de titre (par exemple l'édition d'Emmanuel Naya, Delphine Reguig-Naya et Alexandre Tarrête = Naya).

Pour les termes et expressions inusités aujourd'hui, un équivalent en langue moderne est mis en note.

AVANT-PROPOS

INTRODUCTION

RÉDACTION

« Du pedantisme » est le chapitre vingt-cinquième du livre I des *Essais* de Michel de Montaigne[1]. Selon l'auteur, sa rédaction aurait précédé celle du chapitre vingt-sixième : « Quelcun donq' ayant veu l'article precedant, me disoit chez moy, l'autre jour, que je me devoy estre un peu estendu sur le discours de l'institution des enfans » (I, 26, 148). Sur cette base textuelle, Gustave Lanson imagine le scénario suivant : « Un ami ayant vu chez lui le chapitre *Du pédantisme*, l'a encouragé à développer ses vues sur l'éducation[2] ». Pierre Villey souligne pourtant que « rien ne permet d'en préciser la date de composition. Six emprunts aux *Œuvres morales* de Plutarque invitent à penser qu'il ne saurait être de beaucoup antérieur à la fin de 1572. J'incline à supposer, pour des raisons qui ne sont aucunement décisives, qu'il a été composé entre 1573 et 1576[3] ». L'influence de Sénèque plaide en faveur d'une rédaction précoce, mais cette influence se fait également sentir au chapitre suivant[4]. Selon Donald Frame, le chapitre aurait

1 Dans la première édition des *Essais* (1580) chez Simon Millanges à Bordeaux, on peut lire « CHA. VINTCINQUIESME » en lettres capitales, suivi de « *Du pedantisme* » en italique. Le chapitre « Du pedantisme » porte parfois le numéro 24 : dans l'édition de 1595, parue chez Abel L'Angelier à Paris, le chapitre 14 a été déplacé au chapitre 40 : les chapitres numérotés de 14 à 39 ont alors une unité de moins. Dans les éditions (voir par ex. Jean Céard et *alteri*, Le Livre de Poche, 2011) fondées sur l'édition de 1595, le chapitre « Du pédantisme » porte donc toujours le numéro XXIV.

2 Gustave Lanson, *Les Essais de Montaigne*, Paris, Mellottée, 1929, rééd. 1946, p. 169 ; Arlette Jouanna, *Montaigne*, Paris, Gallimard, 2017, p. 193.

3 Pierre Villey, *Les Essais*, Paris, Alcan, 1923-1924, introduction au chapitre XXV ; Gustave Michaut (éd.), « Du pédantisme », Paris, De Boccard, 1936, p. VII.

4 P. Villey, *Les sources des Essais. Annotations et éclaircissements*, Bordeaux, Pech, 1920, p. 74 : « J'ajoute que la place importante qu'occupent les souvenirs de Sénèque rend peu probable que l'essai soit des environs de 1578, car nous verrons qu'en 1578 les emprunts à Sénèque sont peu nombreux. »

été composé entre 1572 et 1578[5]. Il ne s'agit toutefois que de la première rédaction du chapitre. « Au texte de 1580, l'édition de 1582 n'apporte aucune modification notable pour le chapitre "Du pedantisme". Et guère plus celle de 1588, où, comme l'a relevé Gustave Michaut, Montaigne ne fait que de "rares et brèves additions"[6] » note Kazimierz Kupisz. En 1588, les rares ajouts comprennent une référence tirée de la « Vie de Cicéron » de Plutarque, le rappel d'un propos tenu par « une fille, la première de nos Princesses » (ligne 27), une citation poétique de Juvénal et une autre de Perse. En revanche, les ajouts manuscrits sur l'Exemplaire de Bordeaux, postérieurs à 1588, sont à la fois nombreux et conséquents : ils représentent en volume plus du tiers du chapitre[7]. Ces ajouts comprennent :

- le portrait comique des « philosophes retirez de toute occupation publique » (l. 35-62), éloge paradoxal inspiré d'un discours de Socrate dans le *Théétète* de Platon ;
- la mention de Cratès, Héraclite et Empédocle pour leur refus de la politique (l. 89-95 et 98-99) ;
- l'auto-inclusion ironique de l'auteur parmi les pédants (l. 138-144) ;
- la rivalité entre l'art et la nature, avec la mention d'un « proverbe gascon » (l. 158-160) ;
- la diatribe cynique contre les grammairiens, les musiciens et les orateurs (l. 214-217) ;
- l'utilité négative de l'enseignement des « Sophistes » dans l'Antiquité et son pendant contemporain, celui des pédants (l. 228-232) ;
- la considération des natures individuelles, en référence au naturel philosophe chez Platon (l. 347-359) ;
- le modèle de l'éducation perse d'après Xénophon et Platon (l. 370-382) ;
- l'ironie de Socrate victorieuse de Hippias (l. 450-459) ;
- la déroute des sciences et des lettres sur les champs de bataille (l. 460-476).

---

5 Donald Frame, « Of Pedantry », dans *The Complete Works. Essays*, 2003, Everyman's Library, p. VIII. Le chapitre ne fait pas partie du petit nombre des *Selected Essays* que Frame traduit initialement en 1943.

6 Kazimierz Kupisz, « Variations montaigniennes sur le thème du pédantisme », *Revue d'Histoire littéraire de la France*, 88e Année, n° 5, Paris, Presses Universitaires de France (désormais PUF), 1988, p. 945.

7 K. Kupisz, 1988, *ibid.*

La majorité des citations du chapitre ont été ajoutées après 1588, comme si Montaigne avait voulu accentuer son caractère pédant[8]. Les ajouts métamorphosent la réflexion. Ainsi, dans l'édition de 1580, Montaigne déplore que les Collèges humanistes forment peu de conseillers politiques, leur présence aux « principaux conseils de nos Roys » (l. 328) étant l'effet d'un heureux hasard bien plus que d'un programme de formation spécifique. Après 1588, lorsqu'il mentionne Cratès, Héraclite et Empédocle, c'est pour souligner qu'ils ont refusé l'exercice du pouvoir. Une forme supérieure de prudence consiste à se tenir à l'écart des affaires politiques[9]. Montaigne subvertit le thème du philosophe-roi, lieu commun de la pensée politique : le philosophe aura surtout intérêt à ne pas devenir roi.

> Heraclitus resigna la royauté à son frere ; et aux Ephesiens qui luy reprochoient à quoy il passoit son temps à jouer avec les enfans devant le temple : Vaut-il pas mieux faire cecy, que gouverner les affaires en vostre compagnie ? Et refusa Empedocle la Royauté que les Agrigentins lui offrirent. (l. 92-99)

Les grands philosophes de l'Antiquité ont préféré jouer avec les enfants, plutôt que de se mêler de politique. L'intention de Montaigne aura changé, lui qui déplorait en 1580 la marginalisation politique des humanistes et de leurs élèves. Un autre exemple montre que l'intention de l'auteur est restée instable jusque dans les dernières relectures. Dans le portrait moqueur des philosophes qu'il compose à partir du *Théétète* de Platon, Montaigne laisse d'abord ce commentaire : « C'est d'une liberté insupportable[10] ». Relisant ce portrait, il corrige au profit de cet autre commentaire : « C'est d'une liberté irreverente et incivile » (l. 49). La correction témoigne d'une inflexion tardive du jugement. « Montaigne excelle à infléchir en quelques phrases le sens de ses textes[11] », souligne André Tournon. S'il fallait trouver un chapitre des *Essais* qui illustre « l'instabilité de [la] posture[12] » revendiquée par leur auteur, « Du pedantisme » serait un exemple tout trouvé.

---

8 Rorbert Kilpatrick, « 'Et nous enferrons de nos armes' : Self-irony and Paradox in 'Du pedantisme' », *MS*, « Montaigne and Descartes », n° 25, 2013, p. 216.

9 Voir Thierry Gontier, « Prudence et sagesse chez Montaigne », *Archives de Philosophie*, vol. 75, 2012-1, p. 113-130.

10 Au sens littéral : insoutenable. Voir II, 3, 362 : « La douleur insupportable et une pire mort me semblent les plus excusables incitations. »

11 André Tournon (éd.), *Essais*, livre I, Imprimerie Nationale, 1998, p. 41.

12 « Je me remue et trouble moy mesme par l'instabilité de ma posture » (II, 1, « De l'inconstance de nos actions », 335).

STRUCTURE

La réflexion se présente explicitement comme le bilan et la poursuite d'un doute sur la question du « pedantisme ». Comment expliquer que certains esprits ne profitent pas de l'étude ? D'où peut-il advenir « qu'un esprit grossier et vulgaire puisse loger en soy, sans s'amender, les discours et les jugemens des plus excellens esprits que le monde ait porté, j'en suis encore en doute » (l. 23-25). Ce qui pourrait apparaître comme une sorte d'inconstance psychologique correspond en réalité à une enquête structurée. La question donne lieu à quatre hypothèses[13], que l'essayiste met sucessivement à l'examen. Sont incriminées :

- la charge excessive de la mémoire, qui obère les capacités normales du jugement (l. 30-35) ;
- la mauvaise pédagogie, qui accorde une place exclusive à la « science » et à la maîtrise du langage (l. 115-122) ;
- la condition sociale inférieure des maîtres, qui voient dans l'enseignement des « lettres » une manière de gagner leur vie (l. 338-347) ;
- les mauvaises dispositions naturelles, qui rendent vains les efforts en matière d'instruction (l. 347-359).

Ce sont des hypothèses : aucune ne saurait être assimilée ex abrupto à l'opinion personnelle de l'auteur. Le chapitre est structuré par d'autres éléments, à savoir la série des oppositions binaires entre les philosophes d'hier et les pédants d'aujourd'hui, les lettres et les armes, « Athènes » et « Sparte », le « bien dire » et le « bien faire », etc. L'analyse chronologique montre que l'opposition entre le discours et l'action a été accentuée au cours du temps. La progression du chapitre peut aussi se comprendre comme une énumération des effets contre-productifs de l'enseignement : les professeurs devraient susciter l'admiration, mais s'attirent le mépris comme pédants (l. 12) ; sauf exception, la vigueur naturelle de l'esprit

13 Rappelons qu'une hypothèse est une proposition destinée à expliquer un phénomène donné. Avant examen, une hypothèse a le statut d'une supposition et n'est donc ni vraie, ni fausse.

se trouve non pas accrue, mais diminuée par une charge excessive de connaissances (l. 30-35) ; ce que l'on apprend à l'école ne sert à rien en dehors du cadre scolaire (l. 145-150) ; l'éducation reçue se réduit à un psittacisme (l. 161-164) ; les élèves qui sortent du Collège affichent un désagréable sentiment de supériorité (l. 223-227) ; le développement des études correspond à un affaiblissement collectif sur le plan militaire (l. 460-476). Ce sont autant d'objections à l'étude des « lettres » – terme qui comporte onze occurrences dans le chapitre. Le but du chapitre serait-il de dissuader le lecteur d'envoyer son fils dans un Collège ?

Le chapitre « Du pedantisme » se présente enfin sous la forme d'un récit à caractère autobiographique, ce qui lui confère une forme de cohérence spécifique. Montaigne retrace une évolution personnelle en commençant par l'évocation d'un souvenir d'enfance[14]. L'évocation de la scolarité au Collège de Guyenne sera complétée par d'autres souvenirs dans le chapitre vingt-six, souvenirs en grande partie reconstruits[15]. La critique du pédantisme marquerait le passage d'un état de soumission intellectuelle et psychologique à l'affirmation de l'indépendance d'esprit (l. 161-164) ; ayant échappé à l'autorité de ses maîtres, à qui il avait été « donné en gouvernement et en garde » (l. 5), Montaigne se serait détaché de la vénération à leur égard, suivant en cela l'avis des « plus galans hommes », dont le poète Joachim du Bellay fait ici figure de parangon. Ce scénario d'émancipation intellectuelle apparaît toutefois dissonant dès le départ. On peut douter qu'une « grandissime raison » ait valeur catégorique, même au superlatif, et surtout associée dans la même phrase à un proverbe en latin macaronique. L'association du grand poète pétrarquisant et de Frère Jean des Entommeures, moine rigolard et « bien avantagé en nez[16] » chez Rabelais, peut faire sourire. En outre, pourquoi l'avis des « plus galans hommes » (l. 11-12), autre

14 Denis Bjaï souligne le « caractère exceptionnel » de ce souvenir dans *Les Essais*, Le Livre de Poche, 2001, p. 203.

15 Ici par ex. à travers la pédagogie érasmienne que les parents du jeune Montaigne auraient fait appliquer au château : « Mon pere et ma mere y apprindrent assez de Latin pour l'entendre, et en acquirent à suffisance pour s'en servir à la necessité, comme firent aussi les autres domestiques qui estoient plus attachez à mon service » (I, 26, 173).

16 « En l'abbaye estoit pour lors un moyne claustrier, nommé Frère Jean des Entommeures, jeune, guallant, [...] bien fendu de gueule, bien advantaigé en nez [...] », écrit Rabelais dans le *Gargantua*, chap. 27, éd. Mireille Huchon, Paris, Gallimard, 1994. L'adjectif « galant » peut apparaître comme une réminiscence supplémentaire de ce passage chez Montaigne.

superlatif, devrait-il effacer l'autorité des maîtres ? Pourquoi faudrait-il suivre un gentilhomme poète, lui aussi considéré comme érudit et parfois critiqué comme pédant[17] ? Le vers cité au début du chapitre a valeur d'autocritique chez Du Bellay : pourquoi ne conserverait-il pas cette valeur chez Montaigne ? Lorsqu'il évoque l'ignorance crasse des Romains, pour qui « Grec et escholier estoient mots de reproche[18] » (l. 16), le lecteur hésite à se ranger du côté des Romains. Le chapitre comporte deux vers cités en grec (l. 200 et l. 303), dont l'un n'est pas traduit : l'auteur s'amuserait-il à endosser lui-même le rôle du pédant ? Le jugement sur le pédantisme des maîtres est un jugement second, qui corrige mais n'efface pas le premier. L'estime du jeune Montaigne pour ses maîtres n'a pas été supprimée par les bouffonneries d'un « pedante » (l. 2) – un terme dont l'occurrence au singulier, au tout début du chapitre, constitue un hapax dans les *Essais*. L'auteur se montre en effet soucieux d'épargner ses professeurs, faisant un éloge appuyé d'Adrien Turnèbe (l. 271-277), barrant l'expression « ~~nos maistres d'escole~~ » au profit d'une cible beaucoup plus floue, laissant ici et là des marques d'estime envers ceux qu'il considère encore comme des « personnes rares, et excellentes en jugement » (l. 8-9). Critique à l'égard du pédantisme, Montaigne mobilise toutes les ressources de son érudition ; en humaniste consommé, il continue de puiser ses modèles dans l'histoire ancienne, chez les Perses (l. 370), à Lacédémone (l. 383) ou dans les ouvrages de Platon (l. 44-62, l. 228-232 et l. 347-359). L'auteur entend rester bon élève et le fait savoir. La critique de « l'estude des sciences » (l. 461) a donc tout du paradoxe dans le chapitre. Montaigne finit par s'inclure lui-même parmi les pédants. « C'est merveille combien proprement la

17 Dans la seconde préface de *L'Olive* (1550), Du Bellay se campe en gentilhomme à l'éducation négligée, qui aurait été initié à la poésie par la conversation avec ses amis. Il ne sera pas l'un de « noz rhetoriqueurs françois », non plus qu'un de « nos ineptes rimasseurs », mais fait partie de ces gentilhommes qui écrivent seulement pour le plaisir d'écrire. Le poète tente de faire oublier qu'il a fait des études au Collège de Coqueret, puis des études de droit à Poitiers et qu'il excelle dans la poésie néo-latine, souligne Robert Mélançon dans « Les masques de Joachim Du Bellay », *Ars poetica*, vol. 22-3, 1990, p. 29-31. Son autoportrait est taillé sur le patron du courtisan de Castiglione, le gentilhomme à qui tout réussit. S'il s'adonne à la poésie, ce serait de façon désinvolte, comme d'autres « ayment le jeu, les banquetz & aultres menus plaisirs. »

18 Selon Plutarque, la plèbe se serait moquée de Cicéron en l'appelant « Grec » et « écolier » : voir « Cicéron », livre VI des *Vies parallèles*. Plutarque était Grec et savant, et Montaigne le fréquentait quotidiennement (par ex. I, 26, 146).

sottise se loge sur mon exemple » (l. 138). Notons enfin que la critique du pédantisme est tout sauf nouvelle, et que la moquerie à l'encontre des pédants faisait partie intégrante de la littérature pédagogique de l'époque[19]. Lorsque le « pedante » (l. 2) fait son apparition au début du chapitre, ce personnage bouffon est connu de tous. Les représentations théâtrales avaient lieu dans les Collèges : il faut imaginer les professeurs riant de leur propre caricature sur scène en présence de leurs élèves[20]. La culture humaniste, culture savante, avait une conscience aiguë de ses propres limites[21]. Notre chapitre est traversé par l'exercice d'un « doute » qui puise aux sources antiques du scepticisme, mais d'un doute que l'humanisme a déjà largement ravivé dans la seconde moitié du seizième siècle[22]. L'hégémonie de l'écriture risque d'amoindrir les capacités de la mémoire vivante, souligne Platon dans le *Phèdre*[23]. La question est ici reprise en ces termes : une mémoire hypertrophiée, préoccupée jusqu'à l'obsession par les auteurs grecs et latins, ne risque-t-elle pas d'endommager le jugement ? L'idéal d'érudition, qu'incarne

19 Rabelais, *Gargantua*, chapitre 14, « Comment Gargantua feut institué par un sophiste en lettres latines ». Le « grand docteur sophiste » (« grand docteur en theologie » avant l'édition de 1542) Thubal Holoferne apprit à Gargantua, enfant prodige, à réciter son alphabet à l'envers et à l'endroit en seulement cinq ans et trois mois. Voir Eric MacPhail, *The Sophistic Renaissance*, Genève, Droz, 2011, p. 56.

20 Madeleine Lazard, *Michel de Montaigne*, Paris, Fayard, 1992, rééd. 2002, p. 64 : « Les pédagogues du temps avaient reconnu les multiples avantages du théâtre au collège et y voyaient une excellente pratique d'éducation. Les statuts obligeaient les régents à composer de petites pièces allégoriques ou satiriques. Buchanan, Grouchy, Guérente, Muret, ces précepteurs privés de Montaigne, les remplacèrent par des tragédies latines. » Montaigne se vante au d'y avoir tenu avec succès les premiers rôles (I, 26, 176).

21 Roger Zuber écrit ainsi : « Une culture trop étroitement dépendante de l'écrit, aux yeux de nos humanistes, cesse d'être une culture complète. Le type caricatural du savant perdu dans ses livres leur est déjà familier. On a vite compris qu'à force d'aider la mémoire l'imprimé risquait d'en briser le ressort », dans « Les éléments populaires de la culture savante : les humanistes et le comique », *Histoire sociale, sensibilités collectives et mentalités. Mélanges Robert Mandrou*, éd. Philippe Joutard et Jean Lecuir, Paris, PUF, 1985, p. 285.

22 Les œuvres de Sextus Empiricus ont été traduites en latin : Henri Estienne traduit les *Hypotyposes* de Sextus Empiricus, Gentien Hervet l'*Adversus Mathematicos* (1569). Henri-Corneille Agrippa de Nettesheim soumet les savoirs de son temps à une critique corrosive dans le *De incertitudine et vanitate scientiarum atque artium* (1530). La traduction en français, par Louis Tarquet de Mayerne, *Sur l'incertitude, vanité et abus des sciences* (1582), est contemporaine des *Essais*.

23 *Le Phèdre* de Platon est évoqué en III, 9, 994.

dans le chapitre Adrien Turnèbe[24], fonctionne-t-il encore comme idéal d'accomplissement humain ?

Pour dégonfler cet idéal apparaît à la première ligne du chapitre le « pedante », personnage de théâtre[25]. Nous vérifierons que c'est un personnage-type, une espèce de « clown[26] » triste qui fait office de repoussoir, une figure négative susceptible d'instruire le lecteur « à reculons[27] » (III, 8, 922). Les lecteurs sont prévenus contre le risque d'étouffement par l'érudition. À une époque où se dessine un nouveau lectorat dont Montaigne fait lui-même partie, les hommes de lettres professionnels n'ont plus le monopole du discours légitime. « L'honnête homme se posera constamment en opposition avec le pédant – j'allais dire : il se définira par contraste avec lui[28] », écrit Pierre Villey. Le chapitre témoignerait des efforts d'un groupe social pour s'imposer face aux humanistes érudits, commente Erich Auerbach ; un autre idéal émerge, celui du gentilhomme lettré, préfigurant l'honnête homme « qui, tels les marquis de Molière, n'a rien eu à apprendre de particulier pour juger de tout avec une assurance mondaine[29]. » Il n'est toutefois pas certain que Montaigne aurait beaucoup cru à ce nouvel idéal, lui qui prend la défense de Turnèbe contre ceux qui lui reprocheraient de n'avoir pas su s'habiller « à la courtisane » (l. 276) et d'avoir consacré son énergie à l'étude plutôt qu'« à sa reverence, à son maintien et à ses bottes » (l. 279-280). Ernst Cassirer souligne de même que « les représentants du nouvel idéal appartiennent à cette nouvelle couche sociale qui commence

24 Né en 1512 et décédé en 1565, Turnèbe illustre une génération d'humanistes antérieure à celle de Montaigne.

25 Hubert Vincent évoque ainsi « une expérience théâtrale », dans *Éducation et scepticisme chez Montaigne ou pédantisme et exercice du jugement*, Paris, L'Harmattan, 1997, p. 13.

26 Hans Stilett traduit ainsi : « *in den italienischen Komödien ein Schulmeister, dort pedante genannt, stets als dummer August dargestellt wurde* » (*Essais*, Francfort-sur-le-Main, Eichborn, 1998, vol. I, 1998, p. 208).

27 Voir Stéphanie Péraud-Puigségur, « Un sage ignorant qui "désenseigne la sottise". L'école paradoxale des *Essais* de Michel de Montaigne », *BSIAM*, n° 71, 2020-1, p. 97.

28 Pierre Villey, *Montaigne devant la postérité*, Paris, Boivin, 1935, p. 256.

29 Erich Auerbach, « l'humaine condition », *Mimésis. La représentation de la réalité dans la littérature occidentale*, Paris, Gallimard, 1968, ici p. 309. Le sens des *Essais* serait à chercher dans la critique des « personnages savants, les spécialistes, dont le savoir professionnel n'est pas en relation étroite avec leur personne ». Le reproche est ancien : « tout cela fera l'idéal aimable, mais un peu négatif de l'honnête homme de Molière et de Voltaire, et n'enfantera nullement le héros et le citoyen », écrit Jules Michelet dans *Nos Fils* (1869), cité par Donald Frame, *Montaigne in France 1812-1852*, New York, Columbia University Press, 1940, p. 123.

pour la première fois, au XVIIe siècle, à jouer un rôle directeur dans les lettres, la science, la culture spirituelle. Ces hommes ne sont pas et ne prétendent pas être des savants[30] ». La manière dont Montaigne dresse son propre portrait dans les *Essais* contraste avec les idéaux-types du prince, du chef de guerre, du courtisan, du conseiller ou encore du maître de Collège, dont notre chapitre brocarde les défauts. La critique de ces figures traditionnelles doit faire ressortir le caractère idiosyncrasique de l'auteur : Montaigne se présente comme un être d'autant plus singulier qu'il tient à distance ces modèles, dont la fonction sociale d'exemplarité venait normalement légitimer l'œuvre écrite[31].

SITUATION

« Du pedantisme » nous semble faire partie de ces chapitres-mères des *Essais*, chapitres dont la fécondité se vérifie dans le reste de l'ouvrage. Les compléments et les reprises à considérer en priorité dans l'œuvre occupent une douzaine de pages, soit un volume de texte comparable à celui du chapitre lui-même[32]. Le commentaire suivi citera les passages les plus significatifs. La critique souligne que les réflexions sur l'éducation restent éparses dans les *Essais*. Gabriel Compayré évoque tantôt cinq chapitres sur le sujet, tantôt huit[33]. Bernard Jolibert en compte trois seulement :

30 Ernst Cassirer et Paul Schrecker, « La place de la "Recherche de la Vérité par la lumière naturelle" dans l'œuvre de Descartes », *Revue philosophique de la France et de l'étranger*, nº 127 (5-6), PUF, 1939, p. 270.

31 Sur ce point, voir Elizabeth Eisenstein, *The Printing Press as an Agent of Change : Communications and Cultural Transformations in Early-Modern Europe*, Cambridge, Cambridge University Press, 1979, p. 230.

32 Principaux passages : I, 26, 172 ; I, 39, 245 ; I, 40, 250 ; II, 12, 487 ; II, 12, 559 ; II, 17, 660 ; II, 36, 370 ; III, 3, 824 ; III, 8, 926-927 ; III, 12, 1038 ; III, 12, 1055 ; III, 12, 1056 ; III, 13, 1081.

33 Gabriel Compayré, *Montaigne et l'éducation du jugement*, Paris, Delaplane, 1905, p. 117, bibliographie. Les chapitres évoqués sont « Du pédantisme », « De l'institution des enfants », mais aussi « De la coutume », « De l'affection des pères aux enfants », « De la colère », « Des trois commerces », « De l'art de conférer » et « De l'expérience ». Dans l'*Histoire critique des doctrines de l'éducation en France*, Paris, Hachette, 1879, rééd. 1904, p. 91, le critique évoquait cinq chapitres « principaux chapitres à consulter pour se faire une idée de la pédagogie de Montaigne » : « Du pédantisme », « De l'institution des enfants », « De l'affection des pères aux enfants », « Des Livres » et « De l'art de conférer ».

« Du pedantisme », « De l'institution des enfans » et « De l'affection des peres aux enfans[34] ». Une autre triade de chapitres sur l'éducation, proposée par Paul Mathias, ne retient pas « Du pedantisme[35] » ; une autre triade, proposée par Carlo Cappa, comprend « Du pedantisme », « De l'institution des enfans » et « De l'experience[36] ». Si l'on s'intéresse plus particulièrement à l'érudition, les passages qui en reprennent la critique sont nombreux. Montaigne invite lui-même son lecteur à créer des liens d'un chapitre à l'autre et d'un livre à l'autre[37].

« Du pedantisme » jouxte immédiatement le chapitre vingt-sixième, « De l'institution des enfans ». Selon Fortunat Strowski, ce serait une « préface[38] » à cet autre chapitre ; selon Gustave Lanson, le « principe » dont sortirait « le plan d'éducation, développé dans le chapitre suivant[39] ». Notre chapitre serait décevant, « faisant double emploi avec le chapitre suivant, bien plus précis et plus argumenté[40]. » Il serait surtout déconcertant, en ce qu'il autorise à rire de l'école et de la croyance au bienfait que représentent les études[41], alors que le chapitre vingt-six fournirait les bases d'une réflexion sérieuse en vue d'une réforme de l'éducation[42]. C'est ce dernier chapitre qui a retenu en priorité l'attention des lecteurs, au point de constituer dès la fin du XVIe siècle une porte d'entrée majeure dans les *Essais*[43]. Alors que notre chapitre occupe dix pages dans l'édition

---

34 Bernard Jolibert, *Montaigne. L'éducation humaniste*, Paris, L'Harmattan, 2009, p. 7-8.

35 Paul Mathias, *Montaigne. Sur l'éducation, trois essais. « De l'institution des enfants », « De l'affection des pères aux enfants » et « De l'expérience »*, Paris, Agora Presses Pocket, 1990.

36 Carlo Cappa, *L'educazione nella torre. La formazione nell'individuo nel Rinascimento e gli* Essais *di Montaigne*, Milan, FrancoAngeli, 2011, p. 7 et 227.

37 Par ex. III, 13, 1081 : « Je dis souvent que c'est pure sottise qui nous fait courir apres les exemples estrangers et scholastiques. »

38 Fortunat Strowski, *Montaigne*, Paris, Alcan, 1906, p. 220 : « Montaigne a donné, comme préface au chapitre de l'Institution des Enfants, le chapitre du Pédantisme ».

39 Gustave Lanson, *op. cit.*, 1948, p. 169 ; Simon Godart, « Montaigne als Erzieher. Rhetorik und Imitation in *Du Pedantisme* und *De l'institution des enfants* (I 25 und 26) », dans *Passagen*, Brill, 2020, p. 10.

40 *Les Essais*, éd. Jean Balsamo, Michel Magnien et Catherine Magnien-Simonin, Paris, Gallimard, 2007, p. 1385.

41 Hubert Vincent, *op. cit.*, p. 20.

42 Joan Lluís Llinàs Begon, « En què cal educar ? La matèria i la manera d'adquisició », dans *Educació, filosofia i escriptura en Montaigne. Un comentari a "De l'Educatió dels infants"*, chap. 4, Palma, Universitat de les Illes Balears, 2001, p. 97-128 et commentaire du chapitre « De l'institution des enfans », Classiques Garnier, à paraître.

43 Par ex. chez John Florio, premier traducteur des *Essais* en anglais : voir Warren Boutcher, *The School of Montaigne in Early Modern Europe*, vol. 2, Oxford University Press, 2017, vol. 2, p. 228-230.

Villey, « De l'institution des enfants » en occupe trente-deux[44]. Gustave Michaut propose une édition critique de ce dernier chapitre en 1924, alors que celle du chapitre « Du pédantisme » doit attendre 1936. Dès sa conception, le chapitre vingt-six semble avoir été destiné à remplir les attentes des lecteurs et des lectrices en matière de bonne pédagogie. La dédicace fait partie du titre même du chapitre, « De l'institution des enfans a madame Diane de Foix Comtesse de Gurson[45] », et affiche un classicisme de bon aloi. À l'inverse, le « pedantisme » est à l'époque un néologisme[46], mot bizarre et sophistiqué qui joue sur l'effet de surprise[47]. Dans les éditions de 1580 et de 1582 chez Simon Millanges à Bordeaux, un titre à l'orthographe erronée figure dans la table des matières, « Du pedantisime ». En tête de chapitre, en revanche, le titre est bien orthographié « Du pedantisme[48] ». Selon Fortunat Strowski et Pierre Villey, il faudrait relier notre chapitre à l'Apologie de Raymond Sebond (II, 12) pour leur critique de la science[49]. L'un des ajouts manuscrits sur l'EB, renvoyant littéralement à l'incipit de l'Apologie, cautionne cette suggestion[50]. Ici, pourtant, Montaigne remet en question non pas l'intérêt des connaissances en elles-mêmes, mais l'idée selon laquelle la qualité d'un esprit se mesurerait à la maîtrise du « rond des sciences que

44 Ici dans l'édition de référence de Pierre Villey aux PUF. Dans l'édition *princeps* de 1580, chez Simon Millanges à Bordeaux, le chapitre « Du pedantisme » occupe vingt-deux pages, le chapitre « De l'institution des enfans » cinquante-cinq.

45 En tête de chapitre, le titre en italique ne distingue pas typographiquement entre le sujet et la dédicace en 1580. Une virgule est ajoutée entre le sujet et la dédicace dans l'édition de 1582.

46 Philippe Mottet, « Des citations grecques et *Du pedantisme* », dans *BSAM*, 8e série, n° 7-8, 1997, p. 9 : « Un mot d'abord sur le titre : *pedantisme* est un néologisme des *Essais* qui équivaut au moderne pédagogie ou enseignement [...]. Toutefois, il existait depuis 1558, pour exprimer l'idée de pédantisme, le terme *pedanterie.* » On trouve « pedenterie » dans le *Pourparler du Prince* (1560) d'Étienne Pasquier.

47 Edmond Huguet, *Dictionnaire de la langue française au seizième siècle*, vol. V, p. 699, entrée « Pedantisme ». Dans *Lexique* de la langue des Essais & Index des noms propres, Bordeaux, Pech, 1933, Pierre Villey flanque l'entrée « pédantisme » d'un astérisque pour signaler qu'il s'agit d'un néologisme. « Il a paru à propos de signaler à l'attention les néologismes dont jusqu'à présent aucun exemple n'a été relevé antérieurement à Montaigne. » (Avant-propos, p. VIII)

48 *Essais de Messire Michel, Seigneur de Montaigne, Chevalier de l'Ordre du Roy, & Gentilhomme ordinaire de sa Chambre*, éd. Simon Millanges, Bordeaux, 1580, livre I, feuillet 167, texte accessible sur le site des Bibliothèques Virtuelles Humanistes.

49 Pierre Villey, introduction au chapitre « Du pédantisme », *Les Essais*, PUF, 1999, p. 133 : « mais l'*Apologie de Sebonde* nous le montrera critiquant les prétentions de la science [...] ».

50 Voir l. 351 et II, 12, 438.

les Grecs ont nommé Encyclopédie[51] », selon la formule de Du Bellay. L'expérience prouve que l'excès « d'estude et de matiere » (l. 32) peut nuire à la santé de l'esprit. Le lien avec l'Apologie nous fournit une autre clé pour la lecture du chapitre : une science digne de ce nom exige la mise à l'épreuve ce que l'on croit vrai[52]. Il s'agit de sonder, d'essayer, d'examiner « où gît la faute et la foiblesse » (II, 12, 539). Montaigne examine plusieurs hypothèses destinées à expliquer le phénomène du pédantisme. L'enquête illustre le type d'exigence qu'il juge appropriée à la science. La dimension proprement épistémologique du chapitre n'a pas encore été pointée par la critique.

RÉCEPTION

Chapitre ambigu, ironique et déconcertant, « Du pedantisme » a été souvent relégué au second plan par rapport à « De l'institution des enfans ». Ce dernier chapitre a pu être considéré par la critique comme le véritable « contexte[53] » littéraire d'où ont émergé rapidement d'autres ouvrages sur la question de l'éducation des jeunes gentilshommes. La réception du chapitre vingt-cinq prend des voies plus compliquées, même si la perpétuation du mot « pédantisme » en français, un néologisme à l'époque, constitue un indice certain de son succès.

Auto-accusation préventive dans les *Essais*, comme dans les *Regrets* Du Bellay[54], la critique du pédantisme est une stratégie qui a d'abord

51 Joachim Du Bellay, *Défense et illustration de la Langue française*, chap. x, Gallimard, 1967, ici p. 220.

52 Les critiques formulées à l'encontre de l'aristotélisme ont été apprises dès le collège de Guyenne, soutient George Hoffmann dans « Fonder une méthode à la Renaissance : Montaigne et ses professeurs de philosophie. I. La logique : influence de Grouchy », *BSAM*, *L'expérience philosophique*, nº 21-22, 1990. Grouchy et Périon, traducteurs et commentateurs d'Aristote, répètent un geste critique que l'on trouve à la Renaissance chez Lorenzo Valla, Pic de la Mirandole, Érasme, Rabelais, etc. L'opposition frontale entre l'humanisme et l'aristotélisme est une invention de l'humanisme lui-même.

53 Warren Boutcher, *op. cit.*, 2017, introduction : « *The* Essais *become a context for their works* [...] ». L'influence de Montaigne, ajoute le critique, passe par ses commentateurs, imitateurs, traducteurs, etc., et pas seulement par la simple lecture de l'ouvrage.

54 Robert Melançon, « les masques de Joachim Du Bellay », art. cité ; Hugo Friedrich, *Montaigne* (1949), trad. R. Rovini, Gallimard, 1984, p. 42 : « Il s'applique à faire figure

bien fonctionné. Dans un dialogue intitulé « jugement des *Essais* », l'évêque Jean-Pierre Camus souligne ainsi que Montaigne est à l'opposé du pédant : « sa profession n'était pas de faire le Docteur, mais le cavalier[55] », et dit envier « sa mode de citer ainsi sans citer, comme nonchalante de l'art et de l'eschole[56]. » Camus se plaint de devoir citer selon les normes pesantes qui se sont imposées en quelques années, à « savoir cette importune et désagréable cotte des nombres, des livres, des chapitres, des pages[57]. » En 1632, critiquant le pédantisme des écrivains de son temps, Gabriel Naudé rend hommage « à deux de nos compatriotes, Michel de Montaigne et Pierre Charron, qui ont signalé ce défaut à éviter, comme un fléau des talents naturels et un ennemi complet de l'esprit honnête, pire qu'un chien ou un serpent[58] ». François de Grenaille, auteur de *L'honneste fille* en 1640, puis de *L'honneste garçon* en 1642, oppose Montaigne aux pédants et en fait un précurseur de l'honnêteté[59]. Il est pourtant de bon ton de critiquer l'auteur des *Essais*, dont les pensées ne relèveraient pas de la philosophie, mais précisément de la pédanterie, soutient Nicolas Malebranche. Les lecteurs qui se laisseront persuader auront « seulement été gagnés par la force de son imagination[60] ». Comme les pédants, Montaigne serait victime d'une érudition aussi pesante qu'inutile, et ne saurait pas juger[61]. Associée

---

de dilettante qui feuillette au petit bonheur les livres de sa bibliothèque [...], attitude par laquelle il se défend en homme du monde du soupçon de pédantisme. »

55 Jean-Pierre Camus, « Jugement des Essais », *Les Diversités*, Chappelet, 1613, t. VIII, p. 418 ; Warren Boutcher, *op. cit.*, 2017, p. 411.

56 J.-P. Camus, *ibid.*, p. 427, cité par Marie-Frédérique Pellegrin, « Un "pédant à la cavalière" : le procès de l'imagination montaignienne chez Malebranche », dans Philippe Desan (éd.), *Les usages philosophiques de Montaigne (XXe-XXIe siècles)*, Paris, Hermann, 2018, p. 92.

57 J.-P. Camus, *ibid.*, p. 427-430, cité par Mathilde Bombart, « La parole et le livre. Camus orateur et auteur selon le "Jugement des *Essais* de Michel de Montaigne" et la Conférence académique », revue *Dix-septième siècle*, n° 251, 2011, p. 279-285.

58 Gabriel Naudé, *Syntagma de studio liberali*, traduit et cité par Olivier Millet dans *La première réception des Essais de Montaigne (1580-1640)*, Paris, H. Champion, 1995, p. 224.

59 Emmanuel Bury, *Littérature et politesse. L'invention de l'honnête homme 1580-1750*, Paris, PUF, 1996, p. 80.

60 Malebranche, *De La Recherche de la Vérité* (1674), éd. Geneviève Rodis-Lewis, Paris, Gallimard, 1979, tome 1, p. 276-277, livre second, « De l'imagination », 3e partie, « De la communication contagieuse des imaginations forte », chapitre V, « Du livre de Montaigne » : « Il ne sera maintenant pas fort difficile de prouver que Montaigne était aussi pédant que plusieurs autres [...]. Montaigne qui a tant d'aversion pour la pédanterie pouvait bien ne porter jamais robe longue, mias il ne pouvait pas de même se défaire de ses propres défauts ».

61 Marie-Frédérique Pellegrin, *op. cit.*, p. 91.

au XVIe siècle en bonne part à l'art du courtisan, la *sprezzatura* serait devenue chez lui négligence affectée. « Il a bien travaillé à se faire l'air cavalier, mais il n'a pas travaillé à se faire l'esprit juste, ou pour le moins il n'y a pas réussi. Ainsi il s'est fait plutôt un pédant à la cavalière et d'une espèce toute singulière, qu'il ne s'est rendu raisonnable, judicieux et honnête homme[62] ». L'expression « pédant à la cavalière » est un oxymore qui réunit la désinvolture et l'érudition. L'esprit cavalier de Montaigne serait une feinte destinée à masquer sa pédanterie. Les pédants, aux yeux de Malebranche, « citent à tort et à travers toutes sortes d'Auteurs » et ne parlent que pour faire parler d'eux, et se faire admirer des sots. Comme eux, l'auteur des *Essais* « est heureux et fort en citation, malheureux et faible en raison[63] ». Malebranche transpose pourtant le schéma qui structure le chapitre « Du pedantisme » pour accuser Montaigne : la mémoire est l'ennemie du jugement, parce qu'elle finit par travailler à sa place. Doué d'une bonne mémoire, malgré ses dénégations, Montaigne se serait complu dans la citation au lieu de chercher par lui-même la vérité.

Un autre axe de la réception immédiate du chapitre est la critique de la science. Pierre Charron souligne que la science profite à l'esprit fort et nuit à l'esprit faible. Comme la *Sagesse* (1601) est accusé de favoriser le scepticisme et l'athéisme[64], Charron inclut dans la préface à la seconde édition (1604) un long développement sémantique sur le terme de « pédant[65] », manière habile de répondre aux critiques. Le développement des sciences et des lettres a pour corrolaire la corruption des États, souligne Charron, relayant une thématique qui sera amplement

62 Malebranche, *De la recherche de la v*érité, livre II, 3e partie, chap. V (*op. cit.*, p. 277).

63 Malebranche, *ibid.*, cité par M.-F. Pellegrin, *op. cit.*, p. 93 : « Volage et déréglée, l'imagination du pédant peut bien se traduire par cet art de la citation, souvent anonyme et tronquée, dans lequel Montaigne. À nouveau, il importe de ramener Montaigne du côté des pédants, caste dont Camus veut le faire sortir. »

64 Jean-Baptiste Sabrié, *De l'humanisme au rationalisme, Pierre Charron, 1541-1603, l'homme, l'œuvre, l'influence*, Genève, Slatkine Reprints, 1970, p. 108. « Les théologiens et les philosophes qu'il comptait parmi ses adversaires livrèrent une rude bataille pour empêcher la publication de l'ouvrage (*De la sagesse*) mais en vain : l'édition augmentée parut en 1604 et elle devait être suivie par de nombreuses réimpressions au début du XVIIe siècle, écrit Richard Popkin dans l'*Histoire du scepticisme d'Érasme à Spinoza*, PUF, 1995, p. 98.

65 Pierre Charron, seconde préface, *De la sagesse*, éd. Barbara de Negroni, Paris, Fayard, 1986, p. 38-39 : « En son origine Grecque il se prend en bonne part, mais és autres langues posterieures, à cause de l'abus et mauvaise façon de se prendre et porter aux lettres et sciences. »

reprise par Rousseau dans le *Discours sur les sciences et les arts*[66]. Charron se fait le chantre la victoire morale de Sparte sur Athènes :

> La plus belle police qui fut jamais, la Lacedemonienne bastie par Lycurgue, qui a produit les plus grands personnages, n'avoit aucune profession de lettres ; c'étoit l'école de vertu, de sagesse, et s'est rendue victorieuse d'Athenes, la plus sçavante ville du monde, l'escole de toutes sciences, le domicile des muses, le magazin des Philosophes[67].

Le titre de l'ouvrage, *De la sagesse*, est lui-même issu d'une distinction très travaillée entre la sagesse et la science. Comme dans le chapitre « Du pedantisme », l'une n'exclut par l'autre, mais doit conserver la priorité : « La science donc et la sagesse sont choses bien differentes, et la sagesse est bien plus excellente, plus à priser et estimer que la science[68] ». Ce que Charron critique, ce n'est pas la science en elle-même, souligne Emmanuel Faye, mais une mauvaise manière de l'enseigner[69]. Il est un savoir qui relève de la vaine curiosité, la sagesse sait s'en affranchir. « Homme de la Renaissance finissante, Charron cherche toujours la sagesse dans l'art de bien diriger son esprit et sa volonté. Il ne veut pas que le savoir scientifique vienne perturber cette quête d'une humanité noble et généreuse. Aussi la sagesse doit-elle se soumettre la science[70] », écrit Michel Adam. La science des pédants reste une science de « rapporteurs » : « Ils se preparent à étre rapporteurs ; Ciceron a dit, Aristote, Platon, Platon a laissé par écrit etc. Et eux ne savent rien dire[71]. »

La médiation de Charron par rapport au chapitre « Du pedantisme » est sensible chez les auteurs du XVIIe siècle. Descartes s'en prend à la connaissance scolaire dans les *Règles pour la direction de l'esprit* : « Il faut songer à augmenter ses lumières naturelles, non pour pouvoir résoudre

---

66 Jean-Jacques Rousseau, *Discours sur les sciences et les arts*, Genève, 1751. Voir sur ce point Michel Adam, « René Descartes et Pierre Charron », *Revue philosophique de la France et de l'étranger*, n° 182-4, 1992, p. 469.

67 Charron, *De la sagesse*, *op. cit.*, p. 690-691.

68 Charron, *op. cit.*, p. 690. *Cf.* « si est ce qu'à la verité celle du sçavoir est moins prisable que celle du jugement » (l. 300-301).

69 Emmanuel Faye, *Philosophie et perfection de l'homme*, Paris, Vrin, 1996, p. 283-284 ; Charron, *De la sagesse*, livre III, chapitre 14, *op. cit.*, p. 693 : « Or la vraye raison et réponse à cela, c'est la mauvaise et sinistre façon d'étudier et la mauvaise instruction. Ils prennent aux livres et aux escoles de tres-bonnes choses, mais de tres-mauvaises mains. »

70 Michel Adam, *op. cit.*, p. 482. Le critique est l'auteur d'une Étude sur Pierre Charron (1991).

71 Pierre Charron, *De la sagesse*, *op. cit.*, p. 693.

telle ou telle difficulté de l'école, mais pour que l'intelligence puisse montrer à la volonté le parti qu'elle doit prendre dans chaque situation de la vie[72]. » L'érudition est un savoir inutile et encombrant : « et nous ne serons jamais philosophes, si nous avons lu tous les raisonnements de Platon et d'Aristote, et qu'il nous est impossible de porter un jugement ferme sur une question donnée[73] ». Les mots de Montaigne et de Charron contre les pédants font l'objet de diverses réminiscences chez Descartes, qui critique ceux « dont les connaissances se trouvent sur le bout des lèvres plus que dans le cerveau[74] » dans la lettre à Beeckman du 26 avril 1619. Il y a toutefois une différence de taille : Descartes rejette le scepticisme de Montaigne et fait du doute un instrument au service de la vérité : « Et j'avais toujours un extrême désir d'apprendre à distinguer le vrai d'avec le faux[75] [...] ». La science relève de l'exercice du jugement, non de la mémoire[76]. « En choisissant les mathématiques comme type de la science, Descartes fait passer la science de la mémoire à la raison. Il peut donc joindre ses critiques à celles de Montaigne et de Charron contre l'érudition scolaire qui garnit la mémoire sans former le jugement[77] », soutient Étienne Gilson. L'influence diffuse de Montaigne sur Descartes se laisse reconnaître, souligne Ernst Cassirer, principalement dans le *Discours de la méthode* (1637). « La critique du pédantisme, à l'œuvre dans la littérature comique du XVIIe siècle, reprend les termes mêmes qu'employait Montaigne pour définir le phénomène, en expliquer les causes, en démontrer les mécanismes et en décrire les effets[78] ». Ce que Descartes doit en particulier à l'auteur des *Essais*, c'est le rôle directeur

72 René Descartes, *Regulae ad directionem ingenii* (vers 1628), règle première, explication, éd. Ch. Adam et P. Tannery, t. X, 366-367, ici dans la traduction de Georges Le Roy.

73 René Descartes, *Regulae ad directionem ingenii*, *op. cit.*, règle troisième, explication. Voir Emmanuel Faye, *Philosophie et perfection de l'homme*, *op. cit.*, p. 284.

74 Cité et commenté par Colas Duflo, « Y a-t-il une actualité de Descartes ? », dans *Autres Temps*, n° 54, 1997, p. 91.

75 Gilbert Gadoffre, « Le *Discours de la méthode* et l'histoire littéraire », *French Studies*, II-4, oct. 1949, p. 304 ; Geneviève Rodis-Lewis, « Doute pratique et doute spéculatif chez Montaigne et Descartes », *Revue philosophique de la France et de l'étranger*, 182-4, 1992, p. 441.

76 Emmanuel Faye, *op. cit.*, p. 282.

77 Étienne Gilson, 1925, cité par Emmanuel Faye, *op. cit.*, p. 16.

78 Ernst Cassirer et Paul Schrecker, « La place de la "Recherche de la Vérité par la lumière naturelle"dans l'œuvre de Descartes », *op. cit.*, 1939, p. 272 : « Il semble que Desartes, en tant que pédagogue, s'inspire sciemment des idéaux pédagogiques soutenus par Montaigne, particulièrement dans son essai *Du pédantisme* ».

du bon sens dans les études au détriment de l'idéal d'érudition, souligne Cassirer : « Ce qu'il lui faut, ce ne sont pas les trésors de l'érudition, mais la culture et l'usage de sa raison. Cette fin cependant exige un travail plutôt négatif que positif : il ne faut pas fournir à l'élève de nouvelles connaissances, mais l'engager à se défaire des pensées fausses acquises par son enseignement antérieur, par ses lectures et ses études. Le professeur de "l'honnête homme" aura soin de ne jamais devenir pédant ; car tout pédantisme implique une certaine contrainte, alors que le but de la culture de « l'honnête homme » est précisément d'affranchir son esprit. Ce sont surtout deux formes du pédantisme, que le dialogue de Descartes combat en premier lieu : deux entraves desquelles il désire libérer son élève : la logique traditionnelle et l'érudition spécialisée[79]. » L'idée d'un travail négatif sur le savoir peut être rattaché au chapitre « Du pedantisme[80] », souligne Hubert Vincent.

Comme forme littéraire et philosophique, l'essai connaît une immense fortune en anglais. Au tout début du XVIIe siècle, Francis Bacon reprend les critiques de Montaigne à l'encontre du pédantisme. Il s'inspire de notre chapitre pour critiquer la corruption du savoir en son temps, vaine érudition qui ne doit pas être confondue avec la vraie science. « Si Montaigne avait fait la critique du pédantisme, Bacon ne l'entreprend pas avec moins d'acharnement afin de montrer aux pédants par quels défauts ils s'aliènent la considération publique, et afin de dégager la vraie science de la fausse opinion qu'ils en donnent. Montaigne avait tourné en ridicule ceux chez qui le souci des mots étouffe celui des pensées[81] », souligne Pierre Villey. Au début de *The Advancement of Learning* (1605), Bacon précise toutefois que la « quantité de connaissances[82] » est hors de cause. À la manière des humanistes, il réfute l'hypothèse selon laquelle « la connaissance amollirait les esprits et les rendrait inaptes à l'exercice des âmes[83] » ; Alexandre le Grand et Jules César prouvent

---

79 Ernst Cassirer, *ibid.*, en référence à AT, X, p. 495 *sq.*.

80 Hubert Vincent, « Éducation et scepticisme chez Montaigne », *op. cit.*, p. 5-76.

81 Voir Pierre Villey, *Montaigne et Francis Bacon*, Genève, Slatkine Reprints, 1973, p. 60. Toutefois, souligne également le critique, il est probable qu'en maints passages les mêmes sources antiques soient communes aux deux auteurs.

82 Francis Bacon, *Du progrès et de la promotion des savoirs*, Paris, Gallimard, 1991, p. 8 : « Ce n'est pas non plus la quantité de connaissance, si grande soit-elle, qui peut faire enfler l'esprit de l'homme [...] ».

83 Francis Bacon, *op. cit.*, p. 12.

qu'il y a « rencontre du savoir et des armes, qui s'épanouissent et brillent dans les mêmes hommes et dans les mêmes temps. » L'Angleterre de l'époque découvre dès 1598 le chapitre « *Of the institution and education of children* », traduit séparément par John Florio cinq ans avant la traduction complète des *Essais*[84]. Dans l'adresse à son « courtois lecteur », Florio soutient que Montaigne aurait dissimulé son érudition pour mieux revendiquer le statut de noble d'épée[85]. La traduction des *Essais* en anglais doit se comprendre dans le contexte de l'activité des Florio (père et fils) comme précepteurs de familles nobles, souligne Warren Boutcher, ce qui expliquerait l'intérêt primordial accordé au chapitre sur l'éducation des enfants[86]. Quelle place doit occuper le savoir (*eruditio*) dans l'éducation ? La satire du maître d'école pédant Holofernes, dans *Peines d'amour perdues* (1598) de William Shakespeare, aurait été inspirée au dramaturge par John Florio lui-même[87]. L'influence de notre chapitre se fait également sentir en langue anglaise chez John Locke[88]. Médecin et précepteur des Shaftesbury, Locke proteste contre l'obligation faite aux enfants d'écrire des discours en latin, et contre la manie qui consiste à insérer partout des citations d'auteurs antiques[89]. Pierre Coste traduit *Some Thoughts on Education* (1693) sous le titre *De l'éducation des enfans* (1695), confirmant dans les notes l'influence prépondérante de Montaigne. Locke écarte les connaissances dont le gentilhomme n'a pas besoin : un bon père de famille saura « qu'il est beaucoup plus utile de bien juger des hommes, et de ménager prudemment les affaires qu'on a à démêler avec eux, que

---

84 Michel de Montaigne, *Les Essais*, Paris, Gallimard, « La Pléiade », 2007, notes et variantes, p. 1392. John Florio, *The Essayes, or Morall, Politike and Millitarie Discourses, of Lo. Michaell de Montaigne*, E. Blount, 1603 et 1613. Le chapitre sur l'éducation, dans la première édition, est dédié à la comtesse Lucie de Bedford, dans la seconde à la Reine d'Angleterre.

85 John Florio, *ibid.*, « To the curteous Reader » : « *So he, most writing of himself, and the worst rather than the best, disclaimeth all memory, authorities, or borrowing of the ancient or moderne ; whereas in cours of his discourse he seemes acquinted not onely with all, but no other but authors, and could out of question like Cyrus or Caesar call any of his army by his name and condition* ».

86 Warren Boutcher, « The paratexts to Florio's Montaigne », *op. cit.*, vol. 2, p. 192 *sq.*.

87 Voir Warren Boutcher, *op. cit.*, p. 209 et suivantes. La question de l'éducation est abordée notamment dans *Hamlet* (1609).

88 Pierre Villey, *L'influence de Montaigne sur les idées pédagogiques de Locke et de Rousseau*, Hachette, 1911, chap. IX, p. 80 : « Sans la politesse, dit Locke, le savoir n'est que pédantisme ». La politesse issue de la critique de l'incivilité des pédants ne consiste « pas dans les bonnes manières, mais dans une manière d'être qui donne de la bonne grâce à tout ce que nous faisons et disons » (*ibid.*).

89 Pierre Villey, *op. cit.*, 1911, p. 39.

de parler grec ou latin, ou d'argumenter en forme, ou d'avoir la tête pleine de spéculations abstruses de physique ou de métaphysique[90] ». Il faut accorder la priorité à l'exercice du jugement : « qu'on propose à un jeune homme des cas particuliers sur la justice et la bienséance, qu'on l'engage à en discourir selon les lumières avec son gouverneur[91] ». Pourquoi accumuler en vain le savoir ? Pierre Coste traduit :

> C'est la paresse des hommes qui a encouragé le pédantisme à grossir plutôt qu'à enrichir les bibliothèques, à faire périr le texte sous le poids des commentaires[92].

Les points communs entre Montaigne et Locke sont flagrants, souligne Pierre Villey : « critique du principe d'autorité, haine du pédantisme, souci de cultiver le jugement bien plus que la mémoire, de le défendre contre les passions, de l'obliger à examiner les principes, de le meubler d'idées justes et nombreuses, de le tenir à l'abri des ergotismes de l'école[93] ». Le philosophe anglais s'inspire encore de Montaigne lorsqu'il pointe les limites de la raison, notamment dans *An Essay Concerning Human Understanding* (1698), et enseigne la méfiance à l'égard de sophistications issues de l'expérience[94].

Les *Essais* feraient émerger un nouvel idéal humain : l'érudit humaniste cède la place au « gentilhomme lettré[95] », et dans ce processus historique, le chapitre « Du pedantisme » jouerait un rôle crucial en discréditant l'érudition. René Descartes, seigneur du Perron, partagerait avec Montaigne le souci de ne point paraître pédant, souligne Gilbert Gadoffre, et doit par conséquent montrer qu'il écrit pour le plaisir, non pour le gain ou les honneurs[96]. Ce n'est plus le savoir qui fait office de

---

90 John Locke, ici dans la traduction de Pierre Coste, Londres, Nourse et Vaillant, 1754, t. 1, § 98 : « Telle est la nature d'une grande partie du savoir qui est aujourd'hui à la mode dans nos écoles d'Europe et qui y fait pour l'ordinaire un point essentiel de l'éducation, qu'un gentilhomme peut fort bien s'en passer sans que sa personne ou ses affaires en souffrent beaucoup ».

91 John Locke, *op. cit.*, tome 1, § 101.

92 John Locke, trad. P. Coste, *op. cit.*, tome 2, § 201.

93 Pierre Villey, *op. cit.*, 1911, p. 16.

94 Alexander Moseley, « Montaigne », dans *John Locke*, Bloomsbury Library of Educational Thought, 2008, chap. 14 ; voir aussi Warren Boutcher, *op. cit.*, p. 367 *sq.*

95 C'est par ex. l'hypothèse de Hugo Friedrich. Voir aussi *Les Essais*, Gallimard, 2007, p. 1385.

96 Gilbert Gadoffre, *op. cit.*, 1948, p. 306.

guide : l'honnête homme se caractérise par le bon sens. Dans *L'honneste homme, ou l'art de plaire à la cour* (1630), Nicolas Faret souligne le versant moral de la critique du pédantisme :

> Il ne se voit que trop de ceux à qui le Grec et le Latin n'ont servy de rien qu'à les rendre plus impertinents et plus opiniatres et qui, au lieu de rapporter de leur estude une ame pleine de sagesse et de docilité, ne l'en raportent qu'enflée de chimeres et d'orgueil[97].

Le thème du mauvais usage des sciences est repris par Furetière dans la définition même du pédant[98]. « On retrouve des accents montaigniens dans le refus d'un savoir présomptueux et dans la nécessité de maîtriser ce qu'on apprend, de domestiquer le savoir[99] », souligne Jocelyn Royé. L'exercice du jugement est largement intégré à la pédagogie du XVIIe siècle, par exemple à Port-Royal, chez Pierre Coustel dans les *Règles de l'éducation des enfants*[100] (1687), sans que l'on sache le plus souvent si l'inspiration vient d'abord de Montaigne, de Charron ou même de Descartes. La figure du pédant conserve chez Blaise Pascal sa puissance d'évocation, toute négative :

> On ne s'imagine Platon et Aristote qu'avec de grandes robes de pédants. C'étaient des gens honnêtes et comme les autres, riant avec leurs amis[101].

Les grands philosophes ont philosophé par jeu, avec la distance ironique qui convient à l'égard de la folie du monde et de la raison. Notons que c'est ici l'accessoire de la robe qui caractérise les pédants, comme dans le chapitre vingt-cinq des *Essais*, et non le fouet comme chez Érasme. Les grands philosophes illustrent désormais un modèle de

---

97 Nicolas Faret, *L'Honnête homme*, feuillet 24, cité par Jocelyn Royé, *La figure du pédant de Montaigne à Molière*, Genève, Droz, 2008, p. 197.

98 Furetière, entrée « pédant », *Dictionnaire universel*, Leers, 1690. Le premier sens du terme, positif, est « l'homme de Collège qui a soin d'instruire et de gouverner la jeunesse, de lui enseigner les humanités et les arts », mais « pédant se dit aussi de celuy qui fait un mauvais usage des sciences, qui les corrompt et les altere, qui les tourne mal, qui fait de méchantes critiques et observations, comme font la plupart des gens du College ».

99 Jocelyn Royé, *op. cit.*, 2008, p. 188 ; « Pédant et bel esprit : la représentation du savant mondain et du mondain savant dans les comédies du XVIIe siècle », *Littératures classiques*, n° 58, 2005-3, p. 106.

100 Pierre Coustel, « Comment il faut tâcher de former leur jugement », cité par Francis Goyet, *Les Audaces de la prudence. Littérature et politique au XVIe et XVIIe siècles*, Paris, Classiques Garnier, 2009, p. 328.

101 Blaise Pascal, Lafuma 533 et Sellier 457. Voir Vincent Carraud, *Pascal et la philosophie*, Paris, PUF, 1992, rééd. 2008, p. 102.

sociabilité dont le chevalier de Méré souligne à la même époque qu'il ne demande rien d'autre que de l'esprit[102]. L'influence du chapitre est sensible chez La Mothe Le Vayer, protégé de Richelieu et précepteur du futur Roi-Soleil : « Ne vous proposez pas de savoir plus que les autres, mais seulement de savoir mieux qu'eux, si faire se peut, ce que vous étudierez[103]. » Dans la conception émancipatrice de l'éducation que défend le philosophe libertin, on retrouve une influence diffuse de Montaigne[104].

L'héritage de notre chapitre se fait sentir dans le théâtre du XVIIe siècle, même s'il est difficile d'en mesurer la portée exacte. « Les traits moqueurs dont Montaigne affuble les pédants dans son essai sur le pédantisme se retrouvent dans de nombreux textes comiques du XVIIe siècle, des comédies, bien sûr, mais également des romans ou des satires[105] ». Le pédant est alors l'un des personnages comiques les plus importants du répertoire français. La « fille d'alliance » de Montaigne, Mademoiselle de Gournay, apparaît elle-même dans la liste des pédants moqués dans une comédie d'Antoine Gaillard, ou encore dans *La comédie des Académistes* (1637) de Saint-Évremond. La charge prend de l'ampleur tout au long du XVIIe siècle : chez Molière, ami de La Mothe Le Vayer, Trissotin rivalise de pédantisme avec Vadius, mais aussi avec trois femmes, Philaminte, Armande et Bélise, qui incarnent chacun une forme particulière de pédantisme. *Les femmes savantes* (1672) montrent que les pédants trouvent toujours un public disposé à les écouter et à les admirer, que ce soit à la Cour, dans les salons… ou au théâtre[106]. Molière dénonce l'aveuglement de femmes qui croient en la vertu d'un savoir trop spécialisé et mal digéré, les discours et les comportements extravagants ayant valeur de condamnation sociale[107]. Comme le souligne Clitandre à la scène III de l'acte I, il faut une juste mesure :

---

102 Antoine Gombaud Méré, *Les Conversations*, Paris, Claude Barbin 1670, seconde conversation : « ils parloient d'une manière qui ne sentoit ni l'art ni l'étude ; mais si claire et si naturelle, que pour les entendre d'abord, il ne faloit que de l'esprit ».

103 François de La Mothe Le Vayer, *De la patrie et des étrangers et autres petits traités sceptiques* (1644), Paris, Desjonquères, 2003, p. 254.

104 Voir Nathanaëlle Dupuy, « Le libertinage érudit et la formation de l'homme : le caractère paradoxal de François de La Mothe Le Vayer », *Le Télémaque*, 2018/2, n° 54.

105 Jocelyn Royé, *op. cit.* (2005), p. 105.

106 Jocelyn Royé, *op. cit.* (2008), p. 172.

107 J. Royé, *ibid.* : le pédantisme est un « vice d'esprit qui met en péril l'espace social et moral de la société. » La pédanterie est jugée incompatible avec les normes de l'honnêteté,

Je consens d'une Femme ait des clartés de tout,
Mais je ne luy veux point la passion choquante
De se rendre sçavante afin d'être Savante.

« Au personnage du pédant succède, au XVIIIe siècle, celui du philosophe beaucoup moins sujet au ridicule, en dépit des efforts de certains dramaturges pour en perpétuer la tradition. Marivaux en fait l'amère expérience avec l'échec de *L'Ile de la Raison*, qui confirme l'oubli dans lequel est tombé le pédant. Au siècle des Lumières, le personnage a perdu à la fois sa puissance critique et sa dimension comique, parce qu'il jette sans discernement le discrédit sur tout ce qui relève du savoir[108] », souligne Jocelyn Royé.

Au siècle des Lumières, Jean-Jacques Rousseau fournit la preuve que le chapitre « Du pedantisme » n'a rien perdu de sa force d'inspiration. Le tiers de notre chapitre, souligne Pierre Villey[109], est retranscrit dans la première partie du *Discours sur les sciences et les arts*[110]. L'influence de Montaigne n'est pas seulement littérale : « certaines réminiscences, plus discrètes, semblent révéler vers 1750 un commerce intime, habituel de Rousseau avec le livre de Montaigne », souligne Jean Starobinski, pour qui « le vocabulaire et les idées de Montaigne font constamment surface dans les textes de Rousseau[111] ». La référence à « Montagne » et aux « sauvages de l'Amerique » est explicite sous la plume du Genevois. Sur la question posée par l'Académie de Dijon de savoir si le développement des sciences et des arts correspond également à un progrès moral, Rousseau répond en empruntant abondamment au chapitre « Du pedantisme » pour montrer que ce n'est pas le cas.

souligne Lise Michel (éd.) dans *Les Femmes savantes*, Flammarion, 2018, introduction, p. 15-16. La femme savante se caractérise par un savoir beaucoup trop spécialisé et contrevient en cela à l'art de plaire, qui implique la discrétion et une désinvolture de bon aloi. Il s'agit d'être instruite, mais sans le montrer.

108 J. Royé, *op. cit.*, p. 196.

109 Pierre Villey, *op. cit.*, 1911, p. 132.

110 Jean-Jacques Rousseau, *Discours sur les sciences et les arts. Discours qui a remporté le prix à l'Académie de Dijon. En l'année 1750. Sur cette Question proposée par la même Académie : Si le rétablissement des Sciences et des Arts a contribué à épurer les mœurs. Par un Citoyen de Genève*, Genève, Barillot, 1750.

111 Jean Starobinski, « Rousseau dans la marge de Montaigne. Cinq notes inédites », *dans Le Débat*, n° 90, 1996, p. 11. La dette de Rousseau envers Montaigne est soulignée depuis l'édition de l'*Émile* par Madame de Genlis en 1820, souligne Donald Frame, *op. cit.*, p. 120.

> Opposons à ces tableaux celui des mœurs du petit nombre de Peuples qui, préservés de cette contagion des vaines connoissances ont par leurs vertus fait leur propre bonheur et l'exemple des autres Nations. Tels furent les premiers Perses, Nation singuliere chez laquelle on apprenoit la vertu comme chez nous on apprend la Science ; qui subjugua l'Asie avec tant de facilité, et qui seule a eu cette gloire que l'histoire de ses institutions ait passé pour un Roman de Philosophie[112].

Rousseau ravive l'opposition entre Sparte et Athènes, pour se situer sans ambiguïté du côté de la vertu incarnée par la première :

> O Sparte ! opprobre éternel d'une vaine doctrine ! Tandis que les vices conduits par les beaux Arts s'introduisoient ensemble dans Athénes, tandis qu'un tyran y rassembloit avec tant de soin les ouvrages du prince des poëtes, tu chassois de tes murs les Arts et les Artistes, les Sciences et les Savans[113].

Les deux peuples sont opposés dans les mêmes termes que ceux de Montaigne : « l'un savait bien dire et l'autre bien faire[114] ». « Le Montaigne de Rousseau apparaît d'abord comme un philosophe politique[115] », souligne Bernard Gittler. L'influence des idées de Montaigne et de Charron se fait également sentir dans *Émile ou de l'éducation* (1762), même si la part qu'y occupe notre chapitre reste plus difficile à cerner. « Quand j'aurai tout dit, j'aurai fait étalage d'un vrai pédant, auquel il n'aura pas compris une seule idée[116] », souligne-t-il. La critique du pédantisme, devenue lieu commun[117], ne suffit plus à témoigner de la postérité de Montaigne.

Au début du XIXe siècle, la condamnation de Hegel porte un sévère coup d'arrêt aux lectures philosophiques de Montaigne, dont les pensées « n'appartiennent pas à la philosophie, mais à la culture générale[118] ».

---

112 Jean-Jacques Rousseau, *Discours sur les sciences et les arts*, Genève, Barillot, 1751, feuillet 11, dans Rousseau, *Œuvres complètes*, éd. François Bouchardy, Gallimard, Pléiade, 1969, t. III, p. 11.

113 Jean-Jacques Rousseau, *Discours sur les sciences et les arts*, *op. cit.*, p. 12.

114 Cité par Pierre Villey, *op. cit.*, 1911, p. 133.

115 Bernard Gittler, « L'héritage de Montaigne dans le second *Discours* de Rousseau : politique et anthropologie », dans *Les usages philosophique de Montaigne du XVIe au XXIe siècle*, *op. cit.*, p. 164.

116 Rousseau, *Émile ou de l'éducation*, livre III, éd. Charles Wirz et Pierre Burgelin, dans *Œuvres complètes*, Paris, Gallimard, t. IV.

117 Voir par ex. Jean-Pierre de Crousaz, *Traité de l'éducation des enfants*, La Haye, Vaillant et Prevost, 1722) et *Discours de la pédanterie*, Amsterdam, Aux dépens de la compagnie, 1737.

118 G. W. H. Hegel, *Leçons sur l'histoire de la philosophie* (1837), cité par Andrea Orsucci, « Dilthey et la redécouverte de Montaigne à la fin du XIXe siècle », dans *Les usages philosophiques de Montaigne du XVIe au XXIe siècle*, *op. cit.*, p. 275.

Adversaire de Hegel et du système, Arthur Schopenhauer ne se prive pourtant pas de lire Montaigne et de reprendre à son compte la critique du pédantisme. Quand les mots tiennent lieu de réalité, « alors apparaît bientôt la disconvenance du concept avec la réalité ; alors on voit que le concept ne descend jamais jusqu'au particulier[119] ». Il est difficile d'imaginer que l'analyse du pédantisme ne doive pas ici quelque chose d'essentiel à Montaigne, à savoir la place centrale accordée au jugement. Sans exercice du jugement personnel, la pensée s'avère incapable de saisir « ce qui est juste dans un cas particulier », selon l'auteur du *Monde comme volonté et comme représentation* (1819). Le pédant fait alors verser l'exercice de la pensée dans la bouffonnerie. Ce n'est sans doute pas un hasard si l'analyse de la pédanterie philosophique se situe dans la « théorie psychologique du rire[120] ». Se fiant à des maximes générales, le pédant est également voué à l'imprudence et à la sottise dans la vie de tous les jours. On retrouve l'opposition de la théorie et de la pratique sous la plume de Schopenhauer : les pédants sont « des gens qui connaissent bien les choses *in abstracto*, mais jamais *in concreto*. L'abstraction consiste à élaguer le détail particulier ; or le détail est l'essentiel dans la pratique[121]. » Dans la seconde moitié du XIXe siècle, Friedrich Nietzsche oppose l'esprit des moralistes français, et en particulier de Montaigne, à la lourde pédanterie allemande. La « probité » de l'auteur des *Essais* serait même supérieure à celle de Schopenhauer[122]. « Qu'un tel homme ait écrit, véritablement la joie de vivre sur terre s'en trouve augmentée[123] », souligne-t-il dans la troisième des *Considérations inactuelles* (1874). Ce que l'on peut opposer au pédantisme, ce sont les « récréations de l'esprit », qui relèvent d'une forme d'espièglerie[124]. Nietzsche admire

119 « On pourrait adresser à Kant lui-même le reproche de pousser à la pédanterie en morale, lui qui fonde la valeur morale d'une action sur le fait qu'elle procède de maximes abstraites de la raison pure [...] », écrit Arthur Schopenhauer dans *Le Monde comme volonté et comme représentation*, livre I, § 13, trad. A. Burdeau, PUF, 1966, p. 95.

120 Arthur Schopenhauer, *op. cit.*, p. 93-96 : « À la bouffonnerie se rattache aussi le comique pédant ; il consiste à accorder peu de confiance à son propre entendement [...] ».

121 Arthur Schopenhauer, *ibid.*

122 Friedrich Nietzsche, « Schopenhauer éducateur », *Considérations inactuelles*, III, trad. Henri Albert et Jacques Le Rider, dans Œuvres, Paris, R. Laffont, t. I, p. 295.

123 Nietzsche, *ibid.* ; Patrick Wotling, « "Qu'un tel homme ait écrit a de fait augmenté le plaisir de vivre sur cette terre". Montaigne éducateur selon Nietzsche », *BSAM*, 2008, p. 113-126.

124 Nietzsche, *Ecce homo*, § 3 : « J'ai quelque chose de l'espièglerie de Montaigne dans l'esprit et – qui sait ? – peut-être dans le corps », traduction de Christophe Bouriau dans « La

l'étonnante vitalité du penseur français « à se jouer de toute influence et à neutraliser toute connaissance[125] ».

En France, au XIXe siècle, Montaigne est rangé parmi les gens de lettres et les grands pédagogues[126]. Les chapitres vingt-cinq et vingt-six du livre I recueillent une bonne partie de l'attention de la critique. « Ces deux chapitres, écrit François Guizot, nous montrent que Montaigne était non seulement un sceptique hardi, mais un philosophe éclairé ; et que s'il a trop désespéré des lumières de l'espèce humaine en général, il a cru à la possibilité d'étendre celles des individus en particulier, et d'améliorer leurs principes de conduite[127]. » Le but de l'éducation selon Montaigne, souligne Guizot, est d'enseigner aux hommes comment ils doivent vivre, d'où le rejet de la vaine érudition. Il faut bien distinguer entre l'instruction et le pédantisme, la vraie science et la fausse, souligne également Saint-Marc Girardin : « Montaigne ici de moque des pédans et non des jeunes gens instruits. Il y a beaucoup de sots dans le monde qui le sont sans l'aide du grec et du latin, et il serait trop commode de croire que, pour éviter d'être ridicule, il suffit d'être ignorant[128]. » Dans un ouvrage qui participe à l'élaboration d'une « éducation nationale[129] » sous la Troisième République, Gabriel Compayré pointe l'importance de la critique du pédantisme :

> Un mot résume les défauts qu'il reproche à l'instruction alors en usage : c'est le pédantisme. Le pédantisme, malgré la diversité des formes qu'il peut revêtir, c'est généralement la prétention à la fausse science, c'est la science vaine, arrogante, qui a autant confiance en elle-même qu'elle mérite peu celle d'autrui. Chez les contemporains de Montaigne, le pédantisme était surtout l'abus de

valeur de la métamorphose. Nietzsche, Pic de la Mirandole, Montaigne », *Noesis*, n° 10, 2006.

125 Hubert Vincent, *op. cit.*, p. 28.

126 Renzo Ragghianti, « De Victor Cousin à Alain : le refoulement de Montaigne philosophe », *Les usages philosophiques de Montaigne*, *op. cit.*, p. 288.

127 François Guizot, *Annales de l'Éducation*, Lenormant, 1812, III, 67-68, cité par Donald Frame dans *Montaigne in France 1812-1852*, *op. cit.*, p. 119.

128 Saint-Marc Girardin, *Revue des Deux Mondes*, XIII, 15 février 1852, cité par Donald Frame, *op. cit.*, p. 122.

129 Ferdinand Buisson, *Dictionnaire de pédagogie et d'instruction primaire*, Paris, Hachette, 1887 (1re édition), p. 85 : « Pour réussir à constituer cette éducation nationale, indispensable à la grandeur d'un pays, il [François Guizot] recherche dans notre passé les doctrines et les institutions qu'il faut faire revivre (études sur Montaigne et Rabelais), sans oublier les recherches que nous pouvons tirer de notre propre fonds ».

> la dialectique, c'était aussi l'usage de farcir la tête de l'élève de connaissances stériles, mal digérées, qui alourdissent l'esprit sans le développer[130].

La période républicaine constitue une sorte d'âge d'or de la réception des *Essais*[131]. Les chapitres vingt-cinq et vingt-six du livre I en constituent la pierre angulaire, pour une raison bien précise : l'intérêt de Montaigne pour l'éducation des enfants prouverait qu'il n'est pas sceptique. « On n'est point proprement sceptique quand on consacre deux chapitres extrêmement détaillés, et du reste pleins de bon sens, à l'éducation des enfants ; on n'est point sceptique quand on admire la vertu humaine avec une sorte d'exaltation, et quand on réfute d'avance La Rochefoucauld et tous ceux qui chercheront à expliquer la vertu par autre chose que par elle-même[132] », écrit Émile Faguet. La critique du pédantisme revêt le même sens chez Gabriel Compayré. « Qui a pris connaissance de ses invectives contre le pédantisme, la vaine érudition, la fausse science, et aussi contre la discipline barbare du moyen âge, ne sera plus tenté de le prendre pour un sceptique, qui assisterait, indifférent et froid, au mal qu'il constate et qu'il condamne[133] ». En définitive, écrit Pierre Villey, « dans le chapitre *Du pédantisme*, nous avons vu Montaigne attaquer la science, non en elle-même (il la respectait alors) mais dans la mauvaise manière que les savants de son temps apportaient à son étude[134]. » « Non qu'il soit sceptique, et Pascal lui a fait tort en le rangeant parmi les purs pyrrhoniens. Il n'y a qu'à lire l'*Institution des enfants* pour sentir que Montaigne a des idées très arrêtées et sur l'éducation des collèges qu'il blâme et sur le système original qu'il leur oppose[135] », écrit Gustave Michaut en 1924. Le chapitre vingt-six du livre I serait donc plus recommandable que « l'Apologie de Raymond Sebond » (II, 12). Dans une approche fortement inspirée par le kantisme, Gustave Lanson souligne que « Montaigne n'a jamais nié que

130 Gabriel Compayré, *Histoire critiques des doctrines de l'éducation en France depuis le seizième siècle*, Paris, Hachette, 1879, p. 93-94.

131 Marc Foglia, « Montaigne en 1912, un pédagogue républicain », *BSAM*, 2012-2, n° 56, p. 25-40.

132 Émile Faguet, « Montaigne », dans *Histoire de la littérature française*, 1894, rééd. 1901, cité par Antoine Compagnon (préfacier) dans *Autour de Montaigne*, Paris, H. Champion, 1999, p. 40-42.

133 Gabriel Compayré *Montaigne et l'éducation du jugement*, *op. cit.*, p. 56.

134 Pierre Villey, *Les Sources et l'évolution des* Essais *de Montaigne*, Paris, Hachette, 1908, t. 2, p. 200.

135 Gustave Michaut (éd.), *De l'institution des enfants*, Paris, De Boccard, 1924, p. vii.

la possibilité d'atteindre la vérité totale, absolue et éternelle » ; pour le reste, il n'a jamais douté de notre capacité à connaître les faits historiques, ni remis en question la « valeur pratique de la raison ou l'autorité de la conscience pour décider ce qu'en chaque conjoncture, un homme doit faire ou ne pas faire[136] ». Comme il faut une éducation appropriée, « ce sont les deux chapitres XXV et XXVI du premier livre *du pédantisme* et *de l'institution des enfants* : chapitres critiques et point du tout sceptiques, où l'auteur, confiant dans son propre jugement, l'oppose aux coutumes et aux principes établis, affirme l'importance et indique les moyens de former le jugement des enfants[137]. » On retient l'idée que l'éducation est essentiellement formation du jugement et non accumulation de savoir. Gabriel Compayré le souligne en ces termes en 1905 : « L'essentiel de cette éducation générale consiste dans la culture du jugement, et c'est là le point culminant de la pédagogie de Montaigne[138]. » La critique du pédantisme aurait aveuglé Montaigne sur l'intérêt des disciplines et des manuels spécialisés, mais lui aurait permis de fonder l'idée d'une instruction conçue comme « culture générale[139] ». Jusqu'à nos jours, le nom

---

136 Gustave Lanson, *Les Essais de Montaigne*, Mellottée, 1929, rééd. 1948, p. 163 ; Gustave Michaut, *op. cit.*, p. VIII : « Mais, s'il se défie de la raison pure, de la raison constructrice, appliquée aux hypothèses métaphysiques, il a une pleine confiance en un jugement prudent et sain, quand il juge des choses humaines, en s'appuyant sur l'expérience. »

137 Gustave Lanson, « le scepticisme », *op. cit.*, p. 168, rééd. 1948, p. 162. Voir Jean-Louis Vieillard-Baron, « l'éducation humaniste aujourd'hui », dans *Éducation, transmission, rénovation à la Renaissance*, éd. Bruno Pinchard et Pierre Servet, *Cahiers du Gadges*, n° 4, Lyon, Université Jean Moulin-Lyon 3, 2006, p. 32 : « On a dit que Montaigne était un sceptique ; c'est une erreur ; il a l'esprit critique, mais en vue d'une sagesse humaine profonde, qui fait de lui un véritable humaniste. »

138 Gabriel Compayré, *Montaigne et l'Éducation du jugement*, *op. cit.*, p. 58-59.

139 Gabriel Compayré, *Histoire critique des doctrines de l'éducation depuis le seizième siècle*, Paris, Hachette, 1879, p. 59 : « Mais quelle éclatante revanche les maîtres de l'éducation française ne prennent-ils pas, quand il s'agit de cette instruction moyenne, de cette culture générale dont Montaigne a posé les bases, et que Port-Royal a pratiquée avec tant de succès ? » L'intention de l'auteur est de montrer la supériorité de l'esprit français sur l'esprit allemand ; Pierre Villey, *Montaigne devant la postérité*, Boivin, 1935 : « Il a compris que c'est de culture générale qu'ont besoin les gens du monde, et que le pédantisme est la lèpre dont il faut avant tout les préserver » ; Ernst Cassirer et Paul Schrecker, *op. cit.*, p. 270 : « C'est plutôt un certain idéal de culture générale qu'un idéal éthique » ; Erich Auerbach, *Mimesis*, Paris, Gallimard, 1968, p. 308 : « le nombre fortement accru de ceux qui, nobles ou bourgeois des villes, aspiraient à participer à la vie intellectuelle, du fait de leurs richesses grandissantes et d'une plus large diffusion des connaissances élémentaires, exigeait une forme de savoir qui ne fût pas la connaissance spécialisée. Ainsi naquit une forme sociale, et même mondaine, de culture générale » ; Jean Château,

de Montaigne résonne comme celui d'un pionnier de la culture générale en préfigurant l'archétype de « l'honnête homme », dont l'éducation favorise l'adaptation aux us et coutumes en vigueur.

Sous la Troisième République, cependant, la critique de la science chez Montaigne donne lieu à une réprobation sévère, dont les effets se feront sentir jusqu'à aujourd'hui. Les lecteurs républicains s'étonnent de ce qu'ils considèrent comme une profession de mépris envers les disciplines scientifiques. Bien différent en cela d'Érasme, de Budé ou de Rabelais, Montaigne aurait négligé les contenus théoriques sérieux au profit de jeux un peu vains. On pointe « des vues un peu mesquines » sur les sciences, on déplore « sa préoccupation exclusive de former le jugement[140] ». « Un point cependant est désormais acquis : c'est son mépris pour la science contemporaine. Jamais il ne changera d'avis à son sujet[141] », souligne Pierre Villey. « Montaigne oublie que ces études spéciales, dans une instruction bien dirigée, peuvent et doivent être précisément les instruments de l'éducation intellectuelle[142] », écrit Gabriel Compayré. « Il méprise la théorie pure et la science pure. La spéculation a sa grandeur et sa beauté, et le dédain de Montaigne est un peu philistin[143] », renchérit Gustave Michaut. La critique du pédantisme aurait aveuglé Montaigne sur l'intérêt de la spécialisation des connaissances. Il manquerait à la pédagogie des *Essais* des objets de plus en plus précis et abstraits. Émile Durkheim s'étonne du manque de sérieux avec lequel Montaigne réduit la science à un « ornement », à un élément de « culture esthétique[144] » pour gentilshommes désœuvrés. Il reprend la métaphore du vase que l'on trouve dans notre chapitre, mais pour soutenir, en référence implicite à Descartes et contre Montaigne, que l'intelligence s'applique à différents objets tout en restant la même, et qu'il n'y a par conséquent pas de limite à l'activité scientifique qui serait liée à l'intelligence elle-même[145]. Le

---

Montaigne, psychologue et pédagogue, Paris, Vrin, 1971, p. 121 : « nous sommes ici en face d'une véritable théorie de la culture générale conçue comme une aptitude universelle ».

140 Gabriel Compayré, *op. cit.*, p. 103.

141 Pierre Villey, *Les Sources…*, *op. cit.*, p. 202-207.

142 Gabriel Compayré, *op. cit.*, p. 74.

143 Gustave Michaut, *op. cit.*, p. xiii.

144 Émile Durkheim, *L'Évolution pédagogique en France*, Paris, Alcan, 1938, p. 60, réédition aux PUF, 2014, p. 257.

145 Durkheim, *op. cit.*, 2014, p. 256 : « Or, de même que la forme d'un vase ne dépend pas du liquide qu'il renferme, la forme de l'esprit n'est pas moins indépendante de la science qu'il se trouve contenir. » *Cf.* René Descartes, *Règles pour la direction de l'esprit* (*Regulae ad*

sociologue se désole de « l'indifférence pour la science » tout en appréciant la critique d'études excessivement littéraires. « Esprit pratique et de bon sens, Montaigne se rend bien compte de ce que la culture littéraire ne se suffit pas à elle-même et ne vaut pas la peine qu'elle coûte[146]. » Dans le cours qu'il professe en 1904-1905 sur l'évolution pédagogique en France, Durkheim voit en Montaigne l'incarnation du « scepticisme pédagogique », en réaction au « courant encyclopédique » incarné par Érasme et Rabelais. La contribution de Montaigne est interprétée comme fin de l'appétit de savoir et destruction de la « foi pédagogique[147] » des humanistes. Durkheim se scandalise surtout de l'absence de culture scientifique dans l'éducation montanienne. Citant le passage « Nature peut et fait tout » (l. 366-367), il conclut au « nihilisme pédagogique » de Montaigne. « Il ne reste pas grand-chose qui puisse être enseigné. En somme, Montaigne n'est pas loin d'aboutir à une sorte de nihilisme pédagogique plus ou moins consistant. De fait, sa pensée, c'est que l'éducation ne peut rien sur ce qui constitue le fond de notre nature[148] ». Concept encore récent à l'époque, le terme de nihilisme met en évidence le fait que le chapitre n'a rien perdu de sa force critique[149]. Il ne reste en définitive qu'une « éducation toute pratique », constituée de bon sens et d'un peu de mondanités, un rêve mesquin d'éducation qui la confond avec celle que l'on reçoit de la vie. Pour Durkheim, on doit croire en la science, commente Philippe Desan[150]. Cette analyse sévère fait perdre à Montaigne la faveur dont il jouissait dans les milieux républicains, mais témoigne aussi du fait que le passage du temps n'a pas entamé le potentiel explosif du chapitre par rapport aux normes pédagogiques en vigueur.

---

directionem ingenii, vers 1628), règle 1, explication : « [...] car comme les sciences toutes ensemble ne sont rien autre chose que l'intelligence humaine, qui reste une et toujours la même quelle que soit la variété des objets auxquels elle s'applique, sans que cette variété apporte à sa nature plus de changements que la diversité des objets n'en apporte à la nature du soleil qui les éclaire, il n'est pas besoin de circonscrire l'esprit humain dans aucune limite. »

146 Durkheim, *op. cit.*, 2014, p. 258 ; cité par Philippe Desan, « De l'usage anecdotique de Montaigne dans les sciences sociales », dans *Les usages philosophiques de Montaigne*, *op. cit.*, p. 443.

147 Durkheim, *op. cit.*, 2014, p. 260.

148 Durkheim, *L'évolution pédagogique en France*, *op. cit.*, p. 258 ; cité par Jean Chateau, *op. cit.*, p. 133.

149 Le terme est importé du russe. Il est utilisé par Ivan Tourgeniev pour caractériser le refus de l'ordre traditionnel par la jeune génération russe dans *Pères et fils* (1862).

150 Philippe Desan, *ibid.*, p. 446.

En Allemagne, Ernst Cassirer, Erich Auerbach ou encore Hugo Friedrich mettent l'accent sur l'émergence d'une nouvelle catégorie sociale d'hommes cultivés[151]. En France, l'ouvrage de Paul Porteau, *Montaigne et la vie pédagogique de son temps*, paru en 1935, témoigne de l'importance que l'on accorde aux deux chapitres vingt-cinq et vingt-six du livre I depuis un demi-siècle. Il y voit la critique d'une scolarité excessivement tournée vers les arts de la parole, l'étude de la grammaire, de la rhétorique et de la dialectique, destinée à former de « futurs artistes de la parole[152] » – une critique qui concerne indirectement la place des humanités dans l'enseignement secondaire de l'époque. Or, ces critiques sont excessivement sévères et déjà anachroniques, soutient Paul Porteau[153]. À la même époque, Alain réserve une place de choix à Montaigne comme représentant d'une pédagogie du jeu, par contraste avec Hegel, qui incarne l'esprit de sérieux[154]. Alain célèbre par ailleurs dans les *Essais* « le seul livre qui peut-être s'offre sans système et sans fureur de prouver[155] ». Montaigne voit que l'humanisme est un logocentrisme dont il faut sortir, souligne Jean Château, qui a été l'élève d'Alain, dans *Montaigne psychologue et pédagogue*, un ouvrage paru en 1964 et réédité en 1971[156]. L'originalité de Montaigne découlerait du refus des

---

151 Max Horkheimer, *Montaigne und die Funktion der Skepsis*, dans *Zeitschrift für Sozialforschung*, vol. 7, 1-2, 1938, p. 1-54 ; Ernst Cassirer, *op. cit.*, 1939, p. 272 : « Les représentants du nouvel idéal appartiennent à cette nouvelle couche sociale qui commence pour la première fois, au XVIIe siècle, à jouer un rôle directeur dans les lettres, la science, la culture spirituelle » ; Erich Auerbach, « l'humaine condition », dans *Mimesis*. Publié en 1946 à Berne, l'ouvrage a été rédigé en exil en Turquie en 1935-1936.

152 Paul Porteau, *Montaigne et la vie pédagogique de son temps*, Paris, Droz, 1935, p. 17.

153 Paul Porteau écrit : « Nous avons donc entrepris de critiquer, à la lumière de documents authentiques, les jugements de Montaigne sur la vie de collège pendant la seconde moitié du XVIe siècle et sur la pédagogie des régents » (*op. cit.*, p. 12).

154 « Ainsi, me disais-je, l'attention de l'enfant est bien facile à prendre ; faites-lui un pont depuis ses jeux jusqu'à vos sciences ; et qu'il se trouve en plein travail sans savoir qu'il travaille ; ensuite, toute sa vie, l'étude sera un repos et une joie, par cette habitude d'enfance ; au lieu que le souvenir des études est comme un supplice pour la plupart. Je suivais donc cette idée charmante en compagnie de Montaigne » écrit Alain dans *Propos sur l'éducation*, Paris, PUF, 1932, p. 5. L'idée n'est pas nouvelle : « l'enfant apprend et se perfectionne sans faire effort, sans y penser, presque à son insu », écrit Pierre Villey dans *Les Sources…*, *op. cit.*, p. 462 ; « Montaigne veut qu'on acquière les sciences nécessaires vite et sans peine », souligne Fortunat Strowski, *op. cit.*, p. 234.

155 Alain, *Abrégé pour les aveugles* (1943), dans *Les Passions et la Sagesse*, éd. G. Bénézé, Paris, Gallimard, « La Pléiade », 1960, p. 804 ; cité par Renzo Ragghianti, *op. cit.*, p. 299.

156 Jean Château, *op. cit.*, 1964, rééd. 1971, p. 235 : la pédagogie de Montaigne porte « condamnation d'un souci excessif du langage » et affiche sa méfiance à l'égard de toutes

déterminismes sociaux et des idéologies qui viennent les renforcer. La cible du chapitre est l'infatuation de son époque pour le langage, souligne également James Supple dans une étude approfondie qui tente de situer les *Essais* par rapport aux deux idéaux séculiers de la Renaissance, les « armes » et les « lettres[157] ». L'hégémonie de la langue constituerait une véritable « idéologie humaniste[158] », dont il faut prendre conscience afin de s'en libérer. La critique trouve dans l'exercice du jugement un antidote à l'esprit de système et à ses ravages. « Les *Essais* se veulent, et sont, le contraire d'un système. Sa cohérence n'est pas celle d'un système mais d'un individu, non d'un discours mais d'un cheminement[159] », écrit André Comte-Sponville. Dans *Éducation et scepticisme chez Montaigne, ou pédantisme et exercice du jugement*, paru en 1997, Hubert Vincent oppose explicitement le pédantisme à l'exercice du jugement personnel. Avec Montaigne, la pensée conquiert un nouvel espace de liberté. Les doctrines philosophiques ont une vertu formatrice, ai-je rappelé dans *Montaigne, pédagogue du jugement*, « mais ne doivent pas étouffer la pensée personnelle[160]. » Cette double exigence rend problématiques les voies que doit prendre l'éducation intellectuelle. L'autocritique et l'auto-ironie sont mises en évidence dans les approches contemporaines du chapitre, entre autres dans les travaux d'Eric MacPhail et de Robert Kilpatrick : l'auteur des *Essais* y combat « cet autre en soi qu'est le pédant[161] ».

ces « techniques du langage auxquelles on fait tant de place ». Le langage ne serait pour Montaigne qu'un « instrument que l'on utilise pour une fin plus noble ». Jean Château, auteur d'une thèse sur le jeu chez l'enfant, est l'un des inspirateurs en France de la licence en sciences de l'éducation.

157 James J. Supple, *Arms versus Letters. The Military and Literary Ideals in the* Essais *of Montaigne*, Oxford, Clarendon Press, 1984, p. 154 : « *his real target is the widespread infatuation with language* ».

158 James Supple, *op. cit.*, p. 147. Montaigne lui oppose l'approche militaire à la fin du chapitre : « [...] celuy des Turcs : peuples egalement duicts à l'estimation des armes et mespris des lettres. »

159 André Compte-Sponville, « Montaigne cynique ? », *Valeur et vérité*, Paris, PUF, 1994, p. 56.

160 Marc Foglia, *Montaigne, pédagogue du jugement*, Paris, Classiques Garnier, 2011, p. 9.

161 Philippe Mottet, « Des citations grecques et *Du pedantisme* », *BSAM*, 1997, 8e série, nº 7-8, 1997, p. 10 ; Denis Bjaï, introduction à l'édition des *Essais* de 1595, Paris, Le Livre de poche, 2001 ; Eric MacPhail, « Montaigne and the Praise of Sparta », *Rhetorica : A Journal of the History of Rhetoric*, vol. 20, nº 2, 2002, p. 193-211 ; Robert Kilpatrick, « 'Et nous enferrons de nos armes' : Self-irony and Paradox in 'Du pedantisme' », *MS*, nº 25, « Montaigne and Descartes », 2013.

ESSAIS,
LIVRE I, CHAPITRE 25

DU PEDANTISME

DU PEDANTISME [133]

[133] Je me suis souvent despité, en mon enfance, de voir és comedies Italiennes tousjours un pedante pour badin[1], et le surnom de magister n'avoit guiere plus honorable signification parmy nous. Car, leur estant donné en gouvernement et en garde, que pouvois-je moins faire que d'estre jalous de[2] leur reputation ? Je cherchois bien de les excuser par la disconvenance naturelle qu'il y a entre le vulgaire et les personnes rares et excellentes en jugement et en sçavoir : d'autant qu'ils vont un train entierement contraire les uns des autres. Mais en cecy perdois je mon latin, que les plus galans hommes c'estoient ceux qui les avoyent le plus à mespris, tesmoing nostre bon du Bellay :

> « Mais je hay par sur tout un sçavoir pedantesque[3] ».

[134] Et est cette coustume ancienne : car Plutarque dit que Grec et escholier estoient mots de reproche entre les Romains, et de mespris.

Depuis, avec l'eage[4], j'ay trouvé qu'on avoit une grandissime raison et que « *magis magnos clericos non sunt magis magnos sapientes*[5] ». Mais d'où il puisse advenir qu'une ame riche de la connoissance de tant de choses n'en devienne pas plus vive et plus esveillée, et qu'un esprit grossier et vulgaire puisse loger en soy, sans s'amender,

---

1 Un maître d'école jouer le rôle d'un personnage ridicule.
2 Veiller à.
3 Joachim Du Bellay, *Les Regrets*, sonnet 68.
4 Avec le temps.
5 Les plus grands clercs ne sont pas les plus sages. Emprunt à Rabelais, *Gargantua*, chap. 39.

les discours et les jugemens des plus excellens esprits que le monde ait porté, j'en suis encore en doute.

A recevoir tant de cervelles estrangeres, et si fortes, et si grandes, il est necessaire (me disoit une fille[6], la premiere de nos Princesses[7], parlant de quelqu'un), que la sienne se foule[8], se contraingne et rapetisse, pour faire place aux autres.

Je dirois volontiers que, comme les plantes s'estouffent de trop d'humeur[9], et les lampes de trop d'huile : aussi l'action de l'esprit, par trop d'estude et de matiere, lequel, saisi et embarrassé d'une grande diversité de choses, perde le moyen de se desmeler ; et que cette charge le tienne courbe et croupi[10]. Mais il en va autrement : car nostre ame s'eslargit d'autant plus qu'elle se remplit ; et aux exemples des vieux temps il se voit, tout au rebours, des suffisans[11] hommes aux maniemens des choses publiques, des grands capitaines et grands conseillers aux affaires d'estat avoir esté ensemble tres sçavans.

Et, quant aux philosophes retirez de toute occupation publique, ils ont esté aussi quelque fois, à la verité, mesprisez par la liberté Comique de leur temps, *leurs opinions et façons les rendant ridicules. Les voulez-vous faire juges des droits d'un proces, des actions d'un homme ? Ils en sont bien prests ! Ils cerchent encore s'il y a vie, s'il y a mouvement, si l'homme est autre chose qu'un bœuf ; que c'est qu'agir et souffrir ; quelles bestes ce sont que loix et justice. Parlent ils du magistrat, ou parlent ils à luy ? C'est d'une liberté irreverente et incivile. Oyent ils louer leur prince ou un roy ? C'est un pastre*[12] *pour eux, oisif comme un pastre, occupé à pressurer et tondre ses bestes, mais bien plus rudement qu'un pastre. En estimez vous quelqu'un plus grand, pour posseder deux mille arpents*

6 Demoiselle, jeune femme non mariée.

7 Il s'agit vraisemblablement de Marguerite de France (1553-1615), surnommée Margot, fille du roi Henri II et de Catherine de Médicis. Par son mariage avec Henri de Navarre, Marguerite devient reine de Navarre en 1572 et reine de France en 1589.

8 Se réduise.

9 Sève.

10 Accroupi.

11 Compétents.

12 Berger.

de terre ? eux s'en moquent, accoustumez d'embrasser tout le monde[13] *comme leur possession. Vous ventez-vous de vostre noblesse, pour compter sept ayeulx riches ? ils vous estiment de peu, ne concevant*[14] *l'image universelle de nature, et combien chascun de nous a eu de predecesseurs : riches, pauvres, roys, valets, Grecs et barbares. Et quand vous seriez cinquantiesme descendant de Hercules, ils vous trouvent vain* [135] *de faire valoir ce present de la fortune. Ainsi les desdeignoit le vulgaire, comme ignorants les premieres choses et communes, comme presomptueux et insolents. Mais cette peinture Platonique*[15] *est bien esloignée de celle qu'il faut à noz gens*[16]. **On envioit ceux-là comme estans au-dessus de la commune façon, comme mesprisans les actions publiques, comme ayans dressé une vie particuliere et inimitable, reglée à certains discours hautains et hors d'usage**[17]**. Ceux-cy, on les desdeigne, comme estans au-dessoubs de la commune façon, comme incapables des charges publiques, comme trainans une vie et des meurs basses et viles apres le vulgaire.**

Odi homines ignava opera, philosopha sententia

[*« Je hais les hommes lâches en action, philosophes seulement en paroles »*][18].

Quant à ces philosophes, dis-je, comme ils estoient grands en science, ils estoient encore plus grands en tout'action. Et tout ainsi qu'on dit de ce Geometrien de Siracuse[19]**, lequel, ayant esté destourné de sa contemplation pour en mettre quelque chose en practique à la deffence de son païs, qu'il mit soudain en train des engins espouvantables et des effets surpassans toute creance humaine, desdaignant toutefois luy mesme toute cette sienne manufacture**[20]**, et pensant en cela avoir corrompu**

13 Considérer la terre entière.

14 Ne concevant autre chose que.

15 Ce portrait que l'on trouve chez Platon (*Théétète*, 174-175).

16 Bien éloignée de celle qui convient à nos pédants.

17 Inapplicables.

18 Aulu-Gelle, *Nuits attiques*, livre XIII, chap. 8.

19 Archimède.

20 Ces machines qu'il avait fabriquées.

la dignité de son art, de laquelle[21] **ses ouvrages n'estoient que l'aprentissage et le jouet : aussi eux, si quelquefois on les a mis à la preuve**[22] **de l'action, on les a veu voler d'une aisle si haute, qu'il paroissoit bien leur cœur et leur ame s'estre merveilleusement grossie**[23] **et enrichie par l'intelligence des choses. Mais** aucuns[24], voyants la place du gouvernement politique saisie par hommes incapables, s'en sont *reculés ; et celuy qui demanda à Crates*[25] *jusques à quand il faudroit philosopher, en receut cette responce : Jusques à tant que ce ne soient plus des asniers qui conduisent noz armées. Heraclitus resigna la royauté à son frere ; et aux Ephesiens qui luy reprochoient à quoy il passoit son temps à jouer avec les enfans devant le temple : Vaut-il pas mieux faire cecy, que gouverner les affaires en vostre compagnie ?* **D'autres, ayant leur imagination logée au-dessus de la fortune et du monde, trouverent les sieges de la justice et les thrones mesmes des Roys, bas et viles.** *Et refusa Empedocles la Royauté que les Agrigentins luy offrirent.* **Thales accusant quelque fois le soing du mesnage**[26] **et de s'enrichir, on luy reprocha que c'estoit à la mode du renard, pour n'y pouvoir advenir**[27]**. Il luy print envie, par passetemps, d'en montrer l'experience ; et, ayant pour ce coup ravalé** [136] **son sçavoir au service du proffit et du gain, dressa une trafique**[28]**, qui dans un an rapporta telles richesses, qu'à peine en toute leur vie les plus experimentez de ce mestier là en pouvoient faire de pareilles.**

Ce qu'Aristote recite[29] **d'aucuns qui appelloyent et celuy-là et Anaxagoras**[30] **et leurs semblables, sages et non**

21 Dont (« art » étant féminin).
22 À l'épreuve de.
23 Étonnamment développée.
24 Certains.
25 Cratès de Thèbes, philosophe cynique.
26 Le soin de son patrimoine.
27 Allusion à la fable du renard et des raisins, que l'on trouve chez Ésope (fable 156) et chez Phèdre (IV, 3).
28 Monta un commerce.
29 Relater.
30 Philosophe présocratique.

prudents, pour n'avoir assez de soin des choses plus utiles, *outre ce que je ne digere pas bien cette difference de mots, cela ne sert point d'excuse à mes gens : et, à voir la basse et necessiteuse fortune dequoy ils se payent*[31]*, nous aurions plustost occasion de prononcer tous les deux*[32]*, qu'ils sont et non sages et non prudents.*

Je quitte cette premiere raison, et croy qu'il vaut mieux dire que ce mal vienne de leur mauvaise façon de se prendre aux sciences ; et, qu'à la mode dequoy nous sommes instruicts, il n'est pas merveille[33] si ny les escholiers ny les maistres n'en deviennent pas plus habiles, quoy qu'ils s'y facent plus doctes. De vray, le soing et la despence de nos peres ne vise qu'à nous meubler la teste de science ; du jugement et de la vertu, peu de nouvelles. *Criez d'un passant à nostre peuple : O le sçavant homme ! Et d'un autre : O le bon homme ! Il ne faudra*[34] *pas de tourner les yeux et son respect vers le premier. Il y faudroit un tiers crieur : O les lourdes testes !* Nous nous enquerons volontiers : Sçait-il du Grec ou du Latin ? escrit-il en vers ou en prose ? Mais s'il est devenu meilleur ou plus advisé, c'estoit le principal, et c'est ce qui demeure derriere. Il falloit s'enquerir qui est mieux sçavant, non qui est plus sçavant.

Nous ne travaillons qu'à remplir la memoire, et laissons l'entendement *et la conscience* vuide. Tout ainsi que les oyseaux vont quelquefois à la queste du grein, et le portent au bec sans le taster[35], pour en faire bechée[36] à leurs petits, ainsi nos pedantes vont pillotant[37] la science dans les livres, et ne la logent qu'au bout de leurs lévres, pour la dégorger seulement et mettre au vent[38].

C'est merveille combien proprement la sottise se loge sur mon exemple. Est-ce pas faire de mesme, ce que je fay en la plus part de cette composition ?

31 Dont ils se satisfont.
32 De dire à la fois.
33 Il n'est guère étonnant que.
34 Ne manquera pas de.
35 Goûter.
36 Becquée.
37 Prennent.
38 Exhiber.

Je m'en vay, escorniflant[39] *par cy par là des livres les sentences qui me plaisent, non pour les garder, car je n'ay point de gardoires, mais pour les transporter en cettuy-cy, où, à vray dire, elles ne sont non plus miennes qu'en leur premiere place. Nous ne sommes, ce croy-je, sçavants que de la science presente, non de la passée, aussi peu que de la future.*

Mais, qui pis est, leurs escholiers et leurs petits ne s'en nourrissent et alimentent non plus ; ains elle passe de main en main, pour cette seule fin d'en faire parade, d'en entretenir autruy[40]**, et d'en faire des contes** [137] **comme une vaine monnoye, inutile à tout autre usage et emploite**[41] **qu'à compter et jetter**[42]. *Apud alios loqui didicerunt, non ipsi secum* [« Les maîtres apprennent bien à parler aux autres, mais pas à soi-même »][43].

> *Non est loquendum, sed gubernandum*
>
> [*« Il ne s'agit plus de parler, mais de diriger le navire »*][44].

Nature, pour montrer qu'il n'y a rien de sauvage en ce qui est conduit par elle, faict naistre és nations moins cultivées par art, des productions d'esprit souvent, qui luittent[45] *les plus artistes*[46] *productions. Comme sur mon propos le proverbe Gascon est-il delicat : Bouha prou bouha, mas a remuda lous ditz qu'em ; souffler prou souffler, mais nous en sommes à remuer les doits, tiré d'une chalemie*[47].

Nous sçavons dire : Cicero dit ainsi : voilà les meurs de Platon ; ce sont les mots mesmes d'Aristote. Mais nous, que disons nous nous mesmes ? que jugeons nous ? que faisons nous ? Autant en diroit bien un perroquet. Cette façon me fait souvenir de ce riche Romain[48]**, qui**

---

39 Chapardant, cherchant à dîner aux dépens d'autrui.
40 D'en faire part à autrui.
41 Emploi, manière de mettre en valeur.
42 Calculer (avec des jetons).
43 Cicéron *Tusculanes*, V, 36.
44 Sénèque, lettre 106.
45 Rivalisent avec.
46 Réalisées d'après les règles de l'art.
47 « chalumeau, espece de fluste champestre dont les bergers se servent » (*Dictionnaire de l'Académie*, 1694).
48 Calvisius Sabinus, le père (consul en -39), ou plus probablement le fils (consul en -26).

avoit esté soigneux, à fort grande despence, de recouvrer des hommes suffisans[49] en tout genre de sciences, qu'il tenoit continuellement autour de luy, affin que, quand il escherroit[50] entre ses amis quelque occasion de parler d'une chose ou d'autre, ils supplissent sa place, et fussent tous prets à luy fournir, qui d'un discours, qui d'un vers d'Homere, chacun selon son gibier[51] ; et pensoit ce sçavoir estre sien par ce qu'il estoit en la teste de ses gens ; et comme font aussi ceux desquels la suffisance[52] loge en leurs somptueuses librairies[53].

J'en cognoy, à qui quand je demande ce qu'il sçait, il me demande un livre pour me le montrer ; et n'oseroit me dire qu'il a le derriere galeux, s'il ne va sur le champ estudier en son lexicon, que c'est que galeux, et que c'est que derriere.

Nous prenons en garde les opinions et le sçavoir d'autruy, et puis c'est tout. Il les faut faire nostres. Nous semblons proprement celuy qui, ayant besoing de feu, en iroit querir[54] chez son voisin, et, y en ayant trouvé un beau et grand, s'arresteroit là à se chauffer, sans plus se souvenir d'en raporter chez soy. Que nous sert-il d'avoir la panse pleine de viande[55], si elle ne se digere ? si elle ne se trans-forme en nous ? si elle ne nous augmente et fortifie ? Pensons nous que Lucullus[56], que les lettres rendirent et formairent si grand capitaine sans l'experience, les eut prises à nostre mode ?

Nous nous laissons si fort aller sur les bras d'autruy, que nous aneantissons nos forces. Me veus-je armer contre la crainte de la mort ? [138] c'est aux despens de Seneca. Veus-je tirer de

49 Compétents.
50 Arriverait.
51 Chacun selon domaine de compétence.
52 Capacité, compétence.
53 Bibliothèques.
54 Chercher.
55 Nourriture.
56 Lucius Licinius Lucullus (118-56 av. J.-C.) remporta plusieurs victoires sur Mithridate. Il aurait appris l'art militaire dans les livres, soutient son ami Cicéron dans les *Académiques* (II, 1).

la consolation pour moy, ou pour un autre ? je l'emprunte de Cicero. Je l'eusse prise en moy-mesme si on m'y eust exercé. Je n'ayme point cette suffisance relative et mendiée. **Quand bien nous pourrions estre sçavans du sçavoir d'autruy, au moins sages ne pouvons-nous estre que de nostre propre sagesse.**

> **μισῶ σοφιστὴν ὅστις οὐχ αὐτῷ σοφός**[57].
>
> **[« Je haï, dict-il, le Sage qui n'est pas sage pour soy mesmes. »]**
>
> *Ex quo Ennius : Nequicquam sapere sapientem, qui ipse sibi prodesse non quiret*[58].
>
> [« Aussi Ennius dit-il : vaine est la sagesse du sage, si elle ne lui profite pas à lui-même. »]
>
> si cupidus, si
> Vanus et Euganea quamtumvis vilior agna[59].
>
> [« S'il est cupide,
> s'il est vain, et d'un prix beaucoup plus bas qu'une brebis d'Euganée. »]
>
> *Non enim paranda nobis solum, sed fruenda sapientia est*[60].
>
> [*« Car il ne nous suffit pas d'acquérir la sagesse, il faut en profiter. »*]

Dionysius[61] *se moquoit des grammariens qui ont soin de s'enquerir des maux d'Ulysses, et ignorent les propres*[62] *; des musiciens qui accordent leurs fleutes et n'accordent pas leurs meurs ; des Orateurs qui estudient à dire justice, non à la faire.*

Si nostre ame n'en va un meilleur bransle[63]**, si nous n'en avons le jugement plus sain, j'aymeroy aussi cher**

---

57 Vers d'Euripide rapporté par Cicéron, que Montaigne avait d'abord traduit en français, avant de supprimer la traduction.

58 Cicéron, *De Officiis*, III, 15.

59 Citation modifiée de Juvénal, *Satires*, VIII, v. 14.

60 Cicéron, *De Finibus*, I, 1.

61 Il s'agit en réalité de Diogène de Sinope.

62 Les leurs.

63 N'a meilleure allure.

que mon escolier eut passé le temps à jouer à la paume ; au moins le corps en seroit plus allegre. Voyez le revenir de là, apres quinze ou seze ans employez : il n'est rien si mal propre à mettre en besongne. Tout ce que vous y recognoissez d'avantage, c'est que son Latin et son Grec l'ont rendu plus fier et plus outrecuidé qu'il n'estoit party de la maison. *Il en devoit rapporter l'ame pleine, il ne l'en rapporte que bouffie ; et l'a seulement enflée au lieu de la grossir.*

Ces maistres icy, comme Platon dit des sophistes, leurs germains[64], *sont de tous les hommes ceux qui promettent d'estre les plus utiles aux hommes, et, seuls entre tous les hommes, qui non seulement n'amendent point ce qu'on leur commet*[65], *comme fait un charpentier et un masson, mais l'empirent, et se font payer de l'avoir empiré.*

Si la loi que Protagoras proposait à ses disciples estoit suivie : ou qu'ils le payassent selon son mot[66], *ou qu'ils jurassent au temple combien ils estimoient le profit qu'ils avoient receu de ses disciplines, et selon iceluy satisfissent sa peine, mes pedagogues se trouveroient chouez*[67], *s'estant remis au serment de*[68] *mon experience.*

[139] Mon vulgaire[69] Perigordin appelle fort plaisamment « Lettreferits[70] » ces sçavanteaux, comme si vous disiez « lettre-ferus », ausquels les lettres ont donné un coup de marteau, comme on dict. De vray, le plus souvent ils semblent estre ravalez[71], mesmes du sens commun. Car le paisant et le cordonnier, vous leur voiez aller simplement et naïfvement leur train, parlant de ce qu'ils sçavent ; ceux cy, pour se vouloir eslever et gendarmer de ce sçavoir qui nage en la superficie de leur cervelle, vont s'ambarrassant et enpestrant sans cesse. Il leur eschappe de belles parolles, mais qu'un autre les accommode. Ils cognoissent bien Galien, mais nullement le malade. Ils

64 Frères.
65 Confie.
66 Au tarif demandé.
67 Trompés.
68 Selon l'attestation de.
69 Langue vulgaire, par opposition au grec et au latin.
70 Frapper.
71 Avilis.

vous ont des-ja rempli la teste de loix, et si n'ont encore conçeu le neud de la cause[72]**. Ils sçavent la theorique de toutes choses, cherchez qui la mette en practique.**

J'ay veu chez moy un mien amy, par maniere de passetemps, ayant affaire à un de ceux-cy, contrefaire un jargon de galimathias, propos sans suite, tissu de pieces rapportées, sauf qu'il estoit souvent entrelardé de mots propres à leur dispute, amuser ainsi tout un jour ce sot à debatre, pensant tousjours respondre aux objections qu'on luy faisoit ; et si estoit homme de lettres et de reputation, et qui avoit une belle robe.

Vos, ô patritius sanguis, quos vivere par est
Occipiti, caeco, posticae occurrite sannae[73].

[« Ô vous, nobles patriciens, qui n'avez pas le don de voir ce qui se passe derrière vous, prenez garde que ceux à qui vous tournez le dos ne rient à vos dépens. »]

Qui regardera de bien pres à ce genre de gens, qui s'estand bien loing, il trouvera, comme moy, que le plus souvent ils ne s'entendent, ny autruy, et qu'ils ont la souvenance assez pleine, mais le jugement entierement creux, sinon que leur nature d'elle mesme le leur ait autrement façonné : comme j'ay veu Adrianus Turnebus[74]**, qui, n'ayant faict autre profession que des lettres, en laquelle c'estoit, à mon opinion, le plus grand homme qui fut il y a mil'ans, n'avoit toutesfois rien de pedantesque que le port de sa robe, et quelque façon externe, qui pouvoit n'estre pas civilisée à la courtisane, qui sont choses de neant.** Et hai nos gens qui supportent plus malaysement une robe qu'une ame de travers, et regardent à sa reverence[75], à son maintien et à ses bottes, quel homme il est. **Car au dedans c'estoit l'ame la plus polie**[76] **du monde. Je l'ay souvent à**

72 Au sens judiciaire : procès, affaire.
73 Perse, *Satires*, I, v. 61-62.
74 Adrien Turnèbe (1512-1565).
75 À la manière dont il salue.
76 Civilisée, « qui porte la marque de la culture et du bon ton » (Pierre Villey).

mon esciant[77] jetté en propos eslongnez de son usage ; il y voyoit si cler, d'une apprehension[78] si prompte, d'un jugement si sain, qu'il sembloit qu'il n'eut jamais faict autre mestier que la guerre et affaires d'Estat. Ce sont natures belles et fortes, [140]

queis arte benigna
Et meliore luto finxit praecordia Titan[79].

[dont le Titan a façonné la poitrine
d'un art bienveillant et d'une meilleure argile.]

qui se maintiennent au travers d'une mauvaise institution[80]. Or, ce n'est pas assez que nostre institution ne nous gaste pas, il faut qu'elle nous change en mieux.

Il y a aucuns de nos Parlemens[81], quand ils ont à recevoir des officiers[82], qui les examinent seulement sur la science ; les autres y adjoutent encores l'essay du sens[83], en leur presentant le jugement de quelque cause. Ceux cy me semblent avoir un beaucoup meilleur stile[84] ; et encore que ces deux pieces soyent necessaires, et qu'il faille qu'elles s'y trouvent toutes deux, si est ce qu'à la verité celle du sçavoir est moins prisable[85] que celle du jugement. Cette cy se peut passer de l'autre, et non l'autre de cette cy. Car, comme dict ce vers grec,

ὡς οὐδὲν ἡ μάθησις ἤν μὴ νοῦς παρῇ[86],

à quoy faire la science, si l'entendement n'y est ? Pleut à Dieu que pour le bien de nostre justice ces compagnies là se trouvassent aussi bien fournies d'entendement et de

77 À dessein.
78 Intelligence.
79 Juvénal, *Satires*, XIV, 34-35.
80 Éducation.
81 Quelques-unes de nos cours de justice.
82 Détenteurs d'une charge ou office.
83 Jugement.
84 Un bien meilleur règlement.
85 Estimable.
86 Vers de Stobée. Montaigne en donne la traduction à la suite.

conscience comme elles sont encore de science ! *Non vitae sed scholae discimus*[87]. Or il ne faut pas attacher le sçavoir à l'ame, il l'y faut incorporer ; il ne l'en faut pas arrouser, il l'en faut teindre ; et, s'il ne la change, et meliore son estat imparfaict, certainement il vaut beaucoup mieux le laisser là. C'est un dangereux glaive, et qui empesche et offence[88] son maistre, s'il est en main foible et qui n'en sçache l'usage, « *ut fuerit melius non didicisse* » [« de sorte qu'il aurait mieux valu ne rien apprendre »][89].

A l'adventure[90] est ce la cause que et nous et la Theologie ne requerons pas beaucoup de science aus fames[91], et que François, Duc de Bretaigne, filz de Jean cinquiesme[92], comme on luy parla de son mariage avec Isabeau, fille d'Escosse, et qu'on luy adjousta qu'elle avoit esté nourrie[93] simplement et sans aucune instruction de lettres, respondit qu'il l'en aymoit mieux, et qu'une fame estoit assez sçavante quand elle sçavoit mettre difference entre la chemise et le pourpoint[94] de son mary.

Aussi ce n'est pas si grande merveille, comme on crie, que nos ancestres n'ayent pas faict grand estat des lettres, et qu'encores aujourd'huy elles ne se trouvent que par rencontre aux principaux conseils de nos Roys ; et, si cette fin de s'en enrichir, qui seule nous est aujourd'huy proposée [141] par le moyen de la Jurisprudence, de la Medecine, du pedantisme[95], et de la Theologie encore, ne les tenoit en credit, vous les verriez sans doute aussi marmiteuses[96]

---

87 Sénèque, lettre 106.

88 Qui embarrasse et blesse.

89 Citation modifiée de Cicéron, *Tusculanes*, II, 4, « *ut iis fuerit non didicisse melius* ».

90 Peut-être.

91 Femmes.

92 François Ier de Bretagne (1414-1450) succède à son père Jean V de Bretagne en 1442. Anecdote empruntée à Gilles Corrozet, *Divers propos mémorables des nobles et illustres hommes de la chrestienté* (1557).

93 Élevée.

94 Partie du vêtement qui couvrait le torse.

95 Ici, métiers de l'enseignement.

96 Misérables, littéralement sales comme un marmiton, qui désignait alors un valet de cuisine.

qu'elles furent onques. Quel dommage, si elles ne nous aprenent ny à bien penser, ny à bien faire ? « *Postquam docti prodierunt, boni desunt* » [« Depuis que les doctes sont arrivés, il n'y a plus de gens de bien »][97].

Toute autre science est dommageable à celuy qui n'a la science de la bonté. Mais la raison que je cherchoys tantost, seroit-elle point aussi de là : que nostre estude en France n'ayant quasi autre but que le proufit, moins de ceux que nature a faict naistre à plus genereux offices que lucratifs, s'adonnant aux lettres, ou si courtement (retirez, avant que d'en avoir prins le goût, à une profession qui n'a rien de commun aveq les livres) il ne reste plus ordinairement, pour s'engager tout à faict à l'estude, que les gens de basse fortune qui y questent des moyens à vivre. Et de ces gens là les ames, estant et par nature et par domestique institution et example du plus bas aloy[98]*, rapportent faucement*[99] *le fruit de la science. Car elle n'est pas pour donner jour*[100] *à l'ame qui n'en a point, ny pour faire voir un aveugle : son mestier est, non de luy fournir de veue, mais de la luy dresser, de luy regler ses allures pourveu qu'elle aye de soy les pieds et les jambes droites et capables. C'est une bonne drogue, que la science ; mais nulle drogue n'est assez forte pour se preserver sans alteration et corruption, selon le vice du vase qui l'estuye*[101]*. Tel a la veue claire, qui ne l'a pas droitte ; et par consequent void le bien et ne le suit pas ; et void la science, et ne s'en sert pas. La principale ordonnance de Platon en sa Republique, c'est donner à ses citoyens, selon leur nature, leur charge. Nature peut tout et fait tout. Les boiteux sont mal propres aux exercices du corps ; et aux exercices de l'esprit les ames boiteuses ; les bastardes et vulgaires sont indignes de la philosophie. Quand nous voyons un homme mal chaussé, nous disons que ce n'est pas merveille, s'il est chaussetier. De mesme il semble que l'experience nous offre souvent un medecin plus mal medeciné, un theologien moins reformé, un sçavant moins suffisant que tout autre.*

97 Sénèque, lettre 95.
98 L'aloi désigne littéralement un alliage de métaux : on parle de monnaie de « bon » ou de « mauvais aloi ».
99 Proposent un compte-rendu erroné.
100 Apporter la lumière.
101 Qui la renferme.

Aristo Chius[102] *avoit anciennement raison de dire que les philosophes nuisoient aux auditeurs, d'autant que la plus part des ames ne se trouvent propres à faire leur profit de telle instruction, qui, si elle ne se met à bien, se met à mal : « asotos ex Aristippi, acerbos ex Zenonis schola exire »* [*« L'école d'Aristippe fait des débauchés, celle de Zénon des sauvages »*][103].

En cette belle institution que Xenophon preste aux Perses, nous trouvons qu'ils apprenoient la vertu à leurs enfans, comme les autres [142] nations font les lettres. *Platon dit que le fils aisné, en leur succession royale, estoit ainsi nourry*[104]*. Apres sa naissance, on le donnoit, non à des femmes, mais à des Eunuches de la premiere authorité autour des Roys à cause de leur vertu. Ceus-cy prenoient charge de luy rendre le corps beau et sain, et apres sept ans le duisoient*[105] *à monter à cheval et aller à la chasse. Quand il estoit arrivé au quatorziesme, ils le deposoient entre les mains de quatre : le plus sage, le plus juste, le plus temperant, le plus vaillant de la nation. Le premier luy apprenoit la religion ; le second à estre tousjours veritable ; le tiers à se rendre maistre des cupiditez*[106]*, le quart à ne rien craindre.*

C'est chose digne de tres-grande consideration que, en cette excellente police[107] **de Licurgus**[108]**, et à la vérité monstrueuse par sa perfection, si songneuse pourtant de la nourriture des enfans comme de sa principale charge, et au giste mesmes des Muses, il s'y face si peu de mention de la doctrine : comme si cette genereuse jeunesse, desdaignant tout autre joug que de la vertu, on luy aye deu fournir, au lieu de nos maistres de science, seulement des maistres de vaillance, prudence et justice,** *exemple que Platon en ses loix a suivy.* **La façon de**

102 Ariston de Chios, philosophe stoïcien.

103 Cicéron, *La Nature des dieux*, III, 31 : Aristippe de Cyrène fonda l'école cyrénaïque, connue pour son hédonisme ; Zénon de Kition est l'un des fondateurs de l'école stoïcienne, connue à l'inverse pour son austérité morale.

104 Élevé.

105 L'exerçaient à.

106 Désirs.

107 Constitution, organisation de la Cité.

108 Lycurgue, législateur légendaire de Sparte.

leur discipline[109], c'estoit leur faire des questions sur le jugement des hommes et de leurs actions ; et, s'ils condamnoient et louoient ou ce personnage ou ce faict, il falloit raisonner leur dire, et par ce moyen ils aiguisoient ensemble leur entendement et apprenoient le droit. Astiages[110], en Xenophon, demande à Cyrus conte de sa dernière leçon : C'est, dict-il, qu'en nostre escole un grand garçon, ayant un petit saye, le donna à un de ses compaignons de plus petite taille, et luy osta son saye[111], qui estoit plus grand. Nostre precepteur m'ayant faict juge de ce different, je jugeay qu'il falloit laisser les choses en cet estat, et que l'un et l'autre sembloit estre mieux accommodé en ce point : sur quoy il me remontra que j'avois mal fait, car je m'estois arresté à considerer la bien seance, et il falloit premierement avoir proveu[112] à la justice, qui vouloit que nul ne fust forcé en ce qui luy appartenoit. Et dict qu'il en fut foité, tout ainsi que nous sommes en nos vilages pour avoir oublié le premier Aoriste de τύπτω[113]. Mon regent me feroit une belle harengue « in genere Demonstrativo[114] », avant qu'il me persuadat que son escole vaut cette là. Ils ont voulu couper chemin[115] ; et, puis qu'il est ainsi que les sciences, lors mesmes qu'on les prent de droit fil[116], ne peuvent que nous enseigner la prudence, la prud'hommie[117] et la resolution, ils ont voulu d'arrivée mettre leurs enfans au propre des effects[118], et les instruire, non par ouïr dire, mais par l'essay de l'action,

109 Enseignement.
110 Dernier roi des Mèdes et précepteur de son petit-fils Cyrus, qui renversera son grand-père. La question est en réalité posée par Mandane, fille d'Astyage et mère de Cyrus.
111 Vêtement court.
112 Pourvu à.
113 Litt. : je frappe.
114 Dans le genre démonstratif, encore appelé le genre épidictique, genre de l'éloge et du blâme.
115 Prendre un raccourci.
116 Comme il faut.
117 Sagesse, honnêteté.
118 Les mettre à l'épreuve de l'expérience.

en les formant et moulant vifvement, non seulement de preceptes et parolles, mais principalement d'exemples et d'œuvres, afin que ce ne fut pas une science en [143] leur ame, mais sa complexion et habitude ; que ce ne fut pas un acquest[119], mais une naturelle possession. A ce propos, on demandoit à Agesilaus[120] ce qu'il seroit d'advis que les enfans apprinsent : Ce qu'ils doivent faire estants hommes, respondit-il. Ce n'est pas merveille si une telle institution a produit des effects si admirables.

On alloit, dict-on, aux autres Villes de Grece chercher des Rhetoriciens, des peintres et des Musiciens ; mais en Lacedemone des legislateurs, des magistrats et empereurs[121] d'armée. A Athenes on aprenoit à bien dire, et icy, à bien faire ; là, à se desmeler d'un argument sophistique, et à rabattre l'imposture des mots captieusement entrelassez ; icy, à se desmeler des appats de la volupté, et à rabatre d'un grand courage les menasses de la fortune et de la mort ; ceux-là s'embesongnoient apres les parolles ; ceux-cy, apres les choses ; là, c'estoit une continuelle exercitation de la langue ; icy, une continuelle exercitation de l'ame. Parquoy il n'est pas estrange si, Antipater[122] leur demandant cinquante enfans pour ostages, ils respondirent, tout au rebours de ce que nous ferions, qu'ils aymoient mieux donner deux fois autant d'hommes faicts, tant ils estimoient la perte de l'education de leur païs. Quand Agesilaus, convie Xenophon d'envoyer nourrir ses enfans à Sparte, ce n'est pas pour y apprendre la Rhetorique ou Dialectique, mais pour apprendre (ce dict-il) la plus belle science qui soit : asçavoir la science d'obeïr et de commander.

Il est tres-plaisant de voir Socrates, à sa mode, se moquant de Hippias[123] qui luy recite comment il a gaigné, specialement en certaines

119 Un bien acquis par l'exercice.
120 Roi de Sparte et brillant chef militaire.
121 Généraux en chef.
122 Général de Philippe II de Macédoine, puis d'Alexandre le Grand.
123 Hippias, sophiste grec dont Platon fait un interlocuteur de Socrate.

petites villettes de la Sicile, bonne somme d'argent à regenter[124] *; et qu'à Sparte il n'a gaigné pas un sol : que ce sont gents idiots, qui ne sçavent ny mesurer ny compter, ne font estat ny de grammaire ny de rythme, s'amusant seulement à sçavoir la suitte des Roys, establissemens et decadences des Estats, et tels fatras de comptes*[125]*. Et au bout de cela Socrates, luy faisant advouer par le menu l'excellence de leur forme de gouvernement publique, l'heur et vertu de leur vie, luy laisse deviner la conclusion de l'inutilité de ses arts.*

Les exemples nous apprennent, et en cette martiale police[126] *et en toutes ses semblables, que l'estude des sciences amollit et effemine les courages, plus qu'il ne les fermit et aguerrit. Le plus fort Estat qui paroisse pour le present au monde, est celuy des Turcs : peuples egalement duicts*[127] *à l'estimation des armes et mespris des lettres. Je trouve Rome plus vaillante avant qu'elle fust sçavante. Les plus belliqueuses nations en nos jours sont les plus grossieres et ignorantes. Les Scythes, les Parthes, Tamburlan*[128] *nous servent à cette preuve. Quand les Gots ravagerent la Grece*[129]*, ce qui sauva toutes les librairies d'estre passées au feu, ce fut un* [144] *d'entre eux qui sema cette opinion, qu'il faloit laisser ce meuble*[130] *entier aux ennemis, propre à les destourner de l'exercice militaire et amuser à des occupations sedentaires et oysives. Quand nostre Roy Charles huictieme, sans tirer l'espée du fourreau, se veid maistre du Royaume de Naples et d'une bonne partie de la Toscane*[131]*, les seigneurs de sa suite attribuerent cette inesperée facilité de conqueste à ce que les princes et la noblesse d'Italie s'amusoient plus à se rendre ingenieux et sçavants que vigoureux et guerriers.*

124 Enseigner comme régent, ou maître d'école.
125 Contes.
126 Organisation militaire.
127 Formés.
128 Tamerlan (1336-1405), chef de guerre et fondateur de l'Empire timouride.
129 En 267 et 269 après J.-C.
130 Objet mobilier, à usage domestique.
131 Première guerre d'Italie conduite par le roi Charles VIII en 1494-1495.

VARIANTES SIGNIFICATIVES

Titre Le chapitre porte le numéro XXIV dans l'édition de 1595.
3 [80] le surnom de mon magister ; [82] le surnom de magister
3 [80] n'avoir guiere ; [82] n'avoit guiere
3 *E*t le surnom de magister (ajout d'une majuscule sur EB)
6 [80] d'estre jalous de leur reputation ; [82] d'estre jalous de leur reputation ?
21 [80-88] garnie ; [EB] *riche*
31 [EB] *et les lampes de trop d'huile*
32 [EB] trop d'estude *et de matiere. Lequel*
33 80-88 ~~& que l'ame~~ saisie et embarrassée ~~de tant de~~ diversité de choses (éléments supprimés sur EB)
33 [EB] *d'une grande* diversité de choses
33 [80-EB] saisi ; [95] occupé
34 *Et* que cette ~~grande~~ charge ~~la~~ le tienne comme courbe et croupi~~e~~ (corrections sur EB)
34 [EB] ~~*Tout ainsi que les lampes / qui ne peuvent esclarer / estoufees de trop de huile.*~~ (var. 1) ~~*Ne plus ne moins que nous / voions les lampes ne nous / pouvoir esclarer suffo- /quees de trop de huile.*~~ (var. 2)
36 *Et* aux exemples
38 [80-88] ~~que les plus~~ suffisans hommes ; [EB] *des* suffisans hommes
39 [80-88] les plus grands capitaines, et les meilleurs conseillers, les plus sçavants ; [EB] *des grands* capitaines, et *grands* conseillers, *tres* sçavants
41 [80-88] ~~mais au rebours des nostres, car on envioit ceux la~~ (supprimé sur EB)
41 [95] [leurs opinions et façons les rendans ridicules.]
44 ~~*comme la chamberiere reprochait a Thales qu'il ignoroit ce qui estoit a ses pieds. Les voulez vous*~~ (ajout supprimé sur EB)
47 [80-88] : Quelles gens se sont que loix et justice ; [EB] Quelles *bestes* se sont
49 [EB] *une liberte* ~~*insupportable*~~, corrigé en : *une liberte irreverente*
49 [EB] ~~*Oit*~~ *il louer*, corrigé en : *Oyent ils louer*
50 [EB] *c'est un pastre pour* ~~*luy*~~, corrigé en : *c'est un pastre pour eus*
50 [EB] *et pressurant* ~~*comme un pastre, sauf qu'un peu*~~ *plus rudement* ~~*qu'un pastre ses bestes*~~, corrigé en : *occupe a pressurer et tondre ses bestes, mais bien plus rudement qu'un pastre.*
53 [EB] ~~*ils estiment cela rien*~~, corrigé en : *eux s'en moquent*
55 [EB] *ils vous estiment rien*, corrigé en : ils vous estiment *de peu*
55 [EB] ~~*de grand regardant pas a*~~
57 [EB] *Et quand vous seriez* ~~*ni*~~ *cinquantieme descendant de Hercules*
62 [EB] *On envioit ceux la* ~~*comme estant libres & oisifs*~~
62 [80-88] ~~mais au rebours des nostres : car on envioit ceux-la~~ (supprimé sur EB)
66 on les desdeigne ~~*come serfs tres comme homes venaus & affaireus*~~ (éléments ajoutés puis supprimés sur EB)
70 L'indication « Vers » a été ajoutée au-dessus de la citation latine *Odi homines ignava…*

74 [80-88] grands en tout' autre perfection & excellance ; [EB] grands en tout'*action.*
77 [80-88] à la deffense de sa patrie ; [EB] à la deffence de *son païs*
81 avoir corrompu ~~& gasté~~ la dignité de son art (élément supprimé sur EB)
89 [EB] *demanda a Crates ~~combien~~*, corrigé en : *demanda a Crates jusques a quant*
92 [EB] *~~d'autres aïant & Heraclitus~~ aux Ephesiens*, corrigé en : *Heraclytus resigna la royaute à son frere* : Et aux *Ephesiens*
93 [EB] *lui reprochoint ~~de~~ quoi*, corrigé en : *luy reprochoint a quoi*
95 [80-88] leur~~s~~ imagination~~s~~ logée~~s~~ ; [EB] leur imagination logée
97 [80-88] ~~leur faisoient trouver~~ les sieges de la justice ; [EB] *trouverent* les sieges de la justice
99 [80-88] ~~Un d'entr'eux~~, Thales (éléments supprimés sur EB)
108 [EB] *Ce qu'Aristote appell~~e~~ et*, corrigé en : *Ce qu'Aristote recite d'aucuns qui appeloint et*
110 [EB] *asses de soin de ~~leur profit~~*, corrigé en : *assez de soin des choses plus utiles*
113 [EB] *plustost occasion de ~~dire qu'ils ne sont ny sages~~ tous les deux*, corrigé en : *plustost occasion de prononcer tous les deus*
115 [80-88] Par ainsi je quitte cette raison ; [EB] *Je quitte cette premiere* raison,
116 [80-88] que ~~cela vienne à nos maistres d'escole~~ (supprimé sur EB)
116 [EB] *~~que~~ ce mal ~~leur~~ viene* de leur mauvaise façon, corrigé en : que *ce mal viene* de leur mauvaise façon
120 [80-88] qu'ils s'y facent plus sçavants ; [EB] qu'ils s'y facent plus *doctes.*
121 [80-88] ne vise qu'à nous garnir la teste de science ; [EB] ne vise qu'à nous *meubler* la teste de science
122 [80-88] nulles nouvelles ; [EB] *peu de* nouvelles
123 [EB] *~~Qui criera davant~~* nostre peuple, corrigé en : *Criez d'un passant a* nostre peuple
125 [EB] *O les ~~folles gens~~* corrigé en : *O les lourdes testes*
137 [EB] *~~Non est loquendum sed gubernandum~~*. La citation est déplacée plus loin.
140 [EB] *escorniflant par cy par la des ~~autheurs~~*, corrigé en : *escorniflant par cy par la des livres*
161 [80-88] voilà l'opinion de Platon ; [EB] voila *les meurs* de Platon
163 [80-88] ~~qu'opinions nous ?~~ (supprimé sur EB)
164 [EB] *que faisons nous ?* (ajout)
164 [80-88] Autant en feroit bien un parroquet ; [EB] : Autant en *diroit* bien un perroquet
165 [80-88] Cette façon me fait ~~justement~~ souvenir (élément supprimé sur EB)
180 [80-88] Nous de mesmes, nous prenons en garde ; [EB] Nous prenons en garde
181 et puis c'est tout : il les faut faire nostres, corrigé en : et puis c'est tout : *I*l les fait faire nostres. Il n'y a pas de point, mais un deux-points, contrairement à la leçon de l'édition VS.
189 [80-88] : si grand capitaine & si advisé, sans l'essay & sans l'expérience ; [EB] si grand capitaine, sans l'experience
194 je l'emprunte de Cicero : ~~je~~ l'eusse prise, corrigé en : je l'emprunte de Cicero : *J*e l'eusse prise (ajout d'une majuscule). Il n'y a pas de point mais un deux-points, contrairement à la leçon de l'édition VS.
200 [80-88] : ~~je haï, dict-il, le Sage qui n'est pas sage pour soy mesmes~~. La traduction du vers grec est supprimée sur l'EB.
211 [EB] *sed fruenda sapientia est : ~~dict Cicero~~* (éléments supprimés)
214 [EB] *des grammariens qui ~~avoint~~ soin de*, corrigé en : *des grammariens qui ont soin de*
217 [EB] *qui estudient a dire ~~non a faire~~ justice*, corrigé en : *qui estudient à dire justice non a la faire*
227 [EB] *~~enflee au lieu de la grossir~~*, corrigé en : *l'a seulement enflee au lieu de la grossir*
231 [EB] *come fait ~~ou un cordonier~~ un charpentier et un masson*, corrigé en : *come fait un charpentier et un masson*

232 [EB] *se font païer ~~pour~~ l'avoir empirè*, corrigé en : *se font païer de l'avoir empirè*
237 [EB] ~~*je jurerois selon le sermant que je fairois*~~ (éléments supprimés sur EB)
237 [80-88] se fioint au sermant ; [EB] *s'estant remis au sermant*
238 Mon vulgaire Perigordin ~~les~~ appelle (élément supprimé sur EB)
240 ~~ceus~~ ausquels (élément supprimé sur EB)
254 [80-88] contrefaire un jargon de propos sans suite, ~~&~~ tissu de ~~toutes~~ pieces rapportéees ; [EB] un jargon *de galimathias*, propos sans suite, tissu de pieces rapportées
276 qui sont choses de neant, & hai nos gens ; [EB] qui sont choses de neant *: Et* hai nos gens
282 [80-88] en propos eslongnez de son ~~gibier et de son~~ usage~~,~~ [EB] *en propos eslongnez de son usage*
284 Ce sont natures belles et fortes~~.~~, (remplacement du point par une virgule sur EB)
297 beaucoup meilleur stile : ~~&~~ encore que, corrigé en : beaucoup meilleur stile : *Et* encore que
300 que celle du jugement, cette-~~i~~cy ; [EB] en : que celle du jugement. *C*ette cy
310 [80-88] et amende son premier estat imparfaict ; [EB] et *meliore* son estat imparfaict
317 [80-88] aux f~~a~~mes~~,~~ et que François ; [EB] aux f*e*mes : *Et* que François
322 [80-88] qu'il l'en aymoit mieux~~,~~ et qu'une fame ; [EB] qu'il l'en aymoit mieux : *Et* qu'une fame
328 [80-88] conseils de nos Roys : ~~&~~ si cette ; [EB] conseils de nos Roys : *Et* si cette
333 [80-88] Quel dommage, ~~puis qu~~'elles ne nous aprenent ; [EB] Quel dommage, *si* elles ne nous aprenent
341 [EB] *lucratifs ~~ne~~ s'adonans ~~pas~~ aus lettres ou si courtemant*, corrigé en : *lucratifs s'adonans aux lettres ou si courtemant*
342 [EB] *avant que d'en avoir ~~savourè~~ le gout a ~~des~~*, corrigé en : *avant que d'en avoir prins le gout a une profession*
343 [EB] *il ne reste ~~quasi a notre melhur~~*, corrigé en : *il ne reste plus ordinerement*
344 [EB] *s'engager tout a faict a l'estude ~~plus communeement~~ que les gens de ~~plus~~ basse fortune*
344 [EB] *qui y ~~cherchent de quoi vivre~~*, corrigé en : *qui y questent*
346 [EB] *et par domestique institution ~~du plus bas alloi~~ et example du plus bas aloy*
348 [EB] *n'en a pouint : ~~ce seroit~~ pour faire voir un aveugle*, corrigé en : *n'en a point : ny pour faire voir un aveugle*
350 [EB] *pourvu qu'ell' ~~est~~ de soi*, corrigé en : *pourvu qu'elle aye de soi*
352 [EB] *selon le vice du ~~vesseau~~ qui l'estuïe*, corrigé en : *selon le vice du vase qui l'estuïe*
356 [EB] *c'est doner ~~aus ames de~~ ses citoïens*, corrigé en : *donner a ses citoïens*
356 [95] [leur charge. Nature peut tout, & fait tout.]
Note d'Alain Legros : cette addition se poursuit au bas du folio précédent.
358 [95] [& aux exercices de l'esprit les ames boiteuses.]
361 [EB] *De mesme ~~d'un medecin s'il est malade d'un theologien vicieux d'~~un il semble que l'experiance*, corrigé en : *De memes il semble que l'experiance*
361 [EB] *un théologien moins ~~plu~~ reforme*
361 [EB] que l'experiance nous offre *souvant* un medecin
365 [EB] *que la plus part des ~~natures~~ ne se treuvent*, corrigé en : *que la plus part des ames ne se truvent*
366 [EB] *a faire leur profit de leur instruction :* corrigé en : *a faire leur profit de telle instruction :*
373 *Platon* [95] [dit que le fils aisné en leur succession royale, estoit ainsi nourry. Apres sa naissance, on le]
375 [EB] *autour de ~~leurs~~ Roys*, corrigé en : *autour des Roys*
378 [EB] *arrive au quatorzieme ~~ceus ci~~ le deposoint*, corrigé en : *arrive au quatorzieme ils le deposoint*

382 [EB] *~~Et si j'ay bone memoire de ce que me demura de la leçon des loix en Platon où il traicte de l'institution de la junesse de sa ville, il done peu de part ou nulle part a la sciance des lettres. De la lutte, de la musique de la chasse, il faict infinis preceptes. Et veut que l'ame s'exerce et proficte en ces corporels exercices. Ses gymnases dict il toutes instructions militeres et ce ranc qu'il preste a l'estude de la poesie il semble le faire pour le service principalement de la musique~~*. (repris avec des variantes au chapitre suivant)

383 [80-88] Et m'a semblé chose ; [EB] *C'est* chose

387 [EB] *il s'y face si peu de mention de ~~l'apprentissage des lettres~~*, corrigé en : *il s'y face si peu de mention de la doctrine*

392 [EB] *exemple que Platon ~~semble~~ a suivi*, corrigé en : *exemple que Platon a suivi.*

397 [80-88] & apprenoient la justice ; [EB] et apprenoit *le droit.*

416 [80-88] ne peuvent que nous apprendre la prudence ; [EB] ne peuvent que nous *enseigner* la prudence

419 [80-88] mais par l'essay ~~mesme~~ de l'action (corrigé sur EB)

426 [80-88] ce qu'ils doivent faire ~~encore~~ estants hommes (corrigé sur EB)

436 [80-88] d'un courage invincible les menasses de la fortune ; [EB] d'un *grand* courage les menasses de la fortune

450 [EB] *Il est tresplaisant ~~en Platon Socrates~~* corrigé en : *Il est tresplaisant de voir Socratess*

451 [EB] *~~comant il a gaigne en tels et tels destrois nomeemant de la Sicille~~*

456 [EN] *et tels fatras de contes ~~d'histoires.~~ Et au bout*

471 [EB] *des occupations ~~veines~~ et oisifves*, corrigé en : *des occupations sedenteres et oisifves*

COMMENTAIRE SUIVI

LE TITRE : « DU PEDANTISME »

Le titre du chapitre est un néologisme, mot rare et sophistiqué qui illustre en quelque sorte son objet. Comme le soulignera Blaise Pascal, « nul ne dit pédant qu'un pédant[1] » ; a fortiori, nul ne fait usage du mot « pedantisme » que le plus pédant des pédants. D'emblée, le titre fait entendre la tonalité ironique du chapitre, illustrant ce qu'il se propose de dénoncer.

On peut y voir une création verbale pour faire sourire, mais aussi un « titre bouclier[2] » destiné à contrer d'éventuelles attaques contre la pédanterie de l'auteur. Dans *La Deffense et Illustration de la Langue Françoyse* (1549), Joachim Du Bellay, cité au début du chapitre, invoque le droit et même le devoir pour l'écrivain de langue française d'enrichir sa langue, « comme Cicéron se vante d'avoir fait en la philosophie, et à l'exemple des Italiens, qui l'ont quasi toute convertie en leur vulgaire, principalement la platonique[3] ». Pour Cicéron, qui se revendique lui-même de l'autorité d'Aristote, chaque domaine de spécialité doit pouvoir employer des mots qui décrivent adéquatement la réalité[4]. Il

1 Blaise Pascal, « Athées », Miracles III, Fragment n° 6/11, édition savante des *Pensées* par D. Descotes et G. Proust, 2011 (en ligne http://www.penseesdepascal.fr/XXXIV/XXXIV6-savante.php consulté le 22.02.2022).

2 Luc Vaillancourt, « La rhétorique des titres chez Montaigne », dans *Revue d'Histoire littéraire de la France*, 1997, p. 13.

3 Joachim Du Bellay, *Défense et illustration de la langue française*, chap. x, Paris, Gallimard, 1967, p. 221.

4 Cicéron, *De oratore*, III, 24.95 : « Ni le génie de notre langue ni la nature du sujet ne s'opposent à ce que cette antique et excellente sagesse des Grecs soit appropriée à notre usage et à notre génie » ; cité par Carlos Lévy dans « Cicéron créateur du vocabulaire latin de la connaissance : essai de synthèse », *Publications de l'École Française de Rome*, n° 161, 1992. Voir aussi le *De Finibus*, III, 1 ; les *Tusculanes*, II, 15.35, etc. ; Aristote, *Catégories*,

n'y a pas de raison pour que le latin ne puisse dire un jour toute la sagesse héritée des Grecs. Au XVIe siècle, la question de la transposition préoccupe « ceux qui font profession de bien dire » en français, poursuit Du Bellay, « d'amplifier la langue française par l'imitation des anciens auteurs grecs et romains[5] ». Par son titre, pourtant, « Du pedantisme » tourne ce projet d'enrichissement de la langue en dérision.

Orthographié sans accent et sans majuscule, le terme « pedantisme » est créé par dérivation à partir de « pedante[6] » (l. 2), orthographié à l'italienne. La charge ne porte pas contre le grec, mais contre les italianismes. La critique du « français italianizé » est dans l'air du temps : on la trouve notamment chez Henri Estienne, qui accuse Catherine de Médicis de tous les maux, lutte contre les « courtisianismes » italiens et entend démontrer la supériorité du français[7]. Le mot « pedantisme » s'apparente à d'autres mots en -ismes des *Essais*, comme « ergotismes » (I, 26, 160), « dogmatisme » (II, 12, 504 – un hapax dans les *Essais*) ou encore « atheisme[8] », qui signalent tous une extravagance par rapport au sens commun. Le titre est un mot savant qui sent le dictionnaire, le « lexicon » (l. 178) dans lequel un ami aurait trouvé la définition des furoncles qui le démangent, le « jargon » des architectes qui transposent des mots grecs comme « architrave », « pilastre » ou « Corinthien » (I, 51, 307) pour désigner les éléments d'une simple salle à manger, le vocabulaire savant des médecins qui parlent de « dysenterie » au lieu de maux d'intestin, de « phtisie » à la place de la toux, etc. (III, 12, 1041)[9].

« la relation », II, 7.11 (6a-8b), trad. J. Tricot, Paris, Vrin, 1936, p. 21 : « S'il existe un nom, cette désignation devient facile, mais s'il n'en existe pas, il est nécessaire sans doute d'en créer un. »

5 Du Bellay, *op. cit.*, chap. VIII.

6 La version francisée, « pédant », ne se trouve pas dans les *Essais*. L'orthographe italienne, « pedante », était la plus répandue à l'époque. Toutefois, le mot se prononçait sans doute pas à l'italienne (« pédannté »), Du Bellay le faisant rimer avec « mordante » dans le sonnet 45 des *Regrets*.

7 Henri Estienne, *Deux dialogues du nouveau français italianizé, et autrement desguizé, principalement entre les courtisans de ce temps. De plusieurs nouveautez qui ont accompagné ceste nouveauté de langage. De quelques courtisianismes modernes et de quelques singularitez courtisianesques* (1578) ; *La précellence du langage francois* (1579)

8 Le terme « atheisme », présent dès l'édition de 1580, compte cinq occurrences dans l'Apologie de Raymond Sebond (II, 12).

9 Joachim Du Bellay, *Défense…*, *op. cit.*, chap. X : « vu que les Latins ne se sont point efforcés de traduire tous les vocables grecs, comme rhétorique, musique, arithmétique, géométrie, philosophie, et quasi tous les noms des sciences, les noms des figures, des

Le terme fait partie de ces « gros mots » (I, 51, 307), rares et pompeux, auxquels on reconnaît de loin les pédants. Le langage sophistiqué, qui s'éloigne de l'usage, apparaît comme une faute de goût[10]. Manquement volontaire à l'usage, ce titre-néologisme n'est cependant pas un jeu gratuit : pour reprendre les catégories qui structurent le chapitre, c'est un « dire » qui a le sens d'un « faire » – en l'occurrence faire rire du « sçavoir pédantesque » (l. 14). Battre les pédants à leur propre jeu, tourner en ridicule leur désir de se distinguer par le « jargon » (l. 255) : le titre contient en lui-même la logique subversive qui parcourt l'ensemble du chapitre. Une autre création verbale relève du néologisme dans le chapitre, « lettreferits » (l. 239), mot-valise explicité aussitôt après : « ausquels les lettres ont donné un coup de marteau, comme on dict. » Les pédants restent comme sonnés après de longues années d'étude.

Le titre du chapitre suivant, « De l'institution des enfans », est le plus classique qui soit. Montaigne relèvera le défi d'écrire sur le sujet après Plutarque[11], Érasme[12] et tant d'autres. Par contraste, le titre du chapitre vingt-cinq retient l'attention du lecteur par son caractère baroque. Si c'était « Des pédants », un parallèle aurait été suggéré avec « Des Menteurs » (I, 9), mais le terme de pédantisme frappe par son abstraction. Si c'était un mot abstrait mais connu, comme dans le titre « Des prognostications » (I, 11), le lecteur pourrait glisser sur le mot et n'en retenir que le sens ; à l'inverse, le titre attire ici l'attention sur le mot lui-même comme sur une perle irrégulière[13]. C'est presque un hapax dans les *Essais* : le terme compte deux occurrences limitées à notre chapitre. On peut s'étonner de la fortune ultérieure du mot – il

herbes, de maladies, la sphère et ses parties, et généralement la plus grande part des termes usités aux sciences naturelles et mathématiques ». Voir Blandine Perona (éd.), *De la phisionomie. Essais, III, 12*, Classiques Garnier, 2019, p. 89.

10 Sur la valeur normative et formative de l'*usus*, que l'on peut traduire par usage ou expérience, voir Érasme, *Il faut donner très tôt aux enfants une éducation libérale*, traduction Jean-Claude Margolin, dans *Érasme*, R. Laffont, 1966, p. 497-498.

11 Plutarque, *Περὶ παίδων ἀγωγῆς*, traduit sous le titre *De liberis educandis*, texte établi par Léonardo Bruni et traduit par Guarino de Vérone à Padoue en 1475 ; Philippe Melanchthon, *De liberorum institutione*, épître de à la jeunesse de Wittenberg, 1519.

12 Érasme, *Declamatio de pueris statim ac liberaliter instituendis* (1529), traduction Pierre Saliat, *Déclamation contenant la manière de bien instruire les enfans dès leur commencement, avec ung petit traité de la civilité puérile, le tout translaté nouvellement de latin en françois*, Paris, S. de Colines, 1537.

13 Le mot baroque viendrait du portugais *barroco*, qui désigne une perle irrégulière. L'étymologie reste toutefois incertaine.

existe encore aujourd'hui – alors qu'il n'a sans doute pas été créé pour durer. Les titres de chapitre, dans les *Essais*, sont souvent des notions classiques : à ce stade du livre I, le lecteur a déjà rencontré « De la tristesse » (I, 2), « De l'oysiveté » (I, 8), « De la constance » (I, 12), ou encore « De la peur » (I, 17). Pourquoi faire ici le choix d'un mot nouveau ? Le néologisme pourrait avoir valeur de signalement : l'auteur adoptera un point de vue inhabituel sur le sujet. « Et aime plus souvent à les saisir par quelque lustre inusité » (I, 50, 302). Une enquête rigoureuse suppose en effet que l'on se méfie de ce que l'on croit connaître : « certes nous trouverons que c'est plustost accoustumance que science qui nous en oste l'estrangeté[14] » (I, 27, 179). Le titre revêtirait ainsi une valeur méthodologique, la connaissance ne devant pas être confondue avec les effets de l'habitude. L'auteur fait comprendre que sa réflexion s'écartera des standards de la réflexion pédagogique et s'il suit une perspective singulière, c'est pour mieux cerner son objet.

L'autre occurrence du terme « pedantisme » dans le chapitre en fait un synonyme d'enseignement : « [...] si cette fin de s'en enrichir, qui seule nous est aujourd'huy proposée par le moyen de la Jurisprudence, de la Medecine, du pedantisme, et de la Theologie encore [...] » (l. 328-331). L'étude des « lettres[15] » à la faculté des arts prépare à l'étude du droit, de la médecine et de la théologie, les trois grandes spécialités universitaires[16]. Or, à l'issue du doctorat, tous les étudiants ne deviennent pas juges, médecins ou théologiens. Une partie d'entre eux enseignera à son tour : il ne faut donc pas oublier les métiers du « pedantisme ». À la différence des trois autres, le terme n'est pas gratifié ici d'une majuscule[17], ce qui ne saurait être considéré comme une négligence graphique, étant donné

14 Voir aussi I, 8, 33 ; I, 26, 157 ; II, 12, 569 : : « comme sous l'effet d'une ivresse, l'image des choses commençait à me paraître autre que de coutume »

15 Dans le contexte de la Renaissance, le terme de « lettres » désigne l'instruction intellectuelle en général, parfois en opposition aux savoir-faire technique. Au début du XVIIe siècle, les « lettres » incluront l'éloquence, mais aussi les mathématiques, les rudiments de la mécanique, etc. Voir Marie de Gournay, *Abrégé d'institution, pour le Prince souverain* (1626), cité par Isabelle Flandrois, *L'institution du Prince au début du XVIe siècle*, PUF, 1992, p. 129.

16 Juan Luis Vives, *De disciplinis*, livre I, trad. Tristan Vigliano, Paris, Les Belles Lettres, 2013, p. 14 : « dans nos écoles, ils [les arts libéraux] forment la base de nos trois édifices, la médecine, la théologie et la connaissance du droit, que nous appelons arts et disciplines supérieurs ».

17 Voir le fac-similé de l'Exemplaire de Bordeaux (désormais noté EB) sur le site *The Montaigne Project*, Philippe Desan (dir.), ARTFL/University of Chicago ; les *Essais* dans l'édition d'André Tournon à l'Imprimerie nationale, livre I, p. 247.

le soin extrême que Montaigne apporte aux majuscules sur l'Exemplaire de Bordeaux[18]. Instruit par cette seconde occurrence, le lecteur est invité à considérer que le chapitre porte plus précisément sur la formation des enseignants en vue de l'exercice de leur métier[19]. Le terme étant péjoratif, nous pouvons assimiler son objet, au moins partiellement, à la « mauvaise manière de se prendre aux sciences » (l. 116-117), selon la seconde hypothèse formulée dans le chapitre.

Le lecteur comprend le néologisme à partir du mot « pedante », orthographié à l'italienne au tout début du chapitre. Au pluriel, les pédants sont eux aussi orthographiés « pedantes » à l'italienne : « ainsi nos pedantes vont pillotant la science dans les livres[20] [...] » (l. 135-136). Étienne Pasquier se plaint de l'origine italienne du mot : « nous avons depuis trente ou quarante ans emprunté plusieurs mots d'Italie, comme le Pedant, pour un Maistres es arts mal appris, et façon pedantesque en conséquence de ce mot. Comme aussi nous avons quitté plusieurs mots François, qui nous estoient tres-naturels, pour enter dessus des bastards[21] ». Le terme est courant chez les auteurs de l'époque[22]. Le lecteur des *Essais* l'a déjà rencontré : on trouvait « des pedantes à Corinthe » (I, 19, 79), une allusion au tyran Denys de Syracuse, qui serait devenu enseignant après avoir été

18 Les travaux d'André Tournon ont montré toute l'importance des retouches autographes faites entre 1588 et 1592 sur l'EB. Un très grand nombre de retouches autographes consiste précisément en l'ajout de ce que Tournon appelle des « majuscules de scansion ».

19 Michael Screech traduit en anglais le titre du chapitre par « On Schoolmasters' Learning », littéralement sur la formation des maîtres d'école, dans *The Complete Essays*, Penguin Classics, 1991, p. 150.

20 Et aussi : « [...] pourquoy est il non plus permis aux peres et aux pedantes de fouetter les enfans [...] » (II, 31, 715).

21 Étienne Pasquier, *Les Recherches de la France* (1560 – 1615), VIII, 3, éd. M. Fragonnard et F. Roudault, Paris, Champion, 1996, rééd. Classiques Garnier, tome III, p. 1523 – 1524 ; cité par Jocelyn Royé, *La figure du pédant de Montaigne à Molière*, Genève, Droz, 2008, p. 16 ; en ligne sur Gallica, p. 683 (https://gallica.bnf.fr/ark:/12148/bpt6k6109174w/f710.item.texteImage : consulté le 22.02.2022) ; Edmond Huguet, *Dictionnaire de la langue française du seizième siècle*, vol. V, p. 698-699. On trouve également chez Huguet, qui cite Montaigne pour attester « Pedantisme », les entrées « Pedantizer », « Pedantaille » et « Pedentin », qui n'apparaissent pas dans les *Essais.*

22 Denys de Syracuse se targuait d'être un homme de lettres : « il lui était aussi cher de contrefaire le pédant, quand ce lui serait jeu forcé, comme un peu auparavant le tyran », écrit Étienne Pasquier dans les *Recherches de la France*, « Pourparlers du Prince », Gallica, feuillet 984 ; Agrippa d'Aubigné écrit de même : « Denis... ne pouvant plus regner, de roy devint pedant et voulut enseigner », dans les *Sonnets épigr.*, 9, mentionné par E. Huguet, *Dictionnaire*, *op. cit.*, vol. V, p. 699.

chassé de son trône. Henri Estienne emploie le terme pour critiquer celui qui fait étalage de connaissances[23], mais surtout les italianismes que les courtisans introduisent en trop grand nombre. « C'est la coustume de plusieurs courtisans d'appeler pedans tous ceux qui ne sont pas ignorans comme eux[24] ». L'association du pédant et du courtisan est présente dans notre chapitre : de son maître Adrien Turnèbe, Montaigne souligne qu'il n'avait « rien de pedantesque que le port de sa robe, et quelque façon externe, qui pouvoit n'estre pas civilisée à la courtisane » (l. 274-276). L'appréciation suppose que les courtisans ont posé de nouvelles normes en matière de vêtement, de maintien du corps et de style de langage, même si Montaigne les déclare aussitôt « choses de neant » (l. 276-277). Le terme figure dans le *Dictionnaire françoys latin* (1573) de Jacques Dupuys, revu et augmenté par Jean Nicot, avec un simple renvoi à Du Bellay[25], puis dans le *Thresor de la langue* françoyse (1606) de Jean Nicot comme traduction du latin *paedagogus*[26]. Montaigne a d'abord associé les pédants à « nos maîtres d'école » (136, l. 116), puis barré l'expression (« ~~nos maistres d'escole~~ ») comme si les critiques devaient rester générales, ce que reflète à sa manière également le choix d'un titre en -isme. Le terme de « pedante » n'a pas été mis en italique par Montaigne, ce qui laisse penser qu'il était pleinement intégré au vocabulaire courant[27].

On compte quatre occurrences de l'adjectif « pédantesque » dans les chapitres vingt-cinq et vingt-six du livre I, trois occurrences dans l'édition de 1580 et une en marge de l'Exemplaire de Bordeaux. L'adjectif

23 Henri Estienne, *Apologie pour Hérodote* (1566), éd. Ristelhuber, 1885, Slatkine Reprints, 1969, t. 1, p. 65.

24 Henri Estienne, *Deux dialogues du nouveau langage françois italianizé* (1578), éd. Ristelhuber, t. II, Lemerre, 1885, p. 230.

25 Jacques Dupuys, « Pedante : Dubellay », dans le *Dictionnaire françois-latin*, Paris, chez J. Dupuys, 1573 (feuillet 525).

26 Jean Nicot, *Thresor de la langue françoyse, tant ancienne que moderne*, Paris, David Douceur, 1606, p. 7. La traduction du latin *paedagogus* est donnée en plusieurs langues vernaculaires. « AL. Zuchtmeister, Kinderlehrer. [...] G. Pedant, qui prend garde aux enfans. IT. Pedante, pedagogo. H. El que enseña a los niño, maestro de crianza ». Voir l'entrée « Pedante » du *Grande dizionario della lingua italiana*, éd. S. Battaglia, Turin, UTET (1961-2002) : « *maestro incaricato dell'istruzione dei fanciulli e della loro sorveglianza ; pedagogo (e ha per lo più connotazione in varia misura spreg., indicando una figura di educatore e insegnante a livello elementare, di condizione sociale servile, largamente diffusa soprattutto in età umanistico-rinascimentale, e divenuta oggetto di un'ampia e fortunata tipizzazione letteraria, specialmente nella commedia* [...] ».

27 Dans les éditions contemporaines des *Essais*, le mot est écrit en italique comme pour signaler de nouveau son origine italienne : voir par ex. l'édition d'André Tournon à l'Imprimerie nationale, 1998, t. 1, p. 236.

« pédantesque » a été importé en français par Étienne Pasquier[28]. Il est ici mis en évidence dans la citation d'un vers de Joachim Du Bellay tiré des *Regrets* (1558). Le vers, en italique, est détaché du corps de texte et décalé d'un alinéa vers la droite : « *Mais je hay par sur tout un sçavoir pedantesque* ». La citation du poète apporte une légitimité à toute une famille de mots, dont le titre-néologisme du chapitre. Plus loin, celui qui n'avait « rien de pedantesque que le port de sa robe » (l. 274-275, c'est Adrien Turnèbe, le maître tant apprécié. Au chapitre suivant, le langage « non pedantesque, non fratesque, non pleideresque, mais plustost soldatesque » (I, 26, 172) renvoie à un idéal stylistique que Montaigne revendique pour lui-même[29] : les mots employés doivent appartenir à un registre prosaïque et se faire oublier au profit de la pensée. Un langage affecté témoignerait d'une « ambition puérile et pédantesque » (I, 26, 172). L'écrivain voudrait parler le langage du peuple, mais il s'agit d'un souhait qui ne correspond pas à ce qu'il a conscience de faire : « Puissé-je ne me servir que de ceux qui servent aux hales à Paris ! » Il n'exclut donc pas d'être pédant, sylistiquement parlant, et le reconnaît ici dans un ajout (l. 138). Notons enfin que le livre III, publié en 1588, ne comporte aucune occurrence des termes « pedante », « pedantesque » ou « pedantisme », comme si la fortune de cette famille de mots avait soudain tourné, ou que l'auteur se pensait guéri de cette maladie intellectuelle.

Les citations d'auteurs contemporains sont assez rares dans les *Essais* pour être significatives. Montaigne place explicitement le chapitre sous l'autorité de « nostre bon du Bellay » (l. 13), diplomate, poète et chef de file des « plus galans hommes ». Le recueil des *Regrets*, publié à Paris en 1558, fait le bilan amer d'un séjour de plusieurs années à Rome. Énumérant dans le sonnet soixante-huit ce qu'il n'apprécie pas chez les poètes italiens, le poète utilise l'adjectif « pédantesque » dans la chute, qui relève de l'autodérision[30]. Le refus du « sçavoir pédantesque » contient

---

28 Étienne Pasquier, lettre de 1552 à Turnèbe, dans *Choix de lettres*, éd. D. Thickett, Genève, Droz, 1956, p. 80.

29 Antoine Compagnon, « A Long Short Story : Montaigne's Brevity », *Yale French Studies*, n° 64, *Montaigne : Essays in Reading*, 1983, p. 34. À la suite d'une suggestion de Hugo Friedrich dans *Montaigne*, Paris, Gallimard, 1969, note p. 421, le critique voit dans le *Ciceronianus* la source érasmienne de cet idéal stylistique.

30 « Bref, je hay quelque vice en chasque nation/Je hay moy mesme encor' mon imperfection / Mais je hay par sur tout un sçavoir pedantesque » écrit Joachim Du Bellay dans les *Regrets*, sonnet 68.

une critique du pétrarquisme, qui était devenu un académisme au cours du XVIe siècle[31]. Du Bellay se démarque ainsi de son recueil prétrarquisant *L'Olive* (1550) ; par contraste, souligne Floyd Gray, il revendique un *sermo pedestris* apparenté à la prose ordinaire et proportionné à son objet[32]. Le poète ne recherche plus de manière emphatique le « secret de l'univers » mais propose une poésie confidentielle, dont les vers seront « les plus sûrs secrétaires[33] ». L'érudition humaniste est explicitement rejetée : « Je ne veulx feuilleter les exemplaires Grecs[34] ». Tout ce qui ne relève pas de l'emphase des pédants reste autorisé en poésie[35].

Mais le « pedante » est d'abord un personnage de comédie. Dans le chapitre « Des livres » (II, 10), Montaigne dit avoir pratiqué et apprécié les comédies italiennes[36]. Il semble que la rencontre avec les pédants soit d'abord une expérience de lecture : grâce aux bons soins de son précepteur, l'élève du Collège de Guyenne avalait « tout d'un train Vergile en l'Aeneide et puis Terence, et puis Plaute, et des comedies Italiennes, lurré tousjours par la douceur du subject » (I, 26, 175). De cette expérience, Montaigne souligne ici le caractère plaisant, qui contraste avec le dépit évoqué au début du chapitre. Dans la seconde moitié du XVIe siècle, le pédant a été largement intégré aux comédies humanistes en français[37]. Tout se passe comme si l'existence du pédant était théâtrale, et cela depuis la plus haute antiquité : les philosophes antiques « ont esté aussi quelque fois, à la verité, mesprisez par la liberté Comique de leur temps » (l. 42-43). Est-ce en raison de la théâtralité du pédant lui-même, qui se donne volontiers en spectacle ? C'est un personnage qui étale son savoir aux yeux d'autrui, comme s'il s'agissait d'une belle robe ou de jolies

---

31 Jean-Luc Nardone, *Pétrarque et le pétrarquisme*, Paris, PUF, 1998, p. 3 et suivantes.

32 Floyd Gray, « sermo pedestris », *La Poétique de Du Bellay*, Paris, Nizet, 1978, p. 65 *sq.*

33 Joachim Du Bellay, *Les Regrets*, sonnet 1.

34 Du Bellay, *Les Regrets*, sonnet 4.

35 La chute du sonnet 65 souligne de manière explicite que le terme de pédant est une injure : « C'est, pour le faire court, que tu es un pedante. »

36 « Il m'est souvent tombé en fantasie, comme en nostre temps, ceux qui se meslent de faire des comedies (ainsi que les Italiens, qui y sont assez heureux) employent trois ou quatre argumens de celles de Terence ou de Plaute pour en faire une des leurs. Ils entassent en une seule Comedie cinq ou six contes de Bocacce » (II, 10, 411).

37 Pierre de Larivey, *Le Laquais*, Paris, Abel L'Angelier, 1579 : le personnage de Lucian, maître ès arts, cite sans arrêt les Pères de l'Église, à tel point qu'une servante le prend pour un prêtre. Voir Madeleine Lazard, *La comédie humaniste au XVIe siècle et ses personnages*, Paris, PUF, 1978. Les comédies humanistes étaient jouées dans les collèges : Jacques Grévin, dans le prologue de *La Trésorière* (1561), évoque sa représentation au Collège de Beauvais.

« bottes » (l. 280). La critique des grammairiens et des professeurs ne se limite pas à la commedia dell'arte : Platon est invoqué comme père de cette riche tradition littéraire, Montaigne revendiquant à six reprises son autorité dans les ajouts[38]. Le chapitre rapproche les pédants des sophistes, mais aussi des philosophes, qui se trouvent eux aussi tournés en dérision. On pense à Socrate perché dans son panier, en butte aux moqueries d'Aristophane dans *Les Nuées*, selon une image que les contemporains connaissaient[39]. Sénèque affiche lui aussi son mépris pour les maîtres d'école, la lettre quatre-vingt huit sur les arts libéraux étant l'une des sources d'inspiration majeures du chapitre. À la Renaissance, le ridicule des enseignants est un véritable topos. Érasme décrit la folie des grammairiens[40], Rabelais brocarde les méthodes grotesques des Sorbonicoles et autres Sorbonagres. Si quelqu'un était forcé d'apprendre la danse à un chameau ou la musique à un âne, souligne Mélanchthon, ne devrait-on pas s'apitoyer sur son sort ? Or, le lot réservé aux enseignants est encore pire. L'humaniste allemand évoque Sisyphe poussant son rocher, le rocher étant en l'occurrence l'élève distrait et mal élevé[41].

Aux yeux de Montaigne, le pédantisme a enfin valeur de symptôme. C'est un rapport au langage qui traduit un défaut de jugement et de maturité psychologique : « au langage, la recherche des frases nouvelles et de mots peu cogneuz vient d'une ambition puerile et pedantesque » (I, 26, 172). La critique de l'affectation langagière donne une clé d'interprétation de notre chapitre, mais le langage pédantesque fait également partie de ces « folles ostentations et vains tesmoignages[42] » (I, 3, 16) qui caractérisent aux yeux de Montaigne

38 « cette peinture platonique » (l. 61) ; « comme Platon dit des sophistes » (l. 228) ; « la principale ordonnance de Platon en sa Republique » (l. 355) ; « Platon dit que le fils ainé » (l. 373) : « exemple que Platon en ses loix a suivy » (l. 392) ; « Socrates, à sa mode, se moquant de Hippias » (l. 450).

39 On trouve l'image dans les *Emblemata* (1564) de Johannes Sambucus (János Zsámboky), ouvrage à succès réédité plusieurs fois par Christophe Plantin à Anvers. Chez Aristophane, Socrate est assimilé à un Sophiste, un « roué de la parole » (*Les Nuées*, 260, trad. H. van Daele, Les Belles Lettres, 1995, p. 174), alors qu'il est leur adversaire déclaré chez Platon. Dans *Les Nuées*, Socrate apparaît en hauteur, juché dans un panier, la machine permettant cette mise en scène étant normalement réservée à l'apparition des dieux.

40 Érasme, *Éloge de la Folie*, 1511, chap. 49. Cette tradition comique ira en s'amplifiant au XVIIe siècle avec La Bruyère, Molière et Cyrano de Bergerac.

41 Philippe Mélanchthon, *De miseriis paedagogorum* (1533), Stuttgart, Reclam, 2015, p. 12-13.

42 « Tite Live dict vray, que le langage des hommes nourris sous la Royauté est tousjours plein de folles ostentations et vains tesmoignages : chacun eslevant indifferemment son

le régime monarchique. L'emphase des pédants fleurit avec la pompe et la flatterie qui entourent les monarques. Dans « Du pedantisme », Montaigne leur oppose explicitement le refus de Cratès, de Héraclite et d'Empédocle de se mêler de politique (l. 87-95). Le rapprochement entre les philosophes d'hier et les pédants d'aujourd'hui, à des fins de contraste, suggère que les pédants se caractérisent par leur marginalité sociale et politique. À la différence des philosophes antiques, les pédants n'ont pas choisi de se tenir à l'écart du pouvoir. Les élèves les plus ambitieux « ne se trouvent que par rencontre aux principaux conseils de nos Roys » (l. 327-328, ce qui vaut constat d'échec. À l'instar des sophistes (l. 228), les maîtres humanistes n'ont pas su tenir leurs promesses en permettant à leurs élèves de faire carrière et de se rendre utiles – une plainte aussi ancienne que l'humanisme, mais qui a peut-être aussi valeur de bilan personnel pour Montaigne. Si les anciens élèves des Collèges ont parfois exercé des fonctions de conseil politique, ils ont dû ces fonctions à un heureux hasard (liens familiaux ? proximité sociale et géographique ?) et non à un programme de formation spécifique. Si l'école forme des pédants et non des conseillers avisés, faut-il vraiment regretter qu'ils soient tenus à l'écart par le pouvoir politique ? Après 1588, la fin du chapitre met en scène l'exclusion de la science par les États les plus puissants et la déroute des lettres sur le champ de bataille (l. 460-476).

« JE ME SUIS SOUVENT DESPITÉ, EN MON ENFANCE » : UNE DÉCEPTION RÉITÉRÉE (L. 20)

L'entrée en matière est un récit à caractère autobiographique. À la première personne, l'auteur évoque un souvenir d'enfance : « Je me suis souvent despité, en mon enfance, de voir és comedies Italiennes tousjours un pedante pour badin [...]. » C'est d'une expérience de dépit dont il est ici question : avec l'entrée en scène du pédant, il n'est paradoxalement pas question de rire. Le dépit sera approfondi tout au long du chapitre

Roy à l'extreme ligne de valeur et grandeur souveraine » (I, 3, 16). Sur ce point, voir Pierre Manent, *Montaigne. La Vie sans loi*, Paris, Flammarion, 2014, p. 24.

et repris au chapitre suivant[43], pour dire l'ampleur du décalage entre les attentes et le résultat de l'étude des lettres. Particulièrement vive, la déception a pourtant été surmontée, soutient l'auteur dans une formule au superlatif : « j'ay trouvé qu'on avoit une grandissime raison » (l. 18-19), « grandissime » étant un hapax dans les *Essais*. « "Grandissime raison", certes, qui pourtant n'explique rien[44] », souligne Kazimierz Kupisz. À la première personne, Montaigne multiplie les citations, s'inclut parmi les pédants et trouve une « consolation » ironique chez les auteurs (l. 138-143), ce qui fait naître un doute sur son propre positionnement face au pédantisme. Par un semblable tour d'ironie, le « badin de la farce[45] », ce sera l'homme lui-même dans la prosopopée d'Apollon qui clôt le chapitre « De la vanité », au livre III : « tu es le scrutateur sans connoissance, le magistrat sans jurisdiction et apres tout le badin de la farce[46] » (III, 9, 1001). Si chacun doit jouer dûment son rôle d'homme, le personnage du badin en est paradoxalement l'un des modèles.

Le chapitre s'ouvre sur une expérience vive, comme s'il restait surtout de la scolarité de l'auteur le souvenir d'un traumatisme. L'estime de l'enfant pour ses maîtres s'est trouvée brutalement contrariée. L'expérience est d'ordre affectif, un mélange de chagrin et de colère[47]. L'étymologie latine du « despit » (du latin *despectus*, *despicere*, mépriser) la rattache d'abord au mépris[48]. L'ancien élève du Collège de Guyenne dit avoir

43 « [...] et suis despit dequoy nostre vie s'embesongne toute à cela » (I, 26, 173). Ailleurs, Montaigne évoque le peintre Zeuxis (« le peintre Protogenes » en I, 34, 221), qui obtint l'effet voulu par hasard, en jettant par dépit son éponge contre la toile, son propre dépit devant la faiblesse de son ouvrage (I, 17, 636) ou encore devant la complaisance qui caractérise la bêtise (III, 8, 938). Sur les passions chez Montaigne, voir Emiliano Ferrari, *Montaigne. Une anthropologie des passions*, Paris, Classiques Garnier, 2014.

44 Kazimierz Kupisz, « Variations montaigniennes sur le thème du pédantisme », *Revue d'Histoire littéraire de la France*, Paris, PUF, 1988, n° 5, p. 945.

45 Joachim du Bellay écrit : « mais il fault qu'ilz cherchent autre badin pour jouer ce rôle avecques eux ». Cité par Robert Melançon, « les masques de Joachim Du Bellay », *Ars poetica*, vol. 22-3, 1990.

46 Une prosopopée est un discours placé dans la bouche d'un personnage mort ou d'une entité abstraite. Le chapitre « Que philosopher c'est apprendre à mourir » laisse ainsi la parole à la Nature : « J'apprins à Thales, le premier de voz sages, que le vivre et le mourir estoit indifferent [...] » (I, 20, 96).

47 Gustave Michaut propose « chagrin mêlé de colère » dans l'édition critique du chapitre *Du Pédantisme*, Paris, De Boccard, 1936, p. 2.

48 André Lanly propose, dans *Les Essais en français moderne* (Paris, H. Champion, 1989, rééd. Gallimard, 2021) : « Je me suis souvent irrité, dans mon enfance [...]. » L'adjectif « irrité » semble ici trop faible.

été dépité de voir ses maîtres vénérés soudain ridiculisés sur la scène d'un théâtre. Dans « De l'institution des enfans », Montaigne reproche vertement à son père de l'avoir envoyé au Collège de Guyenne, où il a étudié sept longues années « sans aucun fruit que je peusse à présent mettre en compte » (I, 26, 175). La possibilité de la haine s'en mêle au conditionnel : « j'estime que je n'eusse raporté du college que la haine des livres, comme fait quasi toute nostre noblesse[49]. » La critique du pédantisme et l'évocation de la figure du « pedante » seraient-elles l'occasion de dire, longtemps après, la détestation du Collège ? Gentilhomme lettré, Montaigne professerait-il un « anti-intellectualisme paradoxal[50] » ? L'expérience du dépit renvoie à une sorte de contradiction intérieure : « l'estime » envers ses professeurs s'est inversée en « mespris » à leur encontre, un mépris que contredisent diverses marques d'estime tout au long du chapitre. L'ascenseur émotionnel continue de fonctionner jusqu'à la fin du chapitre : l'essayiste évoque l'ironie supérieure de Socrate et sa victoire rhétorique sur Hippias, mais blâme aussitôt après les « occupations sedentaires et oysives » (l. 471) au nom de l'affaiblissement militaire qu'elles provoquent. En quelle estime faut-il tenir les lettres ?

À ce stade des *Essais*, la question se pose dans un contexte philosophique déjà bien délimité. Comme les choses « n'entrent en nous que par composition » (I, 14, 51) et que « le goust des biens et des maux depend en bonne partie de l'opinion que nous en avons » (titre du chapitre I, 14), nous sommes affectés par le jugement que nous portons sur les choses au moins autant que par les choses elles-mêmes. L'idée est empruntée au stoïcisme et à l'épicurisme. En d'autres termes, le goût ou le dégoût de l'étude dépend surtout de l'estime que nous avons pour nos maîtres. Or, le jeune Montaigne dit avoir eu une opinion très favorable de ses maîtres, « personnes rares, et excellentes en jugement » (l. 8-9), l'adjectif « rare » étant synonyme d'excellent. Il maintient cette

49 En évoquant la noblesse, souligne Pierre Villey, Montaigne se qualifierait aux yeux d'un auditoire spécifique (« la Pédagogie de l'honnête homme », 1908, p. 449). Gustave Michaut, *op. cit.*, 1924, p. XII : « Les collèges, l'auteur des *Essais*, comme l'auteur de *Gargantua*, montre pour eux une véritable haine. D'abord par cette tendance aristocratique : toutes les classes sociales et, ce qui est pire, toute les classes d'esprit y sont confondues, et la contagion de "l'incivilité" et de la "barbarie" risque de souiller les âmes naturellement généreuses ».

50 Voir l'édition des *Essais* par Jean Balsamo, Michel Magnien et Catherine Magnien-Simonin, Paris, Gallimard, 2007, notes et variantes p. 1385 ; Ernest Marchand, « Montaigne and the Cult of ignorance », *Romanic Review*, n° 36-4, 1945.

appréciation superlative au sujet de Turnèbe (l. 271-292). Au chapitre suivant, il évoque « Nicolas Groucchi, qui a escrit *de comitiis Romanorum*, Guillaume Guerente, qui a commenté Aristote, George Bucanan, ce grand poëte Escossois, Marc Antoine Muret, que la France et l'Italie recognoist pour le meilleur orateur du temps » (I, 16, 174), et Antoine de Gouvéa, qui « fut sans comparaison le plus grand principal de France[51] » (I, 26, 176). L'ancien élève bénéficie en retour du prestige de ses maîtres ; Montaigne dit avoir excellé en latin, au point que ceux-ci auraient même hésité à l'interroger, pour ne pas être pris en défaut. Le jeune homme aurait encore brillé comme acteur précoce dans l'interprétation des « tragedies latines » (I, 26, 176) de Guérente, de Buchanan et de Muret : ses maîtres étaient donc également de brillants dramaturges. Enfin, si le jeune Montaigne a eu la chance d'être guidé par un bon précepteur, « homme d'entendement » (175), on peut se demander s'il a vraiment eu l'occasion de souffrir du pédantisme. Le « pedante » est un personnage de comédie, et le « pedantisme », un mot qui n'existe pas encore…

Le personnage du « pedante » est venu contrarier l'estime que le jeune gentilhomme éprouvait pour ses maîtres[52]. Le déclencheur de ce traumatisme initial est un personnage de théâtre, qui porte le titre de docteur sur scène, mais laisse vite apparaître son ignorance. Un masque lui cache la moitié du visage ; sur l'autre moitié, le spectateur découvrait

51 Donald Frame rappelle que le premier directeur du Collège de Guyenne, André de Gouvea, fut recruté et naturalisé français par Pierre Eyquem, alors maire de Bordeaux (*Montaigne. Une vie, une œuvre*, Classiques Garnier, 2018, p. 20). Voir aussi R. Gorris Camos, « "Toujours il a frayé avec des hommes de cette farine" : André de Gouvéa, principal du Collège de Guyenne et des "Bordaleses" », *MS*, n° 13, 2001, p. 13-43.

52 Dans les comédies italiennes de Francesco Belo, de l'Arétin et de Bruno, le discours du pédant se caractérise par l'utilisation de mots rares, de suffixes, de mots ou de phrases empruntés au latin, censés ennoblir le langage vulgaire mais faisant entendre à la place une langue complètement artificielle et ridicule. Francesco Belo, *Il pedante*, Roma, Valerio Dorico e Luigi fratelli bresciani, 1529, prologue : « *La comedia si chiama* El pedante, *quale è persona che, con le lettere in mano, defenderá le ragioni sue* ». Un vieux professeur, appelé Prudenzio par antiphrase, aime la jeune fille Livia, la sœur de l'un de ses élèves, qui sert d'intermédiaire pour éviter à son frère les châtiments corporels dont le maître n'est pas avare. Voir Nino Borsellino, « Francesco Bello », *Dizionario Biografico degli Italiani*, Treccani, 1966. *Il Marescalco* (1533), de Pietro Aretino (L'Arétin), relève du genre de la *commedia erudita*. Dans le prologue, pour amuser le public, le comédien raconte un conte dans lequel il joue tous les rôles. Il se met d'abord dans la peau de l'apothicaire, ou pédant, qui résume l'intrigue au public avec un vocabulaire précieux, emprunté à la poésie de Pétrarque…

de gros traits rougeâtres révélant une addiction au vin[53]. Si Montaigne avait donné ce genre de détail, son intention aurait été de faire rire son lecteur. Or, le chapitre ne met pas en scène ce personnage grotesque, dont les comédies italiennes ou italianisantes font à l'époque une cible facile. La tonalité burlesque affleure, mais sous la forme d'allusions : du *Gargantua*, Montaigne cite un pseudo-proverbe en latin macaronique, que Rabelais plaçait dans la bouche de Frère Jean des Entommeures : « *magis magnos clericos non sunt magis magnos sapientes*[54]. » Plus loin, il évoque cet ami qui a besoin d'un dictionnaire médical pour oser dire que son derrière le démange (l. 176-179), ou encore le fait que les pédants restent comme sonnés par un « coup de marteau » (l. 241) à l'issue de leurs études. Le chapitre ne relève pas du burlesque[55], mais de cette forme de comique beaucoup plus cérébrale et ambiguë qu'est l'ironie. En outre, Montaigne fait comprendre qu'il riait jaune, choqué de voir le prestige de ses maîtres réduit ainsi à néant. Ce rire désarçonne encore le lecteur contemporain, souligne Hubert Vincent[56] : la portée critique du chapitre dépasserait les Collèges humanistes et s'étendrait à toute scolarité, incluant celle du lecteur lui-même. Il n'est pas du tout certain que l'on juge le rire opportun, note Jean-Pierre Elslande, tant cette chute des idoles ressemble à une *Schadenfreude*[57].

53 On trouve un portrait approfondi du personnage du *pedante* chez Jocelyn Royé dans « le portrait du pédant », *La figure du pédant de Montaigne à Molière*, Droz, 2008, p. 25-114. Dans le théâtre italien de la Renaissance, le *pedante* relève de la *commedia erudita* tandis que le *dottore* est un personnage de la *commedia dell'arte*. Les deux personnages présentent toutefois un grand nombre de points communs.

54 Rabelais, *Gargantua* (1542), chapitre 39. Régnier traduit ainsi : « Parbleu ! les plus grands clercs ne sont pas les plus fins » (cité par P. Villey, *op. cit.*, 1920, p. 68). Chez Rabelais, le discours du moine porte sur la question de savoir pourquoi les cuisses des demoiselles sont toujours fraîches. La critique de la connaissance savante apparente Frère Jean à un philosophe cynique, soutient Christiane Deloince-Louette dans « Frère Jean des Entommeures : chasseur et cynique », *Revue d'histoire littéraire de la France*, vol. 101-1, 2001, p. 5 : « La parole cynique du moine, avatar à la fois de Socrate et de Diogène, grand buveur et bon chien de chasse, est celle du perturbateur par excellence [...], perturbateur en définitive d'une sagesse humaniste trop sûre d'elle-même. »

55 Le burlesque se caractérise par les idées extravagantes et les expressions bouffonnes. Le mot apparaît à la fin du XVIe siècle. Il est étroitement lié au personnage du pédant, comme le montre par exemple le discours de Janotus de Bragmardo dans le *Gargantua* de Rabelais.

56 Hubert Vincent, *op. cit.*, p. 20.

57 Le passage exprime « l'angoisse que suscite la chute des idoles », écrit Jean-Pierre Elslande dans « Érasme, Rabelais, Montaigne et les jeunes pousses de la littérature renaissante »,

Au rebours d'un rire franc, Montaigne propose à son lecteur une analyse rétrospective. Il met d'abord au jour le pressentiment que les collégiens auraient eu du pédantisme de leurs maîtres, avant même d'être confrontés à la figure théâtrale du pédant. Montaigne évoque ainsi le « surnom de magister », par lequel les élèves détournaient une marque de révérence utilisée à l'Université. L'usage du surnom créait une complicité entre les élèves au détriment de leurs maîtres[58]. Sur l'édition de 1582 conservée à la bibliothèque municipale de Bordeaux, l'adjectif possessif de l'édition de 1580 est barré : « le surnom de ~~mon~~ magister ». Notons que la phrase entière dépendait initialement d'une expérience à la première personne : « Je me suis souvent despité en mon enfance de voir es comedies Italienes tousjours un pedante pour badin, et le surnom de magister n'avoir guiere plus honnorable signification parmy nous » (édition de 1580). La phrase fait comprendre que le jeune Montaigne a été non seulement déçu de voir ses professeurs ridiculisés au théâtre, mais qu'en bon élève, soucieux de l'honneur de ses maîtres, il désapprouvait l'usage péjoratif du « surnom de magister » par ses camarades. Le sens est infléchi en 1582 : détachée de l'expérience à la première personne, la seconde partie de la phrase se présente désormais sous la forme d'un simple constat[59].

L'auteur donne alors de l'estime qu'il avait pour ses maîtres une explication rétrospective. Son estime était en réalité fondée sur un rapport de subordination : « Car, leur estant donné en gouvernement et en garde, que pouvois-je moins faire que d'estre jalous de leur reputation ? » (l. 4-6). Dans une phrase interrogative, formulée comme une question au style direct à partir de l'édition de 1582[60], Montaigne pointe un rapport de subordination qui vient saper à la fois l'obéissance des élèves et l'autorité des maîtres. L'explication revient à contester la vertu traditionnelle d'obéissance, lieu commun de la littérature pédagogique[61].

Versants, n° 55, ETH Zürich, 2008) et « Que philosopher, c'est être enfant : Montaigne pédagogue », *Revue de Théologie et de Philosophie*, vol. 141-3, 2009, p. 253-259.

58 Les étudiants s'adressaient à leur professeur en disant « Magister noster », une pratique qui amuse Érasme dans les *Epistolae Obscurorum Virorum*, citées ici par M. Screech, *The Complete Essays*, Pinguin Classics, 1991, p. 150.

59 Voir les variantes : « n'avoir guiere » est corrigé en : « n'avoit guiere ».

60 Le point d'interrogation apparaît dans l'édition de 1582.

61 Sur la vertu d'obéissance, voir Isabelle Flandrois, *op. cit.*, p. 115 : « Le prince, né pour commander, se trouve pris dans un enchaînement de devoirs d'obéissance. À Dieu tout d'abord, à la raison qui vient de Dieu, aux lois de l'État, à ses père et mère et, en bas

L'estime de l'élève pour ses maîtres était un jugement conditionné, dont l'auteur souligne la valeur de quasi-nécessité : « que pouvois-je moins faire » ? Comme l'estime éprouvée par l'élève reposait sur un rapport de domination, l'écrivain peut rétrospectivement mettre en doute son authenticité. Le début du chapitre se présente ainsi sous la forme d'une démystification de l'expérience scolaire. L'estime de l'élève pour ses maîtres n'était pas issue d'un jugement libre. Dans une analyse qui frappe à la fois par sa complexité et sa précision, Montaigne souligne qu'il avait bien le pressentiment du pédantisme de ses maîtres, mais qu'il essayait alors à lui trouver une justification : « je cherchois bien de les excuser » (l. 6-7). En d'autres termes, l'ancien élève du Collège de Guyenne se faisait le relais complaisant d'une pédantocratie.

Comme justification, le jeune Montaigne invoquait une « disconvenance naturelle » entre les maîtres et le vulgaire, comme s'il s'était enorgueilli de fréquenter une élite intellectuelle. N'est-ce pas là un trait de la vanité de ses maîtres, que l'on peut rétrospectivement considérer comme une marque de pédantisme ? Le jeune homme aurait « voulu se convaincre qu'un tel mépris s'expliquait par l'incapacité du vulgaire à admettre la supériorité d'excellents maîtres[62] », souligne Kazimierz Kupisz. Le motif se retrouve dans la première hypothèse susceptible d'expliquer le pédantisme (l. 20-25), mais aussi dans l'argument des natures individuelles inspiré de Platon (l. 353-359). On peut se demander si Montaigne écrivain a vraiment abandonné cette conviction de jeunesse, celle-ci étant évoquée et mise à l'épreuve deux fois dans le chapitre. Un autre motif à valeur d'excuse est mentionné, concernant cette fois la méthode : « D'autant qu'ils vont d'un train entierement contraire les uns aux autres » (l. 9-10). À la relecture, Montaigne a ajouté une majuscule au début du segment de phrase. La « segmentation autographe[63] », pour reprendre une expression d'André Tournon, souligne typographiquement le fait qu'il s'agit d'un motif différent, manière de reprendre son souffle par analogie avec la lecture à voix haute. Synonyme de manière ou d'allure, la notion de « train » a ici valeur idiosyncrasique : « Il est bon qu'il le face trotter devant luy pour

de l'échelle, à ses gouverneurs et précepteurs. » La non-obéissance conduirait vite à la tyrannie ; nul en sait commander s'il n'apprend d'abord à obéir, etc.

62 Kazimierz Kupisz, « Variations montaigniennes sur le thème du pédantisme », *Revue d'Histoire littéraire de la France*, 88e année, n° 5, PUF, 1988, p. 944.

63 André Tournon, « "ny de la ponctuation". Sur quelques avatars de la segmentation autographe des *Essais* », *NRSS*, n° 17-1, 1999, p. 147.

juger de son train [...] » (I, 26, 150). On peut lire le segment de phrase comme un approfondissement de la « disconvenance » entre la foule et les savants, comme le fait généralement la critique[64]. Une autre lecture, encouragée par la segmentation de la phrase, consisterait à rapporter le segment aux maîtres eux-mêmes : autant de maîtres, autant de manières d'enseigner. L'argument donnerait lieu à une interprétation sceptique de l'enseignement : comment faire confiance aux maîtres si leurs méthodes d'enseignement sont « entièrement contraires » les unes aux autres – si le discours et les préceptes de l'un n'ont à peu près aucune chance d'être approuvés par l'autre ? Le pédantisme des maîtres serait d'emblée un phénomène pluriel – d'où la difficulté d'y remédier, au sens où il n'existe a priori pas de remède unique.

Au Collège de Guyenne, on donnait des comédies. Cela signifie, entre autres, que les maîtres de Montaigne acceptaient la désacralisation burlesque de leur enseignement par un *pedante* sur scène. On peut supposer que les maîtres n'ont pas seulement toléré la critique du pédantisme, mais qu'ils l'ont encouragée en proposant à leurs élèves le spectacle de comédies italiennes ou italianisantes. « Je me suis souvent despité, en mon enfance [...] » (l. 1) : dès le début du chapitre, l'auteur rappelle par l'adverse « souvent » que la moquerie à l'encontre des professeurs n'a pas été une expérience unique. De même, le précepteur de Montaigne aurait accepté que son élève lût des « comédies italiennes » (I, 26, 175) en privé, et l'y aurait même encouragé. La bonne pédagogie intégrait ce « visage[65] » satirique et burlesque de l'enseignement. Le chapitre « Du pedantisme » entend-il rappeler la vertu du procédé à une génération qui aurait tendance à l'oublier ? Même si un tout petit nombre de pièces nous sont parvenues, la comédie humaniste était un genre littéraire vivace dans la France du XVIe siècle[66]. Spectateurs ou acteurs, les

64 C'est la lecture adoptée notamment par les traducteurs Donald Frame en anglais (*Essays*, Everyman's Library, 2003, p. 118 : « *inasmuch as these two groups go entirely different ways* ») et Hans Stilett en allemand (*Essais*, Eichborn, 1998, p. 208 : « *weil beider Wege völlig entgegengesetzt verliefen* »).

65 Le terme « visage » comporte 200 occurrences dans les *Essais*. Il désigne à une apparence toujours plurielle. À propos de la philosophie : « On a grand tort de la peindre inaccessible aux enfans, et d'un visage renfroigné, sourcilleux et terrible. Qui me l'a masquée de ce faux visage, pasle et hideux ? » (I 26, 160).

66 Madeleine Lazard, *La comédie humaniste au XVIe siècle et ses personnages*, Paris, PUF, 1978, en particulier p. 7-8 sur l'influence italienne et les réactions qu'elle a suscitées. Parmi les maîtres de Montaigne, Georges Buchanan et Marc-Antoine Muret ont écrit et fait jouer

élèves du Collège étaient familiers du « pedante » qui accompagnait le grammairien comme son ombre comique. Le chapitre pourrait être une manière de réitérer sous nos yeux un exercice critique salutaire, dont les racines plongent dans l'expérience scolaire elle-même. Les maîtres ont su cultiver l'auto-ironie par la médiation du théâtre. Montaigne souligne la vertu civique du théâtre à la fin du chapitre « De l'institution des enfans » (177). C'est un analogue ludique et festif de la religion : « Les bonnes polices prennent soing d'assembler les citoyens et les r'allier, comme aux offices serieux de la devotion, aussi aux exercices et jeux ; la société et amitié s'en augmente » (I, 26, 177). Par contraste avec le caractère sérieux de la dévotion, le théâtre fait partie de la catégorie des « jeux ». En rappelant au bon souvenir de ses lecteurs le personnage du pédant, Montaigne rassemble les anciens élèves du Collège humaniste dans une « société et amitié » que la religion n'est plus en mesure de favoriser. Le début du chapitre décrit une expérience à la première personne, située « en mon enfance[67] », mais dont les analyses rétrospectives permettent ensuite de souligner le caractère collectif.

De l'expérience théâtrale du pédantisme, l'auteur dit garder un souvenir amer. Si l'on s'intéresse à d'autres expériences douloureuses relatées à la première personne, le lecteur a déjà rencontré à ce stade du livre I le défaut de mémoire, dans le chapitre « Des menteurs[68] » (I, 9), la préméditation laborieuse des discours (« Du parler prompt ou tardif[69] », I, 10), « l'aisance et l'indigence » (I, 14, 67) matérielles, la vie comme sursis et « l'impatience de l'imagination de la mort[70] » (I, 14 et I, 20).

des comédies. Montaigne évoque le genre noble de la tragédie au chapitre suivant : « J'ai soustenu les premiers personnages, és tragedies latines de Bucanan, de Guerente, et de Muret, qui se representerent en nostre college de Guienne avec dignité » (I, 26, 176).

67 Gustave Michaut, édition critique du chapitre *Du pédantisme*, De Boccard, 1924, p. VIII : « Aussi est-ce précisément une expérience qu'il raconte et utilise ici, la sienne. Malgré l'apparence impersonnelle que lui donne son titre, l'*Institution des enfants* se rattache bien aux autres Essais et se conforme à l'intention générale de tout le livre : la peinture de Michel de Montaigne. Montaigne se retrouve et se "pourtrait" dans les souvenirs de l'éducation qu'il a reçue, comme dans celle qu'il propose et qu'il décrit ».

68 « Outre l'inconvenient naturel que j'en souffre [...] ». On est frappé par le parallèle entre les menteurs et les pédants : « [...] les memoires excellentes se joignent volontiers aux jugemens debiles » (I 9, 34).

69 « Je cognois, par experience, cette condition de nature, qui ne peut soustenir une vehemente premeditation et laborieuse » (I, 10, 40).

70 « Et je trouve par experience que c'est plus tost l'impatience de l'imagination de la mort qui nous rend impatiens de la douleur [...] » (I, 14, 56).

Depuis Pétrarque, l'*experientia* désigne la connaissance dont on peut témoigner par soi-même, tandis que son corollaire, l'*historia*, renvoie aux connaissances acquises par le témoignage d'un tiers. Ces deux notions latines sont traditionnellement illustrées par deux formules de Cicéron : « *Loquitur experientia, quae mentiri non solet*[71] » et « *historia magistra vitae*[72] ». L'*historia* et l'*experientia*, souligne Eugenio Garin, sont les deux figures humanistes de la raison, le cas échéant opposées à la volonté scolastique de faire système[73]. L'expérience a valeur de preuve et n'est donc pas un ornement. Ainsi, dans l'Apologie, Montaigne évoque l'expérience comme réfutation de la théorie platonicienne de la réminiscence : selon Platon, l'âme aurait contemplé les vérités antérieurement à son incarnation, « chose que chacun, par experience, peut maintenir estre fauce » (II, 12, 578). Dans notre chapitre, il invoque le « serment de mon experience » (l. 237) : il ne s'agit pas ici de l'expérience sensible, dont les théories empiristes font l'origine de nos connaissances, mais de leçons de sagesse que l'on peut tirer de l'observation sincère de soi et du monde. Une correction sur l'EB indique que l'intention de l'auteur est bien d'invoquer un serment fait à la première personne, à l'instar des témoignages apportés sous serment dans le cadre d'un procès[74]. Quel crédit accorder pourtant au souvenir personnel, étant donné le défaut de mémoire dont Montaigne s'accuse régulièrement ? Au chapitre « Des menteurs » (I, 9), l'essayiste a déjà posé une relation de corrélation inverse entre la mémoire et le jugement : « il se voit par experience plustost au rebours, que les memoires excellentes se joignent volontiers aux jugemens debiles » (I, 9, 34). L'*experientia* humaniste implique l'exercice du jugement. Ce n'est pas une donnée brute des sens, mais un exercice du jugement conduit sur ce que l'on observe du monde et de soi-même. L'expérience ainsi conçue fait partie intégrante des enquêtes que conduit l'auteur des *Essais* : Montaigne en fournit ici une illustration à travers l'analyse de sa scolarité[75].

71 Cicéron, *Ad Familiares*, III, 15.

72 Cicéron, *De Oratore* II, 36.

73 Eugenio Garin, « le philosophe », dans *L'Homme de la Renaissance*, Paris, Seuil, 1990, p. 181-182. Garin cite à ce propos l'avis au lecteur : « Lecteur, je suis moi-même la matière de mon livre ».

74 Barré sur l'EB : ~~*je jurerois selon le serment que je fairois*~~ : voir les variantes.

75 Le chapitre comporte quatre occurrences du terme : « d'en montrer l'experience » (l. 102) ; « grand capitaine sans l'experience » (l. 189) ; « au serment de mon experience » (l. 237) ; « l'experience nous offre souvent un medecin plus mal medeciné » (l. 361). Sur ce point, voir Robert Kilpatrick, *op. cit.*, 2013, p. 223-224.

L'auteur n'aurait surmonté son dépit qu'une fois sorti du Collège. Ayant échappé à l'autorité de ses maîtres, il se serait détaché de sa vénération initiale et aurait enfin accusé leur pédantisme, suivant en cela l'avis des « plus galans hommes », dont le poète Joachim du Bellay apparaît comme le parangon[76]. Ce récit d'émancipation peut toutefois susciter quelques interrogations, encouragées ici par une remarque amusée (« en cecy perdois je mon latin[77] », l. 11), là par les recours insistants au superlatif (« les plus galants hommes », « grandissime raison », l. 11-12, 18-19), là encore par une référence à l'ignorance grossière des Romains, pour qui « Grec et escholier estoient mots de reproche[78] » (l. 16) – mais qui voudrait être ignorant ? Le superlatif « grandissime », un italianisme dans la langue du XVIe siècle, fait entendre l'ironie amusée de Montaigne. La critique du pédantisme est un jugement formulé en référence à un poète dont l'érudition et l'italianisme venaient de donner lieu à de vives polémiques[79]. Les vingt-neufs sonnets d'Étienne de La Boëtie, insérés au chapitre vingt-neuf du livre I des *Essais* jusqu'à l'édition de 1588 incluse, avant d'être supprimés, ne pèchent-ils pas eux aussi par leur pétrarquisme[80] ? Le vers de Du Bellay laisse entendre l'auto-ironie d'un poète qui s'accuse lui-même de pédantisme. Quel crédit accorder par ailleurs à une explication dont le caractère de justification est particulièrement marqué, et dont la formulation rhétorique laisse transparaître l'ironie de l'auteur ?

---

76 Montaigne affiche de manière ostentatoire sa proximité avec les poètes de La Pléiade, par ailleurs proches de Turnèbe. Ronsard et Du Bellay avaient été marqués par l'enseignement de Turnèbe, rappelle John Lewis dans dans « Poets and Poetry », *Adrien Turnèbe (1512-1565). A Humanist Observed*, Genève, Droz, 1998, chap. VI, ici p. 263.

77 « Perdre son latin » signifie ici perdre son temps et sa peine, travailler inutilement à quelque chose : le jeune Montaigne aurait en vain cherché à excuser le pédantisme de ses maîtres. La phrase pourrait aussi avoir un sens littéral, Montaigne critiquant plus loin (lignes 126 à 132) le temps excessif consacré à l'apprentissage du latin : sous l'effet du choc psychologique de la déception, le jeune homme aurait oublié – momentanément ? – sa maîtrise du latin si chèrement acquise.

78 Selon Plutarque, la plèbe se serait moquée de Cicéron en l'appelant « Grec » et « écolier » (« Cicéron », VI).

79 Du Bellay répond aux accusations de pédanterie dans la préface de *L'Olive* et dans la *Deffence et illustration de la langue françoyse*, chap. III : « [...] d'autant que l'amplification de nostre langue (qui est ce que je traite) ne peut se faire sans doctrine ni érudition [...]. »

80 I, 29, sonnet I : « Pardon Amour, pardon, ô seigneur je te voue / Le reste de mes ans, ma voix et mes escris / Mes sanglots, mes souspirs, mes larmes et mes cris / Rien, rien tenir que de toy, je n'advouë. » Pourquoi Montaigne a-t-il supprimé les sonnets de La Boëtie de quatorze traits de plume vigoureux ? Voir Arlette Jouanna, *Montaigne*, Gallimard, 2017, p. 189-192.

« Grandissime raison », certes, mais d'une raison réputée muable et polymorphe, « instrument de plomb et de cire, alongeable, ployable et accommodable à tous biais et à toutes mesures » (II, 12, 565). En outre, le lecteur ne saurait accepter un jugement second dans les *Essais* comme « argent comptant[81] », comme s'il s'agissait d'une vérité établie une fois pour toutes. La critique du pédantisme tire son sens d'un jugement premier que la correction vient contester mais pas effacer. L'estime initiale de Montaigne pour ses maîtres perdure sous la critique : l'élaboration d'un jugement second reste imbriquée dans le premier comme dans une sorte de matrice affective et intellectuelle. La question de la formation du jugement sur le « pedantisme » des maîtres reste entière à l'issue de l'introduction, justifiant l'essai que l'auteur se propose de conduire devant nous sur la question.

DOUTE SUR LA VALEUR DE L'ÉTUDE ET PREMIÈRE HYPOTHÈSE (L. 20-35)

Pourquoi l'étude ne rend-elle pas meilleur et plus habile ? Montaigne donne à sa réflexion la forme explicite d'une interrogation non résolue : « j'en suis encore en doute » (l. 25). Le lecteur peut supposer que l'essai du jugement permettra de dresser le bilan de réflexions passées, et peut-être de proposer une solution au problème évoqué. L'ancien élève du Collège de Guyenne a longtemps excusé, avant de l'accuser, le pédantisme de ses maîtres. Entre-temps, l'expérience personnelle se serait transformée en question philosophique : comment expliquer que tous ne profitent pas de l'étude ?

> Mais d'où il puisse advenir qu'une ame riche de la connoissance de tant de choses n'en devienne pas plus vive et plus esveillée, et qu'un esprit grossier et vulgaire puisse loger en soy, sans s'amender, les discours et les jugemens des plus excellens esprits que le monde ait porté, j'en suis encore en doute (l. 20-25).

---

81 « Je ne me persuade pas aysement qu'Epicurus, Platon et Pythagoras nous ayent donné pour argent contant leurs Atomes, leurs Idées et leurs Nombres » (II, 12, 511).

Dans sa formulation au style indirect, la question contient d'abord un constat : tous ne profitent pas de l'apprentissage de « tant de choses » – règles de grammaire, citations d'auteurs, articulations du discours, etc. Notons ensuite que la portée de la question est restreinte par le constat d'échec qu'elle contient : c'est seulement un certain type d'esprit, « grossier et vulgaire », qui ne profite guère de l'étude. On peut imputer à ce type d'esprit la responsabilité de l'échec sans risquer beaucoup de se tromper[82]. La question initiale a donc tout d'une question rhétorique : entre les deux types d'esprit, les mal dégrossis d'un côté, les « plus excellens esprits que le monde ait porté » de l'autre, faut-il s'étonner que l'écart soit difficilement franchissable ? La question n'est pas pour autant résolue. La question assigne en effet une finalité positive à l'éducation, qui devrait se traduire par la formation d'une « âme plus vive et plus éveillée ». Même s'ils restent très généraux, les termes de cet accomplissement contiennent la vraie question sur laquelle Montaigne se propose d'essayer son jugement dans le chapitre : pourquoi les efforts de certains se retournent-ils contre eux, en les faisant tomber dans ce que le chapitre appelle le « pedantisme » ? En d'autres termes, comment devient-on pédant ?

La première hypothèse, formulée en guise de réponse à la question, est une opinion socialement autorisée, signalée comme telle par l'usage des parenthèses : « (me disoit une fille, la première de nos princesses, parlant de quelqu'un) » (l. 27-28). C'est la première apparition des femmes dans le chapitre – entre parenthèses, donc. L'identité de la « princesse » est discutée. Il s'agit vraisemblablement de Marguerite de France, surnommée la reine Margot[83]. La seconde mention d'une « fille », au sens d'une

82 Gustave Michaut (éd.), *De l'institution des enfants*, Paris, De Boccard, 1924, p. VII *sq.* : « Comment se fait-il qu'avec tant de connaissances et si précieuses, ils restent "grossiers et vulgaires" ? ».

83 Selon Pierre Villey, il peut s'agir de la sœur d'Henri de Navarre, Catherine de Bourbon, ou plus probablement de Marguerite de France, née en 1553 (ou Marguerite de Valois, surnommée Margot), fille du roi Henri II et de Catherine de Médicis, devenue reine de Navarre en 1572, puis reine de France en 1589 lorsque son mari Henri de Navarre accède au trône sous le titre de Henri IV. Dans ses *Mémoires*, Marguerite de France dit avoir lu la *Théologie naturelle* de Sebond, traduite par Montaigne, alors qu'elle était été séquestrée à Paris par son frère Henri III. Le mariage de Marguerite de Valois et de Henri de Navarre devait être le symbole de la réconciliation entre Catholiques et Réformés : voir Arlette Jouanna, *op. cit.*, p. 160-161. La reine Margot aurait pu séjourner dès 1577 au château de Fleix avec sa mère, Catherine de Médicis, et durablement avec son mari

jeune femme non mariée, concerne la future épouse du Duc de Bretagne, jeune Écossaise éduquée « simplement et sans aucune instruction de lettres » (l. 321-322). Enfin, l'éducation des princes perses par des enuques suppose que les femmes aient été écartées de l'éducation des enfants de bonne famille (l. 374-376). Mais revenons à l'hypothèse : le volume occupé dans notre cerveau par les idées des autres réduirait mécaniquement celui des pensées personnelles. Il y a beaucoup de pensées dans la tête d'un pédant, et même beaucoup trop, et celles qu'il peut revendiquer comme siennes se trouvent en proportion inverse du volume de ses emprunts. Montaigne souligne plus loin que les pédants ont « la souvenance assez pleine, mais le jugement entierement creux » (l. 268-269). L'analyse du pédantisme fait apparaître l'obligation, pour la pensée, d'être une pensée à la première personne.

Si le dessein de Montaigne était d'établir une psychologie des facultés, la première hypothèse serait une critique de l'obésité de la mémoire, qui grossirait au détriment de l'activité du jugement. La relation entre la mémoire et le jugement serait une corrélation en sens inverse. Efficace, l'explication donnerait raison à la princesse et la question du pédantisme serait résolu[84]. Le schéma psychologique que suppose cette première explication est toutefois beaucoup trop simple, dans la mesure où le jugement personnel se forme en grande partie par l'appropriation de contenus mémoriels. L'essayiste souligne ailleurs la corrélation entre la mémoire et le jugement. « C'est un outil de merveilleux service que la memoire, et sans lequel le jugement faict bien à peine son office : elle me manque du tout » (II, 17, 649). Dans notre chapitre, l'idée est formulée avec des mots empruntés à Sénèque : « Or il ne faut pas attacher le sçavoir à l'ame, il l'y faut incorporer[85] [...] » (l. 308-309). Le chapitre vingt-six fera explicitement du jugement personnel le résultat de ce

---

Henri de Navarre. Demeure du marquis de Trans, le château de Fleix est distant d'une vingtaine de kilomètres à peine du château de Montaigne. La paix de Nérac, qui mettait fin à la septième guerre de religion, y fut signée en novembre 1580 : voir Philippe Desan, *Montaigne, une biographie politique*, Paris, Odile Jacob, 2014, p. 286.

84 Pierre Villey, *L'Influence de Montaigne sur les idées pédagogiques de Locke et de Rousseau*, Paris, Hachette, 1911, p. 199 : « Montaigne reprochait aux collèges de n'exercer que la mémoire de leurs élèves. Il voulait au contraire leur former le jugement. L'opposition entre la mémoire et le jugement se retrouve partout dans les essais *Du pédantisme* et *De l'Institution des enfants*. »

85 « animum non colorare, sed inficere », écrit Sénèque (lettre 71) ; « si illa se non perfuderit, sed inficerit » (lettre 110). Cité par Pierre Villey, *Les sources...*, *op. cit.*, 1920, p. 72.

processus d'assimilation[86]. La mémoire qui assimile est une mémoire qui trie, « filtre l'essentiel[87] » et transforme progressivement les savoirs. La pédagogie humaniste veut que l'on digère les auteurs antiques, que l'on assimile une nourriture choisie. Le processus est évoqué dans notre chapitre sous une forme interro-négative : « Que nous sert-il d'avoir la panse pleine de viande, si elle ne se digere ? si elle ne se trans-forme en nous ? » (l. 185-187). Lorsque Montaigne évoque le concours d'entrée aux « Parlements » (l. 293), qui désignent à l'époque les cours de justice, c'est pour souligner l'intérêt des cas d'étude, qui obligent à juger par soi-même au lieu de réciter des articles de loi appris par cœur. La science et le jugement se trouvent dans une relation de complémentarité, même si le jugement garde la priorité : « si est ce qu'à la verité celle du sçavoir est moins prisable que celle du jugement. » Une recommandation semblable concerne le recrutement du futur précepteur au chapitre suivant : Montaigne demande à ce que l'on choisisse « un conducteur qui eust plustost la teste bien faicte que bien pleine, et qu'on y requit tous les deux, mais plus les meurs et l'entendement que la science » (I, 26, 150). Là encore, l'adverbe « plustost » indique un ordre de priorité, et non la disqualification de la mémoire savante au profit du seul exercice du jugement.

Une autre version de l'hypothèse est alors formulée à la première personne et au conditionnel. Notons que dans l'édition de 1580, c'est la première formulation de l'hypothèse, celle de la princesse ayant été ajoutée dans l'édition de 1588.

> Je dirois volontiers que, comme les plantes s'estouffent de trop d'humeur, et les lampes de trop d'huile : aussi l'action de l'esprit, par trop d'estude et de matiere, lequel, saisi et embarrassé d'une grande diversité de choses, perde le moyen de se desmeler ; et que cette charge le tienne courbe et croupi. (l. 30-35)

La formulation est prudente et métaphorique. Un terreau trop riche nuirait à la croissance des plantes, tout comme un excès d'huile peut noyer la mèche[88]. Empruntées à la vie paysanne et quotidienne, les deux

---

86 « Ainsi les pieces empruntées d'autruy, il les transformera et confondera, pour en faire un ouvrage tout sien : à sçavoir son jugement » (I, 26, 152).

87 Jean Château, *Montaigne, psychologue et pédagogue*, *op. cit.*, p. 76.

88 Montaigne précise deux fois le sens de la métaphore de la lampe sur l'EB, avant de supprimer ces précisions : voir les deux variantes (l. 34).

métaphores aident à comprendre les effets contre-productifs d'un excès d'activité intellectuelle. L'analogie entre l'éducation et la croissance des plantes figure chez Plutarque dans le traité sur l'éducation des enfants[89] ; elle est reprise au XVe siècle par l'humaniste Aeneas Silvius, devenu pape sous le nom de Pie II[90]. Dans la *Défense et illustration de la langue française* (1549), le poète Joachim Du Bellay, cité au début du chapitre, compare l'évolution des langues à celle des plantes, qui doivent être cultivées avec soin sous peine d'être envahies par les ronces[91]. La métaphore rattache la vie de l'esprit aux phénomènes de la vie des champs, à l'opposé de constructions abstraites, ce qui a pu inciter la critique à voir dans la pédagogie de Montaigne une pensée concrète[92]. Notons que la charge mémorielle ne constitue pas directement la cause incriminée, la formule « par trop d'estude et de matiere » (l. 32) ayant un aspect beaucoup plus général. Enfin, même si l'hypothèse de l'étouffement est aussitôt réfutée (« Mais il en va autrement », l. 35), sa force explicative restera présente à l'esprit comme par un effet de persistance intellectuelle. Adversaire déclaré du « bien dire », Montaigne sait pourtant trouver des images éloquentes.

La première hypothèse renvoie à un reproche populaire et a tout d'une opinion admise, voire d'un préjugé. Montaigne affiche d'emblée

89 Plutarque, « Comment il faut nourrir les enfans », trad. Jacques Amyot, *Œuvres morales*, Paris, Michel de Vascosan, 1565, p. 5 : « Ne plus ne moins que les herbes & les plantes se nourrissent mieux quand on les arrouse moderement, mais quand on leur donne trop d'eau, on les noyer & suffoque ; aussi faut il donner aux enfans moyen de reprendre haleine en leurs continuels travaux : faisant compte, que toute la vie de l'homme est divisée en labeur & en repos [...] ».

90 Enea Silvio Piccolomini, également connu sous son nom latin Aeneas Sylvius, est élu pape en 1458. Il écrit dans son traité sur l'éducation des enfants : « *Plantae modicis aluntur aquis, multis suffocantur* : un arrosage modéré nourrit les plantes, un arrosage excessif les étouffe ». La source est donnée dans l'édition des *Essais* par Maurice Rat, Garnier Frères, 1962, p. 699 et dans celle de Jean Céard (dir.), Le Livre de Poche, 2001, p. 204.

91 Joachim Du Bellay, *Deffense et Illustration...*, chap. III, « Pourquoi la langue françoise n'est ni si riche que la grecque et romaine ».

92 Carol Clark, *The Web of Metaphor. Studies in the Imagery of Montaigne's Essais, French Forum*, 1978, p. 53-63 ; Marc Foglia, « la prévalence du discours métaphorique sur l'éducation », *Montaigne, pédagogue du jugement*, Classiques Garnier, 2011, p. 155-161. Il ne faudrait pas croire toutefois que le recours fréquent à l'image singulariserait la prose de Montaigne : sur la richesse métaphorique de la langue à la Renaissance, voir Grahame Castor et Terence Cave (éd.), *Neo-Latin and the Vernacular in Renaissance France*, Clarendon Press, 1984, p. 216 *sq.* : « *One of the most important sources of copia, and the one to which Erasmus himself ascribed the greatest power of moving and persuading, is the group of figures based on analogy: metaphor, simile,* exemplum *and so forth.* »

une certaine distance en ayant recours à une formulation au conditionnel (« Je dirois volontiers que », l. 30). L'institution scolaire aurait pour effet d'étouffer la spontanéité de l'enfant sous un carcan de règles. Ennemie de la personnalité, l'école exercerait un contrôle de la pensée par une autorité extérieure dont le travail harassant de mémorisation est l'un des relais[93]. Loin « d'éclaircir les esprits » (III, 8, 928), comme le faisait Socrate, les mauvais maîtres les embrouillent. Montaigne déplore que « cette charge le tienne courbe et croupi » (l. 34-35), « contraints et amoncellez » (I, 26, 157). Les métaphores de la courbure et du recroquevillement font ressentir l'échec de ce type d'éducation. Dans l'interprétation classique que donne Pierre Villey de ce passage, Montaigne critique une science qui repose essentiellement sur la mémoire. « Nous ne faisons usage que de notre mémoire ; ce que nous appelons savoir ce n'est que répéter, et ainsi toute notre science se réduit à un verbalisme vide, à une logomachie qui ne correspond à rien dans la réalité[94] ». Le pédantisme serait une « logomachie », pathologie du langage provoquée par la mauvaise digestion de savoirs eux-mêmes mal digérés. On ingurgite des choses que l'on ne comprend pas. Les maîtres vérifient ensuite l'aptitude à imiter un langage, et non à dire vrai. « Le vice fondamental de la science du XVIe siècle, aux yeux de Montaigne, c'est qu'elle est assujettie au principe d'autorité. Nous cherchons, dit-il, à croire et à savoir non ce qui est, mais ce que d'autres ont cru. Notre but n'est pas de percer le mystère de la réalité, mais de connaître les opinions des maîtres autorisés[95] », poursuit Pierre Villey. L'objet du chapitre serait la critique du principe d'autorité, qu'il faudrait comprendre à partir de la critique de la scolastique dans l'Apologie de Raymond Sebond. La science « à la mode des Géométriens » (II, 12, 540) se donne comme la plus rigoureuse qui soit, mais c'est une apparence. Exerçant sur le jugement des autres une autorité tyrannique, les maîtres se donnent en réalité la liberté de « nous pyrouter à leur volonté ». Par contraste, la critique souligne la valeur d'une philosophie qui serait parmi les premières à revendiquer

93 C'est sans doute le reproche le plus courant que l'on formule contre l'éducation. Pink Floyd, « The Wall », 1979 : « *We don't need no education. We don't need no thought control* [...] ». La chanson accompagnait malicieusement l'émission radiophonique « Montaigne. L'éducation des enfants (4/5) » sur France Culture, *Les Chemins de la philosophie*, le 28.05.2009, invité Pierre Magnard.

94 Pierre Villey, *Les Sources...*, *op. cit.*, 1908, p. 211.

95 P. Villey, *ibid.*, p. 212 ; Jean Château évoque la « fin esthétique » de la science, *op. cit.*, p. 122.

l'autonomie du sujet intellectuel et moral. « Ce n'est ni sur l'autorité de la religion, ni sur la doctrine fidèlement obéie de tel ou tel philosophe, c'est bien sur un effort personnel que Montaigne a entendu fonder la vie morale[96] » écrit Gabriel Compayré.

ALTERNANCE DU JUGEMENT : NOUS PROFITONS DES CONNAISSANCES ACQUISES (L. 35-114)

« Mais il en va autrement : car nostre ame s'eslargit d'autant plus qu'elle se remplit » (l. 35-36) : le « doute » prend ici la forme d'une alternance du jugement. Gravée sur l'une des poutres maîtresses de la bibliothèque privée de Montaigne, la formule *iudicio alternante*[97] décrit la manière dont l'auteur des *Essais* renverse son jugement dans de nombreux chapitres[98]. Une référence aux *exempla* antiques vient ici justifier le mouvement de bascule. Quelques lignes plus loin, dans l'édition de 1580, l'alternance était renforcée par l'expression « au rebours des nôtres[99] ». Il y avait dans l'Antiquité de « grands capitaines et grands conseillers aux affaires d'estat » (l. 39-40) qui étaient par ailleurs très savants. Nous pouvons supposer que leurs connaissances ont accru l'efficacité de leur action, même si l'hypothèse reste à vérifier. De 1580 à 1588, le lecteur pouvait lire « les plus grands capitaines et les meilleurs conseillers ». Montaigne corrige sur l'EB les formules au superlatif : son intention est-elle désormais de ne pas limiter la portée de l'exemple à quelques esprits rares ? Par ailleurs, la conjonction de l'excellence dans la connaissance et de l'excellence dans l'action est-elle transposable de l'Antiquité au présent ?

---

96 Gabriel Compayré, *Montaigne et l'éducation du jugement*, Paris, Delaplane, 1905, p. 69.

97 La formule fait partie des inscriptions sur poutre dans la bibliothèque de Montaigne. La formule appartient aux huit inscriptions sur banderoles à extrémités enroulées, ou phylactères. Alain Legros, *Essais sur poutres. Peintures et inscriptions chez Montaigne*, Paris, Klincksieck, 2000, p. 416, poutre ouest, nº 51 : « d'un jugement qui balance ». Dans l'édition de la Pléiade (*op. cit.*, p. 1311), l'inscription est traduite de la manière suivante : « en jugeant l'un par l'autre. »

98 Voir par ex. : « Si est ce que la fortune [...] » (I, 23, 122) ; « Ceci ne va pas sans contraste [...] » (II, 3, 354), etc. et mon analyse dans « La méthode d'évaluation *iudicio alternante* dans les *Essais* », *MS*, nº 15, 2003, p. 191-206.

99 Supprimée sur EB : voir les variantes.

La première alternance renoue avec le fil autobiographique du chapitre. Montaigne se déchiffre lui-même au miroir de la philosophie grecque en dressant le portrait de « philosophes retirez de toute occupation publique » (l. 41-42). En apparence, l'essai mobilise les idéaux classiques, réitérant le geste qui consiste à s'inspirer de modèles fournis par les grands hommes de l'Antiquité. Les humanistes aiment convoquer ces normes idéales pour vivifier l'action, selon un schéma établi par Pétrarque dans le *De viris illustribus* (1337), deux cent cinquante ans avant la rédaction des *Essais*[100]. Les biographies héroïsées des grands hommes font office de réservoirs d'actions vertueuses et de paroles mémorables. Or, l'argument développé dans l'ajout n'est pas celui que le lecteur attendait, à savoir que les grands hommes étaient non seulement aptes à l'action, mais l'étaient à un degré très supérieur à la moyenne. L'ajout postérieur à 1588 met en avant une idée bien différente : les « philosophes » n'ont pas cherché à démontrer leur aptitude à faire quoi que ce soit d'utile, parce que le critère de l'utilité n'avait aucune valeur à leurs yeux. Ils se sont tenus à l'écart de la vie publique. « Heraclitus resigna la royauté[101] à son frere » (l. 92), comme si le pouvoir était un cadeau empoisonné. Il ne faut donc pas comprendre les spéculations des Grecs comme si elles devaient servir à quelque chose. La plus haute forme de savoir, dans l'Antiquité, était gratuite, au sens où elle ne servait à rien – et ne coûtait rien non plus, précise Montaigne un peu plus loin en reprenant à Platon la critique de la vénalité des Sophistes (l. 450-456).

100 L'*exemplum* faisait déjà partie de la tradition rhétorique romaine : ainsi, c le lecteur de Sénèque se verra rappeler, plutôt trois fois qu'une, le suicide exemplaire de Caton, l'héroïsme de Mucius Sacevola mettant sa main à brûler sur un brasier, la loyauté de Regulus qui se livre à l'ennemi carthaginois pour ne pas faillir à sa parole, le désintéressement de Scipion l'Africain qui accepte une condamnation injuste, etc. », écrit Paul Veyne dans l'introduction à Sénèque, *Consolation à Marcia*, dans *Œuvres*, Paris, R. Laffont, 1993, p. 5. À la Renaissance, il est théorisé par Érasme dans le *De duplici copia verborum et rerum* (1512) à des fins pédagogiques, rhétoriques et morales. Voir Franz Bierlaire, « L'*exemplum* chez Érasme : théorie et pratique », dans *Mélanges de l'école française de Rome*, 1995, 107-2, p. 525-549. On faisait provision d'*exempla* dans l'anthologie de Stobée ou dans les apophtegmes de Plutarque. Voir Timothy Hampton, « Exemplarity and hermeneutics : narratives of appropriation », dans *Writing from History : The Rhetoric of Exemplarity in Renaissance Literature*, Cornell University Press, 1990, p. 8 *sq*.

101 À propos du renoncement à la « royauté » (*basileia* en grec, chez Diogène Laërce), Pierre Coste note : « il faut entendre non la Royauté proprement dite, mais une charge particulière qui portait ce nom à Éphèse, comme chez les Athéniens et les Romains, après qu'ils eurent renoncé au Gouvernement Monarchique » (*Les Essais*, Londres, Nourse et Vaillant, 1754, livre 2, notes manuscrites).

Les grands hommes de l'Antiquité ont démontré une aptitude particulière à l'action. Pourtant, dans une longue incise (l. 43-62), Montaigne dresse le portrait de philosophes qui étaient totalement dépourvus de sens pratique. Dans l'édition de 1580, le lecteur lisait cette simple phrase : « Et, quant aux philosophes, retirez de toute occupation publique, ils ont esté aussi quelques fois a la verité mesprisés par la liberté comique de leur temps : mais au rebours des nostres[102] ». L'ajout sur l'EB, d'une vingtaine de lignes, est un éloge paradoxal des philosophes inspiré du *Thééthète* de Platon[103]. Montaigne s'approprie un thème platonicien, donnant à la critique des pédants toute la profondeur historique dont le sujet peut bénéficier. Il ne s'agit pas de traiter un sujet dérisoire sur un ton sérieux, comme l'éloge de la mouche chez Lucien de Samosate[104], mais à l'inverse, de donner d'un sujet sérieux une version comique. Selon quel critère juger de la valeur de nos connaissances ? Parti pour montrer que le savoir doit être profitable, Montaigne invoque des philosophes grecs qui méprisaient le critère de l'utilité. Arrêtons-nous sur ce qui ressemble à une faute logique[105]. Les *exempla* grecs n'illustrent pas ce qu'il fallait montrer, à savoir que la connaissance peut améliorer notre aptitude à agir. Le lecteur le vérifiera, mais seulement plus loin, en retrouvant le fil directeur qui était celui de l'édition de 1580 : « Quant à ces philosophes, dis-je, comme ils estoient grands en science, ils estoient encore plus grands en tout'action » (l. 73-75). Après 1588, le « dis-je » marque la reprise du propos initial : les *exempla* grecs auront

102 *Les Essais*, Bordeaux, S. Millanges, livre I, page 169 ; *Les Essais*, éd. R. Dezeimeris et R. Barckhausen, Féret, 1870, p. 91.

103 Platon emprunte lui-même ce genre rhétorique aux Sophistes. L'éloge paradoxal est un discours de louange qui porte sur un objet inattendu comme le mensonge, la calvitie ou la mouche. Il s'agit le plus souvent d'un jeu rhétorique, mais le genre peut servir à faire la satire de l'ordre politique et social. Voir Patrick Dandrey, *L'éloge paradoxal de Gorgias à Molière*, Paris, PUF, 1997, p. 14. L'éloge de Socrate par Alcibiade à la fin du *Banquet* constitue l'un des modèles du genre, que Montaigne connaît également par l'intermédiaire d'Érasme avec l'*Éloge de la Folie* (1511), les *Silènes d'Alcibiade* (Bâle, Froben, 1515 ; Paris, Estienne, 1527), ou de Rabelais dans le prologue de *Gargantua* (1534).

104 « Tout argument m'est egallement fertille. Je les prens sur une mouche [...] » (III, 5, 876). Montaigne connaît l'éloge paradoxal de la mouche chez Lucien par le biais d'Érasme.

105 *Cf.* Antoine Arnauld et Pierre Nicole, « Premier Discours », dans *La Logique ou l'art de penser* (1662), éd. P. Clair et F. Gribal, Vrin, 1993, p. 7 : « Ainsi le Pyrrhonisme n'est pas une secte de gens qui soient persuadés de ce qu'ils disent, mais c'est une secte de menteurs. Aussi se contredisent-ils souvent en parlant de leur opinion, leur cœur ne pouvant s'accorder avec leur langue, comme on peut le voir dans Montaigne, qui a tâché de le renouveler au siècle dernier. »

alors valeur d'illustration. Les grands philosophes ont pu agir avec une efficacité redoutable, mais seulement quand ils en avaient pris la décision. Pourquoi Montaigne, relisant le chapitre, a-t-il inséré ce portrait comique des « philosophes retirez de toute occupation publique » – un discours en décalage avec le propos ?

L'intention pourrait être de ne rien présupposer : même si les connaissances accumulées au Collège s'avèrent inutiles, cela ne veut pas dire que toute connaissance devrait servir à quelque chose. Si l'on suit le fil autobiographique du chapitre, Montaigne dresse indirectement son propre portrait, étant lui-même retiré des affaires publiques en son château. Le pédant est un « personnage intensément drôle[106] », mais en va-t-il de même pour le philosophe ? Divers éléments peuvent nous inciter à voir dans ce passage un portrait moins ironique qu'il n'y paraît. Avant notre chapitre, la critique de Machiavel (I, 5, 26) ou l'évocation du « demon de Socrates » (I, 11, 44) ont fait entendre une sorte de voix intérieure qui assimile la plus haute forme de prudence au refus des affaires publiques[107]. Cratès, Héraclite et Empédocle, cités par Montaigne à la relecture, se sont abstenus de se mêler de politique. L'ajout fait entendre une voix dissonante par rapport à l'enseignement humaniste, qui s'auto-justifiait en se pensant au service des princes et de leur bon gouvernement. Les commentateurs ont vu en Montaigne un pédagogue pratique ou pragmatique, qui accorderait la priorité à la socialisation de l'enfant, à la confrontation avec l'expérience et à l'insertion réussie dans le monde tel qu'il est[108]. L'ajout du chapitre « Du pedantisme » sur les philosophes antiques permet d'en douter : les plus grands esprits de l'Antiquité se sont consacrés à des choses abstraites et complètement inutiles.

---

106 Jocelyn Royer, *op. cit.*, 2008, p. 197.

107 Thierry Gontier, « Prudence et sagesse chez Montaigne », *Archives de Philosophie*, vol. 75, 2012-1, p. 113-130.

108 « Précisément parce qu'elle est générale, l'éducation telle que la conçoit Montaigne est en même temps pratique. Il s'agit de faire des hommes habiles, vertueux, dont le jugement soit sûr, dont les actions soient prudentes et sages » écrit Gabriel Compayré dans l'*Histoire critique des doctrines de l'éducation en France*, Paris, Hachette, 1879, p. 98. « À première vue, la doctrine pédagogique de Montaigne apparaît sinon utilitaire, du moins pragmatique [...]. Il n'entend enseigner à son disciple que ce qui peut lui servir, en lui fournissant des principes et des règles d'action. Et il entend que les connaissances qui lui seront dispensées lui reviennent bon marché, c'est-à-dire n'exigent ni trop de temps, ni des efforts disproportionnés à leur valeur pratique », souligne Pierre Villey dans « La Pédagogie de l'honnête homme », *Les Sources...*, *op. cit.*, 1908, p. 461-468. Voir aussi Gustave Michaut, *op. cit.*, 1924, p. VIII.

Le passage renoue avec la tonalité comique. Montaigne prend un plaisir manifeste à faire défiler les philosophes comme sur la scène d'un théâtre, en les investissant d'un rôle burlesque :

> Les voulez-vous faire juges des droits d'un proces, des actions d'un homme ? Ils en sont bien prests ! Ils cherchent encore s'il y a vie, s'il y a mouvement, si l'homme est autre chose qu'un bœuf. (l. 44-47)

Cette scène de comédie, inspirée du *Théétète* de Platon, tourne en ridicule les philosophes grecs. Nous rions des plus grands esprits de l'Antiquité comme s'ils étaient littéralement bons à rien[109]. La douloureuse expérience que l'auteur a faite comme élève, il s'amuse à la reproduire ici en faisant jouer aux philosophes grecs le rôle de personnages « ridicules ». La question platonicienne par excellence, qui porte sur l'essence (« quels gens ce sont que loix et justice », corrigé en « quelles bestes ce sont que loix et justice[110] »), devient une occasion de s'esclafer ; l'embarras de la pensée, que Platon qualifiait d'aporie, une sorte de gimmick qui fait rire par la paralysie du corps et de la parole qu'elle provoque. Le philosophe se demande ce qu'est l'homme et ne s'intéresse pas à ses voisins ; il s'occupe des objets intellectuels les plus nobles et montre une gaucherie qui prête à rire dans la vie courante. Montaigne retranscrit directement le texte du *Théétète*, comme s'il se réjouissait d'avoir trouvé une source aussi prestigieuse pour se moquer des philosophes. La source est revendiquée à la fin du discours dans la mention d'une « peinture Platonique[111] ». Situé quelque part entre la traduction, la réécriture et le pastiche, le portrait comique des philosophes reste assez déroutant à nos yeux, mais obéit aux codes de l'écriture humaniste. Il reste cohérent avec l'image que les *Essais* donnent de Socrate, « le maistre des maistres[112] » (III, 13, 1076).

---

109 « Quand, dans un tribunal ou ailleurs, où que ce soit, il est forcé de discuter de ce qui est à ses pieds ou devant ses yeux, il provoque le rire, non seulement chez les femmes thraces mais dans tout autre public, car toute difficulté est un puits où il tombe, du fait de son inexpérience », écrit Platon dans le *Théétète*, 174c, dans la traduction de Michel Narcy, Paris, Garnier-Flammarion, 1994, p. 207.

110 Voir les variantes. Le terme de « beste » vient renforcer la provocation.

111 Platon, *Théétète*, 174b-175e ; voir aussi *La République*, VII, 517d.

112 Socrate est évoqué « cent quinze fois après 1588, contre quarante-huit dans l'édition de 1588 et dix-sept dans celle de 1580 », note Arlette Jouanna, *op. cit.*, p. 334). Sur le modèle de sagesse humaine que représente Socrate, voir *Le socratisme de Montaigne*, éd. Thierry Gontier et Suzel Mayer, Paris, Classiques Garnier, 2010.

Montaigne écrit dans le chapitre « De l'expérience[113] », paraphrasant Cicéron : « C'est luy qui ramena du ciel, où elle perdoit son temps, la sagesse humaine, pour la rendre à l'homme, où est sa plus juste et plus laborieuse besoigne, et plus utile » (III, 12, 1038). Le discours de Socrate est celui d'un homme pleinement homme, au sens où d'un homme qui a su devenir sage sans aide surnaturelle. Détournant la philosophie de considérations cosmologiques, Socrate invite ses interlocuteurs à se préoccuper avant tout de leur conduite. La sagesse n'est pas à chercher dans une science abstraite ou des inspirations transcendantes comme le voulait Marsile Ficin, traducteur des œuvres de Platon en latin[114].

Le discours de Socrate réécrit par Montaigne change ensuite de perspective : si le philosophe se tient à l'écart de la vie sociale, c'est parce que les normes de cette dernière ont valeur contingente à ses yeux. Il revendique l'égalité de tous les hommes en « concevant l'image universelle de nature ». Montaigne ajoute cette référence à la nature par rapport à la source en latin[115]. Les quartiers de noblesse, les insignes du pouvoir, les grandes propriétés terriennes et les distinctions que l'esprit humain s'ingénie à introduire entre les hommes n'ont aucune valeur à ses yeux – un lieu commun de la littérature humaniste[116]. Entre-temps, la moquerie a changé de côté : « En estimez vous quelqu'un plus grand,

113 Montaigne n'est bien sûr pas le premier à reprendre ce jugement de Cicéron. Voir par ex. Jean-Louis Vivès, « la philosophie morale », dans le *De disciplinis*, Les Belles Lettres, 2013, trad. Tristan Vigliano, ici chap. VI, p. 234 : « Voilà pourquoi Socrate a la réputation d'avoir fait émigrer la philosophie, auparavant suspendue dans les cieux et dans les éléments, et de l'avoir conduite dans les maisons et les cités. »

114 « Rien ne m'est à digerer fascheux en la vie de Socrates que ses ecstases et ses demoneries, rien si humain en Platon que ce pourquoy ils disent qu'on l'appelle divin » (III, 13, 115). Dans la *Théologie platonicienne de l'immortalité des âmes*, Ficin s'intéresse surtout aux pouvoirs de divination de Socrate, ce qui contrarie Montaigne. Voir Emmanuel Faye, « Montaigne et la légende des « extases » socratiques, dans *Philosophie et perfection de l'homme*, Paris, Vrin, 1998, p. 211 *sq.*

115 En latin, « *quippe qui universum terrae orbem spectare sit solitus* » dans la traduction de Marsile Ficin, cité par Pierre Villey, *op. cit.*, 1920, p. 68.

116 Voir Érasme, *L'éducation du prince chrétien* (1516), trad. Anne-Marie Greminger, Les Belles Lettres, 2016, p. 28 : « Les quartiers de noblesse, l'or, les trésors ne comptent pas plus quand il s'agit d'administrer la cité qu'ils ne compteraient pour recruter un pilote. » Corneille Agrippa, « De la grammaire », *De incertitudine et vanitate scientiarum* (1530) chap. III, ici dans la traduction en français de Louis Tarquet de Mayerne : « Ils disent que subjet signifie serf ; que la liberté d'un peuple s'entend où chacun y peut faire ce qui luy plaist : l'esgalité de droit estre là où les honneurs, les dignités, offices, rangs & degrés, recognoissances, & salaires, sont pareils en tous sans discretion aucune ».

pour posseder deux mille arpents de terre ? eux s'en moquent, accoustumez d'embrasser tout le monde comme leur possession » (l. 51-54). L'imitation du discours de Socrate est une moquerie renversée : en réalité, ce sont les philosophes qui se moquent des conceptions de la foule. La leçon administrée aux philosophes se retourne en leçon beaucoup plus radicale administrée par les philosophes eux-mêmes. Montaigne s'amuse à débusquer les faux savoirs sous les habits de la coutume et les opinions qui se parent des noms de vérité, de raison ou de justice[117]. La « peinture platonique » (l. 61) entend faire prendre conscience de la contingence et de la relativité des valeurs sociales, qu'il s'agisse de quartiers de noblesse, de fortunes familiales ou même de l'invocation de la civilisation – « Grecs et barbares » (l. 57), ce dernier terme faisant penser à la parabole qui ouvre le chapitre « Des Cannibales ». Le discours de Socrate-Montaigne est un discours satirique, subversif et thérapeutique, destiné à libérer le jugement de ses dépendances cachées. Critique à l'égard de la philosophie platonicienne comme recherche de l'essence, l'auteur des *Essais* l'investit du sens positif de l'affirmation du jugement personnel face à des opinions et institutions humaines aussi nombreuses que contradictoires – « riches, pauvres, roys, valets », etc. Les grands esprits de l'Antiquité étaient « accoutumez d'embrasser tout le monde[118] comme leur possession » (l. 53-54) : en renonçant au valeurs mondaines, on ne perd rien, bien au contraire. Le portrait des philosophes grecs contient une leçon de cosmopolitisme, dont Socrate sera de nouveau l'inspirateur et le porte-parole au chapitre vingt-six : « On demandoit à Socrates d'où il estoit. Il ne respondit pas : D'Athenes ; mais : Du monde. » (157) Montaigne hérite de l'idée cosmopolite par l'intermédiaire de Cicéron et de Plutarque[119]. Dans le chapitre « De la vanité » (III, 9), il dira se jouer des barrières, des frontières et des nationalités[120]. L'indifférence des

117 « L'impression de la certitude est un certain tesmoignage de folie et d'incertitude extreme ; et n'est point de plus folles gens, ni moins philosophes, que les philodoxes de Platon » (II, 12, 541).

118 « le monde entier », propose André Lanly, *op. cit.*

119 Cicéron, *Tusculanes*, V, XXXVII ; Plutarque, *De l'exil*, IV, dans *Œuvres morales*, tome VIII.

120 « Non parce que Socrate l'a dit, mais parce qu'en vérité c'est mon humeur, et à l'aventure non sans quelque excès, j'estime tous les hommes mes compatriotes, et embrasse un Polonais comme un Français, postposant cette liaison nationale à l'universelle et commune » (III, 9, 973).

philosophes aux conditions sociales renvoie également au stoïcisme et à l'épicurisme, qui postulent une rationalité supérieure à l'ordre social, et surtout au cynisme, auquel l'expression de « liberté irreverente[121] et incivile » (l. 49) semble renvoyer directement. Ce type de liberté ne peut concerner que la discussion ouverte par la philosophie, loin des affaires de la Cité : les philosophes ne reconnaissent aucune institution humaine comme ayant valeur absolue.

Aucune détermination humaine ne doit avoir force de loi sur le jugement, qui retrouve paradoxalement une sorte d'« indétermination native[122] » par l'éducation philosophique. Il s'agit de restaurer l'intégrité du « jugement naturel » (I, 26, 146) en s'affranchissant de l'emprise des savoirs constitués et d'une sorte de servitude volontaire qui serait inhérente à tout ordre social et politique. Dans le *Discours de la servitude volontaire*, qui devait initialement figurer dans les *Essais* au chapitre vingt-neuvième[123], La Boëtie rappelait le caractère originel de la liberté en ces termes : « Quel malencontre a esté cela, qui a peu tant denaturer l'homme, seul né de vrai pour vivre franchement et lui faire perdre la souvenance de son premier estre, et le desir de le reprendre ». Dans le chapitre vingt-cinq, l'imitation du discours de Socrate doit opérer semblablement un travail d'affranchissement à l'égard des « clotures et barrieres » humaines (III, 13, 1068). La richesse, le pouvoir et les quartiers de noblesse seront réputés indifférents. Comment comprendre l'expression « l'image universelle de nature » (l. 55-56), invention de Montaigne par rapport au texte du *Théétète* ? Littéralement, c'est cette « image » que les philosophes ont à l'esprit lorsqu'ils relativisent les distinctions sociales et politiques. Cette conception de la « nature », terme qui comporte sept occurrences dans le chapitre, Montaigne en hérite de la philosophie antique et tout

121 L'adjectif « irreverent » est un hapax dans les *Essais*. On compte trois occurrences du terme « irreverence ». Dans l'Apologie, l'irrévérence dogmatique est opposée à l'attitude réflexive dont Montaigne fait la devise de son médaillon personnel. « Cette fantasie est plus seurement conceue par interrogation : Que sçay-je ? comme je la porte à la devise d'une balance. Voyez comment on se prevaut de cette sorte de parler pleine d'irreverence » (II, 12, 527).

122 Hubert Vincent, *op. cit.*, p. 26 ; Marc Foglia, « l'indépendance du jugement naturel », dans *Montaigne pédagogue du jugement*, Classiques Garnier, 2011, p. 23-55.

123 Montaigne substitue au *Discours* « vingt-neuf sonnets » de La Boëtie dans les éditions bordelaises des *Essais* (1580 et 1582). Sur l'esquive de l'édition du *Discours* par Montaigne, voir Alain Legros, « Le "Discours de la servitude volontaire" dans *Les Mémoires de l'état de France sous Charles IX* (première édition, 1577) », MONLOE, 2015.

particulièrement de Lucrèce[124]. Quand la nature est objet de science, souligne-t-il dans l'Apologie, elle est source de troubles[125] ; en revanche, elle peut constituer un levier critique qui permet au philosophe de prendre ses distances par rapport aux normes sociales. L'antique opposition entre *nomos* et *physis* est réactivée : « Nous autres naturalistes[126] [...] », écrit Montaigne au livre III. De même que la physique épicurienne était une activité d'ordre thérapeutique, destinée à guérir l'esprit de ses inquiétudes, l'auteur des *Essais* entend guérir le jugement de ses préjugés et de ses biais coutumiers, dont fait partie la révérence aveugle à l'égard des maîtres. Le jugement doit pouvoir se référer à la nature comme à une norme universelle, par-delà les normes particulières et contingentes qui régissent le comportement des hommes en société[127].

Les philosophes ont été la cible de moqueries dès l'Antiquité, comme si l'accusation de « pedantisme » – un néologisme – était en réalité aussi vieille que la philosophie elle-même. Cette référence est une manière pour Montaigne d'inscrire la réflexion dans une tradition dont les comédies italiennes ne sont que les épiphénomènes les plus récents. Les esprits les plus brillants de l'Antiquité ont été eux aussi « mesprisez par la liberté Comique de leur temps » (l. 42-43). Les dramaturges d'Athènes et de Rome amusaient leurs concitoyens à leurs dépens : « Ainsi les dédaignait le vulgaire, comme ignorants les premieres choses et communes. » (l. 59-60) Là encore, qui voudrait faire partie du « vulgaire » ? On se moque du philosophe parce qu'il ne sait pas assaisonner un plat ou un discours de paroles flatteuses, souligne Platon dans le *Théétète*[128], mais

124 Nous disposons d'un millier de notes manuscrites, en marge de l'exemplaire *De natura rerum* ayant appartenu à Montaigne dans l'édition de Denis Lambin (1563) : voir « notes de lecture », éd. Alain Legros, *Les Essais*, Gallimard, 2007, p. 1188–1250. Sur l'héritage lucrétien dans la notion montanienne de nature, voir George Hoffmann, « The investigation of nature », dans *The Cambridge Companion to Montaigne*, ed. Ullrich Langer, Cambridge University Press, 2005, p. 163-182. La physique épicurienne autorise Montaigne à purger la notion de toute considération théologique et téléologique.

125 « l'opinion et science que nous pensons avoir des choses » (II, 12, 503).

126 III, 12, 1056. Quel sens donner à l'appellation de « naturaliste », également évoquée en I, 18, 75 : « Je ne suis pas bon naturaliste [...] » ? Voir George Hoffmann, *ibid.*, p. 163 : « *Montaigne's peers used it mode pointedly to explain phenomena without recourse to divine causation, or 'first causes'* ».

127 « mais, ce masque arraché, rapportant les choses à la verité et à la raison » (I, 23, 117); « barbares, eu esgard aux regles de la raison, mais non pas eu esgard à nous » (I, 31, 210).

128 Platon, *Théétète*, 175de, trad. Michel Narcy, *op. cit.*, p. 209. On se moque du philosophe qui ne sait pas « emballer sa literie, ni assaisonner un plat ou des paroles flatteuses. L'allure

ce genre de raillerie populaire ne tient pas longtemps face à la liberté souveraine des philosophes. Aux moqueries de la foule, les philosophes ne restent d'ailleurs pas sans répondre, même si leur réponse se situe à un autre niveau. Si vous vous estimez « quelqu'un plus grand, pour posseder deux mille arpents de terre, eux s'en moquent » (l. 52-53). Idem si vous vous vantez de votre noblesse : « Et quand vous seriez le cinquantiesme descendant des Hercules » (l. 57-58), ils ne vous accorderaient pas plus de crédit qu'à un berger. Montaigne s'adresse-t-il vraiment à la noblesse de son temps, comme le pense généralement la critique ? Il se moque ouvertement des prétentions nobiliaires. Le scénario reste le même lorsqu'il est question des autorités politiques : « Oyent ils louer leur prince ou un roy ? C'est un pastre pour eux, oisif comme un pastre, occupé à pressurer et tondre ses bestes » (l. 49-51). La question posée dans la *République* était de savoir si le berger a en vue son propre intérêt ou celui de son troupeau[129]. La pensée antique expliquait l'exercice du pouvoir à partir d'un schéma explicatif, fourni par l'élevage des animaux. Montaigne reprend ici la métaphore du troupeau en un sens purement critique : l'activité principale des princes et des rois consiste à soutirer leurs moyens d'existence à des sujets assimilés à des moutons.

Plus loin, un ajout inspiré de la lecture de Diogène Laërce explique pourquoi les meilleurs esprits de l'Antiquité se sont tenus à l'écart des affaires politiques[130] (l. 87-95). Il s'agit initialement d'un geste socratique, dont les Cyniques ont fait un geste radical. Montaigne évoque Cratès, mais aussi Héraclite et Empédocle (l. 98) : le geste de refus est aussi ancien que la philospohie elle-même. « Nous entrevoyons ici un nouveau thème, écrit Thierry Gontier : que la plus haute prudence ne consiste peut-être pas dans la gestion des affaires publiques, mais plutôt à savoir conserver son intégrité au milieu des sollicitations du monde

opposée, c'est celle de qui est capable de remplir toutes les fonctions de ce genre avec adresse et rapidité, mais ne sait pas relever d'un geste libre son manteau sur l'épaule droite [...] ».

129 Platon, *La République*, I, 343bd, trad. Léon Robin : « Thrasymaque à Socrate : Parce que tu t'imagines que les bergers et les bouviers se proposent le bien de leurs moutons et de leurs bœufs, et les engraissent et les soignent en vue d'autre chose que le bien de leurs maîtres et le leur propre ? Et, de même, tu crois que les chefs des cités, ceux qui sont vraiment chefs, regardent leurs sujets autrement qu'on regarde ses moutons, et qu'ils se proposent un autre but, jour et nuit, que de tirer d'eux un profit personnel ? »

130 Les passages chez Diogène Laërce sont différents (IX, 6 pour Héraclite, VIII, 63 pour Empédocle et I, 26 pour Thalès), mais la thématique est la même : on peut supposer des notes de lecture ou un intermédiaire sur cette question.

et des contingences de l'histoire[131] ». Le sens général du passage est le suivant : si les philosophes de l'Antiquité se sont abstenus des charges publiques, c'est parce que la connaissance n'avait pas de finalité pratique à leurs yeux. En 1580, Montaigne porte un jugement ambivalent sur cette attitude : ayant « dressé une vie particuliere et inimitale, reglée à certains discours hautains et hors d'usage » (l. 64-66), les philosophes ne savent pas se rabaisser au niveau de leurs disciples, une qualité pourtant essentielle à tout bon pédagogue. En termes platoniciens, ils refusent de redescendre dans la caverne. Dans un ajout du chapitre vingt-six, Montaigne souligne que le précepteur doit « juger jusques à quel point il se doibt ravaler pour s'accommoder à sa force » (I, 26, 150), afin de rendre profitables les exercices qu'il soumet à son élève. Il existe une philosophie « de nul usage et de nul prix », un usage excentrique de la raison qui ne produit que de vains « ergotismes » (I, 26, 160) – autre néologisme qui illustre en quelque sorte son objet[132]. Après 1588, dans notre chapitre, Montaigne met l'accent sur le refus irrévérencieux que les philosophes opposent à la politique. Il montre Héraclite en train de « jouer avec les enfans devant le temple » plutôt que d'exercer le pouvoir (l. 92-95). « Prinsse je plaisir à jouer aux noisettes et à la toupie ! » (III, 5, 842), s'exclame-t-il au livre III.

Les *exempla* antiques viennent enfin illustrer l'argument qu'il fallait illustrer : les philosophes antiques ont su concilier la connaissance et l'aptitude à l'action (l. 73-87). Ainsi Archimède, le « Géomètre de Syracuse », inventa des fortifications et des armes extraordinaires, qui mirent en échec l'armée romaine pendant une année entière[133]. Thalès l'étourdi, tombé dans un puits faute d'avoir bien regardé devant lui, se servit de ses connaissances en astronomie pour s'enrichir rapidement : réservant tous les pressoirs à huile, il mit en œuvre une stratégie

131 Thierry Gontier, *op. cit.*, 2012 : il s'agirait donc « d'une prudence à *l'égard du* politique » et non « d'une prudence *dans* les affaires politiques ».

132 « Après avoir bien ergoté pro et contra, feut conclud en Baralipton que l'on envoyroit le plus vieux et suffisant de la Faculté vers Gargantua pour luy remonstrer l'horrible inconvénient de la perte d'icelles cloches [...] », écrit Rabelais dans le *Gargantua*, chap. 17.

133 En -213 av. J.-C. Voir Plutarque, « Vie de Marcellus », chap. 15, dans *Vies parallèles*, Paris, Gallimard, 2001, ici p. 581 : « Mais Archimède mit en œuvre ses machines, et aussitôt, les fantassins romains furent accablés d'une grêle de projectiles de toutes sortes et d'une masse énorme de pierres qui s'abattaient sur eux avec un fracas et une vitesse incroyable. » Le siège dura douze mois.

dévastatrice pour les concurrents[134]. Thalès devint riche non par désir d'être riche, mais pour prouver que son indifférence à la richesse n'était pas l'expression hypocrite de sa pauvreté[135]. « C'est donc non par incapacité, mais par dédain, un dédain fondé sur un choix réfléchi, que les philosophes adonnés aux spéculations les plus hautes ne prennent pas part aux affaires de ce monde[136] », commente Thierry Gontier. L'anecdote retient l'attention de Hans Blumenberg dans le cadre d'une réflexion sur l'origine de la théorie[137]. Si Thalès est tombé dans un puits, c'est parce que sa servante thrace lui a fait un croc en jambe, selon la version de l'anecdote que l'on trouve dans l'Apologie de Raymond Sebond. Montaigne approuve le geste de la servante, qui entend détourner le philosophe de la contemplation de la voûte céleste, et lui faire accepter des considérations plus prosaïques et tout simplement humaines. Alors que chez Platon, la servante thrace se moque de Thalès tombé dans un puits[138], chez Montaigne c'est elle qui l'y fait tomber. L'anecdote est mentionnée dans notre chapitre avant d'être supprimée : « ~~comme la chemberiere reprochoit a Thales qu'il ignoroit ce qui estoit a ses pieds~~[139] » (l. 44). L'image d'un Thalès étourdi, trop préoccupé par les choses célestes pour voir ce qu'il y a devant lui, est donc écartée par Montaigne. Ce n'est pas le ridicule d'un humaniste avant l'heure qui constitue son objet, souligne Eric MacPhail[140]. Thalès n'est pas non plus le représentant illustre de l'astrologie, la science capable de prévoir, comme c'est le cas

134 Aristote, *Les Politiques*, I, 11, 1258b, traduction Pierre Pellegrin, GF, 1993, p. 125 : « En amassant ainsi une grande fortune, il montra qu'il est facile aux philosophes de s'enrichir s'ils le veulent, mais que ce n'est pas de cela qu'ils se soucient. » La stratégie de Thalès est un exemple précoce de spéculation. Voir Eric MacPhail, « Theory and Practice in 'Du pedantisme' », dans *Montaigne after Theory/Theory after Montaigne*, Zahi Zalloua (éd.), University of Washington Press, 2009, p. 44.

135 E. MacPhail, *ibid.*, p. 48. Thalès s'enrichit tout en restant un adversaire de la chrématistique ; son enrichissement est une parodie de la cupidité des autres.

136 Thierry Gontier, *op. cit.*, 2012, p. 119.

137 « Je sçay bon gré à la garse Milesienne [...] » (II, 12, 538). Sur le sens de l'anecdote à la Renaissance, voir Hans Blumenberg, *Le Rire de la servante thrace. Une histoire des origines de la théorie*, L'Arche, 2000, p. 90-95.

138 *Théétète*, 174a.

139 Voir les variantes et l'édition numérique des *Essais* par Marie-Luce Demonet (dir.), Les Bibliothèques Virtuelles Humanistes, 2016, p. 102.

140 « *Thales' fall is important for Montaigne because it inaugurates the tradition of the intellectual as a figure of ridicule, which is the point of departure for the vituperation of humanism in 'Du pedantisme'. Thalis is in effect a proto-humanist, at least for as long as he is stuck in the well* », souligne Eric MacPhail, *op. cit.*, 2009, p. 41-42.

chez les contemporains[141]. Le propos de Montaigne est d'opposer la quête du savoir et les profits matériels, Thalès « ayant pour ce coup ravalé son sçavoir au service du proffit et du gain » (l. 103-104). L'anecdote met en valeur une conception fondamentalement désintéressée du savoir, conception qui s'oppose à l'enrichissement par le biais du commerce (le « trafique ») ou de l'enseignement (le « pedantisme »). L'Antiquité nous montre quelque chose de noble : la spéculation philosophique ne saurait se comprendre comme un choix par défaut, ou par dépit, et n'est en aucun cas un simple moyen.

Une allusion à la fable du renard et des raisins ajoute à l'*exemplum* antique une touche populaire et imagée : ne pouvant atteindre les grains de raisin, le renard les déclare trop verts, tout comme Thalès aurait méprisé les richesses par incapacité de s'enrichir – hypothèse que ses gains énormes en l'espace d'une année permettent de réfuter[142] : « on luy reprocha que c'estoit à la mode du renard, pour n'y pouvoir advenir » (l. 100-101). Le portrait des philosophes retirés de la politique contient tout un bestiaire, les moutons que tond le berger (l. 51), métaphore des rois et des princes qui exploitent leurs sujets, l'oiseau que l'on « a veu voler d'une aisle si haute » (l. 84-85), image du philosophe s'occupant d'objets particulièrement abstraits, les ânes que conduisent les chefs militaires (l. 91), le renard qui invente une justification rhétorique à son impuissance devant les raisins. Plus loin, nous rencontrons des oiseaux qui nourrissent leurs petits en leur donnant la becquée (l. 134-137), métaphore des maîtres qui piochent çà et là la nourriture appropriée, un « perroquet » (l. 164) qui récite sans comprendre, enfin une jeune brebis, « agnelle d'Euganée », tirée de la poésie satirique de Juvénal

141 Pierre Cousteau, *Le Pegme*, 1560, f° 110 ; Loys Le Roy, *De la Vicissitude*… 1577, f° 53 : « Thalès illustre Physicien et Astrologien fut le premier entre les Grecs qui partit l'an en CCCLXV jours, trouva les points de solstices et équinoxes, la petite Ourse et les étoiles prochaines. Il prédit l'éclipse du soleil au règne d'Astyage, aïeul maternel de Cyrus, et empêcha les Milésiens ses citoyens entrer en alliance avec Crésus contre Cyrus. Lequel conseil fut cause de leur salut après la victoire. Aristote ès politiques écrit de lui, qu'il prévut par Astrologie l'abondance future des olives : où il pouvait beaucoup gagner. Montrant être facile aux philosophes s'enrichir, s'ils voulaient, mais ce n'être pas leur étude. Et Platon au Théétète, que comme il contemplait les étoiles et regardait en haut, il tomba en une fosse : dont il fut repris par la chambrière, femme d'esprit et plaisante […]. » (orth. modernisée).

142 Voir Ésope, fable 32 ; Phèdre, *Fables*, IV, 3, « vulpis et uva » ; Jean La Fontaine, « Le renard et les raisins », livre III, 11.

(l. 208). À ce stade, le lecteur des *Essais* a déjà rencontré le renard en compagnie du lion (I, 5, 26), deux métaphores que l'on trouve chez Machiavel, deux manières de comprendre le savoir-faire politique[143]. La forte présence métaphorique des plantes et des animaux dans notre chapitre contribue à ancrer la vie de l'esprit dans le monde du vivant.

Le thème du grand homme philosophe donnera lieu à des développements conséquents au livre II. Julien l'Apostat a été non seulement un grand général, mais un homme dont l'âme était « vivement tainte des discours de la philosophie » (II, 19, 669) ; de grands chefs de guerre comme Alexandre le Grand, Scipion l'Africain ou Charles Quint ont eu « certains livres en particuliere recommandation » (II, 34, 736) ; Alexandre le Grand aurait trouvé en Homère « son meilleur et plus fidelle conseiller qu'il eut en ses affaires militaires » (II, 36, 753) ; le plus excellent des « plus excellents hommes », Épaminondas, se distingua à la fois comme général et comme « excellent orateur et tres-persuasif » ; « il ne le cède à aucun philosophe, non pas à Socrates mesmes » (II, 36, 757) dans la conduite de sa vie personnelle, etc. À l'inverse, le chapitre « Du pedantisme » interroge l'heureuse combinaison de la science et de l'action. Dans un nouvel ajout, Montaigne critique la distinction entre sagesse et prudence, une distinction qu'avait posée Aristote (« ce qu'Aristote recite », l. 108) en ces termes : « C'est pourquoi nous disons qu'Anaxagore, Thalès et ceux qui leur ressemblent, possèdent la sagesse, mais non la prudence, quand nous les voyons ignorer les choses qui leur sont profitables à eux-mêmes, et nous reconnaissons qu'ils ont un savoir hors de pair, admirable, difficile et divin, mais sans utilité, du fait que ce ne sont pas les biens proprement humains qu'ils recherchent[144] ». L'homme prudent, le *phronimos*, sait ce qui est bon pour lui et la Cité. Il se caractérise par un jugement droit, maintenu indépendamment du plaisir et de la peine et des sollicitations de l'intérêt, alors que l'homme sage, le *sophos*, se distingue par son aptitude à penser des objets universels et nécessaires. Les domaines de prédilection de l'homme prudent sont « l'administration d'une maison et d'une cité[145] », soit l'économie

143 Voir Machiavel, *Le Prince*, chapitre XVIII et le commentaire de Thierry Ménissier, *Machiavel ou la politique du centaure*, Paris, Hermann, 2010, p. 35 *sq.*

144 Aristote, *Éthique à Nicomaque*, VI, 6, 1141 b, trad. J. Tricot, Vrin, 1990, p. 291-292.

145 *Ibid.*, VI, 5, 1140 b 10, 1990, p. 285 : « la prudence est une disposition, accompagnée de règle vraie, capable d'agir dans la sphère de ce qui est bon ou mauvais pour un être humain. » Dans « prudence et jugement », *La prudence chez Aristote*, PUF, 1963, p. 143-148,

et la politique, ainsi que la bonne conduite de soi, ou l'éthique[146]. La critique a vu dans la reprise de la distinction entre prudence et sagesse l'un des thèmes majeurs du chapitre[147]. Happé par les responsabilités politiques, Montaigne se montrerait désormais soucieux de préserver son indépendance d'esprit et son intégrité morale. Les philosophes spéculatifs ont fait preuve d'une prudence supérieure, celui qui participe aux affaires publiques étant inévitablement conduit à sa perte. La question fait l'objet du chapitre « De mesnager sa volonté[148] » au livre III. Le contexte culturel est celui de la discussion sur le meilleur genre de vie, *vita activa* ou *vita contemplativa*, discussion qui traverse le Moyen Âge et revêt une intensité toute particulière à la Renaissance[149], mais dont l'essayiste conteste ici la pertinence. Montaigne réduit en effet à une simple « difference de mots » (l. 111) l'opposition entre l'action et l'activité théorique. La critique souligne toutefois que la notion aristotélicienne de prudence reste très proche de la morale de Montaigne : « il recommande la prudence, et il la pratique pour son compte[150] », écrit Gabriel Compayré, pour qui l'enjeu fondamental des chapitres sur l'éducation est précisément d'apprendre à modérer son jugement et à canaliser sa volonté. Bruno Tremblay évoque un rejet de la sagesse spéculative au profit d'une sagesse toute pratique qui concerne la conduite de la vie[151].

Pierre Aubenque montre pourquoi l'opposition classique entre sagesse et prudence est trop simple et ne correspond pas vraiment à la pensée d'Aristote, principalement parce qu'elle confond la prudence, qui est une vertu, avec l'habileté.

146 Voir aussi Vivès, « la transmission des savoirs et l'éducation chrétienne », dans le *De Disciplinis*, *op. cit.*, 2013, p. 276 : « Tout cela relève d'une certaine forme de prudence d'où naissent l'éthique, l'économique et la politique, comme les appelles les Grecs. »

147 Eric MacPhail, *ibid.*, 2009, p. 44 : « through his choice of anecdotes (Thales and Anaxagoras), Montaigne seeks to detheorize the ancients and to reserve the stigma of theory for the moderns » ; Thierry Gontier, *op. cit.* (2012) : « la complicité de la sagesse et de la prudence, du savoir théorique et du savoir pratique, constitue l'un des thèmes majeurs de ce chapitre I, 25. » Joan Lluís Llinàs Begon (éd.), *Montaigne*, Granada, Comares, 2020, p. 172 : « *El rechazo que va a seguir de la distinción aristotélica entre sabio y prudente ("no digiero bien la diferencia entre estas palabras") no es, por lo tanto, una simple idea lanzada al azar : la complicidad entre sabiduría y prudencia, entre saber teórico y saber práctico, constituye uno de los temas mayores de este ensayo.* »

148 « Le Maire et Montaigne ont tousjours esté deux [...] » (III, 10, 1012).

149 Voir Christian Trottmann, « *Vita activa, vita contemplativa* : enjeux pour le Moyen Âge », *Mélanges de l'École française de Rome*, 117-1, 2005, p. 7-25.

150 Gabriel Compayré, *Montaigne et l'éducation du jugement*, *op. cit.*, p. 60.

151 Bruno Tremblay, entrée « Anaxagore », *Dictionnaire Montaigne*, *op. cit.*, p. 71 : « Pour M., non seulement la sagesse spéculative, c'est-à-dire la connaissance désintéressée de Dieu

En référence au livre VI de l'*Éthique à Nicomaque*, Francis Goyet rappelle que la sagesse et la prudence sont les deux formes les plus élevées de la raison humaine à la Renaissance, l'évocation de la prudence signalant au lecteur une réflexion sur l'action politique[152]. Montaigne critique ailleurs le concept aristotélicien de prudence en soulignant que le résultat d'une action n'est jamais garanti ; il faut compter avec une puissance de perturbation appelée la Fortune[153]. Comment expliquer que Montaigne adopte alors le rôle du prudent, en montrant qu'il est bon juge des actions humaines ? La réflexion sur la prudence aurait dans les *Essais* un sens politique, soutient Francis Goyet, celui d'un dépassement du machiavélisme. Le dessein de l'essayiste serait de surmonter la division entre l'action politique et l'action morale, entre la ruse de Machiavel et l'idéal français de vertu, entre « honnestes et habils hommes[154] » (III, 3, 824). L'interprétation reste toutefois difficile à étayer dans notre chapitre, où les ajouts mettent l'accent sur le refus de l'action politique.

Aristote évoquait Périclès comme exemple d'homme prudent (*phronimos*), Anaxagore et Thalès comme exemples d'hommes sages (*sophoi*) mais non prudents[155]. Les deux grands hommes sont repris comme exemples par Montaigne, mais dans une intention contraire puisqu'ils illustrent la combinaison de la connaissance et de l'action. La distinction aristotélicienne entre prudence et sagesse serait une distinction pédante : dans les faits, les philosophes grecs ont été capables d'agir de manière efficace quand ils y étaient résolus. Les trois vertus qui caractérisent la bonne éducation dans notre chapitre sont « la prudence, la prud'hommie

---

et du monde naturel, est inférieure à la sagesse morale ou pratique, mais elle n'existe pas vraiment, puisque la raison humaine est incapable d'établir une science vraie de ces choses. La seule vraie sagesse est pratique et a pour finalité la conduite de la vie humaine concrète ».

152 Francis Goyet, « Montaigne and the notion of prudence », dans *The Cambridge Companion of Montaigne*, U. Langer (dir.), Cambridge University Press, 2005, p. 116-141.

153 Francis Goyet, *op. cit.*, p. 132 : « J'ay veu quelque fois mes amis appeler prudence en moy, ce qui estoit fortune [...] » (II, 11, 427). Le terme de fortune compte 350 occurrences dans les *Essais*, soit quatre fois plus que les occurrences de « prudent » et de ses dérivés...

154 Francis Goyet, *op. cit.*, p. 125 : « *Montaigne works therefore to construct an ethical configuration favorable to the reappearance of the ancients' prudence, favorable to its dialectic reappropriation, so to speak, which would integrate Machiavellianism* ».

155 Aristote, *Éthique à Nicomaque*, VI, 5, 1140b, trad. J. Tricot, Vrin, 1990, p. 286 : « C'est pourquoi nous estimons que Périclès et les gens comme lui sont des hommes prudents en ce qu'ils possèdent la faculté d'apercevoir ce qui est bon pour eux-mêmes et ce qui est bon pour l'homme en général [...] » ; sur Anaxagore et Thalès, VI, 7, 1141b.

et la resolution » (l. 416-417). Aptitude à rester fidèle à ses décisions et à ses engagements, la « resolution » compte soixante-deux occurrences dans les *Essais*. La notion paraît entretenir un lien de parenté étroit avec la « tempérance », que l'on trouve également au livre VI de l'*Éthique à Nicomaque* comme capacité à conserver la prudence dans les circonstances difficiles[156].

Les pédants restent très éloignés de la sagesse. Ils échouent également au test de la prudence, souligne Montaigne dans une formulation prudente au conditionnel : « et, à voir la basse et necessiteuse fortune dequoy ils se payent, nous aurions plustost occasion de prononcer tous les deux, qu'ils sont et non sages et non prudents » (l. 112-114). L'essayiste affiche une morgue assez convenue à l'égard des enseignants. Un gentilhomme doit s'abstenir de vouloir gagner sa vie en embrassant ce métier, dont la « basse et necessiteuse fortune » (l. 112) n'est pas conforme à l'estime qu'il se doit. Est-ce l'effet de son arrogance aristocratique, comme le soutient généralement la critique[157] ? Une autre lecture consiste à souligner que le pédant instruit « à reculons », tout au long du chapitre, et qu'il illustre ici négativement la proximité entre prudence et sagesse. La distinction aristotélicienne s'efface au profit d'un seul et même exercice du jugement en toutes circonstances, quel que soit le domaine et les objets considérés[158].

---

156 Aristote, *Éthique à Nicomaque*, VI, 5, 1140b, *ibid.* : « De là vient aussi le nom par lequel nous désignons la tempérance (*sophrosunè*) pour signifier qu'elle conserve la prudence [...]. »

157 François Guex, *Histoire de l'instruction et de l'éducation*, Alcan, 1906, p. 135 ; Paul Porteau, Montaigne et la vie pédagogique de son temps, Droz, 1935, p. 257 ; Émile Durkheim, « La pédagogie de Montaigne », dans *L'Évolution pédagogique en France* (1938), 2014, p. 258-260, etc.

158 L'idée est reprise et développée au chapitre suivant. « Toutes places luy seront estude : car la philosophie, qui, comme formatrice des jugements et des meurs, sera sa principale leçon, a ce privilege de se mesler par tout » (I, 26, 164).

SECONDE HYPOTHÈSE : UNE MAUVAISE PÉDAGOGIE (L. 115-160)

La coupure dans l'argumentation est explicitement soulignée : « Je quitte cette première raison, et crois qu'il vaut mieux dire [...] » (l. 115-116). La tonalité n'est plus interrogative, mais accusatrice. Montaigne met en cause la confusion entre l'éducation et l'accumulation de la « science », synonyme de connaissance au double titre de la disposition subjective et d'un ensemble de contenus. Pourtant, la critique frappe aussi par sa modération relative. L'essayiste formule ailleurs des accusations beaucoup plus vigoureuses concernant notamment l'usage de la violence dans l'éducation : « Quelle manière pour esveiller l'appetit envers leur leçon, à ces tendres ames et craintives, de les y guider d'une troigne effroyable, les mains armées de fouets ? » (I, 26, 166) « Pourquoy est il non plus permis aux peres et aux pedantes de fouetter les enfans et les chastier estans en colere ? Ce n'est plus correction, c'est vengeance » (II, 31, 715). Il n'est pas question du fouet dans le chapitre « Du pedantisme ». On compte quatorze occurrences du mot « corps » dans le chapitre I, 26, mais seulement trois en I, 25, dont deux en référence à Platon. Selon la typologie humorale en vigueur à la Renaissance, l'excès d'activité intellectuelle est censé rendre les maîtres colériques ou mélancoliques. « Ils sont cruels, opinastres, et leur esprit n'a point ou peu de repos[159] », écrit Ambroise Paré, qui explique ce phénomène par l'immobilité du corps et l'agitation de l'esprit. « Je ne veux pas qu'on l'abandonne à l'humeur melancholique d'un furieux maistre d'escole » (I, 26, 164), écrit Montaigne au chapitre suivant, comparant la discipline des Collèges à un instrument de torture. Rien de tel dans notre chapitre. Alors qu'il renverse ailleurs la hiérarchie entre savoir et ignorance, par exemple lorsqu'il évoque le « bénéfice de l'ignorance » (III, 12, 1049) comme un don de nature, Montaigne n'évoque ici ni la mélancolie de l'érudit, ni les bienfaits supposés de l'ignorance. Il s'en prend à la croyance erronée selon laquelle l'éducation consisterait essentiellement à acquérir toujours plus de connaissances. Il faudrait demander « qui est mieux sçavant,

159 Paré, cité par Jocelyn Royé, *op. cit.*, p. 143.

non qui est plus sçavant » (l. 129-130), selon une formule empruntée à Sénèque[160]. Ce n'est pas la science qui est incriminée, mais son excès. Ce ne sont pas les maîtres d'école qui sont mis en cause, mais de grands principes d'enseignement. La « mauvaise façon de se prendre aux sciences » (l. 116-117), seconde hypothèse, a le statut d'une erreur pédagogique que l'on peut corriger, non d'un vice dont il faudrait s'indigner. C'est une erreur cautionnée par l'opinion commune : entre un homme savant et un homme de bien, nous nous tournons spontanément vers le premier. Montaigne défend une autre manière d'enseigner, dans laquelle la transmission de la science occuperait une place réduite. L'éducation doit d'abord stimuler la capacité à juger par soi-même. C'est la meilleure méthode pour apprendre à conduire sa vie. « Mais s'il est devenu meilleur ou plus advisé, c'estoit le principal, et c'est ce qui demeure derriere » (l. 126-129). « Bien juger, c'est être en état de bien agir. La justesse du jugement écarte les erreurs et les illusions qui sont la source des mauvaises actions[161] », commente Gabriel Compayré.

Montaigne esquive dans le chapitre toute critique univoque de la science. « C'est une bonne drogue que la science [...] » (l. 351) : la métaphore rapproche la science des préparations médicinales et pharmaceutiques, dans lesquelles tout est affaire de proportions[162]. L'ajout pourrait ici être considéré comme un renvoi à l'incipit de l'Apologie de Raymond Sebond. « C'est, à la verité, une tres-utile et grande partie que la science, ceux qui la mesprisent, tesmoignent assez leur bestise ; mais je n'estime pas pourtant sa valeur jusques à cette mesure extreme qu'aucuns luy attribuent [...] » (II, 12, 438). La question de la valeur de la science constitue l'objet explicite du plus long chapitre des *Essais* ; dans notre chapitre, la question est plutôt celle de son bon dosage. L'interrogation ne concerne ni la science comme contenu, ni la science comme disposition, mais l'usage « pedantesque » qui en est fait. Les connaissances sont-elles une fin ou un moyen ? Le but est-il de devenir plus habile ou plus savant ? Ce sont des questions de philosophie de l'éducation. La question de la transmission du savoir est abordée à travers une comparaison tirée du monde animal :

160 « Stude non ut plus aliquid scias sed ut melius » écrit Sénèque (lettre 89).

161 Gabriel Compayré, *op. cit.*, 1905, p. 59.

162 Entrée « Drogue », CNRTL : ca. 1472, ingrédient qui sert à la teinture, aux préparations chimiques ou pharmaceutiques (Villon, *Testament*) ; 1568 : « remède produit pharmaceutique, souvent péj. ». De façon inattendue, André Lanly conserve « drogue » dans son adaptation en français moderne.

> Tout ainsi que les oyseaux vont quelquefois à la queste du grein, et le portent au bec sans le taster, pour en faire bechée à leurs petits, ainsi nos pedantes vont pillotant la science dans les livres, et ne la logent qu'au bout de leurs lévres, pour la dégorger seulement et mettre au vent. (l. 132-137)

La comparaison avec le monde animal devrait avoir un sens positif, ce qui le cas dans le texte-source de Plutarque[163]. Les parents oiseaux nourrissent leurs oisillons selon une méthode qui leur est enseignée par la nature et que Montaigne appelle ailleurs « instinct[164] ». La métaphore animale ayant un sens positif, on peut supposer que la méthode des pédants est en grande partie légitime[165]. De même que les oiseaux apportent une nourriture que leurs petits avalent, puis digèrent, les maîtres transmettent aux élèves une nourriture choisie, que les élèves ont pour tâche de digérer par eux-mêmes (l. 132-137). La métaphore de la digestion, empruntée à Sénèque, a déjà été largement reprise par Érasme et d'autres savants humanistes[166]. Étudier sous la conduite des maîtres, n'est-ce pas en définitive suivre un modèle que l'on trouve dans la nature ?

Dans un paragraphe en incise sur l'EB, Montaigne décide de s'inclure dans la catégorie des pédants : « C'est merveille combien proprement la sottise se loge sur mon exemple » (l. 138). L'écrivain chaparde ici et là des « sentences » qui lui plaisent. Il revendique une relation aux livres qu'il sait conforme à la pédagogie humaniste, même s'il affiche

163 Plutarque, *Œuvres morales*, trad. J. Amyot (1572), « De l'amour et charité naturelle des peres et meres envers leurs enfants », et « Comment on pourra apercevoir si lon amende & profite en l'exercice de la vertu ». Voir Isabelle Konstantinovic, *Montaigne et Plutarque*, Droz, 1989 ; Thierry Gontier, *De l'homme à l'animal. Montaigne, Descartes ou les paradoxes de la philosophie moderne sur la nature des animaux*, Paris, Vrin, 1998, p. 69-84 ; « Intelligence et vertus animales : Montaigne lecteur de la zoologie antique », *Rursus*, n° 2, 2007.

164 « S'il y a quelque loy vrayement naturelle, c'est à dire quelque instinct qui se voye universellement et perpetuellement empreinct aux bestes et en nous (ce qui n'est pas sans controverse) » (II, 8, 386) ; « par un instinct et precepte naturel » (II, 12, 458).

165 Hubert Vincent, *op. cit.*, p. 33 : « à l'individu censé intérioriser, faire sien, digérer et transformer, s'est substituée la construction de l'ouvrage, le nid que font les oiseaux, les nourritures de tous ordres qu'ils donnent à leurs petits. »

166 « Alimenta, quae accepimus, quamdiu in sua qualitate perdurant et solida innatant stomacho, onera sunt [...] », souligne Sénèque dans la lettre 84. Gabriel Meurier est cité par Carol Clark, *op. cit.*, p. 54-55 : « Tout ne plus ne moins qu'une viande tant soit bonne ne proufite point au corps pour parvenir seulement jusques à la bouche ou aux machoires si elle ne descend à l'estomac : et illec ne fait decoction et en la parfin se convertisse en chair et en sang : Ainsi la bonne doctrine, parolle divine, ou la leçon ouye ou leue ne proufite et ne sert en rien, si elle n'est convertie en usage de bien ornément parler, devenir plus sage et bien operer. »

une pratique personnelle désinvolte[167]. Il admet vivre de larcins intellectuels : « Je m'en vay, escorniflant[168] par cy par là des livres de sentences qui me plaisent [...] » (l. 140-141), et s'accuse ensuite de garder à l'état brut les citations qu'il a recueillies. Le passage est un exercice d'auto-ironie, souligne Robert Kilpatrick[169]. Le commentaire relève de l'auto-dérision, pointe André Tournon[170]. En s'adressant ce reproche, l'essayiste « compte bien en atténuer la valeur[171] », souligne Gustave Michaut. Dans l'adresse à Diane de Foix, au tout début du chapitre vingt-six, Montaigne reprendra l'exercice d'autocritique, s'accusant d'avoir goûté « un peu de chaque chose, et rien du tout, à la Françoise » (I, 26, 146). Parlant de lui-même, il remet en question la validité de la théorie de l'appropriation et prend plaisir à parler de soi comme d'un « exemple » qui aurait valeur de contre-exemple. Dans la réflexion sur son art de lire et d'écrire, Montaigne fait donc dériver les *Essais* d'une « sottise » qui a pour nom le « pedantisme ». Les reproches que nous formulons contre les arguments d'autrui se retournent souvent contre nous, précise-t-il au livre III[172]. En outre, l'auto-accusation crée une complicité avec le lecteur, qui se reconnaît alors plus facilement concerné par ce type de « sottise » : qui ne pourrait, parmi ses lecteurs, se reprocher un excès de livres, de savoirs ou de langages empruntés ? « D'une certaine façon, on n'échappe pas au pédantisme[173] », souligne Hubert Vincent. Le risque de pédantisme apparaît inhérent à la « culture de l'ame » (II, 17, 658), sauf à vouloir ressembler aux soldats incultes de Charles VIII en Italie (l. 472-fin).

Ce n'est plus le contenu des livres qui importe, mais l'élaboration de pensées personnelles. « Je veux estre riche par moy, non par emprunt » (II, 16, 625). Le pôle dominant est devenu le pôle subjectif, ce qui expliquerait le dilettantisme affiché par Montaigne. Même si la modestie

167 Voir aussi III, 3, 828 : « Là, je feuillette à cette heure un livre, à cette heure un autre, sans ordre et sans dessein, à pieces descousues. »

168 En chapardant, en faisant le pique-assiette.

169 Robert Kilpatrick, *op. cit.*, 2013, p. 211.

170 André Tournon, *La Glose et l'Essai*, rééd. Classiques Garnier, 2000, p. 34.

171 Gustave Michaut, *op. cit.*, 1936, p. x.

172 « Non seulement les reproches que nous faisons les uns aux autres, mais nos raisons aussi et nos arguments es matieres controverses sont ordinerement contournables vers nous, et nous enferrons de nos armes » (III, 8, 929).

173 Hubert Vincent, *op. cit.*, p. 19.

de l'auteur relève en partie de la mauvaise foi au regard de l'immense érudition qu'il manifeste dans les *Essais*, c'est ici en lecteur nonchalant qu'il se présente, procédant « à pièces décousues », préoccupé non des matières qu'il expose, mais des jugements qu'il s'essaie à former à cette occasion. Ce que Montaigne se reproche, c'est de ne pas assez s'approprier ce qu'il lit. La théorie de l'appropriation est un pilier de l'enseignement humaniste. Faut-il maintenir la validité de la théorie, si la pratique s'en écarte à ce point ? La lecture traditionnelle des *Essais* souligne que l'essai exprime un effort d'appropriation, de dépassement des emprunts dans l'élaboration d'une pensée toujours plus personnelle. Montaigne rejetterait « la marqueterie des sentences et des exemples » selon Pierre Villey, le « pillage » des recueils de lieux communs au profit d'une « méthode à lui, celle dont il se sentira maître bientôt et qu'il pensera posséder presque seul à son époque : je veux dire l'expression franche et libre d'une pensée personnelle, qui s'éclaire sans doute par les idées des anciens, mais qui est originale néanmoins[174] ». Or, dans notre chapitre, Montaigne estime que l'appropriation n'est pas une juste description de ce qu'il fait réellement. Il passe de la première personne du singulier à la première personne du pluriel (« nous ne sommes » à la ligne 143) pour contester l'idée que l'on pourrait hériter de la science, ou la transmettre : « Nous ne sommes, ce croy-je, sçavants que de la science presente, non de la passée, aussi peu que de la future ». La théorie de l'appropriation oublie la dimension temporelle : c'est une illusion de croire que les choses sues par nos maîtres pourraient l'être de la même façon par leurs élèves. La même remarque vaut pour ce que nous pensons transmettre un jour. Face à « l'encyclopédie[175] » des savoirs, nous avons l'habitude de croire à la stabilité, alors qu'il faudrait là aussi reconnaître une variation perpétuelle[176]. La science serait dommageable, si elle consistait seulement à solliciter la mémoire ; en revanche, si elle consiste d'abord à exercer son jugement, comme dans la scène de l'examen d'entrée aux Parlements (l. 293-296), on comprend

174 Pierre Villey, *Les Sources...*, 1908, p. 102.

175 Rabelais, *Pantagruel* (1532), chap. XIII ; Du Bellay, *Défense et illustration de la langue française* (1549), chap. X.

176 « On dict que la lumiere du Soleil n'est pas d'une piece continue [...] » (I, 38, 235) ; « mais en outre je me remue et trouble moy mesme par l'instabilite de ma posture » (II, 1, 335). Voir Marc Foglia, « héraclitéisme et écriture », *Montaigne*, Ellipses, 2021, p. 26-37.

que la science soit toujours en train de se faire au présent, aux yeux de Montaigne, alors même que nous croyons l'acquérir comme si elle existait déjà au passé ou la transmettre comme si elle pouvait aussi exister au futur. L'essai « tient registre » des pensées (III, 9, 946) ; si l'essayiste devait éliminer les passages où le sens s'est obscurci, il en viendrait à passer le « rasoir[177] » à peu près partout. Il faut sans cesse réinventer le sens de pensées antérieures, que le matériau en soit fourni par Platon, Lucrèce, Cicéron ou Montaigne lui-même. Tout jugement appelle une invention pour être rattrapé, ce qui donne lieu à un nouveau jugement, etc. Celui-ci n'aura pas la même forme que le précédent, et ne fera pas apparaître la même facette de son objet.

En soulignant qu'il y a pire (« Mais, qui pis est », l. 145), Montaigne atténue la force de la critique qu'il vient de formuler par rapport à un nouveau reproche, qui concerne le défaut d'utilité de la science en dehors de l'école. L'essayiste poursuit l'exercice de démystification auquel il s'adonne depuis le début du chapitre[178]. Les connaissances, si chèrement acquises, circulent en vase clos dans le monde scolaire. C'est un savoir qui « passe de main en main, pour cette seule fin d'en faire parade » (l. 146-147). La connaissance du latin, du grec, de la grammaire ou des parties rhétoriques du discours permet de signaler aux autres que l'on a fait des études, mais c'est là sa principale et même sans doute sa seule fonction. Métaphoriquement, c'est de la fausse monnaie (« vaine monnoye », l. 149). Chez Plutarque, Montaigne avait pu lire qu'Anacharsis, philosophe d'origine scythe et connu pour son franc-parler, dénonçait l'usage que les Athéniens faisaient de la monnaie : au lieu de se servir de l'argent comme d'un moyen, ils en tenaient une comptabilité obsessionnelle, ici dans la traduction de Jacques Amyot : « Il y en a qui vont çà et là faisans amas des beaux dicts, notables sentences et belles histoires des anciens, comme Anacharsis disoit qu'il ne voyoit point que les Grecs usassent de leurs deniers monnoyez autre usage qu'a jetter et compter : aussi ne font ceux-là autre chose que compter et mesurer leurs

177 « Si je portoy le rasoir par tout où cela m'advient, je me desferoy tout » (I, 10, 40). Le lecteur ne peut s'empêcher de penser au rasoir du théologien Guillaume d'Ockham, connu pour s'être attaqué aux « êtres de raison » (*entes rationis*) comme à autant de conventions qu'il ne faut pas multiplier sans nécessité.

178 Dans notre chapitre, ont également valeur de démystification l'explication de l'estime pour les maîtres, fondée sur un rapport de subordination (133A) et l'explication du progrès des lettres sur une base économique (141A).

beaux propos sans en tirer autre commodité ne profit[179]. » De même, les Collèges apprennent à soutenir des harangues en latin, ce que l'on peut estimer « inutile à tout autre usage » (l. 149) en dehors des gratifications que l'exercice permet d'obtenir à l'école. Les connaissances acquises resteront purement scolaires ; on comptera les récompenses et les distinctions, on s'enorgueillira des diplômes et des titres, mais on ne pourra tirer concrètement profit des études[180]. Deux sentences, l'une de Cicéron, l'autre de Sénèque, viennent appuyer la critique d'une éducation purement langagière et rhétorique. En latin, les deux citations ont une valeur ironique, en ce qu'elles montrent précisément que Montaigne est allé à l'école. L'ajout des deux citations est postérieur à 1588, comme si l'auteur avait voulu accentuer le caractère pédant du chapitre : « *Apud alios loqui didicerunt, non ipsis secum* » et « *Non est loquendum, sed gubernandum*[181] ». La première citation souligne la capacité paradoxale de l'art oratoire – dont Cicéron est le porte-parole par excellence[182] – à fournir son auto-critique. Les maîtres apprennent bien à s'adresser aux autres, mais cela ne représente aucun progrès en matière de sagesse personnelle. « Ils ont appris à parler en public, non à se parler à eux-mêmes[183] », propose André Tournon. La thématique du dialogue avec soi sera reprise dans le chapitre « De la solitude » (I, 39) : ce qu'offre la solitude, c'est précisément la possibilité de dialoguer avec soi-même. Le choix qu'a fait Montaigne de la retraite est présenté comme le choix de la proximité à soi. La seconde citation, empruntée à Sénèque, figurait au départ à un autre endroit du chapitre[184]. Il ne s'agit plus de discourir, mais de tenir le gouvernail[185]. Là encore, la critique porte sur l'hégémonie de la

---

179 Plutarque, *Comment on pourra appercevoir si lon amende en l'exercice de la vertu*, trad. Jacques Amyot, 1572.

180 Ce type de reproche sera repris au XVIIe siècle dans la critique du pédantisme. Voir par ex. Jean de Lannel, *Lettres de Monsieur de Lannel*, Paris, chez T. du Bray, 1625, p. 33 : « C'est en quoy nous ne pouvons assez deplorer la folie des Pedans, qui pour avoir consumé le tiers de leur vie apres le Latin, s'imaginent avoir appris tout ce que le François a de recommandable, quoy qu'ils ayent tenu pour un crime de le parler, tant qu'ils ont été au College [...] ».

181 L'ajout n'est pas signalé comme tel dans l'édition Villey-Saulnier.

182 La citation est tirée des *Tusculanes*, V, 36.

183 André Tournon, *Essais*, Imprimerie nationale, 1998, t. 1, p. 241.

184 La citation avait d'abord été placée juste avant « C'est merveille combien proprement la sottise » (l. 138).

185 Sénèque, lettre 108.

langue, qui présenterait en définitive peu d'intérêt pour l'action morale et politique. La critique d'une excellence artificielle et inutile sera reprise et développée au livre III, mais au conditionnel, à propos d'un fils imginaire : « J'aymeroy mieux que mon fils apprint aux tavernes à parler, qu'aux escholes de la parlerie » (III, 11, 926). Faut-il aller jusqu'à voir chez Montaigne une critique de la centralité du *logos*, héritée de la philosophie grecque, au profit d'une attention toute romaine aux actes ? Malgré les emprunts à Cicéron et à Sénèque, ce n'est pas l'interprétation privilégiée par l'essayiste lui-même. En effet, la critique du pédantisme est placée sous le signe d'une critique plus générale de « l'art » par opposition à la « nature », selon une thématique que l'on retrouve dans de nombreux chapitres. Les « nations les moins cultivées » n'ont rien à envier à celles qui le sont le plus : leurs réalisations dépassent même parfois « les plus artistes productions » (l. 157). Dans cet ajout, toutefois, la rivalité entre la nature et l'art est évoquée brièvement, comme s'il s'agissait d'un renvoi aux développements approfondis sur ce sujet que l'on trouve par exemple dans le chapitre « Des Cannibales » (I, 31). L'étude des lettres est-elle un accomplissement essentiel à l'homme ?

Montaigne ajoute un « proverbe gascon », transposé en français juste après : « souffler prou souffler, mais nous en sommes à remuer les doits, tiré d'une chalemie » (l. 159-160). La critique en a proposé de nombreuses explications. Peu de phrases des *Essais* ont suscité autant de commentaires, souligne Roy Leake[186]. Souffler pour souffler, nous avons assez soufflé, maintenant il faut mettre les mains à la pâte, propose l'abbé Dulac au XIXe siècle : on aurait dans le proverbe gascon « l'équivalent du texte de Sénèque » et un « bon résumé du chapitre[187]. » Le sens du proverbe serait semblable à celui de la diatribe de Diogène contre les musiciens, qui savent accorder leurs lyres mais par leurs mœurs : « le principal n'est pas de professer de belles théories, mais de les faire passer dans la vie ; de même, pour jouer de la flûte, il ne suffit pas de souffler, il faut encore remuer les doigts[188] », écrit Alfred Jeanroy. « Pour jouer du chalumeau,

186 Roy E. Leake, « Montaigne's Gascon Proverb Again », *Neophilologus*, n° 52, 1968, p. 248.

187 Joseph Dulac, « Un dicton gascon dans Montaigne. Bouha prou bouha », Tarbes, 1891, consulté en ligne le 22.02.2022 sur le site de la Bibliothèque nationale des chartes : http://bibnum.enc.sorbonne.fr/omeka/files/original/ca943000b8fd01a160330076e58c8622.pdf

188 Alfred Jeanroy, cité par Pierre Bonnet, « Le "souffler prou souffler" de Montaigne et son interprétation possible », *BSAM*, n° 11-12, 1959, p. 41 ; par Roy E. Leake, *op. cit.*, p. 253.

la difficulté n'est pas de souffler dans l'instrument, mais de bien placer les doigts sur les trous[189] », résume Pierre Bonnet. « Quant à souffler... va pour souffler ! Mais c'est le mouvement des doigts qui fait difficulté[190] », propose André Tournon. La signification du proverbe est éclairée par l'opposition qui précède immédiatement entre les productions dues à l'art et celles que l'on doit à la nature. Or, Montaigne accordant sa préférence à la nature, on comprend mal pourquoi il dévaloriserait à présent l'acte de souffler, un acte physiologique qui relève de la nature, au profit de l'apprentissage des notes, qui relève à l'inverse de l'art. Ce raisonnement a conduit Pierre Bonnet à renverser l'interprétation traditionnelle : concentrés que nous sommes sur les notes du chalumeau, faut-il s'étonner si « nous n'en tirons aucun son[191] ? » Si l'art paralyse la nature, il faut reprendre son souffle et souffler pour de bon. La forme sous laquelle se présente le proverbe gascon évoque paradoxalement celle d'une *sententia*, souligne Robert Kilpatrick[192]. Tandis que les citations latines sont des sentences savantes, le proverbe en langue vernaculaire renvoie à une sagesse populaire, qui se transmet sans avoir besoin d'être apprise. C'est une sagesse antérieure à l'art, à la science et même à l'écriture. Au livre I, Montaigne dira apprécier le caractère imagé et énigmatique des proverbes, qu'il assimile à une « poesie populaire et purement naturelle[193] » :

> La poesie populaire et purement naturelle a des naïvetez et graces par où elle se compare à la principale beauté de la poesie parfaitte selon l'art ; comme il se void és villanelles de Gascongne et aux chansons qu'on nous rapporte des nations qui n'ont congnoissance d'aucune science, ny mesme d'escriture. (I, 54, 313)

La poésie populaire vient concurrencer la citation classique du point de vue de la puissance d'évocation. « Bouha prou bouha » : les paroles en gascon laissent entendre littéralement une sorte de brouhaha. Ces

---

189 Pierre Bonnet, *op. cit.*, p. 33.

190 A. Tournon, *Essais*, 1998, t. 1, note 55, p. 567.

191 Pierre Bonnet, *op. cit.*, p. 39.

192 Robert Kilpatrick, *op. cit.*, 2013, p. 213 ; Roy E. Leake, *op. cit.*, p. 252 : « *Montaigne is struck by the fact that this Gascon proverb, originating presumably in the folk mind of a rough, untutored people, expresses an idea which had been stated no more gracefully, no more picturesquely, no more effectively by one of the greatest minds of antiquity, a writer whom he much admired, Seneca.* »

193 Bénédicte Boudou, « La langue des proverbes chez Montaigne », dans *La langue de Rabelais – La langue de Montaigne*, éd. F. Giacone, Droz, 2009, p. 463-480.

mots introduisent un autre paradigme verbal, celui de l'onomatopée, dans lequel la fonction de la lettre est de transcrire ce que l'on dit oralement, et non de symboliser une représentation du monde[194]. Si le lecteur des *Essais* ne comprend pas directement le sens du proverbe, il peut en revanche avoir l'intuition suivante : cet assemblage de lettres imite le son de la voix. Est-ce une langue populaire et festive, qui n'aurait pas encore été « abâtardie[195] » par l'écriture, la grammaire et les catégories d'Aristote ? Un bavardage originel dont nous n'avons plus la clé, intermédiaire archaïque entre le chant des oiseaux et le discours humain ? Ailleurs, Montaigne critique le « babil » des professeurs et le « begaiement[196] » des écrivains… Le proverbe gascon relève du style bas ou comique. C'est une pointe qui vient dégonfler l'assemblage savant des citations. Le gascon rompt abruptement avec la hiérarchie scolaire, qui place la maîtrise du latin et du grec au sommet des accomplissements humains. La sagesse populaire saurait-elle déjà ce que l'humaniste découvre dans les livres au prix d'efforts démesurés ? La sagesse populaire est plus sincère que les manières des pédants, des bourgeois ou des aristocrates, suppose Monica Barsi[197]. Tiré d'une « chalemie », ancêtre de la clarinette, et désignant par extension une « chanson rustique[198] », la sagesse populaire et enjouée rivalise efficacement avec la vie austère des pédants. En réalité, c'est une thématique qui abonde dans les *Essais* : « Les meurs et les propos des paysans, je les trouve communément plus ordonnez selon la prescription de la vraie philosophie, que ne sont ceux de nos philosophes » (II, 17, 660).

---

194 Charles Nodier, *Dictionnaire raisonné des onomatopées françaises*, Demonville, 1808, préface : l'onomatopée est un « mot forgé par imitation d'un bruit extérieur. » L'auteur donne comme exemple le « glouglou d'une bouteille », ou même le « cliquetis des boucliers ». « L'onomatopée est donc le type des langues prononcées, le hiéroglyphe le type des langues écrites » (p. XII).

195 « Les loix naturelles leur commandent encores, fort peu abastardies par les nostres […] » (I, 31, 206) ; « […] les Canibales, qui jouissent l'heur d'une longue vie, tranquille et paisible sans les preceptes d'Aristote, et sans la connoissance du nom de la physique » (II, 12, 541). On pense ici à l'*Essai sur l'origine des langues* de Jean-Jacques Rousseau.

196 « Que doit produire le babil, puisque le begaiement et desnouement de la langue estouffa le monde d'une si horrible charge de volumes ? Tant de paroles pour les paroles seules ! » (III, 9, 946).

197 Monica Barsi, entrée « Proverbes », *Dictionnaire Montaigne*, *op. cit.*, p. 1578 : « Ce patrimoine collectif de l'humanité, qui se transmet de père en fils par la tradition orale, conserve un fond de vérité plus fécond que celui des spéculations philosophiques ».

198 Voir le *Lexique des Essais*, éd. G. Michaut, vol. 5, Firmin-Didot, 1907 ; *Les Essais*, éd. Jean Céard, 2001, p. 210 : « chanson accompagnée au chalumeau ».

CRITIQUE DE LA CONCEPTION MIMÉTIQUE DU SAVOIR (L. 161-217)

Comment détacher la pensée de la référence obligée ? La conception mimétique du savoir est un psittacisme : « autant en diroit bien un perroquet[199] » (l. 164). La première personne du pluriel inclut l'auteur et ses lecteurs dans une énergique remise en question :

> Mais nous, que disons nous nous mesmes ? que jugeons nous ? que faisons nous ? (l. 162-164)

Montaigne avait écrit en 1580 : « Mais nous, que disons nous nous mesme ? qu'opinons nous ? que jugeons nous ? » Les corrections (~~opinons~~ > jugeons, ~~disons~~ > faisons) mettent l'accent sur les verbes d'action, souligne Roy E. Leake[200]. Juger est déjà une action personnelle.

En matière d'éducation, les Collèges humanistes n'ont su imaginer autre chose que l'ingurgitation ad nauseam des auteurs au programme. Il faudrait détacher la connaissance de ce devoir permanent d'érudition, qui uniformise la pensée à travers le partage des mêmes sources et la reprise des mêmes citations. Comment rompre avec cette « suffisance relative et mendiée » (l. 196), qui empêche les facultés propres de s'exercer ? Comment passer des recueils de lieux communs à un jugement à la première personne ? Le chapitre fait naître un doute chez le lecteur : il n'est en définitive pas sûr que l'on puisse transformer une bibliothèque en nourriture roborative pour l'esprit. Simple en apparence, l'exhortation de Montaigne est en réalité profondément ambiguë. Il faudrait s'approprier davantage ce que l'on emprunte, selon la lecture classique du chapitre (appelée désormais lecture A). Selon une lecture alternative (lecture B), il s'agit de dire et de faire par soi-même, ce qui implique de rompre avec la pédagogie de l'appropriation. L'ambiguïté du chapitre peut se

---

199 Du grec *psittacos*, le perroquet. Montaigne avait écrit en 1580 : « Autant en feroit bien un perroquet ». Un perroquet n'agit pas mais se contente de parler, souligne Roy E. Leake à propos de cette correction (*op. cit.*, p. 250). La métaphore se trouve chez Érasme : « De bonne heure on apprend à un perroquet à reproduire la voix humaine », souligne-t-il dans le *De pueris statim ac liberaliter educandis* (Paris, R. Laffont, 1992, p. 483).

200 Roy E. Leake, *op. cit.*, p. 251.

comprendre à partir de cette hésitation entre l'approfondissement de la pédagogie humaniste : d'un côté, l'élève, le maître ou l'auteur a pour tâche de revivifier les contenus appris (lecture A), de l'autre cette même pédagogie est rejetée au profit d'apprentissages centrés sur l'expérience et l'action (lecture B).

Le précepte de l'appropriation (lecture A) est lui-même emprunté à Sénèque, dans une mise en abyme qui peut avoir un sens ironique (lecture B). Sénèque demandait : « Zénon a dit ceci. Et toi, que dis-tu ? Cléanthe pense ainsi. Et toi, que penses-tu[201] ? » L'examen de la source montre toutefois que Montaigne transforme le sens de l'exhortation. Chez Sénèque, il s'agissait de combattre la manie qui consiste à juxtaposer des sentences décousues, au profit d'une pratique qui rende manifeste le caractère continu et parfaitement cohérent de la doctrine stoïcienne[202]. « Rien ne s'en peut retrancher[203] ». Quels que soient les mots des auteurs, la vérité de la doctrine stoïcienne sera une et toujours la même. Chacun a le droit de s'approprier la vérité avec ses mots, au lieu de se croire obligé d'en rapporter la formulation à tel ou tel maître. « Nous n'obéissons pas à un roi ; chacun ne relève que de lui-même. » La déclaration d'indépendance tirée de Sénèque figure en latin dans le chapitre suivant[204]. La connaissance des principes doit permettre au disciple de ne pas en rester au stade du commentateur (*interpres*), « caché à l'ombre des grands noms[205] ». Il s'agit de devenir un jour auteur (*auctor*), et à cette fin de commencer à produire quelque chose de soi-même, d'augmenter (le verbe latin *augere* a donné *auctor*) de ses propres pensées une doctrine dont les principes seront toujours féconds. Malgré les reprises littérales, la perspective de Montaigne est très différente : le jugement doit s'affranchir de toute « doctrine[206] ».

201 En latin : « *Hoc Zenon dixit : tu quid ? hoc Cleanthes : tu quid ? quousque sub alio moveris ?* » écrit Sénèque dans les *Lettres à Lucilius*, 33.7, trad. H. Noblot, Paris, Les Belles Lettres, 1985, p. 146.

202 « *continuum est apud nostros quicquid apud alios excerpitur* » : le stoïcisme présente comme un tout continu ce qui ailleurs n'est donné qu'en extrait, écrit Sénèque, *Lettres*, 33.3, *op. cit.*, p. 144.

203 Sénèque, *ibid.*, 33.5.

204 « *Non sumus sub rege ; sibi quisque se vindicet* », cité en I, 26, 151.

205 Sénèque, *ibid.*, 33.8. La métaphore est reprise en III, 8, 927 : « Mais en ceux là [...] qui se raportent de leur entendement à leur memoire, *sub aliena umbra latentes*, et ne peuvent rien que par livre ».

206 L. 388 ; I, 26, 146 et 151, etc.

L'essai du jugement vient fragmenter la belle totalité du stoïcisme ou de l'épicurisme. « S'il approuve une opinion d'Épicure, son approbation ne déborde pas l'opinion même dont il s'agit, elle ne s'étend aucunement au système, et il ne devient pas épicurien pour autant. Il opère toujours en dissociant ce qui, dans l'esprit des auteurs stoïciens ou épicuriens, était associé et devait être pris comme tel[207] », souligne Marcel Conche. Il s'agit de faire usage de son jugement personnel au lieu de s'en remettre à l'autorité d'Aristote, de Lucrèce ou de Sénèque, ou d'autres auteurs disponibles dans les rayons de « somptueuses librairires » (137, l. 175). Montaigne entend s'affranchir d'un corpus de principes et de préceptes. S'il emprunte aux « autres », c'est-à-dire aux auteurs, c'est pour mieux exprimer ses propres pensées et non pour dire autrement une même vérité : « Je ne dis les autres, sinon pour d'autant plus me dire » (I, 26, 148). Cet ordre de priorités, qui ne saurait être plus clairement exprimé, est aussi une manière de prévenir l'accusation de pédanterie. « En matière de citations, il rejette la pédanterie, défaut si cher à tant de ses contemporains : s'il utilise les expressions des anciens, c'est pour "se dire lui-même" ; c'est pour acquérir en rivalisant avec eux un peu de leurs mérites ; c'est pour donner à leurs formules un sens nouveau, par une "application » et une "invention" personnelles : disciple, émule, non copiste ou plagiaire[208] », écrit Gustave Michaut.

L'anecdote du « riche Romain » (l. 165 et suivantes), elle aussi empruntée à Sénèque, brocarde avec humour l'échec de la théorie de l'appropriation intellectuelle, qui est au fondement de la pédagogie humaniste (lecture A). On pense au personnage de Trimalcion dans le *Satyricon* de Pétrone. Calvisius Sabinus a fait de bonnes affaires, mais manque de mémoire ; aussi finance-t-il une sorte d'équipe de recherche qui doit lui fournir la référence adéquate en cas de besoin[209]. « Jamais

207 Voir Marcel Conche, « le pyrrhonisme dans la méthode », *Id.*, *Montaigne et la philosophie*, Paris, PUF, 1996, p. 27.

208 Gustave Michaut, *op. cit.*, 1924, p. VII.

209 « Il fait à prix d'or emplette d'esclaves. Celui-ci devait savoir Homère par cœur ; celui-là, Hésiode [...]. Notre homme cependant s'obstinait à penser qu'il en savait autant que personne dans sa maison », écrit Sénèque (*Lettres*, 27.5, *op. cit.*). La moquerie est reprise par Érasme dans l'*Éloge de la Folie*, chap. XLII, *op. cit.*, p. 51 : « Mais le genre de folie de beaucoup le plus doux est celui qui pousse certains à se glorifier du moindre mérite de leurs serviteurs, comme si c'était le leur. Tel était ce riche doublement heureux dont parle Sénèque : voulait-il raconter une historiette, il avait sous la main des esclaves pour lui souffler ses mots. »

je n'ai vu de richesse plus indécemment portée[210] », commente Sénèque. Les activités de l'esprit sont par excellence celles que l'on doit accomplir par soi-même. L'anecdote ne se réduit pas à une folie de nouveau riche, qui assimile la référence littéraire à un luxe, c'est-à-dire à un bien à la fois inutile, prestigieux et dispendieux. C'est aussi une critique des bibliothèques privées, qui donnent à leurs propriétaires l'illusion d'avoir les auteurs à leur disposition : « et comme font aussi ceux desquels la suffisance loge en leurs somptueuses librairies » (l. 174-175). L'analogie entre la situation de Montaigne et celle du « riche Romain » est explicite. La « librairie » du château aurait été constituée d'un millier de livres environ, chiffre considérable pour l'époque[211]. Il n'y a donc pas que le parvenu romain qui dépense des fortunes pour disposer toujours de la référence appropriée : les livres de Montaigne sont toujours prêts à lui fournir le matériau de sa « suffisance[212] » alors qu'il manquerait cruellement de mémoire. L'auteur des *Essais* dit même avoir besoin de quelqu'un pour noter sans délai une idée qui lui aurait traversé l'esprit (II, 17, 650). Il avait à sa disposition un secrétaire, une pratique courante à l'époque[213]. « Le cas de Sabinus et de sa mémoire empruntée suggère une certaine ressemblance entre l'auteur lui-même et les méthodes qu'il dénonce[214] », souligne Robert Kilpatrick. L'invocation d'un souvenir personnel apporte une modulation ironique à la référence savante : « cette façon me fait souvenir [...] » (l. 165). Montaigne ajoute un témoignage issu de l'expérience en changeant de registre, pour faire rire de la dépendance aux livres : « J'en cognoy, à qui quand je demande ce qu'il

210 Certains commentateurs y voient sans hésiter l'expression d'une morgue aristocratique, mais il n'est pas certain que le Calvisius Sabinus en question soit un esclave affranchi. Voir Alain Vassileiou, « Le riche Calvisius Sabinus (Sénèque *Ep 27 5-8*) », *L'Antiquité classique*, 43-1, 1974, p. 241-256. Deux consuls portent ce nom, le père (consul en -39) et le fils (consul en -26), ce dernier étant vraisemblablement la cible des moqueries de Sénèque.

211 « Sans peine et sans suffisance, ayant mille volumes de livres autour de moy en ce lieu où j'escris [...] » (III, 12, 1056) ; « Ma librerie, qui est des belles entre les libreries de village [...] » (II, 17, 650). Sur la centaine de livres de Montaigne qui nous sont connus avec certitude, une vingtaine proviennent de l'héritage de La Boëtie.

212 Ici, capacité ou compétence, selon Pierre Villey (*Les Essais*, Alcan, 1924) et André Lanly, *op. cit.* (2021), p. 169.

213 George Hoffmann et Alain Legros, entrée « secrétaire(s) », *Dictionnaire Montaigne*, *op. cit.*, p. 1699-1704.

214 Robert Kilpatrick, « L'apophtegme d'Érasme à Montaigne », *Érasme et la France*, éd. Blandine Perona et Tristan Vigliano, Paris, Classiques Garnier, 2017, p. 260.

sçait, il me demande un livre pour me le montrer ; et n'oseroit me dire qu'il a le derriere galeux, s'il ne va sur le champ estudier en son lexicon, que c'est que galeux, et que c'est que derriere » (l. 178-179). L'anecdote, qui relève de la farce, est une critique du désir de paraître savant à tout prix, mais aussi de l'emprise de la coutume sur la parole. Nous n'osons pas dire ce qui concerne le corps, selon une thématique déjà rencontrée au chapitre vingt-trois[215]. Alors qu'il se trouve aux thermes de Bagni di Lucca au cours de l'été 1581, Montaigne s'efforce de noter dans son journal de voyage le nombre de verres d'eau bus et la quantité de bile recrachée au jour le jour[216]. Dans notre passage, la référence livresque exerce un monopole problématique sur la relation que nous entretenons avec le corps. Si l'éducation n'était pas pédantesque, souligne l'essayiste, « au moins le corps en seroit plus allegre » (l. 221) : il faut nous affranchir de la dépendance aux livres pour espérer jouir d'une meilleure santé.

Si l'on suit la lecture classique de la pédagogie humaniste (lecture A), le risque de dépendance aux livres serait diminué par la qualité de l'appropriation. Il y aurait deux niveaux d'imprégnation, un niveau superficiel et un niveau profond ; la bonne éducation consisterait à passer du niveau superficiel, celui de l'emprunt mal digéré, au niveau profond, celui de l'accroissement des forces propres[217]. Ce sont ici des métaphores, principalement, qui distinguent les deux niveaux. La « vaine monnoye[218] » (l. 149) fait du premier niveau celui des faux monnayeurs du savoir. L'imitation d'un « jargon » (l. 255) réduit le langage à une sorte d'instrument dont la maîtrise n'est qu'apparente, souligne Nicola Panichi[219]. Le second niveau est atteint une fois que l'on s'est approprié le sens des mots et la pensée des auteurs ; bien assimilées, les

---

215 « Ce vain modelle et inutile d'un membre que nous ne pouvons seulement honnestement nommer, duquel toutesfois nous faisons montre et parade en public » (I, 23, 118) ; « Nous n'osons appeller à droict nos membres, et ne craignons pas de les employer à toute sorte de desbauche » (II, 17, 632).

216 Voir le *Journal de voyage de Michel de Montaigne*, éd. François Rigolot, Paris, PUF, 1992, introduction, p. XXI : « Pendant sa longue cure aux Bains de la Villa Montaigne garde un registre minutieux des différents traitements auxquels il se soumet. Il observe au jour le jour, même parfois d'heure en heure, l'effet des eaux minérales sur son corps. »

217 Jean Château évoque deux « niveaux de psychisme » (*op. cit.*, 1971, p. 93), Hubert Vincent « les paradoxes de l'appropriation (*op. cit.*, 1997, p. 27).

218 On a aussi « lèvres »/« estomac », déglutition/digestion, « pleine »/« bouffie », enflure/croissance, etc.

219 Nicola Panichi, entrée « pédantisme », *Dictionnaire Montaigne*, *op. cit.*, p. 1437.

références font alors partie de notre personnalité intellectuelle et morale. La distinction entre les deux niveaux permet de mieux comprendre la différence entre pédantisme et philosophie. Le pédantisme consiste à se parer d'un vêtement emprunté, et surtout à s'y croire obligé. L'emprise de la mémoire sur la vie de l'esprit fait que le jugement personnel ne s'exerce plus. À l'inverse, la vraie philosophie consiste à transformer les emprunts en forces propres : « Il les faut faire nostres » (l. 181). De ses lectures, Montaigne écrit que « ce qui m'en demeure, c'est chose que je ne reconnois plus estre d'autruy ; c'est cela seulement dequoy mon jugement a faict son profict » (II, 17, 651). Si l'on suit la lecture alternative du chapitre (lecture B), une activité à la première personne ne saurait être le résultat d'un travail d'imitation. Une pensée et une parole à la première personne supposent à l'inverse que l'on s'affranchisse de l'enseignement des maîtres et d'un programme d'auteurs, au lieu de renforcer encore leur emprise sur la vie de l'esprit. L'anecdote burlesque des furoncles fait comprendre que la science pédantesque exerce un monopole problématique sur l'approche de la réalité, ici douloureuse et mal placée.

La conception humaniste de l'éducation est ébranlée. Selon la théorie pédagogique de l'appropriation (lecture A), il faudrait pouvoir tout rapporter aux auteurs de l'Antiquité. Métaphoriquement, cela revient à s'installer chez le voisin pour profiter de la chaleur d'un bon feu, en oubliant de rentrer chez soi parce que l'on se trouve bien chez le voisin (l. 181-185). Chez Plutarque, la parabole fait comprendre la nécessité de rapporter chez soi – un chez soi de l'esprit – les connaissances que l'on a trouvées chez les auteurs[220]. Chez Montaigne, le sens de la parabole est plus radical : il faut rompre avec la théorie et la pratique de l'imitation, qui nous maintient dans la dépendance envers les auteurs (lecture B). « Si l'éducation consiste pour l'homme à devenir capable d'agir selon sa personnalité originale, c'est-à-dire à se former lui-même

---

220 Plutarque, « Comment il faut ouyr », dans la traduction Jacques Amyot (*Œuvres morales*, 1re édition, 1572) : « C'est tout ainsi comme si quelqu'un ayant affaire de feu, en alloit chercher chez ses voisins, & là en trouvant un beau et grand, il s'y arrestoit pour tousjours à se chauffer, sans plus se soucier d'en porter chez soy ; aussi si quelqu'un allant devers un autre pour l'ouir discourir et apprendre de luy, n'estime point qu'il faille allumer son feu ny son esprit propre, ainsi prenant plaisir à ouir seulement, s'arreste à jouir de ce contentement, il tire des paroles de l'autre opinion seulement, ne plus ne moins que l'on fait une rougeur et une lueur de visage quand on s'approche du feu ».

et à cultiver sa personnalité la plus authentique, écrit Eugenio Garin, à quoi bon se proposer d'imiter ces insignes modèles d'humanité ? L'imitation n'a-t-elle pas tendance à engendrer des "singes" plutôt que des hommes[221] ? » Montaigne déclasse les emprunts et met en avant les essais, les expériences et les mises à l'épreuve faites à la première personne. Miser sur ses facultés propres plutôt que sur celles d'autrui, c'est se donner les moyens de parvenir un jour à la maîtrise de soi[222]. De ce point de vue, l'auto-enseignement à partir de l'expérience n'est que trop rare : « De tant de millions il n'y a que trois hommes qui se meslent d'enregistrer leurs experiences » (II, 17, 782). L'éducation envisagée par Montaigne relève d'une formation continue à partir de l'expérience. Parmi ses contemporains, il n'est pas le seul à souligner que l'habitude d'emprunter ses pensées aux auteurs fait décliner les forces propres. François de La Nouë plaide ainsi pour que l'éducation débouche sur une plus grande autonomie[223]. Les efforts d'imitation des Anciens seraient-ils apparus vains avec le temps ? Emprunter, c'est chercher chez les autres ce que nous ne trouvons pas en nous, ou plutôt ce que nous ne cherchons plus en nous. « C'est grande simplesse d'estouffer sa clarté pour luire d'une lumiere empruntée » (III, 3, 822), écrit Montaigne à propos du maquillage des femmes.

La mention de Lucullus retient l'attention comme seul *exemplum* romain dans le contexte très grec du chapitre. Le personnage romain a d'abord été associé au terme « essay », mais Montaigne l'a ensuite barré : « un si grand capitaine & si advisé, ~~sans l'essay &~~ sans l'experience, les eut prises à nostre mode[224] ». Il omet de remarquer, à la différence de Cicéron, que

221 Eugenio Garin, *L'éducation de l'homme moderne. La pédagogie de la Renaissance 1400-1600*, trad. J. Humbert, Paris, Fayard, 1968, p. 102.

222 Sur le rôle de l'expérience, voir Guillermo Marini, « Michel Montaigne como Formador de Profesores : la Necesidad de Ensayar la Propia Posición », 2015 (en ligne https://doi.org/10.1590/S0101-31732015000300008, consulté le 22.02.2022) : « *es un modo de conocer desde la vida concreta del sujeto como una pregunta en la que el mismo sujeto se encuentra siempre implicado. Dije que la experiencia exige una concepción de la memoria en cuanto lazo personal e inédito con los datos de la realidad* ».

223 François de La Nouë écrit ainsi : « la conduite de leur vie doit être après fondée en eux-mêmes », dans les *Discours politiques et militaires*, f. 125.

224 Les contemporains affectionnent l'exemple de Lucullus, qui aurait appris l'art de la guerre en lisant des traités militaires et en interrogeant des soldats. Voir Pierre Villey, *Les sources des idées au* XVIe *siècle*, Plon, 1912, p. 42 et James J. Supple, *Arms versus Letters. The Military and Literary Ideals in the 'Essais' of Montaigne*, Oxford, Clarendon Press, 1984, p. 122.

Lucullus s'était appliqué à s'informer autant que possible auprès de gens d'expérience à Rome, notamment de capitaines et de généraux ayant fait leurs preuves[225]. Chez Cicéron, l'idée est la suivante : Lucullus est devenu un bon chef de guerre par l'étude et non par l'expérience directe, ce que l'on peut considérer comme un accomplissement admirable[226]. À la Renaissance, l'idée peut avoir été relayée par Érasme : on apprend plus en une année d'étude qu'en trente ans d'expérience, tout en restant à l'abri des risques[227]. Or, Montaigne renverse ici la leçon pour critiquer une pédagogie de l'emprunt, qui encourage ce que nous appellerions aujourd'hui un biais cognitif. On préfère le lointain au proche, l'étranger au propre, une autre maison que la sienne, etc. Les femmes « alleguent Platon et Sainct Thomas aux choses ausquelles le premier rencontré serviroit aussi bien de tesmoing[228] » (III, 3, 822). L'époque vénère les livres au détriment de l'expérience. « Que ferons nous à ce peuple qui ne fait recepte que de tesmoignages imprimez, qui ne croit les hommes s'ils ne sont en livre [...] ? » (III, 13, 1081) Malgré cette religiosité qui entoure l'écrit, nous faisons mauvais usage des références, pointe Montaigne, parce que nous ne les comprenons pas à leur niveau. Nous les rabaissons au nôtre et dégradons leur valeur : « Cette image des discours de Socrates que ses amys nous ont laissée, nous ne l'approuvons que pour la reverence de l'approbation publique ; ce n'est pas par nostre cognoissance : ils ne sont pas selon nostre usage. S'il naissoit à cette heure quelque chose de pareil, il est peu d'hommes qui le prisassent » (III, 12, 1037). Les contemporains admirent les « discours de Socrate » sans les comprendre. Dans l'idéal, il faudrait qu'une référence soit parfaitement assimilée, au point d'avoir valeur organique (lecture A) : c'est ce que traduisent dans le chapitre les métaphores du terreau, de la nourriture ou même de la force dans le chapitre. Dans les faits, une référence est un phénomène de mode, soumis aux fluctuations de « l'approbation publique ». La valeur de la

225 Cicéron, *Académiques*, II,1-2 : « partim in percunctando a peritis, partim in rebus gestis legendis »

226 Confronté à des mutineries et ne parvenant pas à vaincre définitivement Mithridate, Lucullus est remplacé par Pompée en 67 av. J.-C., et devra attendre trois ans, à l'extérieur de Rome, jusqu'à ce que son ami Cicéron l'y fasse rentrer en triomphe. Montaigne connaissait pourtant les échecs de Lucullus par Plutarque.

227 Érasme, *Declamatio de pueris statim ac liberaliter educandis* : « *Adde quod philosophia, plus docet unico anno, quam annis triginta quantalibet rerum experientia : et tuto docet.* »

228 Voir Paul Porteau, *op. cit.*, p. 265.

référence se dégrade sous l'effet de capacités le plus souvent insuffisantes (lecture B). L'époque a fait d'Aristote le « Dieu de la science scolastique » (II, 12, 539), mais il n'est pas sûr qu'on le comprenne bien ; comme pour toute religion, « ce sont liaisons humaines » (II, 12, 445) qui font toujours un dieu à notre mode. La série des commentaires ne parviendra pas à restituer une vérité originelle. « Aristote a escrit pour estre entendu ; s'il ne l'a peu, moins le fera un moins habile et un tiers que celuy qui traite sa propre imagination » (III, 13, 1067).

La bonne référence n'est-elle pas un idéal contradictoire ? Il faudrait emprunter à un auteur des mots qui coïncideraient avec une pensée personnelle. Au livre III, où la critique de la référence donne lieu à d'importants développements, Montaigne écrit au conditionnel que si l'ouvrage était à refaire, il essaierait de parler tout seul (III, 12, 1055), et que s'il a eu recours aux auteurs, c'est seulement pour mieux se dire lui-même. L'essayiste tranchera-t-il en faveur de ce que nous avons appelé la lecture alternative du chapitre (lecture B) ? Sur chaque sujet, la liste de références est le « ridicule fruit de la science » (III, 12, 1055). Les livres ont rendu disponible un savoir que nous ne comprenons pas, mais qui permettent de faire d'autres livres. Le processus de fabrication de livres ressemble fort à la petite équipe de recherche mise en place par Calvisius Sabinus, le parvenu romain de Sénèque, « l'autheur commettant à divers de ses amis sçavants la recherche de cette-cy et de cette autre matiere à le bastir » (III, 12, 1056). La culture de l'emprunt masque l'absurdité du processus aux yeux des humanistes. La critique du pédantisme est reprise sous l'angle de la « sottise » : « Je dis souvent que c'est pure sottise qui nous fait courir apres les exemples estrangers et scholastiques » (III, 13, 1081). Le terme « sottise » compte une occurrence dans notre chapitre (l. 138), à propos du pédantisme. La formule (« je dis souvent ») vaut rappel explicite. La pensée humaniste, qui s'oblige à rapporter la moindre formulation à Cicéron ou à Sénèque, apparaît à Montaigne comme une autre forme de scolastique. Pourquoi ne pas « éplucher » notre expérience personnelle de manière à « faire valoir ce qui se passe devant nous », plutôt que d'aller chercher en toute occasion des exemples « du temps d'Homere et de Platon » (III, 13, 1081) ? C'est pourtant ce que fait l'essayiste dans notre chapitre, évoquant les modèles de l'ancien Empire perse et de l'antique Lacédémone… Plutôt que de fonder nos analyses sur ce qui se passe « en nostre village », nous préférons puiser nos références « en la boutique de Vascosan ou de Plantin[229] », célèbres imprimeurs de l'époque. L'expérience quotidienne est potentiellement riche de nombreux exemples, au moins autant qu'un livre de grand prix. L'auteur des *Essais* sait pourtant qu'il continue de puiser ses exemples dans les livres, invitant même son lecteur à faire de même : « Et combien y ay-je espandu d'histoires qui ne disent mot, lesquelles qui voudra esplucher un peu ingenieusement, en produira infinis Essais » (I, 40, 251). Faut-il encore se consacrer à un programme d'auteurs ? Si les leçons de sagesse doivent être tirées de soi-même, il faut inventer un autre type d'apprentissage.

Puiser chez les auteurs ou chez les compilateurs des savoirs déjà constitués est une solution de facilité. C'est l'idée directrice de la lecture alternative (lecture B) du chapitre. En empruntant, on s'abrite derrière des noms connus, on s'épargne la peine d'avoir à conduire soi-même un travail réflexif sur l'expérience[230]. La voie de l'emprunt ne nous conduira pas vers la sagesse : « Me veus-je armer contre la crainte de la mort ? c'est aux despens de Seneca. Veux-je tirer de la consolation pour moy ou pour un autre ? je l'emprunte de Cicero » (l. 192-195). André Tournon note ici le retour de la première personne du singulier[231]. Alors que le lecteur a encore en tête les passages stoïciens du chapitre « Que philosopher c'est apprendre à mourir » et que les citations latines émaillent le chapitre, la référence à Cicéron et à Sénèque vaut comme marque d'auto-ironie. Le fait que le thème de la consolation soit associé à Cicéron peut surprendre : c'est plutôt Sénèque ou Plutarque que l'on attendait ici, sauf à penser que les auteurs sont interchangeables en matière de pédantisme[232]. Étienne de La Boëtie avait traduit la *Lettre de consolation de Plutarque à sa femme*, traduction dont Montaigne avait dédié l'édition à son épouse, Françoise de la Chassaigne, à l'occasion de la mort de leur fille aînée Toinette[233]. Critiquant une forme de pédanterie,

---

229 III, 13, 1081. Michel de Vascosan (1500-1576) et Christophe Plantin (1520-1589) étaient imprimeurs à Paris.

230 Hubert Vincent, *op. cit.*, p. 58.

231 André Tournon, *« Route par ailleurs » : le « nouveau langage » des* Essais, Paris, Classiques Garnier, 2006, p. 66-71.

232 Sénèque, *Consolation à Marcia*, *Consolation à ma mère Helvia*, *Consolation à Polybius* ; Plutarque, *Consolation à sa femme*.

233 Étienne de La Boëtie, *Lettre de consolation de Plutarque à sa femme*, éd. Michel de Montaigne, 1571. Sur Toinette, Madeleine Lazard, *Michel de Montaigne*, Fayard, 2002, p. 185. Sur la

l'essayiste souligne « notre étrange surdité aux préceptes qui devraient nous soulager[234] », selon les mots d'André Tournon. Le genre de la consolation apparaît ici à Montaigne comme une « tradition scolaire », souligne Rémi Ordynski, une rhétorique qui tourne à vide[235]. Ce n'est pas un jugement original : exilé, Cicéron demandait déjà à ses amis de ne pas lui faire parvenir de consolations, tant celles-ci lui paraissaient pesantes[236]. On peut souligner « la bizarrerie du genre, qui inflige à l'endeuillé le devoir de surmonter sa douleur et la démonstration qu'il n'a pas perdu grand-chose[237] ».

L'essayiste réactive l'opposition entre savoir et sagesse, qui a valeur de lieu commun[238], en accentuant le contraste entre un savoir extérieur à la personne et une sagesse personnelle issue de l'introspection. La formule reste toutefois au conditionnel : « je l'eusse prise en moy mesme si on m'y eust exercé » (l. 195). En outre, « nostre sagesse », celle que l'on peut revendiquer pour soi-même, est évoquée à la première personne du pluriel et flanquée de son lot de citations. « Faut-il y voir une caricature du langage pédant[239] ? » demande Philippe Mottet. Selon Eric

---

réception contemporaine de la lettre-dédicace de Montaigne et les contresens auxquels elle a donné lieu, voir Jean Vignes, « La lettre de consolation de Plutarque à sa femme traduite par La Boétie et ses prolongements chez Montaigne, Céline et Michaël Fœssel », *Exercices de rhétorique*, n° 9, 2017 ; Rémi Ordynski, « L'influence des traditions de consolation avant et dans le premier livre des *Essais*. La phrase, le chapitre, le livre », *BSAM*, 2021, n° 73, p. 129 – 150.

234 André Tournon, *op. cit.*, 2006, p. 65.

235 Rémi Ordynski, *op. cit.*, p. 135 ; Alexandre Tarrête, « Remarques sur le genre du dialogue de consolation à la Renaissance », *Bulletin de l'Association d'études sur la renaissance, l'humanisme et la réforme*, n° 57, 2003, p. 133-161, et entrée « consolation », *Dictionnaire Montaigne*, *op. cit.*, p. 384 : « Le genre littéraire de la consolation avait tout pour rebuter Montaigne, ennemi par tempérament de la rhétorique et des conventions sociales ».

236 Cicéron, *Lettres à Atticus*, III, 10 à 15. « Consolari jam desine » : cesse des consolations (III, 11, à Atticus, Thessalonique, le 19 août).

237 Paul Veyne, introduction à la *Consolation à Marcia* dans les *Entretiens* de Sénèque, R. Laffont, 1993, p. 5 : « En d'autres termes, les Anciens ne toléraient ces rudes sermons appelés consolations qu'en vertu du respect qu'ils avaient pour la philosophie et sa vocation de châtieuse. »

238 On trouve dans le *Pantagruel* de Rabelais la formule devenue célèbre : « science sans conscience n'est que ruine de l'âme ». Le *Tiers livre* exhibe la « solution de continuité entre savoir et sagesse » écrit Michèle Clément dans *Le Cynisme à la Renaissance*, Genève, Droz, 2005, p. 143.

239 Philippe Mottet, « Des citations grecques et *Du pedantisme* », *BSAM*, n° 7-8, 1997, p. 13. Le critique fait l'hypothèse selon laquelle les éléments empruntés sont réarrangés de manière à former un texte original et relèveraient du genre du centon.

MacPhail, le contenu des citations exprimerait le dédain à l'encontre de pédants, inaptes à la vie pratique[240]. D'un point de vue chronologique, Montaigne cite en 1580 un vers d'Euripide en grec, dont il donne aussitôt la traduction en français : « je haï, dict-il, le Sage qui n'est pas sage pour soy mesmes ». Il ajoute en 1588 une citation de Cicéron et un vers de Juvénal. Après 1588, il barre la traduction en français de la citation grecque et la remplace par une autre citation de Cicéron. Ce faisant, il choisit a posteriori un effet d'exclusion, la plupart des lecteurs ne maîtrisant pas le grec. Alors qu'Amyot donne la transcription latine de termes grecs dans sa traduction de Plutarque, Montaigne s'amuse à les restituer en grec au chapitre suivant : « Zenon disoit qu'il avoit deux sortes de disciples : les uns, qu'il nommoit φιλολόγους, curieux d'apprendre les choses, qui estoyent ses mignons ; les autres λογοφίλους, qui n'avoyent soing que du langage[241] » (I, 26, 173). Dans notre chapitre, la suppression de la traduction renforce la « valeur emblématique » du grec, souligne Philippe Mottet : ce qui importe n'est pas l'idée qu'elle contient, mais son statut de citation, sorte de corps étranger enchâssé dans le texte[242]. Cet usage ostentatoire du grec ressemble fort à une régurgitation pédante qui se signalerait comme telle. « L'ironie réflexive atteint ici un sommet[243] », souligne André Tournon. Montaigne enseigne ironiquement par le contre-exemple après s'être exclamé : « Que nous sert-il d'avoir la panse pleine de viande, si elle ne se digere ? si elle ne se transforme en nous ? » (l. 185-186) Quelques lignes plus loin, une nouvelle clé de lecture confirme l'exercice d'autocritique. « Tout ce que vous y recognoissez d'avantage, c'est que son Latin et son Grec l'ont rendu plus fier et plus outrecuidé qu'il n'estoit party de la maison » (l. 223-226). L'auteur s'inclut fièrement parmi les pédants qu'il critique. N'est-ce pas lui qui rentre « outrecuidé » du Collège de Guyenne ? La disposition des citations, en paquets, contribue à l'effet d'auto-ironie, tout comme leur contenu : Cicéron exhorte ainsi à « profiter de la sagesse » (*fruenda saptientia*), et

240 Eric MacPhail, *op. cit.*, 2009, p. 45 : « *Montaigne cites a series of Greek and Latin sententiae that form a chorus of disdain for the impractical scholar* ». Le bouquet de citations serait une critique dirigée contre le caractère auto-suffisant de la vertu chez Aristote.

241 Voir aussi II, 11, 422-423.

242 Philippe Mottet, *op. cit.*, p. 11-18 : la « fonction emblématique » de la citation en grec est aussi appelée « fonction iconique. » L'analyse est reprise par Rorbert Kilpatrick, art. cité, p. 214.

243 André Tournon, *op. cit.*, p. 66, note 1.

pas seulement à la recueillir… L'autre citation de Cicéron, tirée du traité des devoirs[244], frappe par l'invocation du personnage d'Enée dans un contexte où la référence apparaît déjà grandiloquente – il est question de bannir le mensonge et les fourberies des transactions commerciales. Ici, la juxtaposition du grec et du latin, de Cicéron et de Juvénal, de l'argumentation philosophique et de la poésie satirique, du vénérable héros de la guerre de Troie et de l'« agnelle d'Euganée[245] », crée un effet comique de télescopage : « *Si cupidus, si / Vanus & Euganea quamtumvis vilior agna*[246] » (l. 207-208). C'est dans le chapitre « Du pedantisme » que Juvénal apparaît pour la première fois dans les *Essais*. Les deux citations sont insérées de façon surprenante, note Bénédicte Boudou[247]. En outre, les citations du poète satirique ont sans doute un effet dissonant, à une époque où celui-ci avait mauvaise réputation. L'image de l'agnelle montre l'usage « ludique et poétique que Montaigne fait de Juvénal, avec qui il partage la préférence donnée à l'image sur l'interprétation abstraite[248] ». L'autre citation de Juvénal intervient un peu plus loin, lorsqu'il est question des « natures belles et fortes » (l. 285), dont fait partie le maître Turnèbe. Ajoutée en 1588, la référence aux Titans confère au passage un aspect grandiloquent : « *queis arte benigna / Et meliore luto finxit praecordia Titan*[249] » (l. 286-287). Si la leçon de sagesse est que personne ne peut être sage à notre place, l'auteur se laisse prendre volontairement en flagrant délit de folie pédantesque. De manière ostentatoire, il ne fait pas ce qu'il dit et ne dit pas ce qu'il fait, à l'inverse de Pyrrhon et de « tous les autres vrayment philosophes[250] », qui ont réussi à faire correspondre leur vie et leur philosophie. Montaigne pousse à l'extrême

244 Cicéron, *De Officiis*, III, 15. Dans le contexte, la question est de savoir si l'on peut juger insuffisant le prix de vente d'un bien et le payer plus cher que ce que demande le vendeur.

245 Juvénal, *Satires*, VIII, « Nobiles », vers 14 : « S'il est cupide, s'il est vain, et d'un prix beaucoup plus bas qu'une brebis d'Euganée » Les Euganéens étaient un peuple habitant la région autour de Padoue.

246 Le texte latin est *mollior*, « plus mou », et non *vilior*. Le sens du vers s'en trouve considérablement modifié. Selon Bénédicte Boudou, il ne s'agit pas d'une coquille : Montaigne aurait choisi de « durcir le ton de Juvénal » (« La présence de Juvénal dans les *Essais* », *MS*, n° 17, 2005, p. 130).

247 Bénédicte Boudou, *ibid.*

248 Bénédicte Boudou, *ibid.*, p. 133.

249 « Dont le Titan a façonné la poitrine d'un art bienveillant et d'une meilleure argile. » Juvénal, *Satires*, XIV, 34-35.

250 « Pyrrho, celuy qui bastit de l'ignorance une si plaisante science, essaya, comme tous les autres vrayement philosophes, de faire respondre sa vie à sa doctrine » (II, 29, 705).

la « polyphonie humaniste[251] », souligne André Tournon, donnant aux sentences l'apparence d'objets étrangers que le lecteur identifie sans peine. Le passage aurait valeur d'autocritique à l'égard du travail d'intégration des citations, comme Montaigne l'admet dans une incise (l. 138-143). Robert Kilpatrick souligne que la moitié des citations du chapitre ont été ajoutées sur l'Exemplaire de Bordeaux, comme si leur auteur avait voulu accentuer le pédantisme du chapitre et intensifier son caractère auto-ironique[252]. Selon Eric MacPhail, le bouquet de citations peut se lire comme un éloge paradoxal de la *libido sciendi*[253]. Montaigne critique les ambitions des pédants mais accumule lui-même les citations, prenant plaisir à creuser le paradoxe entre la théorie et la pratique[254]. Tout se passe comme si l'auteur admettait ne pouvoir compter sur ses propres forces, symptôme d'une maladie dont il fait le diagnostic tout en étant aussi le patient. Une autre lecture du passage consisterait à souligner que les trois citations manuscrites ajoutées sur l'Exemplaire de Bordeaux, à l'instar d'autres citations, sont comme en attente d'intégration. Alain Legros note à ce propos : « Les marginalia d'E.B. sont révélatrices de sa pratique en ce domaine, du moins après 1588 : les citations latines y abondent, sans référence, comme en attente d'une vraie « digestion » par le texte [...]. Les *Essais*, autrement dit, son inachevés, en dépit du lourd travail de préparation que requérait la "sixième" édition à venir[255]. » Le chapitre aurait de ce point de vue valeur de « gardoire » ironique.

Le passage contient un enseignement cynique : à l'instar de Socrate, Diogène de Sinope – Montaigne écrit « Dionysius », mais on peut se demander si c'est vraiment par mégarde[256] – confrontait les hommes à

251 André Tournon, *op. cit.*, p. 67. Il s'agit de l'un des éléments qui rendent manifeste l'invention d'un « nouveau langage » que le critique comprend essentiellement comme « écriture pyrrhonienne ».

252 Robert Kilpatrick, art. cité, 2013, p. 216.

253 Eric MacPhail, *op. cit.*, 2009, p. 45-47.

254 Sur l'importance du paradoxe chez Montaigne, voir Barbara Bowen, *The Age of Bluff : Paradox and Ambiguity in Rabelais and Montaigne*, University of Illinois Press, 1972, p. 103-161 ; André Tournon, « Du paradoxe à l'essai », dans *La Glose et l'essai*, chap. v, Presses Universitaires de Lyon, 1984, p. 203 – 256.

255 Alain Legros, *Essais sur poutres*, *op. cit.*, p. 228.

256 Le personnage de Dionysius est cité plusieurs fois dans les lettres de Diogène, *Les Epistres de Diogène, philosophe cynicque* (1546). Michèle Clément a montré que Montaigne efface méthodiquement après 1588 les occurrences du mot cynique(s) au point que l'on assisterait dans les *Essais* à une véritable « occultation du cynisme » (*Le Cynisme à la Renaissance*,

leurs propres contradictions. Le philosophe « s'étonnait ainsi de voir les musiciens accorder leurs lyres, mais laisser désaccordées les dispositions de leur âme[257] ». Il se moquait « des musiciens qui accordent leur fleutes et n'accordent pas leurs meurs » (l. 215-216). On reconnaît là une diatribe, un enseignement moral dispensé sous la forme d'un dialogue avec des interlocuteurs le plus souvent fictifs[258]. Une trentaine d'occurrences dans les *Essais* témoigne de l'intérêt de Montaigne pour les gestes provocateurs de Diogène, intérêt largement partagé au XVIe siècle[259]. Diogène voyait dans les animaux, les barbares et les enfants une fidélité encore préservée à la nature[260]. Notre chapitre se fait le relais du mépris professé par les Cyniques envers la politique en évoquant une boutade de Cratès de Thèbes, connu pour avoir vécu dans les rues d'Athènes après avoir donné tout son argent :

> Mais aucuns, voyants la place du gouvernement politique saisie par hommes incapables, s'en sont reculés ; et celuy qui demanda à Crates jusques à quand il faudroit philosopher, en receut cette responce : Jusques à tant que ce ne soient plus des asniers qui conduisent noz armées. (l. 87-91)

L'anecdote cynique renoue avec le comique, mais au prix d'un contresens. On lit chez Diogène Laërce : « Il faut, disait-il, philosopher, jusqu'au

---

op. cit., p. 172-174). Sur l'EB, par ex., la phrase suivante est barrée : « ~~Chacun a ouy parler de la deshontée façon de vivre des philosophes cyniques~~ » (II, 12, 583).

257 Diogène Laërce, « Diogène », livre VI, 27-28, citées ici dans *Vies et doctrines des philosophes illustres*, traduction Marie-Odile Goulet-Cazé (dir.), Paris, La Pochothèque, 1999, p. 709-710. Diogène « s'étonnait de voir les grammairiens faire des recherches sur les malheurs d'Ulysse, tout en ignorant les leurs propres. Et il s'étonnait aussi de voir les musiciens accorder les cordes de leur lyre, mais laisser désaccordées les dispositions de leur âme ; les mathématiciens fixer leurs regards sur le soleil et la lune, mais ne pas remarquer ce qui se passe à leurs pieds ; les orateurs mettre tout leur zèle à parler de la justice, mais ne point du tout la pratiquer, et encore les philosophes blâmer l'argent, mais le chérir par-dessus tout ».

258 La *diatribè* a le sens de discours, étude ou passe-temps.

259 Diogène est évoqué vingt-trois fois dans les *Essais*, Antisthène seize fois, Cratès neuf fois, sans compter la présence dans les *Essais* d'autres figures cyniques comme Métroclès, Bion, Hipparchia ou Démétrios. Voir Michèle Clément, *Le Cynisme à la Renaissance*, *op. cit.*, en particulier « Diogène dans les *Essais* ou le corps impudique », chap. VIII, p. 165-186 ; André Comte-Sponville, « Montaigne cynique ? », dans *Valeur et vérité*, Paris, PUF, 1994, p. 55-104. L'auteur rappelle la filiation socratique du cynisme, le caractère positif des références dans les *Essais* et la « véritable familiarité » (p. 82) avec la pensée cynique dont témoignent ces références. La veine cynique des *Essais* est interprétée par A. Compte-Sponville comme celle de « l'anti-humanisme montanien » (*ibid.*).

260 Marie-Odile Goulet-Cazé, « la contestation de la loi dans le cynisme ancien », dans *Mélanges de l'Université Saint-Joseph (Beyrouth)*, LXI, 2009, p. 412.

point où les généraux nous apparaissent comme des meneurs d'ânes[261]. » Dans la bouche de Cratès, il s'agit de philosopher jusqu'à ce que l'on soit capable de refuser toute compromission avec les puissants – on garde à l'esprit la parabole de Diogène demandant à Alexandre le Grand de s'ôter de son soleil. L'enseignement cynique démystifie l'ordre social et prône le désengagement. Plutarque dit de Diogène qu'il mangeait du poulpe cru, enseignant par ce moyen qu'il fallait « ensauvager la vie[262] ». Or, la version de l'anecdote donnée ici par Montaigne en atténue considérablement la portée. L'exercice du pouvoir n'étant pas vertueux, l'activité philosophique constituerait une sorte de lot de consolation ou d'occupation par défaut – ce qui n'est pas du tout le cas chez les Cyniques. Montaigne comprendrait-il la réplique de Cratès à l'aune de ses propres désillusions ? C'est ce que l'on entend lorsqu'il évoque « la place du gouvernement politique saisie par hommes incapables » (l. 88-89). À contresens de l'enseignement cynique, cette leçon de l'anecdote peut se comprendre à partir du portrait des « philosophes retirez de toute occupation publique » (134, l. 41-42), selon une lecture inspirée par le discours de Socrate dans le *Théétète*. Ailleurs, l'essayiste se fait volontiers le relais de la critique cynique de la gloire (II, 16, 619)[263], de la politique (I, 50, 303-304 ; II, 12, 581 ; III, 8, 935) ou du qu'en dira-t-on (II, 16, 624), ce qui témoigne de sa familiarité avec la pensée cynique. Quand Montaigne avoue manger goulûment, se mordant la langue et parfois les doigts sous l'effet de l'empressement, il précise : « Diogenes, rencontrant un enfant qui mangeoit ainsin, en donna un soufflet à son precepteur[264] » (III, 13, 1105). Il y a dans le chapitre « Du pedantisme » quelque chose qui relève de la gifle assénée par Diogène au pédant.

Examinons plus en détail la diatribe de Diogène contre les grammairiens, les musiciens et les orateurs, rapportée ici au style indirect libre.

---

261 Diogène Laërce, « Cratès », VI, 92, *Vies…*, *op. cit.*, p. 756. En latin, Montaigne pouvait lire : « *Dicebat autem tamdiu pilosophandum esse, donec videantur duces exercitus esse asinarii* ». Diogène écrivit cependant une *Politeia* pour tourner celle de Platon en dérision et prôner la vertu comme conformité à la seule nature.

262 Plutarque, *Sur la consommation de viande*, premier discours, 995D. Montaigne écrit aussi : « et y mange l'on la chair et le poisson cru » (I, 23, 113).

263 La source est Cicéron, *De Finibus*, III, 17.

264 La source est Plutarque, *Que la vertu peut s'enseigner*, 439C, dans *Œuvres morales*, 1975, tome VII. Dans le chapitre « Des plus excellents hommes », c'est Alcibiade qui assène une gifle à « un qui faisait profession de lettres » (II, 36, 753).

L'allusion aux maux d'Ulysse que commentent les grammariens peut se lire comme une critique du genre dominant du commentaire – ici de passages de *L'Odyssée* – chez les maîtres humanistes du XVIe siècle. Adrien Turnèbe a donné une édition remarquée de *L'Iliade* en 1554[265]. Le philosophe cynique « se moquoit des grammairiens qui ont soin de s'enquerir des maux d'Ulysses, et ignorent les propres[266] [...] » (l. 214-215). Diogène est le champion de la raillerie. « On reprochoit à Diogenes comment, estant ignorant, il se mesloit de la philosophie. Je m'en mesle, dit-il, d'autant mieux à propos[267] » (I, 26, 168). Le philosophe cynique reproche à ses contemporains de consentir des efforts moralement inutiles. Grammairiens, musiciens, orateurs – on reconnaît dans le passage la triade des arts athéniens dont Montaigne entreprend plus loin la critique (l. 429-440) – sont les produits d'une éducation qui porte sur des objets socialement reconnus, mais laisse de côté la formation conçue comme amélioration personnelle[268]. Ce type d'éducation est pédantesque en ce qu'il n'implique pas les facultés propres de l'individu ; il conforte un statut social mais n'a valeur ni de prudence, ni de sagesse. La métaphore péjorative de la « vaine monnoye[269] » (l. 149) pourrait avoir un sens inconsciemment positif, en référence à la vie de Diogène. Montaigne avait lu chez Plutarque que le philosophe cynique « falsifiait réellement la monnaie, n'accordant pas du tout la même valeur aux prescriptions de la loi qu'aux prescriptions de la nature[270] ». Plusieurs passages des *Essais* rappellent le lien sémantique entre l'essai du jugement et la fonction de contrôleur de la monnaie[271].

---

265 *Homeri Ilias, id est de rebus ad Troiam gestis*, éditée en grec et imprimée par Adrien Turnèbe, Paris, 1554. Voir J. Lewis, 1998, p. 335.

266 La source est Diogène Laërce, VI, 27-28 et 65.

267 La moquerie à l'encontre de Platon en II, 12, 544 est une moquerie cynique tirée de Diogène Laërce, VI, 40. Voir M. Clément, *op. cit.*, p. 17 : avant Montaigne, Rabelais a confié au rire de Diogène le rôle d'un « garde-fou contre l'idéalisme platonicien et contre la logique aristotélicienne ».

268 Voir Tristan Dagron, « Stratégie de survie et idéal éthique : Diogène de Sinope », *Pratiques en santé mentale*, vol. 61, n° 2, 2015, p. 15-18. Sur l'usage social de la science, voir Pierre Bonnet, *op. cit.*, p. 40-41 et Roy E. Leake, *op. cit.*, 1968, p. 250-251.

269 Montaigne avait sans doute lu que Diogène « falsifiait réellement la monnaie, n'accordant pas du tout la même valeur aux prescriptions de la loi qu'à celles de la nature. » (Diogène Laërce, « Diogène », VI, 71).

270 Diogène Laërce, « Diogène », VI, 71, *op. cit.*, p. 737.

271 « [...] on ne regarde plus ce que les monnoyes poisent et valent, mais chacun à son tour les reçoit selon le pris que l'approbation commune et le cours leur donne. » (II, 12, 560A) Voir aussi I, 39, 241 ; II, 16, 629 ; III, 5, 894.

Une ordonnance de François Ier enjoignait aux essayeurs « qu'il fassent leurs essais loyalement, sans aucune faveur, amitié ou inimitié, à personnes quelconques[272]. » Le fait que les ordonnances royales aient été réitérées d'une année sur l'autre montre combien leur impact devait être limité dans la pratique.

Le décalage entre les « coustumes[273] » pédagogiques et l'intérêt que celles-ci présentent réellement traverse l'ensemble du chapitre. Ainsi, nous sommes fouettés en nos villages « pour avoir oublié le premier aoriste de τύπτω » (l. 410-411), verbe grec qui signifie littéralement : je frappe. La présence du grec ancien dans les villages frappe aussi le lecteur par son incongruité… « Ni le carré de l'hypoténuse, ni l'opinion d'Aristote sur la place de l'âme, ni la manière de faire de la poudre à canon, ni les théories de Copernic, n'importent beaucoup à notre vie intérieure, et à la formation de notre personnalité réelle ; ces connaissances-là trouveront place dans nos discours, nous donneront les moyens de nous enrichir, de devenir les maîtres du monde, elles ne toucheront à rien de ce qui est nous-mêmes[274] », commente Fortunat Strowski. Il y a un savoir qui ne nous concerne pas, qui ne nous améliore pas et nous fait même oublier l'essentiel. La dissociation entre le discours et la conduite, thème cynique, est un leitmotiv dans les *Essais*. Un juge condamne pour adultère en même temps qu'il écrit un billet doux à l'épouse de son confrère (III, 9, 989), illustration littérale de nos « orateurs qui estudient à dire justice, non à la faire » (l. 216-217). On retrouve la figure de Diogène au chapitre vingt-six dans l'épisode des figues peintes[275] : « Hegesias le prioit de luy lire quelque livre : Vous estes plaisant, luy respondit-il, vous choisissez les figues vrayes et naturelles, non peintes : que ne choisissez vous aussi les exercitations naturelles, vrayes et non escrites ? » (I, 26, 168) Alors

272 Code du Roi Henry III, f. 604.

273 Le terme de « coustume » compte plus de cent occurrences dans les *Essais* et l'essai du jugement lui est consacré au chapitre 23. Notons que la seule occurrence du terme dans notre chapitre, ajoutée pour l'édition de 1588, invite le lecteur à prendre ses distances à l'égard de la coutume : « Et est cette coustume ancienne : car Plutarque dit que Grec et escholier estoient mots de reproche entre les Romains […]. » (l. 16)

274 Fortunat Strowski, *Montaigne*, Paris, Alcan, 1906, p. 225.

275 La source est Diogène Laërce, « Diogène », VI, 48. Hégésias, philosophe cyrénaïque, pensait que l'accès au bonheur était refusé à l'homme. Il apparaît au livre III lorsqu'il est question de la discussion avec les pédants. « Le dogme d'Hegesias, qu'il ne faut ny haïr ny accuser, ains instruire […] » (III, 8, 937), déclaration qui fait de lui un lointain ancêtre de Spinoza.

que l'éducation humaniste met l'accent sur le rôle des auteurs dans la formation du jugement (lecture A), la référence cynique vient apporter un contrepoint ironique à ce programme (lecture B). Diogène rappelle aux savants qu'ils ne se nourrissent pas de la représentation de figues, mais bien de figues réelles. « Le signe n'a pas l'efficace de la chose signifiée : une figue peinte ne nourrit pas, des préceptes moraux dans un livres n'enseignent pas[276] », souligne Michèle Clément. L'existence des hommes « qui ne vivent qu'en la mémoire des livres » (I, 26, 156) est une existence purement symbolique.

La référence à l'éducation des Spartiates réactive au chapitre suivant l'opposition entre le signe et la réalité, le symbole et la vie, les paroles et les faits, sous la forme d'un apophtegme rapporté au style indirect libre. « Zeuxidamus respondit à un qui luy demanda pourquoy les Lacedemoniens ne redigeoient par escrit les ordonnances de la prouesse, et ne les donnoient à lire à leurs jeunes gens : que c'estoit par ce qu'ils les vouloient accoustumer aux faits, non pas aux parolles » (I, 26, 168). Lorsqu'il adopta le mode de vie cynique, Métroclès commença par brûler ses livres, tout comme Cratès se dépouilla de son argent[277]. S'il avait appliqué une doctrine, Diogène aurait été infidèle à lui-même, d'où le choix de ne pas lire et de ne pas écrire de livres ; enseignant l'autonomie, il n'aurait pu sans contradiction l'enseigner sous forme de préceptes que ses disciples auraient dû appliquer. Diogène soutenait que la vertu s'enseigne : celle-ci consiste dans l'action et non dans les paroles, dans l'exercice (*askèsis* en grec) et non dans la doctrine, dans les sentences brèves (*chries*) et non dans de longs discours. Le cynique dénonce l'arbitraire des conventions sociales. Au nom de la nature, Diogène se moquait de disciplines comme le droit, la grammaire ou les mathématiques. Il s'en tenait aux « exercitations naturelles, vrayes et non escrites » (I, 26, 168), par quoi il faut entendre les enseignements supposés de la nature, les préceptes qui existent indépendamment des normes de la vie sociale. Le recours au cynisme dans les chapitres vingt-cinq et vingt-six du livre I correspond à une radicalisation des critiques de l'éducation.

---

276 Michèle Clément, *op. cit.*, p. 78.

277 Diogène Laërce, VI, 94. Métroclès est évoqué deux fois dans les *Essais*.

UNE ÉDUCATION INUTILE ?
(L. 218-237)

Le passage multiplie les attaques contre l'éducation humaniste. Montaigne met en scène une sorte de retour du fils prodigue au sortir du Collège :

> Si nostre ame n'en va un meilleur bransle, si nous n'en avons le jugement plus sain, j'aymeroy aussi cher que mon escolier eut passé le temps à jouer à la paume ; au moins le corps en seroit plus allegre. Voyez-le revenir de là, apres quinze ou seze ans employez : il n'est rien de si mal propre à mettre en besongne (l. 218-223).

L'usage de la seconde personne du pluriel (« voyez-le ») apostrophe des lecteurs dont on peut supposer qu'ils ont, eux aussi, fait leurs humanités. Montaigne se fait le porte-parole d'une mémoire collective[278]. Entrés à l'âge de cinq ou six ans au Collège, les élèves en sortent normalement vers quinze ou seize. Plutôt que d'user leurs pantalons sur les bancs du Collège, n'aurait-il pas mieux valu qu'ils s'adonnent au jeu de paume ? Au moins en sortiraient-ils physiquement en meilleure condition… Si la proposition de Montaigne retient l'attention de la critique, c'est d'abord en raison de l'exagération qu'elle contient[279]. L'évocation d'une pédagogie exclusivement ludique et sportive parodie les nouvelles pédagogies, à l'instar du nouvel emploi du temps que Ponocrates établit pour Gargantua[280]. Notons également avec Philippe Ariès que le jeu de paume était le seul jeu qui pouvait s'exercer en dehors de la surveillance des maîtres, les autres jeux étant étroitement intégrés aux cursus à des fins pédagogiques[281]. La

278 Dans *Les cadres sociaux de la mémoire* (1925), Maurice Halbwachs montre que la reconstitution du passé par la mémoire est en grande partie un produit de la vie sociale. Chacun des membres de la société, souligne le sociologue, « infléchit ses souvenirs dans le sens même où évolue la mémoire collective » (*op. cit.*, 1994, p. 279).

279 Gabriel Compayré, *Montaigne et l'éducation du jugement*, *op. cit.*, p. v.

280 Rabelais, *Gargantua*, chap. XXIII. Le discours de Rabelais n'est pas exempt d'une ironie en grande partie fondée sur l'exagération : « Et si bien et entierement retint en sa mémoire les choses dictes, que pour lors n'estoit médicin qui en sceust à la moytié tant comme il faisoit. »

281 Philippe Ariès, *L'enfant et la vie familiale sous l'Ancien Régime*, Seuil, 1975, p. 125, en référence à Vivès.

mention du jeu de paume aurait alors le sens d'une plus grande autonomie accordée aux élèves. Ce type d'éducation est le pendant athlétique de l'éducation humaniste, souligne Francis Goyet : il s'agit encore de devenir des champions « dans la version sportive de l'ascèse[282] ». L'hypothèse cache peut-être aussi une allusion tragique. Montaigne vient d'évoquer au chapitre vingt la mort de l'un de ses frères, frappé à la tête par une balle au jeu de paume : « un mien frere, le Capitaine Saint Martin[283], aagé de vint et trois ans, qui avoit desja faict assez bonne preuve de sa valeur, jouant à la paume, receut un coup d'esteuf qui l'assena un peu au-dessus de l'oreille droite, sans aucune apparence de contusion, ny de blessure. Il ne s'en assit, ny reposa, mais cinq ou six heures apres il mourut d'une Apoplexie que ce coup luy causa » (I, 20, 85). Montaigne s'en souviendrait-il ici ?

De manière provocatrice, le jeu est présenté dans le chapitre comme une alternative aux affaires politiques. À ses concitoyens « qui lui reprochoient à quoy il passoit son temps à jouer avec les enfants devant le temple » (l. 93-94), Héraclite répondit que c'était toujours mieux que de gouverner en leur compagnie. Montaigne voit dans le jeu une activité profondément humaine et prend plaisir à montrer Socrate ou Scipion en train de jouer avec les enfants[284]. Montaigne évoque ailleurs les hommes qui s'échauffent aux dés au point d'y aliéner leur vie et leur liberté (II, 12, 574). On ne saurait comprendre le passage en opposant la frivolité du jeu au sérieux des lettres. Le goût de la rhétorique est compris par analogie avec la passion des enfants pour le jeu : « Ce bon compaignon de Grece[285] disoit que les enfans s'amusent par les osselets, les hommes par les parolles » (II, 17, 667). Les pédagogues contemporains introduisent des jeux et des exercices physiques dans le cursus scolaire, en revendiquant de prestigieux antécédents. Plutarque écrivait ainsi : « Il n'est pas moins essentiel de dresser les jeunes gens aux exercices militaires, à lancer des javelots, tirer de l'arc et aller à la chasse[286] ». Au

282 Francis Goyet, *Les audaces de la prudence*, Classiques Garnier, 2009, p. 326.

283 Il s'agit d'Arnaud, né en 1541. Voir Jean Balsamo, entrée « Frères et sœurs de Montaigne », *Dictionnaire Montaigne*, *op. cit.*, p. 781.

284 François Rigolot, « Les jeux de Montaigne », dans *Les jeux à la Renaissance*, Vrin, 1982, p. 338. *Cf.* III, 13, 1109, à propos de Scipion : « il n'est rien qui luy donne plus de grace que de le voir nonchalamment et puerilement baguenaudant à amasser et choisir des coquilles, et jouer à cornichon va devant le long de la marine avec Laelius ».

285 Pierre Villey indique ici Lysandre.

286 Plutarque, « De l'institution des enfants », 11 ; Xénophon, *L'Art de la chasse*, II, 1.

cours de la seconde moitié du siècle, note Paul Porteau, les pédagogues s'efforcent d'alléger un emploi du temps très chargé. Vers 1570, le règlement de l'Académie de Béarn accorde aux enfants cinq heures de récréation par semaine ; en 1582, le protestant Jean de Serres invoque Platon pour justifier l'introduction de divertissements à finalité pédagogique[287]. Dans le cursus qu'il imagine au chapitre vingt-six, Montaigne consacre lui aussi « une bonne partie de l'estude » aux jeux et aux exercices. « Les jeux mesmes et les exercices seront une bonne partie de l'estude : la course, la luite, la danse, la chasse, le maniement des chevaux et des armes » (I, 26, 165). Ce n'est pas une innovation : il dit avoir récité les conjugaisons grecques avec son père sous forme de jeu[288], et s'être lui-même exercé à la course, à la lutte, à la danse, à la musique et au jeu de paume. À la diférence de son père, il aurait atteint dans ces activités un niveau très moyen : « A la danse, à la paume, à la luite, je n'y ay peu acquerir qu'une bien fort legere et vulgaire suffisance ; à nager, à escrimer, à voltiger et à sauter, nulle du tout » (II, 17, 642). De même, il aurait manifesté fort peu de dispositions pour le chant et la musique instrumentale. La liste des impérities de notre auteur semble prendre à rebours l'idéal du courtisan exposé dans le *Livre du courtisan* de Castiglione[289]. Loin d'innover, Montaigne ne ferait-il ici que transcrire sa propre éducation, comme Gabriel Compayré en fait l'hypothèse[290], une éducation manquée si on la réfère au modèle du courtisan ? Dans notre chapitre, l'évocation du jeu de paume comme cursus exclusif, sous forme de boutade, fait ressortir le caractère artificiel de la mémoire pédante et le manque d'éducation physique au Collège.

La critique du cursus humaniste est toutefois assortie de plusieurs éléments qui en atténuent considérablement la portée. Outre l'exagération manifeste, qui donne à la proposition du cursus exclusif « jeu de paume » une tonalité comique, la critique est assortie de conditions préalables :

287 Paul Porteau, *op. cit.*, p. 53-54.

288 « Nous pelotions nos declinaisons à la maniere de ceux qui, par certains jeux de tablier, apprennent l'Arithmetique et la Geometrie » (I, 26, 174).

289 François Rigolot, « Les jeux de Montaigne », *op. cit.*, p. 327.

290 Gabriel Compayré, *Histoire critique des doctrines de l'éducation en France*, *op. cit.*, 1904, p. 92 : « Sur un certain nombre de points, Montaigne n'a guère fait qu'ériger en principes les pratiques qui avaient été adoptées et suivies pour lui-même. C'est, par conséquent, au père de Montaigne qu'on pourrait faire honneur, en partie, des opinions exprimées par l'auteur des *Essais*. »

« Si nostre ame n'en va un meilleur branle, si nous n'en avons le jugement plus sain [...] » (l. 218-219). La première condition souligne que l'éducation devrait faciliter les opérations de l'esprit, la seconde qu'elle est censée éclaircir le jugement. Montaigne dresse le constat de l'inutilité des Collèges sous conditions – pourquoi ne seraient-elles jamais remplies ? Quant à l'argument de la durée excessive des études, repris dans le chapitre suivant avec les « latineurs de collège[291] », c'est un lieu commun de la littérature pédagogique. François de La Nouë évoque ainsi les « longueurs qu'on tient aux Collèges en l'instruction des enfants[292] ». Montaigne dit avoir achevé en sept ans un cursus qui en prenait normalement douze[293] ; s'il a terminé ses études de grammaire à l'âge de treize ans seulement, ce serait en raison de sa bonne connaissance du latin[294]. La performance n'était pas exceptionnelle : dans le programme d'études qu'il soumet en 1583 à Michel de Montaigne, alors Maire de Bordeaux, Élie Vinet souligne qu'il faut être « bien lourd d'esprit » pour ne pas terminer ses classes de grammaire en dix ans[295]. Les élèves avaient ensuite besoin de cinq annnées pour se préparer aux Facultés de droit, de médecine ou de théologie[296]. Sur la durée de quinze ou seize ans, « les chiffres allégués par Montaigne sont d'une parfaite exactitude[297] », souligne Paul Porteau. C'est plutôt du point de vue chronologique que la critique du Collège porterait à faux : l'école que Montaigne critique, c'est celle qu'il connaît d'expérience, le Collège humaniste des années 1540, alors que la pédagogie a beaucoup évolué depuis. Paul Porteau récuse ainsi comme non fondé « le sombre tableau qu'a tracé Montaigne

---

291 « Comparez, au bout de 15 ou 16 ans, à cettuy cy un de ces latineurs de college, qui aura mis autant de temps à n'aprendre simplement qu'à parler » (I, 26, 168).

292 François de La Nouë, *Discours politiques et militaires*, F. Forest, Bâle, 1587, f. 154 : les pères ajusteront la durée de la scolarité à la vocation, « estant certain que l'homme voué à la guerre, n'a que faire d'estudier si avant aux sciences, que ceux qui se veulent par elle agrandir ou enrichir ».

293 Donald Frame, *Montaigne. Une vie, une œuvre*, Paris, Classiques Garnier, 2018, p. 51 ; Philippe Desan, *Montaigne. Une biographie politique*, *op. cit.*, p. 62-63.

294 « à treize ans que je sortis du college, j'avoy achevé mon cours » (I, 26, 175).

295 Élie Vinet, *Schola Aquitanica*, Bordeaux, Simon Millanges, 1583, rééd. Louis Massebieau, Paris, Delagrave, 1886, p. 5.

296 « Nous consacrons, écrit Sturm en 1539, neuf années à l'instruction secondaire. Le cycle de culture générale en réclame absolument cinq pour sa part. Ce qui fait que même si on attend sa septième année pour le conduire au maître, à vingt-et-un ans l'enfant aura passé par toutes les classes. » Cité par Paul Porteau, *op. cit.*, p. 39.

297 Paul Porteau, *op. cit.*, p. 41.

de la vie pédagogique de son temps[298] ». Hubert Vincent renchérit : « De ce point de vue, il apparaît donc que Montaigne est parfaitement injuste à l'égard du système éducatif de son temps ou retardataire[299]. » Enfin, la critique de l'enseignement humaniste serait particulièrement ingrate : un chapitre comme « De l'art de conférer » doit beaucoup à la *disputatio more dialectico* en vigueur dans les Collèges humanistes et à l'art de la discussion *in utramque partem*, c'est-à-dire à des exercices scolaires auxquels Montaigne a été dûment formé, et sans lesquels l'écriture des *Essais* est difficilement concevable. Madeleine Lazard souligne l'importance de ces exercices scolaires et des discussions avec les régents, qui faisaient partie intégrante de l'éducation humaniste[300]. Certains passages de « l'Apologie de Raymond Sebond » sont inspirés des *Académiques* de Cicéron, dont Adrien Turnèbe a donné une édition commentée dans les années 1550[301]. La Nouvelle Académie signifiait l'ouverture à une conception pluraliste de la philosophie, par opposition au quasi monopole exercé par Aristote à l'époque. Montaigne en est redevable à ses maîtres, souligne George Hoffmann[302]. Son intention serait ici de prendre ses distances par rapport à l'engouement de son père « qui se laissa emporter à l'opinion commune » (I, 26, 175), cautionnant sans réserve l'éducation humaniste. À la défense de Pierre Eyquem, ne faut-il pas souligner que la mode est désormais à la critique ?

Davantage que le contenu ou la durée des études, c'est surtout leur effet moral négatif qui est ici pointé du doigt. Le critère peut se comprendre à partir du bon usage de soi dans la société : le pédantisme des Collèges est « une véritable maladie sociale[303] » souligne Nicola Panichi. Alors que l'école devrait rendre les jeunes gens aptes à vivre en société, l'institution scolaire a pour effet de les en empêcher.

298 Paul Porteau, *op. cit.*, « avant-propos », p. 11.

299 Hubert Vincent, *op. cit.*, p. 55.

300 Madeleine Lazard, *Michel de Montaigne*, Paris, Fayard, 2002, p. 62.

301 Omer Talon, *Academica*, Paris, Mathieu David, 1550 ; Adrien Turnèbe, *M. Ciceronis Academicarum quaestionum*, 1553 ; *Disputatio ad lib. Ciceronis de fato*, Paris, Michel Vascosan, 1556.

302 George Hoffmann, « Fonder une méthode à la Renaissance : Montaigne et ses professeurs de philosophie » *BSAM*, n° 21-22, 1990, p. 32-59 ; voir aussi Marie-Dominique Couzinet, *Pierre Ramus et la critique du pédantisme*, Paris, Champion, 2015, p. 12 et suivantes.

303 Nicola Panichi, *Dictionnaire Montaigne*, Classiques Garnier, 2018, p. 1437-1438. Le pédantisme devient chez Montaigne « l'emblème de la séparation entre culture et vie », anticipant la pensée de Nietzsche.

Ce type de scolarité développe un détestable sentiment de supériorité. L'apostrophe de Montaigne à ses lecteurs (« vous y recognoissez ») crée une complicité dans la dénonciation. « Tout ce que vous y recognoissez d'avantage, c'est que son Latin et son Grec l'ont rendu plus fier et plus outrecuidé qu'il n'estoit party de la maison » (l. 225-226). Le décalage entre l'opinion que l'on a de soi et la réalité est appelé présomption dans les *Essais*. Montaigne la définit ainsi, au début du chapitre éponyme : « Il y a une autre sorte de gloire, qui est une trop bonne opinion que nous concevons de nostre valeur » (II, 17, 631). Amusé par le pédant avant 1588, Montaigne aurait radicalisé sa critique après, soutient Paul Porteau[304]. Les reproches d'ordre moral sont pourtant formulés dès 1580 dans les deux chapitres. Notons que le sens moral de l'éducation change dans le chapitre vingt-six : Montaigne ne pointe plus l'obligation de progresser vers la vertu, selon une matrice philosophique qu'il doit à Sénèque[305], mais recommande la bonne conduite de soi en référence à un nouvel idéal d'humanité. « Ny ne veux gaster ses meurs genereuses par l'incivilité et barbarie d'autruy » (I, 26, 164).

Dans un ajout postérieur à 1588, Montaigne donne à sa critique la caution des attaques de Platon contre la sophistique[306]. Il n'est pas le seul à faire des pédants les héritiers des Sophistes. En 1579, Pierre Le Loyer, dans une pièce inspirée du répertoire antique – il s'agit d'un adaptation des *Oiseaux* d'Aristophane[307] – met en scène le Sophiste sous les traits du pédant. La référence à Platon légitime des critiques qui apparaissent aussi anciennes que la philosophie elle-même. Le chapitre « Du pedantisme » serait une « diatribe inspirée par la polémique de Platon contre les Sophistes[308] », selon Eric MacPhail, même si la critique ne mobilise pas l'argument attendu de l'antilogie[309]. Les Sophistes apprenaient à développer deux discours opposés sur tout

---

304 Paul Porteau, *op. cit.*, p. 258-259 ; Kazimierz Kupisz, 1988, p. 946-947.

305 L. 120-122 ; voir Sénèque, lettre 88.

306 Voir Platon, *Ménon*, 27 ; *Protagoras*, 16 ; *Hippias majeur*, 283.

307 Pierre Le Loyer, *La Néphélococugie*, 1579, cité par Jocelyn Royé, *op. cit.* (2008), p. 41.

308 Eric MacPhail, *The Sophistic Renaissance*, Droz, 2011, p. 92-93. Nous traduisons. Sur le parallèle entre sophistes et pédants, voir aussi Paul Porteau, *op. cit.*, p. 268.

309 L'antilogie est une figure sceptique qui consiste à tenir deux discours opposés sur le même sujet. « Il n'y a raison qui n'en aye une contraire, dict le plus sage party des philosophes. » (II, 15, 612A) Sur l'influence de l'antilogie à la Renaissance, voir Eric MacPhail, « Antilogic or The Truth of Opposites », *op. cit.*, p. 73-104.

sujet, indépendamment de toute considération morale. L'antilogie, qui rapproche les Sophistes des philosophes sceptiques, est bien présente dans d'autres chapitres : « Il n'y a raison qui n'en aye une contraire, dict le plus sage party des philosophes » (II, 15, 612). En revanche, elle ne figure pas dans « Du pedantisme ». Montaigne ne condamne pas l'art du discours enseigné dans les Collèges au motif que l'on apprendrait à soutenir des arguments contraires sur tout sujet, double discours qui aurait pour effet de ruiner toute conviction. Il préfère invoquer la vénalité des maîtres. Les pédants-sophistes n'améliorent pas l'élève « mais l'empirent, et se font payer de l'avoir empiré » (l. 232). Le passage est tiré du *Protagoras* de Platon, qui met en scène un maître soucieux de justifier le coût élevé de ses leçons : « plus que personne, je pense rendre à quelqu'un le service d'en faire un homme de bien, et mériter par là le salaire que je pratique, voire davantage, au point que l'élève lui-même ne peut qu'en tomber d'accord. Pour cette raison, j'ai établi de la façon suivante la manière dont ils me règlent : ceux qui suivent mon enseignement me payent, s'ils le veulent bien, au prix que je pratique. Sinon, ils se rendent au temple, déclarent, sous la foi du serment, le prix auquel ils estiment mon enseignement, et n'y déposent pas plus[310] ». L'élève n'était donc pas obligé de s'acquitter du montant demandé. Montaigne s'imagine rétrospectivement appliquer la proposition de Protagoras à l'enseignement qu'il a reçu et constater la déception de ses maîtres devant le peu d'argent qu'ils recevraient : « mes pedagogues se trouveroient chouez[311] » (l. 236-237). Vengeance imaginaire : la déception n'est plus du côté de l'élève, mais des mauvais maîtres.

310 Platon, *Protagoras*, 328bc, trad. F. Ildefonse, Flammarion, 1997, p. 94-95.

311 Pour « chouez », Pierre Villey propose « trompés, déçus » ; André Lanly, « floués » ; Guy de Pernon, « marris ».

LE RISQUE DE FOLIE ET UNE EXCEPTION, TURNÈBE (L. 238-292)

Dans sa prosopopée, la Folie érasmienne décrivait les grammairiens comme des êtres « affamés et sordides » vieillissant au milieu des cris, asphyxiés par la puanteur, prenant un plaisir sadique à terroriser les élèves : « il terrorisent une classe épouvantée par leur visage et leur voix menaçante, déchirent les malheureux à coups de férules, de verges et de fouets[312]. » Lorsque Mélanchthon évoque les misères de l'âne dans la fable d'Ésope, le pauvre âne se plaint à Jupiter de devoir tourner sans relâche la roue du moulin à farines, mais l'humaniste allemand estime que ces plaintes ne sont rien à côté de celles que devraient émettre les enseignants[313]. Auteur d'un ouvrage monumental sur l'art d'apprendre et d'enseigner, Vivès évoque quant à lui la « grande erreur » de ceux qui envoient leurs fils dans les Collèges : « les maîtres sont presque toujours cupides, sordides, infects. Ils sont revêches. Acariâtres. Colériques. Dérangés. Parfois même, à Dieu ne plaise, effeminés[314]. » Par constraste, la critique de Montaigne apparaît ici pleine de bonhommie et se fait entendre « fort plaisamment » (l. 238-239). L'accumulation de connaissances peut faire oublier jusqu'au « sens commun » (l. 242) ; cet éloignement par rapport à la norme, Montaigne le décrit avec humour comme l'effet d'un « coup de marteau. » (l. 241) C'est une expression populaire (« comme on dict »), qui figure également dans un vers de Pierre de Ronsard[315]. Aux yeux du peuple, comme des lettrés eux-mêmes, le pédantisme est une folie douce.

Les pédants restent comme sonnés, version autrement imagée de la première hypothèse (l. 20-25). Naturellement libre, le jugement

---

312 Érasme, *Éloge de la folie* (1511), XLIX, trad. C. Blum, *op. cit.*, p. 58.

313 Philippe Mélanchthon, *De miseriis paedagogorum* (1533), Stuttgart, Reclam, 2015, p. 6 : « Quis enim ullo in pistrino asinus tantum mali pertulit, quantum mediocris paedagogus in uno atque altero docendo tum laboris exhaurit tum molestiae perpetitur ? »

314 Vivès, *La Transmission des savoirs* (*De tradendis disciplinis*, 1531) livre II, trad. T. Vigliano, Paris, Les Belles Lettres, 2013, p. 315.

315 « Tels farouches esprits ont un coup de marteau/ Engravé de naissance au milieu du cerveau. » Vers rapportés par Claude Binet, *Discours de la vie de Pierre de Ronsard* (1586), éd. Paul Laumonier, Hachette, 1910.

est menacé d'étouffement – ici d'étourdissement – par l'excès d'étude et de savoir. L'érudition se transforme en handicap pour l'esprit, qui s'empêtre dans ses propres productions. Cet type d'explication ne vaut pas seulement dans le cas du pédantisme. Montaigne revient sur ce type de maladie dans le dernier chapitre des *Essais* :

> Les hommes mescognoissent la maladie naturelle de leur esprit : il ne faict que fureter et quester, et va sans cesse tournoiant, bastissant et s'empestrant en sa besongne, comme nos vers de soye, et s'y estouffe. *Mus in pice*[316] (III, 13, 1068).

L'esprit « s'empêtre » en lui-même sous l'effet de sa propre activité. Le pédantisme ne serait-il pas un effet normal de son activité ? Ce thème du « dérèglement de notre esprit » (I, 4, 24) parcourt l'ensemble des *Essais*. « L'esprit humain est dépourvu de règles propres ; livré à lui-même, il est une puissance gravement perturbante[317] », souligne Bernard Sève. De ce point de vue, le pédantisme apparaît comme une conséquence certes regrettable, mais au fond naturelle, de l'activité soutenue de l'esprit. Les métaphores de la croissance contrariée des « plantes » (l. 30), des parents oiseaux qui donnent la becquée à leurs petits (l. 133-135), du « perroquet » qui parle (l. 164) ou même du vomissement (« regorger la viande comme on l'a avallee[318] ») laissent entendre que le pédantisme se présente certes comme une pathologie, mais que celle-ci est conforme à ce que l'on peut observer dans la nature. Assez curieusement, le chapitre précédent se terminait sur l'évocation d'une « fièvre », l'essayiste s'interrogeant sur la perspective de « demeurer en la fievre continuelle d'un accident qui n'a point de remede » (I, 24, 132). D'un point de vue

---

316 Adage rapporté par Érasme, litt. comme une « souris dans la poix », selon Pierre Villey. Toutefois, note Michel Magnien (« Montaigne et Érasme : bilan et perspective », dans *Montaigne and the Low Countries (1580-1700)*, Leyde, 2007, p. 28), l'adage que l'on trouve chez Érasme est *Mus nunc picem gustans*, litt. « le rat aime maintenant la poix » (adage 1268), mais après une mauvaise expérience, commente Érasme, celui qui était téméraire se montrera prudent, voire timoré. On trouve l'image de la souris dans la poix chez Rabelais, dans le *Tiers Livre*, chap. XXVIII : « Vous me semblez à une souriz empegée ; tant plus elle s'efforce soy depestrer de la poix, tant plus elle s'en embrene ».

317 Bernard Sève, *Montaigne. Des règles de l'esprit*, Paris, PUF, 2007, p. 12.

318 I, 26, 151. *Cf.* Étienne Pasquier : « Bref nous seuls entre toutes les autres nations faisons profession de rapiécer, ou pour mieux dire rapetasser notre éloquence de divers passages. Rendant (et ainsi le faut dire) les morceaux comme un estomac cacochyme et mal affecté, ainsi que nous les avons pris [...] », dans *Lettres*, VII, 12, « À Monsieur Loisel », Paris, L'Angelier, 1986, cité dans les *Essais*, éd. Jean Céard, *op. cit.*, p. 1641.

médical, ne vaut-il pas mieux donner à la fièvre l'occasion de s'exprimer, et par analogie, à cette pathologie qu'est le pédantisme[319] ?

Le mot-valise « lettreferits » (du verbe férir, frapper, blesser) est une création verbale qui signifie littéralement : blessés par l'étude des lettres. Tout se passe comme si le « coup de marteau » de l'étude laissait les pédagogues sonnés. D'autres scènes de ce genre émaillent le chapitre, scènes comiques destinées à faire rire ou plutôt sourire, comme celle du voisin qui oublie de rentrer chez lui parce qu'il se trouve trop bien chez vous (l. 181-185), ou encore celle de la discussion conduite pendant une journée entière avec un pédant (l. 253-260), le lecteur se demandant si l'interlocuteur ne s'est pas lui-même pris au jeu. Authentique ou pas[320], cette dernière anecdote fait comprendre que le pédant se caractérise, entre autres, par l'esprit de sérieux. Dans le *Chandelier* de Giordano Bruno, Ottaviano prend plaisir à se moquer du pédant Mamfurio pendant une scène entière, sans que celui-ci ne s'en aperçoive[321]. Si le pédant est comme sonné, c'est qu'il vit dans un monde parallèle d'arguments fictifs et de références obligées, qui n'ont de valeur que pour lui et ses confrères. Enfermé dans son discours, le pédant est comme coupé des autres ; aveuglé par la présomption, il ne voit pas que l'on se moque de lui. Il est facile de jouer les imposteurs parmi les pédants en imitant leur langage et en singeant leurs habitudes. Le pédantisme est lui-même une forme d'imposture permanente[322]. Là encore, la moquerie pourrait relever subrepticement de l'auto-ironie, comme le montre un passage du livre III où Montaigne évoque sa propre « façon de desbattre testue, malicieuse et imperieuse, dequoy j'ay à rougir apres » (III, 8, 925). Faut-il

319 « On doit donner passage aux maladies [...] » (III, 13, 1088). Voir Philippe Mottet, « Des citations grecques et *Du pedantisme* », *BSAM* n° 7-8, 1997, p. 19.

320 « Advenu ou non advenu, à Paris ou à Rome, à Jean ou à Pierre, c'est toujours un tour de l'humaine capacite, duquel je suis utilement advisé par ce recit » (I, 21, 105). Sur ce point, voir André Tournon, « Advenu ou non advenu ... », *Id.*, *Montaigne et l'histoire*, éd. Claude-Gilbert Dubois, Paris, Klincksieck 1991, p. 31-38 ; Emiliano Ferrari, « Ce que les *Essais* de Montaigne nous apprennent sur la valeur cognitive et morale de la littérature », *Essais*, 2016, p. 84-98.

321 G. Bruno, *Le Chandelier* (1582), acte II, scène 1, Les Belles Lettes, 1993, trad. Y. Hersant, p. 132 : « Il s'est moqué de vous dès le début, pour finalement se payer votre tête d'une autre manière », dit l'écolier à son maître Mamfurio.

322 On pense ici à l'affaire Sokal (1996) : un article pseudo-scientifique est proposé par le physicien Alan Sokal à la revue *Social Text*, qui le publie. Le canular est révélé par le physicien le jour de la publication de l'article.

discuter avec les pédants ? La discussion est-elle un moyen efficace de les corriger ? Surtout pas, précisera l'essayiste : « Or, si vous venez à les esclaircir et confirmer, ils vous saisissent et derobent incontinent cet avantage de vostre interpretation : C'estoit ce que je voulois dire ; voylà justement ma conception ; si je ne l'ay ainsin exprimé, ce n'est que faute de langue. Souflez. Il faut employer la malice mesme à corriger cette fiere bestise » (III, 8, 937). Il ne faut pas discuter avec les pédants : la relation qu'ils entretiennent avec la discussion est pathologique. Montaigne livre ici un diagnostic de type médical sur cette maladie de l'esprit[323]. Il pointe le caractère obsessionnel de la référence (« Galien » à la ligne 249), l'excroissance « theorique » combinée à l'ignorance pratique[324], le défaut de cohérence et de sens (« propos sans suite », « ils ne s'entendent, ny autruy ») comme symptômes d'un échauffement interminable de l'esprit. « La grande affaire pour les hommes du XVIe siècle, commente Pierre Villey, était aussi bien en médecine qu'en philosophie d'amasser les connaissances des Anciens ; il fallait apprendre les langues, connaître les textes qui étaient les sources des sciences, et ces études préparatoires faisaient souvent oublier le but ; on négligeait les applications pour s'arrêter aux autorités[325]. » Ce genre de pathologie de l'esprit est particulièrement dangereux en médecine, puisque le patient doit en faire les frais. « Ils cognoissent bien Galien, mais nullement le malade » (l. 248-249). Les Diafoirus croient à la toute-puissance de ce qu'ils ont appris et de ce qu'ils croient savoir, quels que soient les démentis infligés par l'expérience. En revanche, « le paisant et le cordonnier » (l. 243) parlent de ce qu'ils savent, soutient Montaigne, au sens où leur parole est réglée par l'expérience. Concernant les médecins, il s'agit peut-être d'une allusion à Sylvius, pourtant « excellant medecin de Paris » (II, 2, 342A) et ami de Turnèbe[326]. « Il y a toutes les raisons de penser que Montaigne l'a entendu, écrit Roger Trinquet ; c'était un maître de grande valeur, et Turnèbe, qui l'aimait beaucoup, ne pouvait que suivre les cours du vieux

323 Jean Céard, « La culture du corps. Montaigne et la diététique de son temps », dans *Le Parcours des* Essais, *Montaigne 1588-1988*, M. Tetel et G. Mallary Masters (dir.), Paris, Aux amateurs de livres, 1989, p. 85.

324 L'opposition entre théorique et pratique fait partie des repères conceptuels de l'époque, comme le montre par exemple les *Cinq livres de chirurgie* d'Ambroise Paré, parus en 1572, ou les *Dialogues* de Bernard Palissy parus en 1580.

325 Pierre Villey, *Les Sources…*, *op. cit.*, (1908), p. 99-100.

326 « J'ay ouy dire à Silvius, excellant medecin de Paris […] » (II, 2, 342).

disciple de Galien ; la médecine était alors un art qui relevait autant de la philosophie et de l'érudition que de la science proprement dite, encore que Sylvius fût un fervent adepte de l'anatomie expérimentale, qu'il sut lui-même faire progresser[327]. » Montaigne examine au livre II sa propre antipathie envers les médecins (chapitre II, 37). Ce sont les docteurs en médecine, en droit et en théologie qui semblent visés ; toutefois, sous le terme de « sçavanteaux » (l. 239, un hapax dans les *Essais*) et l'expression « ce genre de gens », la cible apparaît très large et surtout moins qualifiée.

L'essayiste évoque alors une anecdote tirée de son expérience personnelle. Un ami, pour s'amuser, aurait contrefait le pédant, imitant des « propos sans suite, tissu de pieces rapportées » (l. 255-256) pendant une journée entière. Les pédants vivent dans un monde imaginaire de références et de termes spécialisés. Dans une brève addition de 1588, Montaigne ajoute que le pédant « avoit une belle robe » (l. 260) ; dans une autre addition, un peu plus loin, nous retrouvons l'accessoire de la robe à propos de Turnèbe : « et hai nos gens qui supportent plus malaysement une robe qu'une ame de travers [...]. » L'analogie est explicite entre la manière pédante d'enseigner et la manière extravagante de se vêtir[328] : le pédant étale son savoir aux yeux d'autrui comme s'il s'agissait d'un beau costume, mais manque son effet et tombe dans le ridicule. Montaigne ajoute encore deux vers tirés de la première satire de Perse : « *Vos, ô patritius sanguis, quos vivere par est / Occipiti, caeco, posticae occurrite sannae*[329] ». Pierre Villey donne de ces vers, obscurs au premier abord, la traduction explicative suivante : « Ô vous, nobles patriciens, qui n'avez pas le don de voir ce qui se passe derrière vous, prenez garde que ceux à qui vous tournez le dos ne rient à vos dépens[330]. » En italique, centrée sur la page et anonymée, la citation apparaît comme un corps étranger, comme les autres citations poétiques du chapitre. L'éditeur parisien, Abel L'Angelier, aurait-il demandé à Montaigne d'ajouter quelques vers

327 Roger Trinquet, *La jeunesse de Montaigne*, Paris, Nizet, 1972, p. 544.

328 « Comme aux accoustremens c'est pusillanimité de se vouloir marquer par quelque façon particuliere et inusitée : de mesmes, au langage, la recherche des frases nouvelles et de mots peu cogneuz vient d'une ambition puerile et pedantesque » (I, 26, 172). Sur le vêtement comme symptôme d'autre chose, voir aussi « nos bonnets carrez, cette longue queuë de veloux plissé qui pend aux testes de nos femmes [...] » (I, 23, 118).

329 Perse, *Satires*, I, v. 61-62.

330 Pierre Villey, *Les Sources...*, Bordeaux, Pech, 1920.

latins ? Les vers de Juvénal cités plus loin (l. 261-262) ont également été ajoutés pour l'édition de 1588. Le texte latin est déformé par rapport à la version actuelle (*fas est > par est*), mais il ne faut sans doute pas y voir une intention particulière, dans la mesure où nous ne connaissons pas l'édition des *Satires* que possédait Montaigne[331]. Selon Alain Legros, « les "pédants" sont comparés ici aux patriciens romains qui, en se rendant au forum sous bonne escorte, n'avaient pas trop à craindre une agression dans le dos, mais pouvaient être moqués par ceux-là même qui protégeaient leurs arrières. Cette morgue aristocratique de celui qui ne se retourne pas (*non par est* : cela ne serait pas convenable…), c'est aussi, pour Montaigne, le fait des "pédants", souvent trop sûrs de leur prestige auprès de leurs élèves[332] ». Le contexte immédiat de ces vers est placé sous le signe du dieu Janus et de son double visage[333]. Abel Foulon, premier traducteur des *Satires* en 1544, donne ce commentaire en marge des vers concernés : « Peu de vérité en flatteurs. On doit voir devant et derrière comme Janus, afin d'obvier à la moquerie des adulateurs[334] ».

Montaigne exempte toutefois Adrien Turnèbe du reproche de pédantisme. Au chapitre suivant, il en exempte aussi son précepteur, « homme d'entendement[335] ». L'exception en faveur de Turnèbe occupe un volume conséquent d'une vingtaine de lignes[336]. Les entretiens privés avec le maître ont pu avoir lieu dès le Collège de Guyenne, ou bien plus tard à Toulouse, où Turnèbe est nommé lecteur de grec en 1545, mais plus probablement encore à Paris, où Turnèbe est Lecteur royal de grec de 1547 à 1561, puis Lecteur royal de philosophie grecque et latine de 1561 à sa mort en 1565[337]. Turnèbe apparaît dans les *Essais* comme un

---

331 Alain Legros, « De Perse à Montaigne : dire le vide, exposer l'intime », *MS*, n° 17, 2005, p. 65. On compte vingt-deux emprunts à Perse dans les *Essais*.

332 Alain Legros, *ibid.*, p. 77.

333 Perse, Satire 1, vers 58.

334 Perse, *Les Satyres de Perse translatées de latin, en rithme francoyse*, trad. Abel Foulon, Paris, Jacques Gazeau, 1544, f. 8.

335 « Il me vint singulierement à propos d'avoir affaire à un homme d'entendement de precepteur » (I, 26, 175). Il s'agirait de Jean Talpin (Donald Frame, *op. cit.*, p. 52), qui publie chez Nicolas Chesneau, en 1567, un traité de l'institution du Prince. Voir Joseph Saint-Martin, « "l'homme d'entendement de précepteur" de Montaigne », *BSAM*, 11-12, 1959, p. 7-15.

336 Sur l'enseignement de Turnèbe au Collège de Guyenne, voir Roger Trinquet, *op. cit.*, p. 552-554.

337 Ayant quitté Bordeaux pour Paris en 1547, Montaigne ne peut l'avoir eu comme maître que quelques mois cette année-là, souligne Roger Trinquet (1972, p. 552-554). Turnèbe dirige ensuite l'Imprimerie royale de 1551 à 1556, pour l'édition des ouvrages de Platon,

enseignant d'exception et comme le maître préféré (« mon Turnebus », II, 12, 578), alors qu'il est surtout connuu comme poète, éditeur et imprimeur. Par ailleurs, on s'imagine mal que l'admiration de Montaigne puisse reposer seulement sur quelques mois d'enseignement à Bordeaux en 1547. Le propos tenu en plusieurs endroits dans les *Essais* fait « croire à une familiarité plus longue et renouvelée[338] », souligne Henri Busson. L'hypothèse parisienne est confirmée au début de l'Apologie de Raymond Sebond, lorsque Montaigne dit avoir consulté Turnèbe sur la paternité de l'ouvrage de théologie que son père lui avait demandé de traduire : « je m'enquis autrefois à Adrien Tournebu, qui sçavoit toutes choses, que ce pouvoit estre de ce livre ; il me respondit qu'il pensoit que ce fut quelque quinte essence tirée de Saint Thomas d'Aquin [...] » (II, 12, 440). Les discussions auraient donc porté sur des sujets philosophiques, et pas seulement sur des questions politiques et militaires comme notre chapitre le laisse entendre. L'éloge de Turnèbe dans un contexte où il est question de poésie, dans le chapitre « De la presomption » (II, 17, 661), laisse également penser que le maître a pu s'entretenir de poésie avec le jeune Montaigne et d'autres admirateurs. La proximité affichée avec le prestigieux savant, dans quatre chapitres différents des *Essais*, « était évidemment flatteuse pour son disciple[339] », souligne Madeleine Lazard. Le propos frappe par son caractère hyperbolique, manière pour l'essayiste de signaler à son lecteur que le passage se conforme aux codes littéraires de l'éloge. Dans la profession des lettres, « c'estoit, à mon opinion, le plus grand homme qui fut il y a mil' ans » (l. 273-274). « On ne laisse pas d'être un peu surpris par l'admiration sans réticence que Montaigne, si éloigné de telles recherches, a durablement manifesté pour l'auteur de ces recueils [de corrections et de commentaires], qui présentent tant d'exemples de cette philologie pédantesque qu'il abhorrait à un si haut degré[340] », souligne Roger Trinquet. Le même type de discours élogieux se retrouve à la fin du chapitre « De la presomption » : « Adrianus Turnebus sçavoit plus et sçavoit mieux ce qu'il sçavoit, que homme qui fut de son

Aristote, Homère, Eschyle, Sophocle, etc. Selon John Lewis, *Adrien Turnèbe*, *op. cit.*, introduction, l'admiration de Montaigne pour Turnèbe date très vraisemblablement de leur fréquentation à Paris.

338 Henri Busson, *Le rationalisme dans la littérature française de la Renaissance*, Paris, Vrin, 1922, rééd. 1957, p. 425 ; cité par John Lewis, *op. cit.*, p. 15.

339 Madeleine Lazard, *Michel de Montaigne*, *op. cit.*, p. 77.

340 Roger Trinquet, *op. cit.*, p. 556.

siecle, ny loing au-delà » (II, 17, 661). Dans sa monographie sur Turnèbe, John Lewis rappelle que le savant jouissait d'une réputation académique tout à fait exceptionnelle. Les savants de l'époque, à l'instar de Joseph Scaliger, Jacques Auguste de Thou, Henri Estienne ou Juste Lipse ne tarissaient pas d'éloges non plus, soulignant le fait que son érudition immense s'accompagnait d'une modestie exemplaire[341]. Montaigne fait une exception à l'intérieur de l'exception : Turnèbe « n'avait toutesfois rien de pedantesque que le port de sa robe, et quelque façon externe, qui pouvoit n'estre pas civilisée à la courtisane » (l. 274-276). La fête semble gâchée : on aurait pu confondre Turnèbe avec un pédant en jugeant selon les apparences. Est-ce que le maître s'habillait de manière singulière ou négligée ? Montaigne compare le choix de mots rares avec les manières extravagantes de s'habiller dans le chapitre « De l'institution des enfans » :

> Comme aux accoustremens c'est pusillanimité de se vouloir marquer par quelque façon particuliere et inusitée : de mesmes, au langage, la recherche des frases nouvelles et de mots peu cogneuz vient d'une ambition puerile et pedantesque. (I, 26, 172)

Turnèbe ne se conformait sans doute pas aux standards en vigueur en matière vestimentaire : il n'était pas « civilisé à la courtisane » (l. 276). En d'autres termes, le maître était un enseignant qui laissait voir qu'il était enseignant. Son apparence devait pécher par négligence, bien plus que par affectation : et si c'était lui qui incarnait la vraie *sprezzatura* ? Le désir d'exempter Turnèbe du reproche de pédantisme se trouve rattrapé par des considérations d'ordre social. Certes, ces considérations tournent à l'avantage de l'érudit, mais elles témoignent aussi du fait que l'idéal d'accomplissement humain incarné par le grand humaniste est menacé par celui du courtisan, si l'on se réfère à l'interprétation des *Essais* proposée par Ernst Cassirer et Paul Schrecker[342].

Ce qu'il y avait d'admirable en Turnèbe, souligne Montaigne, c'était de bonnes dispositions naturelles qui ne devaient rien à son éducation, et n'avaient qui plus est pas été corrompues par ses efforts pour acquérir une immense érudition. « Ce sont natures belles et fortes [...] qui

---

341 John Lewis, *op. cit.*, p. 16.

342 Voir Ernst Cassirer et Paul Schrecker, « La place de la "Recherche de la Vérité par la lumière naturelle" dans l'œuvre de Descartes », *Revue philosophique de la France et de l'étranger*, n° 127 (5-6), PUF, 1939.

se maintiennent au travers d'une mauvaise institution » (l. 284-291). L'idée reprend une thématique du chapitre précédent, la critique de « l'humaine prudence » au profit de ce que l'on appelle à la Renaissance la « fortune », ici considérée comme un don de la nature[343]. Notons le pluriel des « natures belles et fortes », qui semble appeler la discussion ultérieure sur l'importance des natures individuelles (l. 347-359). Dans l'Apologie, Juste Lipse sera également rangé parmi ces heureuses exceptions, comme étant « le plus sçavant homme qui nous reste, d'un esprit tres-poly et judicieux, vrayement germain à mon Turnebus » (II, 12, 578). L'humaniste flamand avait qualifié Montaigne de « Thalès français » et avait échangé avec celui-ci plusieurs lettres, dont trois ont été conservées[344]. L'estime que lui porte Montaigne en retour n'est pourtant pas sans réserve : lorsqu'il loue le « docte et laborieux tissu de ses Politiques » (I, 26, 148), note Arlette Jouanna, « les épithètes "docte et laborieux", sous la plume de quelqu'un qui disait haïr les livres puant l'huile et la lampe, ne sont sans doute pas dénuées d'une certaine ironie[345] ». Les bons maîtres se caractérisent par le fait que l'érudition n'a pas entamé leur capacité de jugement. Afin de justifier l'exception, Montaigne évoque un souvenir qui renoue avec le fil autobiographique du chapitre. Encore élève, il aurait soumis le professeur à une sorte d'examen en l'incitant à s'exprimer sur des sujets militaires et politiques : « il y voyoit si cler, d'une apprehension si prompte, d'un jugement si sain, qu'il sembloit qu'il n'eut jamais faict autre mestier que la guerre et affaires d'Estat » (l. 283-284). Ce type d'entretien sera repris dans le chapitre suivant avec l'examen du « jugement naturel » (I, 26, 146) en opposition explicite au contrôle de connaissances[346]. Le jeune Montaigne aurait écarté les questions de grec et de latin, sur lesquelles Turnèbe aurait exposé ce qu'il savait ; renversant les rôles de l'élève et de l'examinateur, il aurait entraîné le professeur à s'exprimer sur des sujets où son érudition ne servait précisément à rien. Le jugement personnel du professeur a été comme forcé de s'exercer. La critique a bien sûr mise en doute l'authenticité

343 « Or je dy que, non en la medecine seulement, mais en plusieurs arts plus certaines, la fortune y a bonne part » (I, 24, 127).

344 Ces missives s'échelonnent entre le 30 août 1587 et le 17 septembre 1589. La troisième lettre de Juste Lipse accompagne l'envoi des *Politicorum libri VI*, qui venait d'être publiés. Voir Arlette Jouanna, *Montaigne*, Paris, Gallimard, 2017, p. 333.

345 Arlette Jouanna, *ibid.*, p. 334.

346 Marc Foglia, « l'indépendance du jugement naturel », *op. cit.* (2011), p. 23-54.

du scénario, qui a tout d'un scénario reconstruit[347]. Dans le diagnostic sur les capacités de Turnèbe, notons la présence de l'adjectif « prompt » (« d'une apprenhension si prompte », l. 283), qui renvoie aux analyses du chapitre « Du parler prompt ou tardif » (I, 10) : de même que certains parlent mieux sans avoir préparé leur discours, d'autres jugent mieux sans y avoir trop réfléchi à l'avance. Tout se passe comme si la réflexion sur l'excès de travail et de savoir et la critique des ouvrages qui « puent l'huyle et la lampe » (I, 10, 40) avaient anticipé les critiques formulées dans « Du pedantisme ». Or, si l'on se réfère à la typologie établie dans le chapitre dix à propos du « don d'éloquence », Turnèbe fait partie des esprits « prompts », qui bénéficient d'une intuition efficace et juste, par contraste avec les esprits « tardifs », qui ne parlent bien qu'après avoir longuement réfléchi à ce qu'ils vont dire. Pour être valide, le test des facultés exige que ce ne soit pas la mémoire qui s'exerce, mais le jugement, alors que les humanistes soulignaient toute l'importance de la mémoire en matière d'éducation[348]. Notre chapitre donne une seconde clé : pour que le jugement s'exerce, il faut le soustraire à l'emprise des savoirs qui risquent de l'embarrasser. Montaigne vient de souligner que les pédants « ont la souvenance assez pleine, mais le jugement entierement creux » (l. 268-269). On ne doit plus se contenter de réciter, de reproduire les discours appris ou de mobiliser les références obligées : il faut exercer son propre jugement. L'intérêt crucial de ce passage pour les *Essais* dans leur ensemble vient de ce que leur auteur y expose en quelque sorte le scénario originel de l'essai.

Un parvenu romain faisait apprendre par cœur des livres à ses esclaves, afin de pouvoir toujours disposer de la citation appropriée (l. 165-175). Au chapitre suivant, un professeur rencontré à Pise était persuadé d'être dans le vrai dès qu'il avait pu rattacher une idée à la doctrine d'Aristote (I, 26, 151). Par contraste, l'examen auquel le jeune Montaigne aurait soumis le professeur Turnèbe se présente comme une série d'essais du jugement personnel. Pour qu'il y ait essai, stricto sensu, il faut mettre à

347 Selon Roger Trinquet, Montaigne se met en « posture avantageuse » par le biais de cet éloge (*op. cit.*, p. 559-560).

348 Par ex. Vivès dans le *De ratione studii puerilis* (1539) : « *Memoriam scito thesaurum esse totius eruditionis* [...]. La mémoire est le trésor de la science tout entière : qu'elle fasse défaut, et tout votre effort n'est pas moins stérile que si dans un tonneau percé vous versiez de l'eau ». Paul Porteau (*op. cit.*, p. 218) rappelle l'usage des traités mnémotechniques dans les Collèges.

l'épreuve le jugement. Dépourvu de toute « souvenance » utile de science ou de doctrine, le jugement se trouve en quelque sorte obligé de s'exercer. « Ce qu'apporte la tradition, en tout cas, ne remplace jamais l'essai d'un jugement neuf, personnel[349] », commente Hugo Friedrich. Le récit des entretiens privés avec Turnèbe présente ainsi l'essai du jugement comme une exception au pédantisme en vigueur[350]. Examinons plus en détail les caractéristiques de l'essai : la première en est le caractère informel des entretiens ; ensuite, ce sont des entretiens privés, en marge des cours, libres au sens où ils échappent à la « loy magistrale » (II, 12, 539) ; ces entretiens sont dialogiques, au sens où ils procèdent par questions et réponses, à l'instar de la « discipline » des jeunes Spartiates évoquée plus loin : « La façon de leur discipline, c'estoit leur faire des questions sur le jugement des hommes et de leurs actions [...] » (l. 392-394). Notons encore que la hiérarchie est abolie et que les interlocuteurs se tiennent sur un pied d'égalité. Montaigne aurait inversé les rôles en devenant l'examinateur de son professeur, ce qui témoigne d'une sorte d'audace ou d'impertinence de jeunesse, mobilisée ici à bon escient. Enfin, l'essai doit impérativement se faire sur des questions inhabituelles, afin d'empêcher la réponse d'être la simple restitution d'un savoir : « Je l'ay souvent à mon esciant jetté en propos eslongez de son usage » (l. 281-282). Le jeune homme aurait mis à l'épreuve le jugement de son professeur en l'interrogeant sur des sujets qui ne faisaient pas partie de ses domaines de compétence. La conversation aurait donc porté non sur des questions philologiques, mais sur « la guerre et affaires d'Estat » (l. 284). S'il n'avait pas orienté la conversation sur ce genre de question, Montaigne aurait dû se contenter de jouer le rôle de l'élève et Turnèbe celui du maître. Sans risque d'être contredit, le professeur aurait débité des connaissances, s'exposant au risque de pédantisme[351]. Sur ces questions militaires et politiques, Turnèbe aurait fait preuve d'un excellent jugement ; mais qui a pu en juger, sinon Montaigne encore élève ?

L'essayiste s'attribue rétrospectivement la paternité des discussions privées avec Turnèbe. Il était à l'initiative, comme le sont les élèves

---

349 Hugo Friedrich, *op. cit.*, p. 98.

350 Marc Foglia, « De l'examen à l'essai du jugement », *op. cit.*, (2011) p. 55-78.

351 Jean Château, *op. cit.*, p. 84 : « Mais le pédant va trop vite, il ne considère au fond que sa propre perspective, et c'est pourquoi la perspective de l'autre lui est comme une gêne et une offense. [...] On comprend ainsi que Montaigne, au contraire des pédants, aime les contradictions ».

de Socrate et d'Arcésilas au chapitre suivant, grâce à une sorte de ruse pédagogique des maîtres: « Socrates et, depuis, Archesilas faisoient premierement parler leurs disciples, et puis ils parloient à eux » (I, 26, 150). La scène originelle de l'essai que nous trouvons dans le chapitre « Du pedantisme » est étroitement liée à la réflexion pédagogique placée ici sous l'autorité de Socrate et de la Nouvelle Académie. C'est une pédagogie qui laisse l'initiative à l'élève et privilégie la discussion. Aux yeux de Montaigne, c'est Arcésilas – et non Platon – qui a le mieux compris la pédagogie de Socrate. Il faut éviter que les assertions du professeur ne soient ponctuées des approbations de l'élève, ce que l'on observe dans les dialogues platoniciens, auxquels Montaigne reproche d'être passablement « traînant, étouffant par trop leur matiere » (II, 10, 414). Si les dialogues de Platon sont ennuyeux, c'est parce qu'ils étouffent le sujet par leur style magistral. Comme écrivain, Platon lui-même n'a pas échappé au pédantisme ! L'exercice mutuel des jugements, auquel l'essayiste donne le nom de « conference » au livre III, sera amplement développé dans les chapitres « Des trois commerces » et « De l'art de conferer » (III, 3, 824 ; III, 8, 922, etc.). On y retrouve les caractéristiques essentielles de l'exercice, tel que Montaigne le décrit dans notre chapitre, à savoir son caractère privé, l'importance du choix du sujet, qui doit s'écarter de la science acquise, l'élève qui parle en premier grâce à l'attitude de réserve adoptée par le maître, enfin et surtout le caractère central de l'exercice des jugements. « La fin de ce commerce, c'est simplement la privauté, frequentation et conference : l'exercice des ames, sans autre fruit » (III, 3, 824). Dans notre chapitre, les prémices de la « conference » sont pensées par contraste avec le cours magistral. Notons que l'essai du jugement a valeur d'action, mais aussi de diagnostic : la discussion avec Turnèbe est l'occasion de faire un bilan de santé de son jugement. Montaigne s'empresse de donner à son maître un satisfecit : « il y voyoit si cler, d'une apprehension si prompte, d'un jugement si sain [...] » (l. 283-284). Sur quoi portait exactement le diagnostic ? Pour reprendre les mots du chapitre vingt-six, la « tête bien pleine » n'a pas empêché le professeur de garder la « tête bien faite » (I, 26, 150). Tout se passe comme si le diagnostic mettait en évidence des aptitudes naturelles et non des connaissances acquises, que le système scolaire a pourtant l'habitude de d'évaluer en priorité. Les bonnes natures « se maintiennent au travers d'une mauvaise institution » (l. 290). Il ne faut cependant pas essentialiser trop vite la notion de nature, dont les « franches allures » sont un synonyme au chapitre suivant : « On nous a tant assubjectis aux cordes que nous n'avons plus de franches allures » (I, 26, 151).

La critique du pédantisme permet ainsi à Montaigne de préciser le sens de l'essai du jugement. La référence aux auteurs installe le pédant dans un double savant du monde réel, comme les romans de chevalerie placent Don Quichotte en décalage par rapport à la réalité. Les romans de chevalerie ont fait rêver la noblesse du XVIe siècle[352]. Ses héros ne sont pas seulement des combattants, mais de véritables modèles de vertu et de bonnes mœurs. Le cycle des Amadis, évoqué trois fois dans les *Essais*, connaît son apogée en France entre 1540 et 1560, dans la traduction d'Herberay des Essars, considérée comme un modèle d'élégance[353]. Montaigne évoque les dernières paroles et la mort du chevalier Bayard, « le visage tourné vers l'ennemy[354] » (I, 3, 18). Dans la *Manière de lire l'histoire*, René de Lucinge, à qui Montaigne emprunte la fin du chapitre, dit s'être passionné pour le cycle des Amadis pendant son adolescence[355]. Des plumes contemporaines, comme l'Arioste dans le *Roland furieux*, continuent d'illustrer le genre avec brio[356]. Les fêtes données à Fontainebleau en février 1564 et à Bayonne en juin 1565 mettent en scène le roi Charles IX en nouvel Amadis[357] ; Henri de Navarre fait encore de l'*Amadis* sa lecture favorite, au grand désespoir des gens de lettres. Cet

352 Le roi François Ier en recommandait la lecture, assure Jacques Gohory, l'un des traducteurs de l'*Amadis de Gaule* : « quand il s'en faisoit lire en sa chambre, il admonnestoit les gentilshommes là presens de les manier aucunesfois en leurs maisons, leur remonstrant par sa royalle eloquence que sous l'escorce de ces joyeuses narrations y gisoit de bonnes instructions morales pour la noblesse, en exaltant les vertueux faits et en blasmant les vicieux » (J. Gohory, dans *Le Tresieme Livre d'Amadis de Gaule, traduit nouvellement d'Espagnol en Francois [...]*, Anvers, G. Guzman, 1571, cité par Nicolas Le Roux, *Le Crépuscule de la chevalerie. Noblesse et guerre au siècle de la Renaissance*, Ceyzérieu, Champ Vallon, 2015, p. 47.)

353 Nicolas Le Roux, *op. cit.* p. 52. Les dénégations concernant Amadis laissent penser que Montaigne connaissait la littérature d'aventure chevaleresque comme tous ses contemporains.

354 Sur le chevalier Bayard, voir Martin et Guillaume du Bellay, *Mémoires*, 1569 ; Étienne Pasquier, *Les Recherches de la France*, 1621, VI, p. 513-526, cités par Nicolas Le Roux, *op. cit.*, p. 345.

355 René de Lucinge, *La Manière de lire l'histoire* (1614), éd. Michael J. Heath, Droz, 1993, p. 66.

356 Une traduction de l'*Orlando furioso* paraît à Lyon en 1543 sous le titre du *Roland furieux*.

357 Nicolas Le Roux, *op. cit.*, p. 55.

idéal chevaleresque fait désormais aussi l'objet d'un discours parodique, chez Teofilo Folengo (connu sous le pseudonyme de Merlin Coccai[358]), Rabelais ou Cervantès. « Don Quichotte dessine le négatif du monde de la Renaissance ; l'écriture a cessé d'être la prose du monde ; les ressemblances et les signes ont dénoué leur vieille entente ; les similitudes déçoivent, tournent à la vision et au délire[359] », écrit Michel Foucault. Par analogie avec le *Don Quichotte*, on comprend pourquoi le pédantisme est une figure de la folie, et pourquoi celui-ci remplit négativement une « fonction culturelle indispensable[360]. » Le pédantisme est la forme que prend le repli sur soi du monde savant, tout comme la folie de Don Quichotte est celle de l'esprit chevaleresque qui refuse le monde réel pour se complaire dans un monde de références imaginaires – les moulins à vent des plaines de Castille s'étant métamorphosés en dangereux géants à combattre, tout droits sortis de l'imagination de Don Quichotte. Comme Cervantès, Montaigne a recours à toute une gamme de procédés comiques, qui vont de la farce à la raillerie philosophique en passant par la satire, destinés à brocarder l'héroïsme du savoir. Notre chapitre mobilise les normes traditionnelles pour donner force à cette critique : l'idéal de sagesse (l134-135), la vertu de prudence (136 et 142) ou la férocité du guerrier (143) permettent de dénoncer les ratés de l'érudition, sans que l'on sache exactement si l'écrivain se situe lui-même du côté des valeurs traditionnelles ou du pédantisme qu'il dénonce. Le *Don Quichotte*, postérieur de quelques années à la mort de Montaigne, permet de voir dans la critique du pédantisme une critique de l'enfermement sur soi du monde savant. Socialement valorisées et ritualisées dans le monde scolaire, les lectures savantes se sont chargées d'un sens obsessionnel, alors qu'elles sont inutiles, voire contre-productives dans la vie réelle. Le personnage de Don Quichotte laisse également voir qu'il est très difficile de se libérer de ces chimères qui guident l'esprit dans sa lecture du réel et exercent sur lui une emprise que l'on pourrait appeler herméneutique. Loin de renvoyer à une simple excroissance de

358 Merlin Coccai est par ailleurs un inventeur du latin macaronique ou latin de cuisine dans le *Baldus*, une œuvre de style grotesque dont Rabelais s'est inspiré.

359 Michel Foucault, *Les Mots et les Choses*, Paris, Gallimard, 1966, p. 62-63.

360 Michel Foucault, *ibid.* : « Le fou, entendu non pas comme malade mais comme déviance constituée et entretenue, comme fonction culturelle indispensable, est devenu, dans l'expérience occidentale, l'homme des ressemblances sauvages ».

la mémoire, qu'un chirurgien de l'esprit pourrait enlever d'un coup de bistouri, le pédantisme apparaît comme un phénomène qui affecte profondément et durablement la culture savante.

RÉFLEXION SUR LA FINALITÉ DE L'ÉCOLE (L. 293-315)

Examinons le recrutement des « officiers », jeunes magistrats qui disposent déjà d'une charge[361] : la question de la finalité de l'école est posée à partir de son terme. Certaines cours de justice se contentent d'examiner les connaissances, d'autres ajoutent l'examen du jugement.

> Il y a aucuns de nos Parlemens, quand ils ont à recevoir des officiers, qui les examinent seulement sur la science ; les autres y adjoutent encores l'essay du sens, en leur presentant le jugement de quelque cause. (l. 293-296)

Le recrutement qui reçoit l'assentiment de Montaigne consiste à soumettre un cas d'étude aux futurs magistrats et pas seulement à vérifier ce qu'ils savent. « L'essay du sens » est un synonyme de mise à l'épreuve du jugement. « Dans ce chapitre 25, Montaigne pose que le but de l'éducation n'est pas d'augmenter le savoir de l'élève mais d'améliorer son âme et son jugement[362] », écrit Francis Goyet. Cela revient à « placer au centre du processus cognitif la formation et l'exercice du jugement, non la vérité supposée des connaissances[363] », souligne Paul Mathias. La

361 On dit encore en français contemporain « officier d'état civil ». Les charges étaient transmises ou achetées par la famille. Avant d'avoir atteint l'âge requis, le jeune Montaigne entra à la Cour des Aides de Périgueux, juridiction souveraine sur la Guyenne, l'Auvergne et le Poitou, pour toutes les affaires concernant les impôts et les taxes : voir Donald Frame, « le magistrat (1554 – 1570) », *Montaigne. Une vie, une œuvre*, *op. cit.*, p. 57 *sq.* Il aurait hérité d'une charge de son père ou de son oncle. La Cour des Aides de Périgueux fut absorbée par le Parlement de Bordeaux en 1557. La charge ne suffisait pas, du moins en théorie, pour intégrer une juridiction, précise Philippe Desan, *Montaigne. Une biographie politique*, O. Jacob, 2014, p. 84 : « le prétendant à un office devait aussi être patronné et examiné par le milieu professionnel qu'il allait rejoindre. Mais personne n'était dupe de cette posture éthique. »

362 Francis Goyet, *Les audaces de la prudence*, *op. cit.*, p. 326.

363 Paul Mathias, *Montaigne ou l'usage du monde*, Paris, Vrin, 2006, p. 109.

mémoire et le jugement apparaissent ici complémentaires, mais dans cette association, le jugement conserve conserve l'avantage : « encore que ces deux pieces soyent necessaires, [...] si est ce qu'à la verité celle du sçavoir est moins prisable que celle du jugement » (l. 297-301). Une recommandation semblable concerne le recrutement du précepteur au chapitre suivant : mieux vaut un professeur doué d'un bon jugement que d'une science encyclopédique, « un conducteur qui eust plustost la teste bien faicte que bien pleine » (I, 26, 150). Là encore, l'adverbe « plutôt » indique la priorité du jugement sur la science et non une exclusivité. Le passage est particulièrement travaillé : « Cette cy peut se passer de l'autre, et non l'autre de cette cy » (l. 301-302). La figure de style – une antimétabole[364] – fait ressembler la phrase « à une figure algébrique[365] », commente Philippe Mottet. Tiré d'Euripide par l'intermédiaire de l'anthologie de Stobée, un « vers grec » (l. 302) vient illustrer le thème de la connaissance séparée de la vie. Le lecteur, qui ne maîtrise généralement pas le grec, peut ressentir la valeur ironique de la citation. Celle-ci est aussitôt traduite : « à quoy faire la science, si l'entendement n'y est ? » (l. 304). La traduction de Montaigne n'en donne pas seulement le sens, mais en reproduit le rythme[366], comme si l'auteur cherchait à montrer qu'il était aussi bon traducteur.

L'interrogation sur la finalité de l'éducation est reprise ailleurs, notamment dans le chapitre « De la présomption » (II, 17). En commençant par « Je retombe volontiers sur ce discours [...] », l'écrivain invite le lecteur à voir dans le passage une reprise des chapitres vingt-cinq et vingt-six du livre I :

> Je retombe volontiers sur ce discours de l'ineptie de nostre institution : elle a eu pour sa fin de nous faire non bons et sages, mais sçavans : elle y est arrivée. Elle ne nous a pas apris de suyvre et embrasser la vertu et la prudence, mais elle nous en a imprimé la derivation et l'etymologie. Nous sçavons decliner vertu, si nous ne sçavons l'aymer ; si nous ne sçavons que c'est que prudence par effect et par experience, nous le sçavons par jargon et par cœur (II, 17, 660).

---

364 Construction syntaxique comprenant des mots identiques, mais dont l'ordre est inversé d'un segment de phrase à l'autre. « Qui craint de souffrir, il souffre desjà de ce qu'il craint. » (III, 13, 1095)

365 Philippe Mottet, *op. cit.*, p. 15.

366 Philippe Mottet, *ibid.*

La capacité à bien conduire sa vie devrait être la finalité d'une bonne éducation. Montaigne désigne cette finalité sous les termes de sagesse, de vertu et de prudence. Jouant sur l'effet d'antithèse, il critique « la derivation et l'etymologie », les connaissances acquises « par jargon et par cœur », qui rappellent littéralement notre chapitre. L'institution scolaire ne présente guère d'intérêt pour la vie en dehors de l'école, d'où son « ineptie », terme qui pointe un décalage absurde entre la science et l'expérience. Le chapitre « De la presomption » (II, 17) propose une synthèse de la réflexion déjà conduite sur l'école, souligne Paul Porteau : on survalorise les connaissances langagières, notamment la maîtrise du grec et du latin, au détriment de l'action et de la conduite de la vie[367]. L'expression « par effect et par experience » renvoie à la possibilité de faire par soi-même et pas seulement de dire en répétant ce que les maîtres ont dit. « Autant en diroit bien un perroquet » (l. 164). Critique envers l'école humaniste, Montaigne se fait ici encore bon élève en rapportant la conversion païenne de Polémon d'Athènes à la suite du passage cité plus haut : le noble et riche Polémon aurait mené une vie de débauche jusqu'à l'âge de trente ans environ ; un jour, il fit irruption avec une bande de fêtards dans l'Académie, l'école de philosophie fondée par Platon, où le philosophe Xénocrate donnait une leçon sur la tempérance. Polémon l'écouta attentivement, puis changea radicalement de mode de vie[368]. « Une bonne institution, elle change le jugement et les meurs, comme il advint à Polemon, ce jeune homme Grec debauché » (II, 17, 660). La formulation fait penser à la caractérisation de la philosophie comme « formatrice des jugements et des meurs » (I, 26, 164) dans le chapitre « De l'institution des enfans ».

Le recrutement des futurs magistrats fournit à Montaigne l'occasion d'évoquer et de critiquer le fonctionnement de la justice. Si seulement il se trouvait aux Parlements autant de « conscience » que de « science » ! L'homophonie fait penser à celle que l'on trouve dans le *Pantagruel* : « Sapience n'entre point en âme malivole, et science sans conscience n'est que ruine de l'âme[369]. » Au chapitre vingt-trois, le lecteur a déjà pu lire une critique de la vénalité de la justice (I, 23, 118). Magistrat ayant pris sa retraite, Montaigne s'indigne du fait que les jugements

367 Paul Porteau, *op. cit.*, p. 17.
368 Diogène Laërce, « Polémon », IV, 6-20.
369 Litt. : la sagesse n'entrera pas dans un esprit mal intentionné.

s'achètent, que la langue du droit soit encore le latin et que le peuple doive en monnayer l'interprétation[370]. La critique formulée ici contre l'institution judiciaire est différente. Montaigne reprend l'opposition de la science et de la vertu, appliquée à l'éducation humaniste au début du chapitre (l. 120-122), et la transpose à l'exercice de la justice. Cette critique de l'institution judiciaire fait-elle tacitement appel à la notion aristotélicienne d'équité, la conscience du magistrat ayant le rôle d'un correctif de la justice légale[371] ? L'inspiration directe du passage n'est pas Aristote, mais Sénèque, dont l'essayiste cite une formule particulièrement concise : « *Non vitae sed scholae discimus* » (l. 307-308). On nous instruit non pour la vie, mais pour l'école. Le philosophe romain est une source privilégiée lorsqu'il est question de dénoncer la connaissance inutile. Mesurons son influence avec cet extrait de la lettre quatre-vingt-huit à Lucilius : « Et les philosophes, combien n'ont-ils pas d'occupations superflues et sans rapport avec la pratique de la vie ? Eux aussi se sont ravalés à compasser les syllabes, à disserter sur les propriétés des conjonctions et des prépositions ; ils ont couru sur les brisées du grammairien, du géomètre ; tout ce qu'il y avait d'inutile dans ces sciences, ils l'ont transplanté dans la peur. Qu'en est-il advenu ? Ils ont mieux su l'art de parler que l'art de vivre[372] ». Le discours sénéquien est l'un des fils directeurs du chapitre, dont Montaigne revendique l'influence en ajoutant plusieurs citations après 1588[373]. Jean-Jacques Rousseau reprendra et traduira l'une de ces citations de Sénèque présentes dans notre chapitre : « Depuis que les Sçavans ont commencé à paroître parmi nous, disoient leurs propres Philosophes, les Gens de bien se sont éclipsés[374]. » Chez Sénèque, il s'agit de détacher la philosophie des « arts libéraux »

370 La justice était devenue « un véritable luxe trop souvent interdit aux pauvres », commente Donald Frame (2018, p. 55).

371 Aristote, *Éthique à Nicomaque*, V, 14, 1137b20-30.

372 Sénèque, *Lettres à Lucilius*, 88.42, trad. H. Noblot revue par P. Veyne, *op. cit.* p. 893. La lettre donne lieu à diverses reprises dans le chapitre.

373 « Oh ! le savant homme. Contentons-nous de ce titre plus simple : Oh ! l'homme de bien » (l. 123-124) : voir Sénèque, *Lettres*, 88.38 ; on trouve aussi « *Non est loquendum, sed gubernandum* » (l. 153).

374 Jean-Jacques Rousseau, *Discours sur les sciences et les arts* (1750), f. 14. Il s'agit d'une traduction de Sénèque : « *Postquam docti prodierunt, boni desunt* » (lettre 95), cité par Montaigne en 141C (l. 334-335). Sur la filiation entre Sénèque, Montaigne et Rousseau, voir Pierre Villey, *L'influence de Montaigne sur les idées pédagogiques de Locke et de Rousseau*, Paris, Hachette, 1911, p. 133.

dont font partie la grammaire, la géométrie ou encore l'astronomie[375], pour la recentrer sur le seul amour de la sagesse, selon une interprétation de la philosophie qui entend revenir à son étymologie grecque. Montaigne radicalise la critique : l'obsession pour la « science » détourne des considérations de la « conscience », pourtant essentielles. Sénèque déplorait que les connaissances ne fissent pas progresser sur le chemin de la vertu ; Montaigne dénonce la faiblesse intellectuelle qui en résulte. Sénèque soulignait que le progrès vers la sagesse était retardé par l'étude des disciplines annexes ; Montaigne s'en prend à la bouffissure morale de ceux qui sortent du Collège. Plus loin (l. 338-345), l'attaque contre la vénalité de l'enseignement est également reprise de Sénèque et pas seulement de Platon, avec la même volonté de radicalisation. Le philosophe romain, l'un des hommes les plus riches de son temps, dénonçait le caractère intéressé des études, mais précisait ensuite que celles-ci avaient toute leur place comme préparation à la vertu. Montaigne radicalise la critique des « gens de basse fortune » (l. 344), qui recherchent dans l'enseignement un moyen de gagner leur vie. C'est dans ce contexte que l'on peut comprendre l'attaque contre les cours de justice : l'application savante du droit a fait oublier l'implication de la conscience morale, qui est pourtant nécessaire à la justice elle-même. Les juges ont bien assez de science, mais pas assez d'« entendement » (l. 306).

La connaissance en elle-même n'est pas mise en cause. Le jugement que Montaigne porte sur le « sçavoir » reste ambivalent, comme le montre par exemple la métaphore du « glaive » : « C'est un dangereux glaive, et qui empesche et offence son maistre, s'il est en main foible et qui n'en sçache l'usage » (l. 312-314). La même métaphore est appliquée dans l'Apologie de Raymond Sebond à l'esprit : « C'est un outrageux glaive que l'esprit à son possesseur mesme, pour qui ne sçait s'en armer ordonnéement et discrettement[376] » (II, 12, 559). Le savoir peut se retourner contre son possesseur lorsque celui-ci ne sait pas s'en servir : il y a donc un savoir ou un savoir-faire de second degré, qui

375 Sur le contenu des *artes liberales*, qui comprenaient la géométrie, l'astronomie et la médecine, voir Jean-Baptiste Gourinat et Gilbert Romeyer-Dherbey, *Les Stoïciens*, Paris, Vrin, 2005, p. 166. Le lien entre les « arts libéraux » à Rome et le *quadrivium* de l'enseignement médiéval est manifeste.

376 Sur l'EB, Montaigne a barré « dangereux glaive », expression au départ identique à celle de notre chapitre, au profit de l'expression « outrageux glaive ». Sur ce « dangereux glaive », voir Jean Château, *op. cit.*, p. 65, et Bernard Sève, *op. cit.*, p. 180-181.

concerne le bon usage de ce que l'on sait. Il aurait mieux valu souvent ne rien savoir que de savoir ce que l'on ne sait pas utiliser à bon escient. Montaigne ajoute après 1588 une courte citation de Cicéron : « *ut fuerit melius non didicisse*[377] » (l. 314). Le pronom *iis* fait référence aux philosophes dont bien peu, soulignait Cicéron, ont des mœurs conformes aux prescriptions de la raison. Les uns sont avides d'argent, les autres de gloire, les autres encore esclaves de leurs plaisirs… La portée de la citation est ici élargie, passant des contradictions des philosophes à la vanité de la connaissance scolaire en général. La critique fait penser à la diatribe de Diogène (l. 214-217) : les musiciens savent accorder leurs lyres mais pas leurs mœurs, tout comme les grammairiens et les orateurs maîtrisent le discours, mais pas leur conduite. Cela signifie-t-il qu'il faudrait préférer l'ignorance à la connaissance ? Rien ne permet de le soutenir dans notre chapitre. La thématique de la « main faible » ou de l'usage inapproprié du savoir et des techniques semble reprise de Platon : à l'instar de l'art de la boxe, que l'on peut mobiliser contre ses adversaires, mais aussi contre ses proches[378], la rhétorique peut être utilisée à mauvaise fin et n'est donc pas un bien en soi. Notre chapitre reste platonicien au sens où il s'en tient à la critique du mauvais usage de « l'art[379] », sans aller jusqu'à faire l'éloge de l'ignorance en elle-même, comme Montaigne s'y essaie dans l'Apologie de Raymond Sebond ou dans « De la physionomie[380] ». Entre l'ignorance et la connaissance, il existe un troisième terme dont les chapitres vingt-cinq et vingt-six du livre I soulignent la place centrale : il s'agit du jugement[381]. « La façon de leur discipline, c'estoit leur faire des questions sur le jugement des hommes et de leurs actions […] » (l. 392-394), souligne l'essayiste à propos des jeunes Spartiates. Dans cet extrait de pédagogie antique, le jugement est à la fois l'objet et le sujet de l'exercice.

377 La citation exacte, tirée du second livre des *Tusculanes* (II.4) sur la douleur, est : « *ut iis fuerit non didicisse melius* ».

378 Platon, *Gorgias*, 456a-457c.

379 « la dignité de son art » (l. 82) ; les « nations moins cultivées par art » (l. 156).

380 « J'ay pris plaisir de voir en quelque lieu des hommes, par devotion, faire veu d'ignorance, comme de chasteté, de pauvreté, de poenitence » (III, 12, 1039). Voir Blandine Perona (éd.), *De la phisionomie.* Essais, *III, 12*, Paris, Classiques Garnier, 2019, p. 81 : « Montaigne réinvente les vœux monastiques et ajoute celui d'ignorance. »

381 Le terme de jugement(s) compte huit occurrences dans le chapitre 25 et seize dans le chapitre 26.

Montaigne établit un lien entre le désir de connaissance et l'exercice des jugements. À l'instar de Plutarque, il entend cultiver un art de la suggestion qui laisse au lecteur, littéralement, quelque chose à désirer : « Plutarque aime mieux que nous le vantions de son jugement que de son sçavoir ; il ayme mieux nous laisser desir de soy que satieté » (I, 26, 157). Le discours pédantesque agit métaphoriquement comme un « coup de marteau » (l. 241) sur l'auditoire. Dans le chapitre « Des vers de Virgile » (III, 5), Montaigne égrène des commentaires personnels, à la fois lacunaires et très libres, alors que l'explication de texte humaniste ne doit laisser aucun mot sans explication[382]. Aux yeux des pédants, le texte n'est qu'un prétexte à déverser des tombereaux de savoir grammatical, étymologique et rhétorique, comme le malade n'est, pour les Diafoirus de l'époque, qu'une occasion parmi d'autres de faire étalage de leur science. Le pédant se fait une obligation de restituer tout ce qu'il sait, au-delà des limites naturelles ou sociales fixées par le sentiment de satiété. S'il y a une philosophie du pédantisme, c'est une philosophie du remplissage : « Ils vous ont des-ja rempli la teste de loix, et si n'ont encore conçeu le neud de la cause » (l. 249-251). Le pédantisme entend « remplir la mémoire » (l. 131) jusqu'à ce qu'il ne reste aucun vide. C'est à coup sûr pécher par sérieux. « Trop de gravité nuit à la vie de l'esprit. On dit beaucoup plus avec une touche légère qu'avec une pesante démonstration[383] », écrit Michel Adam. Le souci pédantesque d'exhaustivité ne laisse de place ni au désir, ni à l'humour, ni au doute. Il n'est par principe pas philosophe, en ce qu'il vient contrarier le désir de savoir et l'amour de la sagesse. Un pédant discourt « par precepte et resolution » (III, 11, 1030). « Selon Montaigne, l'esprit dogmatique est la quintessence de la pédanterie », pointe Nicola Panichi[384]. Il vaut mieux se tenir à l'écart de la profession de connaissance lorsque celle-ci se fait « magistrale, imperieuse et importune » (III, 3, 824).

382 Paul Porteau, *op. cit.*, p. 216 ; voir Jean Terrel (éd.), *Sur des vers de Virgile. Essais, III, 5*, Paris, Classiques Garnier, 2019.

383 Michel Adam, *Essai sur la bêtise*, Paris, La Table Ronde, 2004, p. 93. Montaigne est cité à ce propos.

384 Nicola Panichi, entrée « pédantisme », *Dictionnaire Montaigne*, *op. cit.*, p. 1437 ; Jean Château, « les pédants, les savants et les sciences », *op. cit.*, chap. VII, p. 119 *sq.* ; Hubert Vincent, *op. cit.*, p. 72.

L'ÉDUCATION DES FEMMES ET CELLE DES AÏEUX (L. 316-338)

Faut-il se passer de l'étude des lettres ? Pour appuyer ce questionnement radical, Montaigne évoque l'éducation des femmes et celle des « ancestres », une éducation à l'ancienne antérieure à la vague humaniste. Ce type d'éducation serait paradoxalement un atout pour les femmes, moins exposées au risque de pédantisme. On leur épargnerait d'encourir le ridicule d'être ou de devoir être des femmes savantes, dont Molière fera l'un de ses sujets de comédie privilégiés. La même chose se vérifierait pour « nos ancestres » (l. 326) : Montaigne semble prendre ici fait et cause pour le philistinisme de la noblesse française. Sur la question très débattue des mérites respectifs des armes et des lettres, il affirmerait sa préférence pour la culture militaire en faisant l'éloge des Spartiates, des Scythes ou des Turcs[385]. Sous la plume du gentilhomme lettré, l'éloge de l'idéal militaire renverrait à un « pédantisme à rebours[386] », selon l'expression de Paul Porteau, à une forme de snobisme nobilitaire, selon James Supple[387].

L'hypothèse du snobisme reste cependant à vérifier, comme nous y invite l'adverbe « a l'adventure », qui a le sens d'un peut-être : « A l'adventure est ce la cause que et nous et la Theologie ne requerons pas beaucoup de science aux fames[388] [...] » (l. 1316-318). À qui renvoie par ailleurs ce « nous », flanqué de « la Theologie[389] » ? Cette dernière réap-

385 Le philistin désigne une personne aux goûts vulgaires et qui se complait dans l'inculture. Le mot, d'origine allemande, désignait au XIXe siècle les marchands et les bourgeois qui n'avaient pas fréquenté l'Université et méprisaient les étudiants. Le mot est emprunté à la Bible. Sur le philistinisme de Montaigne, voir James J. Supple, *Arms versus Letters*, *op. cit.*, p. 82-83.

386 Paul Porteau, « Sur un paradoxe de Montaigne », dans *Mélanges de littérature, d'histoire et de philosophie, offerts à Paul Laumonier par ses élèves et ses amis*, Slaktine Reprints, 1972, p. 333 ; Adèle Payen de la Garanderie, « L'éducation dans les *Essais* : la fantaisie spartiate de Montaigne », *Educatio*, 6, 2017.

387 James J. Supple, « Le parfait snob de l'épée », *op. cit.*, chap. 2.

388 On notera la graphie archaïsante de « fames », plus loin « fame » au singulier (140, l. 322-323 : « qu'une fame estoit assez sçavante », choisie par Villey-Saulnier malgré la correction manuscrite de Montaigne en « feme »). Le terme orthographié « femme » au singulier et « femmes » au pluriel compte par ailleurs trois cent quarante occurrences dans les *Essais*.

389 Sous ce vocable de théologie, il faudrait lire l'Église, propose Gustave Michaut dans l'édition critique du chapitre *Du pédantisme*, *op. cit.*, p. VIII, selon une lecture que nous

paraît quelques lignes plus loin en compagnie de la « Jurisprudence » et de la « Medecine » pour former la brochette des trois disciplines universitaires, à quoi s'ajoute le « pedantisme », qui renvoie ici au métier d'enseignant. Montaigne utilise parfois la première personne du pluriel quand il se réfère à la noblesse d'épée, soulignant par exemple « l'avantage que nous voulons avoir sur le vulgaire » (I, 14, 86, en un sens ironique[390]). Dans le chapitre vingt-six, la première personne du pluriel apparaît lorsqu'il s'agit de former un jeune noble : « Or, nous qui cerchons icy, au rebours, de former non un grammairien ou logicien, mais un gentil'homme » (I, 26, 169). Le « nous » désigne-t-il un groupe social, celui que forment les gentilshommes ? Gabriel Compayré exprime le sentiment général lorsqu'il écrit : « Montaigne n'a pas pédagogisé pour le peuple ; seuls, au XVIe siècle, les hommes de la Réforme ont pris souci de l'éducation populaire[391]. » De même, Pierre Villey soutient que « son dessein véritable, c'est d'organiser l'éducation de la noblesse[392] », et Paul Porteau, que l'essayiste a l'éducation de la noblesse d'épée en vue[393]. Son desssein, dans le chapitre, serait « la célébration des valeurs aristocratiques[394] ». Montaigne défendrait la tradition philistine de la noblesse française, prenant à rebrousse-poil ce lieu commun de la littérature humaniste selon lequel il faudrait précisément sortir la noblesse française de son ignorance crasse[395]. Un peu facile, l'hypothèse a été minutieusement critiquée par James Supple[396]. Concernant par

---

ne cautionnons pas : c'est bien la discipline universitaire qui est ici visée, à l'instar du droit et de la médecine.

390 « S'il ne faut coucher sur la dure, soustenir armé de toutes pieces la chaleur du midy, se paistre d'un cheval et d'un asne, se voir detailler en pieces, et arracher une balle d'entre les os, se souffrir recoudre, cauterizer et sonder, par où s'acquerra l'advantage que nous voulons avoir sur le vulgaire ? » La question, ironique, est adressée à la noblesse d'épée.

391 Gabriel Compayré, *Montaigne ou l'éducation du jugement*, *op. cit.*, p. 54.

392 P. Villey, *Les Sources... op. cit.*, (1908) p. 448.

393 Paul Porteau, « Conclusion », *Montaigne et la vie pédagogique de son temps*, *op. cit.*, p. 297-316.

394 Jean Balsamo, Michel Magnien et Catherine Magnien-Simonin (dir.), *Les Essais*, Paris, Gallimard, 2007, notes et variantes, p. 1385.

395 On trouve ce lieu commun chez Érasme, Castiglione, Budé ou Du Bellay. Voir Gilbert Gadoffre, *La révolution culturelle dans la France des humanistes*, Genève, Droz, 1997, Introduction, p. 15 : « Amis ou ennemis, étrangers ou Français ne sont d'accord que sur un point : les petits-fils des Gaulois sont plus aptes aux travaux de la guerre et de la terre qu'aux choses de l'esprit, qui exigent des aptitudes intellectuelles et un sens de l'a beauté qu'ils n'ont pas. Et puis ils sont trop lourds. Un peuple inculte et philistin ».

396 James Supple, « The Education of the Nobility », *op. cit.*, chap. 4, en particulier p. 107-109.

exemple le « lieu d'une bataille ancienne, le passage de Caesar ou de Charlemaigne » (I, 26, 156), l'essayiste en fait une leçon de géographie et d'histoire répondant à la curiosité naturelle de l'esprit, sans évoquer de cursus militaire. Ses contemporains Mathieu Coignet, François de la Noue, Pierre de la Primaudaye, Antoine de Laval ou Étienne Pasquier soulignent par exemple l'intérêt des mathématiques en matière balistique et poliorcétique ; Montaigne n'en fait même pas mention[397]. De même, il écarte l'astronomie, qui devait permettre au chef de guerre de trouver ses repères dans le ciel, et l'astrologie, que l'on recommandait pour apprendre à connaître les moments favorables. Dans une citation en grec, non traduite, il demande au chapitre suivant : que m'importent à moi les Pléiades, que m'importe la constellation du Bouvier (I, 26, 159) ? Les contemporains considèrent que l'éloquence sert à motiver les troupes avant la bataille, ou bien à délibérer avec aisance au conseil des rois[398]. Montaigne la rejette dans notre chapitre comme un trait de l'éducation athénienne (l. 429-440). Ici, le « nous » semble plutôt faire référence à ceux qui ont bénéficié d'une éducation au Collège et peuvent être considérés comme lettrés[399]. Par ailleurs, Montaigne se rajeunit, parlant au nom de ceux qui sont encore étudiants et envisageant la poursuite des études dans un discours proleptique[400].

L'ignorance des nobles est explicitement signalée comme étant une opinion rapportée (« comme on crie[401] »). On peut l'attribuer aux maîtres

---

397 François de la Nouë, *Discours politiques et militaires*, *op. cit.*, f. 139 : « On enseigneroit aussi les Mathematiques, la Geographie, la Fortification, & quelques langues vulgaires : ce qui est fort utile à un Gentilhomme (j'entens d'en savoir autant qu'il en peut mettre en usage) ».

398 Voir Jacques Amyot, *Projet de l'éloquence royale, composé pour Henri III, roy de France*, 1579, Paris, Lamy, 1805, chapitre 1, p. 3, orthographe modernisée : « aussi les premiers honneurs et plus hautes dignités se donnaient par le peuple, lequel on gagnait par l'éloquence. La paix et la guerre se conseillaient ainsi ; et comme l'État se traitait par délibérations publiques, aussi étaient-elles conduites et gouvernées par les vives raisons et véhémentes [per]suasions des grands orateurs ».

399 Cette configuration du pronom « nous » se rencontre à plusieurs reprises dans le chapitre : « à la mode de quoy nous sommes instruicts » (l. 117-118) ; « nous sçavons dire : Cicero dit ainsi » (l. 161) ; « Que nous sert il d'avoir la panse pleine de viande » (l. 186) ; « si nous n'en avons le jugement plus sains » (l. 219) ; « si cette fin de s'en enrichir, qui seule nous est aujourd'huy proposée » (l. 328-329).

400 En narratologie, la prolepse est un procédé par lequel le récit anticipe les événements.

401 Thomas Pelletier écrit dans *La nourriture de la noblesse* (1604) : « La faulse opinion a gaigné si avant en la France qu'il semble aujourd'hui à la pluspart de la noblesse que la marque essentielle d'un galand gentilhomme est de ne rien sçavoir. » Pierre de l'Estoile, *Journal*

humanistes : la génération de Guillaume Budé n'avait pas ménagé pas ses efforts, à la cour de François Ier, pour convertir la noblesse à l'étude des lettres, et ces efforts ont été poursuivis par les générations suivantes. Ainsi, François de la Noue (1531-1591), contemporain de Montaigne, entend réformer l'éducation de la noblesse française « à demye ensevelie en la corruption commune[402] ». Pierre de la Primaudaye (1546-1620) écrit de même : « le feu et l'air ne sont point plus necessaires à la vie, que l'art et reigle de bien vivre, qui se montre par les lettres[403] ». Un homme ignorant est incapable de bien conduire sa vie, tout comme un roi ignorant est inapte à gouverner son royaume. « Tous lesquels ont besoing de la cognoissance & intelligence des bonnes lettres : pour non seulement mieux commander, mais aussi pour plus facilement se contenir en leur puissance[404] », écrit Maurice Poncet dans les *Remonstrances à la noblesse de France* (1572). Ce dernier reprend le thème du philosophe roi, autre lieu commun : « Et pour ce heureux sont les Royaumes, quand les Roys & les Gentilshommes sont bien inscruicts[405] ». Montaigne évoque à l'inverse le refus de la royauté, refus auquel Héraclite et Empédocle apportent une prestigieuse caution. La question du naturel philosophe permet de souligner que tous ne profitent pas également de l'instruction. Montaigne approuve de manière ostensible le peu de cas que les ancêtres faisaient de l'étude et pousse le questionnement jusqu'à la provocation : « Quel dommage, puis qu'elles ne nous aprenent ny à bien penser, ny à bien faire ? » Relisant son texte, l'essayiste apporte toutefois un bémol à la provocation en barrant le « puis que » au profit d'un « si » : « Quel dommage, ~~puis qu~~ si elles ne nous aprenent ny à bien penser, ny à bien faire ? »

---

de Henri IV (1607-1609), p. 286 : « Nous sommes en un siècle où il est aussi monstrueux de voir un roy docte, qu'il l'estoit du temps de Rabelais, ung moine sçavans. » Cités par Isabelle Flandrois, « le savoir du prince », *op. cit.*, p. 105. Voir aussi James Supple, *op. cit.*, p. 128 *sq.*

402 Cité par James Supple, *op. cit.*, p. 84.

403 Pierre de La Primaudaye, *Academie françoise*, J. Chouët, 1593, p. 35.

404 Cité par Supple, *op. cit.*, p. 86. Maurice Poncet est moine bénédictin, docteur en théologie et prédicateur à Paris. C'est un contemporain exact de Montaigne, comme François de la Noue.

405 Maurice Poncet, *Remonstrance à la noblesse de France, de l'utilité et repos que le Roy apporte à son peuple*, Paris, Somnius, 1572, ff. 26-27 ; La Primaudaye, *op. cit.*, p. 2 : « Au tres chrestien Roy de France et de Polongne, Henri III, Sire, si nous ajoustons foy au dire de Platon, les Republiques ne seront pas plustost heureuses, qu'alors que les Roys philosopheront, ou quand les Philosophes regneront ».

Sur l'éducation des femmes, Montaigne prend soin de moduler son discours d'un « a l'adventure », au sens d'un peut-être, et de rapporter une anecdote plaisante (l. 316 et suivantes). La critique en propose généralement une lecture au premier degré. « Montaigne a souvent parlé des femmes et de leur éducation : mais il tient en médiocre estime l'esprit féminin, et sur ce point il n'est qu'un pédagogue à courtes vues. Avant le personnage comique de Molière[406], il prononce qu'une femme est assez savante, "quand elle sçait mettre différence entre la chemise et le pourpoinct de son mary"[407] », écrit Gabriel Compayré. Le passage serait à verser au dossier de l'antiféminisme de Montaigne[408]. Le contexte est celui d'une querelle des femmes dont le dialogue entre Placide et Sévère, sous la plume de Catherine Des Roches, permet de mesurer l'importance à l'époque[409]. Montaigne adopte une position en apparence très conservatrice, souligne Neil Kenny, « à une époque où tout affichage public d'érudition féminine risque d'être associé à des mœurs relâchées[410] ». Une autre lecture consisterait à pointer d'abord

406 Molière place l'anecdote rapportée par Montaigne dans la bouche de Chrysale dans *Les Femmes savantes*, acte II, scène 7 : « Nos pères sur ce point étaient gens bien sensés / Qui disaient qu'une femme en sait toujours assez / Quand la capacité de son esprit se hausse / À connaître un pourpoint d'avec un haut de chausse ». Molière a pu l'emprunter par l'intermédiaire de La Mothe Le Vayer : « Tout le monde n'est pas de l'humeur de ceux qui trouvent une femme assez savante quand elle sait bien discerner le haut-de-chausse du pourpoint de son mari » (« La Promenade. Dialogues », édition des *Œuvres* de 1756, IV, 1, p. 156).

407 Gabriel Compayré, introduction à l'édition séparée du chapitre « De l'institution des enfants », Paris, Hachette, 1888, p. 12 : « En un mot, la femme étudiera, si elle étudie, ce qu'il est nécessaire qu'elle sache pour être patiente, résignée, obéissante ». Cette introduction est reprise dans l'entrée « Montaigne » du *Nouveau Dictionnaire de pédagogie et d'instruction primaire*, Institut Français de l'Éducation, 1911.

408 Sur l'accusation d'anti-féminisme adressée à Montaigne, voir Barbara Bowen, « Montaigne's anti-Phaedrus : 'Sur des vers de Virgile' (*Essais*, III, 5) », *Journal of Medieval and Renaissance Studies*, n° 5, 1975, p. 107-121 : « Montaigne is astonishingly antifeminist for this time » (p. 108) ; Cecile Insdorf, *Montaigne and Feminism*, Chapel Hill, University of North Carolina, 1977 ; Pierre Leschemelle, *Montaigne ou le mal à l'âme*, Paris, Imago, 1991.

409 Catherine Des Roches, *Secondes Œuvres* Poitiers, 1583, éd. Anne Larsen, Genève, Droz, 1998. Placide défend le droit des femmes à l'instruction, tandis que Sévère oppose un refus catégorique. L'éducation des femmes est primordiale, argumente Placide, parce que les femmes instruites sont des épouses plus obéissantes. Placide recommande la lecture des *Préceptes de mariage* de Plutarque et de *L'Art de la mesnagerie* de Xénophon, dont Montaigne a donné une édition en 1571 dans la traduction de La Boétie.

410 Neil Kenny, « Montaigne et les femmes "attachées à la rhétorique" : autour d'un passage de l'essai III.3, "De trois commerces" », John O'Brien, Malcolm Quainton, James Supple (dir.), *Montaigne et la rhétorique : actes du colloque de St Andrews (28-31 mars 1992)*,

le caractère comique de l'anecdote, empruntée à un contemporain et manifestement destinée à faire rire[411]. Ce faisant, Montaigne réduit à néant les exigences auxquelles les épouses devraient se soumettre, ce qui a valeur d'affranchissement à l'égard des normes sociales. L'humaniste Jean-Louis Vivès demandait en effet : « Que doit avoir à l'esprit celle qui se marie[412] ? » avant d'exposer par le menu les devoirs de l'épouse envers son mari, devoirs qui devaient prendre essentiellement la forme du silence, de la chasteté et de l'obéissance. L'exposé est si édifiant qu'il permet de mesurer par contraste la valeur d'émancipation que contient la plaisanterie de Montaigne[413]. La sainteté de la femme mariée, dont Vivès donne des exemples approfondis, est renvoyée avec humour de la chambre conjugale : ce que les épouses doivent savoir pour se conformer à ce que les maris attendent d'elles, ce sera toujours assez ! Le comique naît de la relation entre la norme et sa transgression, dans un passage qui frappe par son caractère elliptique. Au théâtre, par contraste, le personnage du pédant est misogyne. Il se lance dans une argumentation savante pour démontrer la supériorité de l'homme sur la femme, argumentation dont La Mothe Le Vayer donnera au siècle suivant une

---

Paris, Champion, 1995, p. 204. Notons que dans la comédie de Pierre Larivey, *Le Laquais* (1579), le personnage du pédant affiche son dédain pour ce « sexe profane, sexe diablique, sexe insatiable », emporté par une approche purement livresque de la chose. Voir Madeleine Lazard, *op. cit.*, (1978), p. 256.

411 La source littérale du passage est un ouvrage de Gilles Corrozet (1510-1568), éditeur et imprimeur à Paris, *Les divers propos mémorables des nobles et illustres hommes de la chrestienté* : « Sentence du Duc de Bretagne. Jean, Duc de Bretagne, cinquième du nom, voulant faire le mariage de monsieur François son fils avec Isabel fille du Roy d'Escosse. Le jeune prince François s'enquit, quelle estoit ceste dame Isabel. Auquel on respondit que c'estoit une belle dame et sage, bien disposée de son corps pour avoir lignée, mais inelegante à parler. Elle est telle que je demande, (dist le petit Duc) car je tien une femme assez sage quand elle sçait mettre difference entre le pourpoint & la chemise de son mary » (p. 85-86). Sur Gilles Corrozet, voir Jean Balsamo, « Les libraires du Palais et les poètes (1530-1610) », *Les poètes français de la Renaissance et leurs « libraires »*, Denis Bjaï et François Rouget (dir.), Genève, Droz, 2015, p. 77-99.

412 Jean-Louis Vivès, *L'éducation de la femme chrétienne*, trad. P. de Changy, Paris, L'Harmattan, 2010, p. 144. Le *De Institutione feminae christianae* (1523) connut au moins quarante éditions en plusieurs langues au cours du XVIe siècle. « La femme qui se marie doit se remémorer l'origine, la signification et le rôle du mariage. Elle doit y penser sans cesse en ayant clairement à l'esprit les devoirs que cette institution implique ainsi que les lois qui la gouvernent. Etc. » Le parangon chrétien des traités de vie conjugale sera fourni par l'*Introduction à la vie dévote* de François de Sales en 1609.

413 Neil Kenny, *op. cit.*, p. 209. *Contra*, II, 35, « Des trois bonnes femmes » : Montaigne décrit le suicide de trois épouses par amour.

version comique[414]. Ce biais mysogyne n'est bien sûr pas l'apanage des pédants. Montaigne évoque le caractère patriarcal des « reigles de vie » et leur légitime rejet par les femmes dans « Des vers de Virgile » : « Les femmes n'ont pas tort du tout quand elles refusent les reigles de vie qui sont introduites au monde, d'autant que ce sont les hommes qui les ont faictes sans elles » (III, 5, 854). Le propos explicite de notre passage est de revaloriser l'éducation traditionnelle, éducation minimale dont les femmes bénéficieraient encore : et si c'était un avantage par rapport à la scolarité des Collèges, dont il faut rappeler qu'elle est bien sûr réservée aux hommes ? Montaigne interpelle ses lecteurs et plus directement encore ses lectrices[415]. Ce que l'essayiste présente sous la forme d'une anecdote plaisante, d'autres en feront plus tard une argumentation sérieuse, qui permet de mesurer rétrospectivement l'efficacité du style comique choisi par l'essayiste. Au XIXe siècle, Fortunat Strowski croit ainsi trouver en Montaigne un partisan de l'éducation traditionnelle des jeunes filles : guidées par leurs parents, celles-ci « prennent en mains progressivement la direction du ménage, l'administration d'une maison ; l'instruction proprement dite ne lui prend pas douze heures par jour[416]. » Au lieu d'avoir perdu leur temps sur les bancs de l'école, les jeunes femmes se forment sous l'autorité de leurs aînés. C'est par expérience qu'elles apprennent à accomplir les tâches qui seront les leurs au moment de passer sous l'autorité de leur mari. Ce dernier, pourrait-on ajouter, aura quant à lui bien besoin de ces services domestiques, dans la mesure où le lycée lui aura appris à parler grec et latin, mais ne l'aura préparé concrètement à rien ! On peut voir dans ce type d'éducation une manière d'exclure les femmes de l'éducation pour mieux les cantonner dans l'espace domestique. Neil Kenny soutient que la représentation des femmes dans les *Essais* « reste foncièrement traditionnelle, Montaigne soulignant leur appartenance à la sphère domestique, leur beauté, leur érotisme, leur artifice, la faiblesse de leur intellect[417] », même s'il fait entendre aussi

414 La Mothe Le Vayer, *Le parasite mormon. Histoire comique*, 1650, cité par Jocelyn Royé, *op. cit.*, (2008) p. 90-91. Le pédant veut démontrer que l'homme est supérieur à la femme pour que les femmes lui soient redevables de tout. La tentative de séduction amoureuse du pédant est vouée à l'échec et au ridicule…

415 Voir Catherine Bauschatz, « 'Leur plus universelle qualité, c'est la diversité' : Women as Ideal Readers in Montaigne's *Essais* », *Journal of Medieval and Renaissance Studies*, n° 19, 1989, p. 83-101.

416 Fortunat Strowski, *Montaigne*, *op. cit.*, p. 257-258.

417 Neil Kenny, art. cité, p. 219.

« des affirmations étonnamment discordantes » et démontre son indépendance d'esprit par rapport à un système jugé excessivement patriarcal. Montaigne s'affiche-t-il ici en partisan de l'éducation traditionnelle ? Il prend soin tout d'abord de faire du passage une opinion rapportée, un lieu commun (« comme on crie », l. 325). Ensuite, il propose sur la question une alternance du jugement : l'étude des lettres était autrefois réduite à la portion congrue, mais au rebours de l'opinion commune, ne pourrait-on estimer que c'était au fond une bonne chose ? Joachim Du Bellay, l'une des sources probables du passage, évoque ainsi l'ignorance des ancêtres qui « avoient en plus grande recommandation le bien faire, que le bien dire[418] ». Les ancêtres exprimaient leur pensée sans fioriture – ce qui ne veut pas dire qu'ils ne pensaient pas. Ne faut-il pas préférer, comme eux, les actions aux discours superflus ? Si les Français ont négligé les lettres, c'est parce qu'ils savaient qu'ils n'en avaient pas besoin. La revalorisation de l'éducation à l'ancienne, antérieure à la vague humaniste, permet à Montaigne de renouer avec l'un des fils directeurs du chapitre, l'hostilité envers la professionnalisation et la marchandisation de l'enseignement.

Quel bilan tirer d'un enseignement spécialisé dans la maîtrise du latin et du grec ? En premier lieu, il a échoué à fournir des conseillers politiques. La dure scolarité des Collèges n'a pas renforcé la présence des anciens élèves « aux principaux conseils de nos Roys » (l. 328). Ce constat d'échec est un constat de marginalisation politique, qui a vraisemblablement aussi valeur autobiographique[419]. L'autre point concerne l'état des « lettres » elles-mêmes, comprises comme connaissance des œuvres de l'Antiquité. Les lettres ont profité des efforts des humanistes, mais le constat dressé par Montaigne l'est en termes négatifs : la motivation de l'étude et de l'enseignement est devenue principalement matérielle. Il n'y a plus d'enthousiasme pour l'érudition, mais une rhétorique de l'enthousiasme sur laquelle Montaigne entend tirer un trait[420]. L'essayiste poursuit son entreprise de démystification.

---

418 Joachim Du Bellay, *Deffense et Illustration de la Langue Francoyse*, 1549, chap. IX : « l'ignorance de nos majeurs, qui se sont contentez d'exprimer leurs conceptions avec paroles nues, sans art et ornement. » Voir Eric MacPhail, *The Sophistic Renaissance*, Genève, Droz, 2011, p. 93.

419 Nous reprenons l'expression à Philippe Desan, « La marginalisation de Montaigne (1588-1592) », dans *Montaigne. Une biographie politique*, *op. cit.*, chap. X, p. 520-576.

420 I, 39, 244-245. Sur le sens de l'enthousiasme pour la redécouverte de l'Antiquité grecque et romaine, voir par ex. Ernst Robert Curtius, « L'humanisme comme initiative », *Bulletin de l'Association Guillaume Budé*, 1977-2, p. 149-167, traduction d'un chapitre du

AUTRES HYPOTHÈSES : LA CONDITION SOCIALE DES MAÎTRES ET LES MAUVAISES DISPOSITIONS NATURELLES (L. 338-369)

Montaigne reprend l'interrogation initiale : comment devient-on pédant ? Il commence par proposer une hypothèse qui prend la forme d'une analyse sociologique du pédantisme.

> Mais la raison que je cherchoys tantost, seroit-elle point aussi de là : que nostre estude en France n'ayant quasi autre but que le proufit, moins de ceux que nature a faict naistre à plus genereux offices que lucratifs, s'adonnant aux lettres, ou si courtement (retirez, avant que d'en avoir prins le goût, à une profession qui n'a rien de commun aveq les livres) il ne reste plus ordinairement, pour s'engager tout à faict à l'estude, que les gens de basse fortune qui y questent des moyens à vivre (l. 338-345).

De même que Claude Lévi-Strauss a reconnu en Montaigne l'un des fondateurs de l'ethnologie[421], pourquoi ne pas voir en lui l'un des précurseurs de la sociologie ? Platon, l'une des sources du passage, est cité par les sociologues comme précurseur[422]. À la fin du XIXe siècle, lorsque la sociologie émerge comme discipline universitaire, la critique évoque un « Montaigne sociologue[423] ». L'hypothèse formulée ici par l'essayiste est la suivante : les maîtres, « gens de basse fortune » (l. 344), deviendraient enseignants pour gagner leur vie, et non par amour des lettres, ce qui expliquerait la dégradation de l'enseignement.

La structure épistémologique du chapitre est celle d'une succession d'hypothèses soumises à examen. Ici, l'explication se présente sous la

---

livre *Deutscher Geist in Gefahr*, Berlin, 1932 : « C'est rendre un très mauvais service à l'humanisme que d'en souligner, pour des raisons quelconques, l'utilité ou les profits [...]. Une seule chose subsiste, c'est l'amour de l'Antiquité (*die Liebe zum Altertum*), un amour qui n'est qu'amour et se confesse comme tel, au-dessus de toute raison d'utilité ».

421 Claude Lévi-Strauss, « en relisant Montaigne », *Histoire de lynx*, Plon, 1991, chap. XVIII, p. 277-297.

422 Claude Giraud, *Histoire de la sociologie*, PUF, 2004, p. 12. Sur les sources du passage dans le *Ménon* et la *République* de Platon, mais aussi chez Xénophon, voir Eric MacPhail, *op. cit.* (2011), p. 93-94.

423 Émile Faguet, « Montaigne sociologue », dans Études littéraires. Seizième siècle, Paris, Lecène, 1894, p. 63-70.

forme d'un renversement de perspective : si l'enseignement existe, c'est pour permettre aux enseignants de vivre, et non aux élèves d'apprendre. Ce type de renversement se trouve par exemple dans le *Cymbalum mundi* (1537) : ce ne sont pas les maladies qui justifient l'existence de la médecine, mais les débouchés professionnels promis aux étudiants dont les études coûtent cher[424]. L'hypothèse est sous-tendue par le rejet des qualifications professionnelles par l'auteur des *Essais*, qui se présente ailleurs « comme Michel de Montaigne, non comme grammairien ou poete ou jurisconsulte » (III, 2, 805). Son statut d'auteur doit reposer seulement sur son être propre, sa personne dans ce qu'elle a de plus singulier et de plus authentique[425]. Enfin, la critique de la vénalité de l'enseignement parcourt l'œuvre : « En mon pays, et de mon temps, la doctrine amande assez les bourses, rarement les ames » (III, 8, 927). La littérature humaniste a fait de la misère du maître d'école un lieu commun[426]. Par chance ou par vertu, les gentilshommes échappent aux études universitaires : Montaigne les décrit « retirez, avant que d'en avoir prins le goût, à une profession qui n'a rien de commun aveq les livres » (l. 341-343). L'adjectif « retirez », chargé d'une connotation positive, renvoie littéralement aux « philosophes retirez de toute occupation publique » (l. 41) du début du chapitre. Les gentilshommes auraient-ils quelque chose en commun avec les philosophes antiques ? Pour les spécialisations universitaires, il ne reste que des roturiers ou des hobereaux très pauvres, copies misérables des sophistes de Platon[427].

Dans l'adresse du chapitre vingt-six, Montaigne reprendra l'idée selon laquelle la « science » du gentilhomme n'a pas besoin d'être poussée jusqu'à l'Université : « elle est bien plus fiere de préter ses moyens à conduire une guerre, à commander un peuple, à pratiquer l'amitié d'un prince ou d'une nation estrangiere, qu'à dresser un argument dialectique,

424 Voir le *Cymbalum Mundi en français, contenant quatre dialogues poétiques, fort antiques, joyeux et facétieux*, deuxième dialogue. Le texte, inspiré de Lucien de Samosate, est attribué par Henri Estienne à Bonaventure Des Périers.

425 Voir Warren Boucher, *op. cit.*, vol. 2, chap. 2.2.

426 Érasme, *De pueris…*, *op. cit.* (1992), p. 481 et note de Jean-Claude Margolin ; Vivès, *De causis corruptarum artium* (1531) ; Melanchthon, *De miseriis paedagogorum* (1533), etc.

427 Sur les « sophistes » et le mauvais enseignement au XVIe siècle, voir Eric MacPhail, « *Nomen sophistae* : a renaissance of blame », *The Sophistic Renaissance*, *op. cit.*, p. 45-60. Rabelais, dans le *Gargantua*, fait passer le terme de « sophiste » dans la langue vernaculaire en désignant sous ce nom les enseignants en théologie de l'Université de Paris (MacPhail, *ibid.*, p. 56).

ou à plaider un appel, ou ordonner une masse de pillules » (I, 26, 149). Le discours relève ici du paradoxe, tant les humanistes ont l'habitude de déplorer l'ignorance de la noblesse. En Italie, Stefano Guazzo se plaint de l'ignorance crasse des nobles dans la *Civil conversatione* (1574 et 1579) ; dans la *Comparaison entre la France et l'Italie* (1580), Le Tasse déplore que l'enseignement soit laissé aux mains de la plèbe. En France, Innocent Gentillet incrimine le comportement rustre de la noblesse dans l'*Anti-Machiavel* (*Discours sur l'art de bien gouverner*, 1576) ; dans la *Manière de lire l'histoire* (1579), Droit de Gaillard rappelle aux nobles les exemples d'Alexandre et de César pour « faire changer à la noblesse françoyse ses meurs gothiques de haïr les lettres et les lettrez[428]. » Dans les *Discours politiques et militaires* (1587), François de La Nouë déplore la mauvaise éducation des gentilshommes : « si on veut cercher les causes qui ont engendré tant d'imperfections en ce corps universel, on trouvera que l'une des plus notables est le peu de soing qu'on a eu de bien faire instituer les jeunes enfans aux choses honnestes ». Ici, Montaigne renverse le lieu commun : ce n'est pas le philistinisme de la noblesse qui est en cause, mais la basse extraction sociale des maîtres. Les carrières de l'enseignement, qui ne sont pas assez attractives pour les jeunes gens de bonne famille, offrent l'espoir aux étudiants de basse extraction de gagner leur vie, et de faire bonne figure en société. « Le pédant est souvent d'origine très modeste. Ses études lui ont apporté une certaine reconnaissance institutionnelle et son savoir l'autorise à côtoyer ou à servir des gens relevant d'une classe sociale supérieure », écrit Jocelyn Royé[429]. Il y a donc plus grave que la pauvreté matérielle de l'enseignant : celui-ci, oubliant ses origines, veut pouvoir faire partie de la bonne société. Aux yeux d'une aristocratie déterminée à consolider ses privilèges, souligne Eric MacPhail, ces nouveaux sophistes incarnent le danger d'une mobilité sociale fondée sur le prestige de la connaissance[430]. Le « profit » des maîtres auquel Montaigne fait allusion est d'abord un profit social, le pédantisme incluant le risque d'une transgression de l'ordre social par

428 Cité par Pierre Villey, *Les Sources…*, *op. cit.*, p. 450.

429 Jocelyn Royé, *op. cit.*, p. 58. C'est l'hypothèse qui sous-tendra le pamphlet d'Annibal de Lortigue intitulé « Invective contre un Pedant » (1617), dans F. Fleuret et L. Perceau, *Les satires françaises du XVIe siècle*, Paris, Garnier, 1923, p. 79-83.

430 Eric MacPhail, *The Sophistic Renaissance*, *op. cit.*, p. 92 : « *Like the sophists for Plato, the humanists for Montaigne have a flawed pedagogy and an even faultier motive for teaching : the professional teacher, past and present, barters knowledge for social advancement.* »

le savoir[431]. Dans la droite ligne de Platon et de Sénèque[432], tous deux à l'abri des soucis matériels, Montaigne rappelle à quatre reprises la conception désintéressée du savoir qui animait les philosophes antiques[433]. L'enseignement serait avili par les considérations matérielles.

La critique a vu dans le raisonnement sociologique de notre auteur l'expression de sa morgue aristocratique. « Montaigne est né gentilhomme et il reste gentilhomme. Son indignation contre les mauvais traitements procède moins du sentiment de la dignité humaine outragée que d'une sorte de révolte aristocratique contre ces suppôts crottés, ces pédants crasseux qui osent porter la main sur des enfants de bonne maison[434] », écrit François Guex sous la Troisième République. « Montaigne ne veut pas être confondu avec ces roturiers du savoir. C'est un grand seigneur, et il veut rester tel dans l'ordre de l'esprit », souligne Ludovic Degas dans *La Revue pédagogique* en 1909, dénonçant lui aussi « une conception aristocratique de la science[435] ». « L'éducation dont il traite est donc singulièrement aristocratique[436] », écrit Gustave Michaut, qui lui reproche « la vanité du parvenu[437] » et ne manque pas de rappeler qu'il est issu d'une famille de marchands. « Il s'agissait d'élever, sous la direction d'un gouverneur, d'un précepteur bien choisi, un petit gentilhomme que sa condition destinait à une vie aisée et peut-être oisive », souligne Gabriel Compayré. En fin connaisseur des *Essais*, Compayré sent toutefois le besoin de nuancer son jugement : « mais comme de ce

431 L'hypothèse se retrouvera ultérieurement. Ainsi, dans le *Discours de la pédanterie* (1737), Jean-Pierre de Crousaz explique que les domestiques auxquels on confiait les enfants se donnaient des airs importants auprès de leurs confrères, ne tardant pas à se laisser aller « au plaisir de faire les maîtres à leur tour [...]. Ce furent *ces airs si ridicules dans un inférieur, ces airs d'importance, et d'autorité*, qui attirèrent le mépris sur le nom de *Pédagogue*, & qui ont ensuite rendu si odieux celui de Pédant qui en est le dérivé et le diminutif » (cité par Simone Gougeaud-Arnaudeau, *Entre gouvernants et gouvernés : le pédagogue du XVIIIe siècle*, Villeneuve d'Ascq, Presses universitaires du Septentrion, 2000).

432 « Tu veux savoir ce que je pense des arts libéraux. Il n'en est pas un que je n'estime vraiment, pas un que je ne mette au rang des bonnes choses : c'est au gain matériel qu'ils visent » écrit Sénèque (*Lettres*, 88.1, trad. H. Noblot, *op. cit.*).

433 L. 41-59, l. 75-87, l. 99-107, l. 450-459.

434 François Guex, *Histoire de l'instruction et de l'éducation*, Paris, Alcan, 1906, p. 134.

435 Ludovic Degas, « Le Système pédagogique de Montaigne » *La Revue pédagogique*, n° 54-1, 1909, p. 105-117.

436 Gustave Michaut, *op. cit.* (1924), p. VIII ; *op. cit.* (1936), p. XII : « Il faut donc la réserver à une élite. »

437 Gustave Michaut, *op. cit.*, 1936, p. X.

petit gentilhomme, Montaigne veut faire un homme, ses avis dépassent l'horizon borné d'une éducation de château, et nombre de ses maximes valent pour les enfants de toutes les conditions et de tous les temps[438]. » Émile Durkheim, l'un des pères fondateurs de la sociologie en France, reproche à Montaigne d'avoir imaginé une éducation qui s'adresserait à une aristocratie aussi oisive que celle de la fin de l'Ancien Régime. « C'est en vue de cette existence facile, libre, exempte de toute gêne et de toute contrainte, existence que l'on croit non seulement possible, mais actuelle, que l'on se propose de former l'enfant. Voilà ce qui a donné naissance à ces différents systèmes pédagogiques, qui tous s'adressent aux fils d'une aristocratie privilégiée, pour lesquels les difficultés de la vie sérieuse n'existent pas[439] ». Montaigne aurait eu tout loisir d'être sceptique, sa curiosité intellectuelle étant privée d'enjeux réels. La dimension politique de l'existence serait tout simplement gommée par le scepticisme. Dans les années trente, Max Horkheimer propose une analyse sociologique de la « fonction de la *skepsis*[440] » chez Montaigne : sa profession de scepticisme s'expliquerait par une position sociale privilégiée. Les activités politiques de l'auteur sont tout simplement ignorées.

La critique des pédants ne relève qu'en apparence de l'orgueil nobiliaire mal placé[441]. Le passage est en grande partie une réécriture de la lettre quatre-vingt-huit de Sénèque, dans laquelle le philosophe romain écarte la grammaire, l'histoire, la géométrie et la musique comme inutiles avant de se raviser : les arts libéraux peuvent être enseignés en tant qu'ils préparent l'âme à la sagesse[442]. Le passage relève d'abord de la philosophie morale, même si nous le comprenons aujourd'hui à partir de la sociologie. En outre, « Du pedantisme » est marqué par un mouvement explicite d'égalisation des conditions sociales, qui rend le rappel des hiérarchies assez improbable. Aux yeux des philosophes antiques,

---

438 Gabriel Compayré, *Montaigne et l'éducation du jugement*, *op. cit.*, p. 54.

439 Émile Durkheim, *L'évolution pédagogique en France*, Alcan, 1938, p. 59. Les analyses de Durkheim sur Montaigne datent d'un cours professé à la Sorbonne en 1904-1905.

440 Max Horkheimer, « *Montaigne und die Funktion der Skepsis* », *Zeitschrift für Sozialforschung*, vol. 7, 1-2, 1938, p. 1-54.

441 Paul Porteau, *op. cit.*, p. 257 : « Ainsi parle le noble et riche héritier d'une longue lignée de gens de roture » ; critiqué par James Supple, *op. cit.*, p. 130 et suivantes.

442 Voir Sénèque, lettre 88. Montaigne y puise également l'opposition du « bien dire » et du « bien faire », qui permet à Sénèque de critiquer la sophistique et de vanter la noblesse toute romaine de l'action.

un prince et un pâtre se situent sur un pied d'égalité (l. 50). Dans la conduite d'une conversation, les gens du peuple ont l'avantage : « Car le paisant et le cordonnier, vous leur voiez aller simplement et naïfvement leur train, parlant de ce qu'ils sçavent » (l. 243-245). L'idée sera reprise et développée dans le chapitre « De l'art de conférer » : « Ce n'est pas tant la force et la subtilité que je demande, comme l'ordre. L'ordre qui se voit tous les jours aux altercations des bergers et des enfans de boutique, jamais entre nous » (III, 8, 925). La distinction sociale entre les doctes et les ignorants étant remise en question, il serait assez incongru de dresser le portrait d'un ariscocrate arrogant, qui mépriserait les roturiers ou les hobereaux devenus enseignants. Quel sens accorder au passage sur l'origine sociale des maîtres ? On peut y voir la volonté de confronter les maîtres à un regard extérieur. « Si dans le Collège, l'autorité et la hiérarchie semblent mettre le pédant à l'abri et lui assurent une certaine respectabilité, il n'en va pas de même dès qu'il quitte les murs d'enceinte et qu'il se retrouve plongé dans le monde[443] », souligne Jocelyn Royé. Dans une société aussi codifiée que la société française de la fin du XVIe siècle, chaque groupe social rappelle les caractéristiques qui lui valent une reconnaissance spéciale. Selon cette logique, le chapitre « Du pedantisme » doit permettre à Montaigne de se distinguer des maîtres de Collège, « gens de basse fortune » (l. 344), et de marquer son appartenance à un groupe social supérieur. L'auteur des *Essais* écarte ainsi de lui-même le reproche de pédantisme alors qu'il est un homme de lettres, pur produit de l'éducation humaniste, et qu'il admet par ailleurs faire partie de ces pédants qu'il critique[444].

L'interprétation que Montaigne donne de la question du naturel philosophe, en référence explicite à Platon, constitue la matrice d'un passage que l'on a tendance à comprendre aujourd'hui à la lumière de la sociologie comme discipline instituée. La problématique est celle des natures individuelles et des limites de l'éducation[445]. Les dispositions naturelles semblent

---

443 Jocelyn Royé, *op. cit.*, p. 59.

444 Jean Balsamo, « Le destin éditorial des *Essais* », dans *Les Essais*, Gallimard, 2007, p. XXXII : « Ce n'est pas le moindre paradoxe des *Essais* que de donner à voir cette métamorphose d'un gentilhomme veillant, dans ses écrits, à se distinguer des hommes de lettres et des pédants en un auteur à succès […]. »

445 James Supple, *op. cit.*, p. 131 : « *the more obviously social dimension is soon forgotten: he spends much more time developing one of his strongest convictions–that one cannot expect learning to benefit anyone who is not fortunate enough to have been born with* 'une ame bien née'. »

avoir valeur de déterminisme, souligne Montaigne en référence à Platon[446] ; dans le contexte de la Renaissance, l'invocation du naturel philosophe constitue une objection à l'optimisme pédagogique des humanistes[447]. De mêmle, il ne suffit pas d'être né gentilhomme pour réussir : l'ordre social apparaît contingent, voire injuste, au regard des capacités de chacun. « La principale ordonnance de Platon en sa Republique, c'est donner à ses citoyens, selon leur nature, leur charge » (l. 355-356). Montaigne convie son lecteur à faire une expérience de pensée : imaginons que la société soit organisée en partant des aptitudes de chacun. La référence à Platon apporte une caution prestigieuse à ce type d'expérience, qui fait aussitôt comprendre au lecteur que l'ordre social est par principe mal fondé, et que nous devons sans doute nous en contenter. Sous cet aspect, le passage se rattache à la veine cynique du chapitre. Une autre éducation pourrait-elle transformer la société ? Dans le chapitre vingt-trois, Montaigne souligne que les inconvénients d'une réforme l'emportent sur les avantages espérés[448]. La lecture classique des chapitres vingt-cinq et vingt-six veut qu'ils contiennent, au moins en germe, une réforme de l'éducation et de la société dont le sens téléologique est donné par la figure de l'honnête homme au XVIIe siècle[449]. Plusieurs éléments nous incitent toutefois à ne pas y voir dans ces chapitres un véritable projet de réforme. Ainsi, la question du naturel philosophe relève du lieu commun dans la littérature humaniste, et ne saurait être lue naïvement. « Et après cela, s'il plaît aux dieux, écrit Érasme dans l'Éloge de la Folie, qu'on vante la fameuse maxime de Platon : les républiques seront heureuses si les philosophes y gouvernent ou si les gouvernants sont philosophes. Au contraire, si vous consultez

446 Platon, *La République*, par ex. livre V, 474 bc : la nature a fait les uns pour profiter et la philosophe et exercer le commandement, les autres pour obéir à ceux qui gouvernent. Voir J. Supple, *ibid.*

447 Par ex. Érasme, *L'éducation du prince chrétien*, (1516), trad. A.-M. Greminger, Les Belles Lettres, 2016, p. 30 : « C'est au Ciel qu'il faut demander que naisse un prince doué d'un caractère droit, mais il dépend de nous que l'enfant royal, nié avec d'heureuses dispositions, ne les perde pas en grandissant ; ou encore, s'il est moins gâté par la nature, qu'il soit amélioré par l'éducation ».

448 « Je suis desgousté de la nouvelleté, quelque visage qu'elle porte, et ay raison, car j'en ay veu des effets tres-dommageables » (I, 23, 119).

449 Par ex. Pierre Villey, *Les Sources…*, *op. cit.* (1908), p. 467-468 : « Le résultat de cet enseignement, ce sera de former un *habile et honnête homme*, comme dit Montaigne, un de ces hommes dont la conversation lui semble si désirable. […] En somme, c'est l'homme de salon, superficiel, mais agréable et doué de bon sens, que la pédagogie de Montaigne prépare. »

les historiens, vous verrez qu'il n'y a jamais eu de princes plus néfastes pour la république que lorsque le gouvernement est tombé aux mains d'un soi-disant philosophe ou d'un homme de lettres[450] ». En présentant son ouvrage au roi Henri III, Montaigne pourrait avoir caressé l'ambition secrète d'être nommé conseiller du roi et de devenir en quelque sorte son mentor[451] : « Mais j'eusse dict ses veritez à mon maistre, et eusse contrerrolé ses meurs, s'il eust voulu » (III, 13, 1077). Dans notre chapitre, toutefois, Montaigne refuse la conjonction entre la science et le pouvoir, l'étude des lettres et l'exercice politique. Il invoque les précédents que constituent en la matière Cratès, Héraclite et Empédocle. La question de l'éducation ne doit plus être abordée à l'aune de la promesse qu'elle représente pour la vie politique, pas plus que celle-ci ne doit être abordées à partir d'un idéal de mentorat philosophique.

La question de l'éducation, abordée sous l'angle de la valeur respective de la nature et de l'éducation, donne lieu au développement de plusieurs métaphores, la vue (« faire voir un aveugle », plus loin « la veuë claire »), le « vase » d'argile (l. 353), qui absorbe en grande partie l'odeur de ce qu'il contient[452], ou encore la marche (l. 350-351), incluant la claudication (« les boiteux sont mal propres aux exercices du corps », l. 357-358). La métaphore du récipient, reprise au livre III[453], sert normalement à

450 Érasme, *Éloge de la folie*, XXIV, *op. cit.*, p. 32 ; voir aussi *Adages*, 201. Érasme évoque pourtant la thèse du philosophe-roi dans l'*Institution d'un Prince chrétien*, ouvrage écrit en 1516 à l'attention de Charles de Habsbourg, futur Charles Quint, sous la forme d'une mise en garde : « Si tu n'es pas d'abord philosophe, tu ne peux pas être un roi, mais seulement un tyran. [...] Ne pense pas que Platon ait dit à la légère, et que les hommes les plus valables l'aient approuvé, que seule serait heureuse la République où les princes seraient philosophes et où les philosophes auraient le pouvoir ». La référence au philosophe-roi de Platon se trouve également dans l'*Institution du prince* (1547) que Guillaume Budé adresse à François Ier, ou dans les *Dialogues* (1556) de Louis Le Caron, ou encore dans les *Pourparlers du Prince* (1560) d'Étienne Pasquier. Voir Béatrice Sayhi-Périgot, « Les vicissitudes de la sentence des rois-philosophes », *Littératures* n° 32, 1995, p. 19 : « On n'a jamais cru, au Moyen Âge ou à la Renaissance, à la réalisation possible de la République de Platon, qui n'a jamais été étudiée comme un système politique réalisable ».

451 Voir Arlette Jouanna, « La présentation des *Essais* à Henri III », *op. cit.*, p. 197–204. On peut toutefois s'étonner qu'en présentant son ouvrage au roi, Montaigne « ne l'ait fait précéder d'aucune dédicace destinée à capter sa bienveillance – ce qui est en soi une particularité peu commune pour un livre présenté au souverain » (*ibid.*, p. 199).

452 Sur la métaphore du vase d'argile, voir Carol Clark, *The Web of Metaphor. Studies in the Imagery of Montaigne's Essais*, French Forum, 1978, p. 56-57.

453 « Mais les sciences, nous ne les pouvons d'arrivée mettre en autre vaisseau qu'en nostre ame : nous les avallons en les achettant, et sortons du marché ou infects desjà ou amendez » (III, 12, 1039).

souligner la malléabilité de l'esprit de l'enfant, et donc l'importance des premières choses que le maître y place[454]. Un adage d'Érasme souligne avec humour qu'en matière d'éducation, « il ne faut pas jeter de la nourriture dans un pot de chambre[455] ». Or, paradoxalement, Montaigne s'intéresse ici à la qualité du vase lui-même et non à son contenu. Dans le *Protagoras* de Platon, Socrate demande comment il est possible de juger que A est la meilleure chose à faire, tout en faisant autre chose que A[456]. Montaigne reprend le schéma socratique de l'acrasie, ou faiblesse de la volonté, pour l'étendre à la question de l'efficacité de la science : « Tel a la veuë claire, qui ne l'a pas droitte ; et par consequent void le bien et ne le suit pas ; et void la science, et ne s'en sert pas » (l. 353-355). En d'autres termes, comment peut-on savoir et ne tirer aucun profit des connaissances que l'on acquiert ? C'est la question qui est posée au début du chapitre. La réponse apportée ici repose sur une lecture de Platon : il y a des esprits qui ne profitent pas de l'enseignement en raison de mauvaises dispositions naturelles. Soulignons que le passage a valeur d'emprunt, et ne saurait être assimilé de but en blanc à la pensée de Montaigne. Il permet à l'essayiste de marquer ses distances par rapport à l'optimisme pédagogique des humanistes. Pour Érasme, en effet, aucune situation n'est désespérée en matière d'éducation. « Le maître n'a pas raison de déclarer forfait ou de désespérer s'il est tombé sur un esprit farouche ou indomptable. Il n'est en effet aucune bête si sauvage et cruelle que les soins et l'art du dompteur ne puissent apprivoiser : pourquoi donc croire impossible de civiliser un esprit humain, si brutal et désespérant soit-il, par une éducation bien menée[457] ? » « La nature a son efficacité, mais l'éducation, plus efficace encore, en triomphe[458]. »

---

454 Érasme écrit ainsi : « Manie la cire pendant qu'elle est molle, metz en œuvre l'argille qui est encore moitte, abreuve de bons liqueurs le vaisseau pendant qu'il est neuf, taings le drap tandys qu'il vient tout blanc du foullon, et qu'il n'est maculé d'aulcunes taches », dans la traduction de Pierre Saliat, *Declamation contenant la manière de bien instruire les enfans* (1537) ; cité par Carol Clark, *op. cit.*, note 46, p. 172.

455 Érasme, *Adages* : « *cibum in mattelam ne immitas* ».

456 Socrate défend la thèse devenue célèbre : « Personne ne fait le mal volontairement » (Platon, *Protagoras*, 358d).

457 Érasme, *L'Éducation du prince chrétien*, *op. cit.*, p. 38.

458 Érasme, *Il faut donner très tôt aux enfants une éducation libérale* (*Declamatio de pueris…*), trad. J.-C. Margolin, *op. cit.*, p. 484. La *declamatio* est un exercice oratoire qui prend souvent la forme du plaidoyer pour ou contre sur un thème donné (la folie, le mariage, l'éducation, etc.). L'exercice rhétorique permet normalement à l'auteur de masquer sa

Dans notre chapitre, la référence à Platon vient faire contrepoids à l'optimisme d'Érasme et de ses disciplines.

La nature individuelle a-t-elle valeur de déterminisme ? Les deux éléments suivants, les plus tranchés sur la question, ne se trouvent pas sur l'EB : « Nature peut tout, et fait tout », « et aux exercices de l'esprit les ames boiteuses » (l. 356-357 et 358). D'un point de vue philologique, ce sont des restitutions effectuées par Marie de Gournay sur l'édition de 1595[459]. Leur statut philologique incertain et leur caractère particulièrement assertif devraient recommander la prudence en matière d'interprétation. Commentant « Nature peut tout et fait tout », Émile Durkheim conclut au « nihilisme pédagogique[460] » de Montaigne. Ses réflexions seraient profondément décourageantes pour le pédagogue si « l'éducation ne peut rien sur ce qui constitue le fond de notre nature ». L'indignation de Durkheim porte sur la valeur de déterminisme que Montaigne accorderait ici aux dispositions naturelles. Les élèves doués ont-ils besoin d'une bonne éducation ? Les élèves les moins doués profitent-ils vraiment de longues années d'enseignement ? La valeur critique du passage échappe à Durkheim, qui ne voit pas que l'analyse porte sur ce que l'on pourrait appeler précisément des « faits sociaux[461] » : quelles que soient leur dispositions, les élèves entrent dans un système scolaire dont les règles pré-existent à tout accomplissement individuel. Les types de conduite et de discours attendus sont extérieurs aux élèves et s'imposent

---

conviction personnelle. La *declamatio* la plus célèbre au XVIe siècle est celle d'Érasme dans l'*Éloge de la folie* (1511). Érasme définit le *declamator* comme étant « celui qui, dans une école ou pour lui-même, plaide une cause fictive, afin de pouvoir le cas échéant en plaider une vraie avec plus de justesse », souligne J.-C. Margolin, *op. cit.*, p. 469-470. L'exercice est pratiqué dans les collèges et les universités comme propédeutique à la fonction d'avocat ou d'orateur.

459 *Les Essais*, Paris, Abel L'Angelier, 1595, exemplaire de l'Université de Cambridge, legs Gilbert de Botton. Fac-similé accessible sur le site des Bibliothèques Virtuelles Humanistes, ici page 77 ; voir aussi l'édition des *Essais* par André Tournon à l'Imprimerie nationale, 1998, vol. 1, p. 248.

460 Émile Durkheim, *op. cit.*, (2014), p. 257 ; cité par Jean Chateau, *op. cit.*, p. 133.

461 Expliquant l'idée selon laquelle « il faut traiter les faits sociaux comme des choses », Émile Durkheim évoque le caractère impératif des représentations extérieures à l'individu, objets que la sociologie se propose d'étudier. Il souligne le rôle de l'éducation dans l'élaboration des règles sociales qui précèdent l'activité des individus. Voir Durkheim, « Qu'est-ce qu'un fait social ? » dans *Les Règles de la méthode sociologique* (1894), Flammarion, 1988, p. 95 et suivantes. Sur Montaigne et Durkheim, voir Philippe Desan, « Éléments d'une sociologie des *Essais* », dans *Montaigne*, Pierre Magnard et Thierry Gontier (dir.), Cerf, 2010, p. 45-66.

à eux qu'ils le veuillent ou non, qu'ils en soient réellement capables ou non, avec la « puissance impérative et coercitive[462] » d'une croyance obligatoire. Contemporain de Durkheim, Compayré semble répondre au sociologue lorsqu'il écrit en 1905 : « Montaigne, qui répugne à toute opinion absolue, n'est pas un superstitieux de l'éducation. Il ne croit pas à sa portée infaillible, à sa toute-puissance, ni que d'elle seule puisse dépendre l'avenir des individus[463] ». L'objection du naturel est connue au XVIe siècle : « Il y a des peres qui ont des enfants, qui se retrouvent de si lourde et pesante nature, qu'il leur semble que c'est comme peine perdue de leur faire enseigner ce qu'ils presument qu'ils ne pourront jamais apprendre. Mais ils commettent erreur en cela : car à ceux qui sont dépourvus des facultez de nature, c'est à ceux-la auxquels il faut plus adjouster d'art et de labeur pour suppléer aux premiers defaults, et quelquefois avec le temps l'un s'amende par l'autre[464] », soutient François de La Nouë, qui reste ainsi fidèle aux principes érasmiens. L'éducation permet de lisser les « imperfections naturelles » de tel ou tel jeune homme, de lui inculquer suffisamment de « civilité pour ne pas faire déshonneur à ses parents ». L'éducation produit des effets merveilleusement positifs à la condition qu'elle soit conduite selon la bonne méthode. L'optimisme pédagogique des humanistes trouve ses points d'appui dans l'Antiquité, par exemple chez Plutarque dans le traité sur l'éducation des enfants : la paresse corrompt les bonnes dispositions naturelles, tandis que le travail vient à bout des natures les plus difficiles[465]. En bon érasmien, Montaigne évoque dans le chapitre vingt-six l'importance des dispositions naturelles et la nécessité d'adapter l'enseignement aux « propensions naturelles » des enfants (I, 26, 149). Le bon précepteur doit se demander avant toute

---

462 Émile Durkheim, *op. cit.*, p. 96.

463 Gabriel Compayré, *op. cit.*, 1905, p. 55.

464 François de La Nouë, *Discours politiques et militaires*, 5e discours, f° 121.

465 Plutarque, « Comment il faut nourrir les enfans », traduction Jacques Amyot, édition revue et corrigée, Paris, Barthelemy Macé, 1587 : « Or est bien-heureux celuy-là, et singulièrement aimé des Dieux, à qui le tout est octroyé ensemble : mais pourtant s'il y a quelqu'un qui pense, que ceux qui ne sont pas totalement bien nez, estant secourus par bonne nourriture et exercitation à la vertu, ne puissent aucunement reparer et recouvrir le defaut de leur nature : sache qu'il se trompe et se mesconte de beaucoup, ou pour mieux dire, de tout en tout : car paresse aneantit et corrompt la bonté de nature, et diligence de bonne nourriture en corrige la mauvaiseté. Ceux qui sont nonchalans ne peuvent pas trouver les choses mesmes qui sont faciles ; et au contraire, par soin et vigilance l'on vient à tout de trouver les plus difficiles ».

chose ce que l'enfant est capable de comprendre. Toujours dans le sillage d'Érasme, Montaigne met en avant l'importance du choix du précepteur et la nécessité d'éduquer les enfants dès leur plus jeune âge[466]. L'influence érasmienne se fait également sentir dans la critique des « divinations et pronostics[467] » concernant l'avenir : on observera ce que l'enfant est capable de faire au lieu de le soumettre à des destinées absurdes. Dans le chapitre « Du pedantisme », la perspective est tout autre. Montaigne formule une objection platonicienne à l'optimisme érasmien : la science est un poids très lourd à porter pour l'esprit, tous n'en ont pas les capacités. Les effets de l'excès de savoir sont délétères, sauf sur des âmes par nature suffisamment fortes pour lui résister. L'objection est formulée plusieurs fois dans le chapitre, et pas seulement en référence au naturel philosophe de Platon[468].

L'essai sur le rôle respectif du naturel et de l'éducation peut se lire comme un processus de formation du jugement personnel par auteurs interposés. Montaigne s'inspire de l'optimisme d'Érasme pour relativiser le rôle des dispositions naturelles, auxquelles Platon accorderait une importance cruciale ; contre Érasme, il fait référence à la *République* de Platon pour souligner ce frein à l'éducation que constitue un mauvais naturel[469]. L'essayiste fait jouer une référence contre l'autre. Métaphoriquement, la méthode consiste à faire osciller la balance du jugement sous l'effet des poids et contrepoids : « mettons au contrepoids l'avis de deux philosophes, et de deux sectes très differentes[470] ». Le dialogue avec soi-même par auteurs interposés est une manière de s'arracher aux convictions premières et d'explorer des points de vue contrastés. Quelle est la position que Montaigne pourrait assumer à la première personne ? Si l'on se réfère à l'explication donnée

466 Érasme, *Il faut donner très tôt aux enfants…*, *op. cit.*, (1992) p. 486 *sq.* ; *L'Éducation du prince chrétien*, *op. cit.*, p. 32-35.

467 Érasme écrit : « À peine s'arrondit le ventre d'une femme qu'ils vont quérir un faiseur d'horoscopes […]. Si, d'après l'horoscope, l'astrologue a déclaré que leur rejeton serait heureux à la guerre : « Nous le consacrerons, disent-ils, à la cour du roi » (*Il faut donner très tôt aux enfants…*, trad. J.-C. Margolin, 1992, p. 485). L'astrologie faisait partie des objets légitimes de la culture savante à la Renaissance, quelle que soit la position de l'auteur sur la question. Voir par ex. de Jean Pic de la Mirandole les *Disputationes adversus astrologiam divinatricem* (1494).

468 « Mais d'où il puisse advernir […] » (134, l. 20) ; « […] ils ont la souvenance assez pleine, mais le jugement entierement creux, sinon que leur nature d'elle mesme le leur ait autrement façonné […]. Ce sont natures belles et fortes […] » (139, l. 268-269 et 285).

469 Sur ce point, voir Marc Foglia, *op. cit.*, (2011), p. 238–241.

470 Voir aussi I, 39, 247 ; I, 19, 669 : « Toutesfois l'inimitié qu'il portoit à la nostre ne donnoit aucun contrepoix à la balance » ; I, 20, 82, etc.

au livre III, l'érudition n'est profitable qu'à une âme bien constituée par nature, ou du moins suffisamment vigoureuse pour pouvoir profiter de la « charge » que représentent les études. « Il faut qu'il y ait plus de vigueur et de pouvoir au porteur qu'en la charge » (III, 8, 931). Il est beaucoup plus facile d'être un bon domestique, un bon marchand ou encore un bon artisan qu'un bon savant. La référence au naturel philosophe permet de faire le lien entre notre chapitre et ce développement du livre III :

> C'est pourquoy on voit tant d'ineptes ames entre les sçavantes, et plus que d'autres : il s'en fut faict des bons hommes de mesnage, bons marchans, bons artizans ; leur vigueur naturelle estoit taillée à cette proportion. C'est chose de grand poix que la science ; ils fondent dessoubs : pour estaller et distribuer cette noble et puissante matiere, pour l'employer et s'en ayder, leur engin n'a ny assez de vigueur, ny assez de maniement : elle ne peut qu'en une forte nature ; or elles sont bien rares. Et les foibles, dict Socrates, corrompent la dignité de la philosophie en la maniant. Elle paroist et inutile et vicieuse quand elle est mal estuyée[471] (III, 9, 913).

La voie de l'érudition est difficile, seule une « forte nature » peut y réussir. Lorsque Montaigne distingue Adrien Turnèbe, c'est pour avoir conservé intacte sa capacité de jugement malgré son immense érudition. Si Turnèbe est admirable, c'est parce qu'il fait précisément partie de ces « natures belles et fortes » (l. 285), ces esprits rares dont l'accumulation de connaissances n'entame la « vigueur » naturelle. On ne sait pas toutefois quelle est la proportion d'individus qui forment ce groupe favorisé par la nature. Quoi qu'il en soit, souligne James Supple, ce groupe ne saurait être assimilé à la catégorie sociale des gentilshommes[472].

L'objection platonicienne repose sur l'idée que l'éducation se fonde sur des dispositions naturelles, par principe variables selon les individus. « Les faibles corrompent la dignité de la philosophie » parce qu'ils n'ont pas les dispositions adéquates pour en faire bon usage. L'idée n'est pas isolée dans les *Essais* : la nature pose des limites à ce que l'homme voudrait faire de lui-même par institution[473]. L'objection n'est donc

---

471 L'expression « inutile et vicieuse quand elle est mal estuyée » (III, 9, 913) semble renvoyer littéralement à « selon le vase qui l'estuye » (141, l. 352-353). Dans les deux cas, la rédaction est postérieure à 1588.

472 James Supple, *op. cit.*, p. 134-135.

473 « Toute cette nostre suffisance, qui est au delà de la naturelle, est à peu pres vaine et superflue » (III, 12, 1038).

pas à proprement parler une remise en question de l'éducabilité de l'homme, comme le soutient Émile Durkheim, mais une manière d'en limiter les prétentions. À la même époque, fin connaisseur des *Essais*, Fortunat Strowski commente en ces termes : « L'institution, pour être profitable, doit s'exercer sur une bonne nature ; si la nature de l'enfant est mauvaise, l'éducation perd son temps[474] ». Où poser les limites ? Dans le chapitre « De l'institution des enfans », le lecteur butte sur cette phrase choquante :

> [...] je n'y trouve autre remede, sinon que de bonne heure son gouverneur l'estrangle, s'il est sans tesmoins, ou qu'on le mette patissier dans quelque bonne ville, fust-il fils d'un duc, suivant le precepte de Platon qu'il faut colloquer les enfans non selon les facultez de leur pere, mais selon les facultez de leur ame (I, 26, 162-163).

Gabriel Compayré commente à regret : « Ce jour-là, Montaigne manquait vraiment de modération[475] ». « Par là, Montaigne nous révèle le défaut de sa pédagogie[476] » écrit Fortunat Strowski. On pourrait se réjouir de l'incise (« fût-il fils d'un duc ») qui marque l'indifférence à l'égard du statut social de l'élève, mais ce serait une consolation hors de propos. La critique souligne qu'une solution aussi sévère ne peut relever chez Montaigne que de la boutade ou de l'ironie[477]. La vie d'un enfant vaut-elle moins que sa réussite à l'école ? L'objection platonicienne prend en considération les aptitudes individuelles, indépendamment de tout héritage familial et de tout statut social. La visée d'une même vérité place les hommes sur un pied d'égalité, rappellent les chapitres vingt-cinq et vingt-six[478]. Ailleurs, Montaigne prend ses distances à l'égard de la mythologie des esprits supérieurs : « de mon temps, ceux qui ont quelque rare excellence au dessus des autres et quelque vivacité extraordinaire, nous les voyons quasi tous desbordez en licence d'opinions et de meurs » (II, 12, 559). Pense-t-il ici à certains de ses maîtres, en

---

474 Fortunat Strowski, *op. cit.*, p. 252.

475 Gabriel Compayré, *Montaigne et l'éducation du jugement*, *op. cit.*, p. 71. « Cette réponse est une boutade », écrit par exemple Louis Petit de Julleville dans *Histoire de la littérature française*, Masson, 1895, p. 219. Le passage avait été supprimé par Marie de Gournay.

476 Fortunat Strowski, *op. cit.*, p. 253.

477 James J. Supple, *op. cit.*, p. 132.

478 « l'image universelle de nature » (l. 55-56) ; « La verité et la raison sont communes à un chacun [...] » (I, 26, 152).

particulier à Marc-Antoine Muret, « que la France et l'Italie recognoist pour le meilleur orateur du temps » (I, 26, 174), mais dont les convictions religieuses et les mœurs dissolues lui ont valu régulièrement des ennuis ? Le thème du naturel philosophe lui permet de demander s'il n'y a pas des natures inaptes à profiter de l'étude des lettres. De la critique des pédants, on passe à celle des « âmes boiteuses » (l. 358), qui seraient disgraciées par nature. Alors que le pédantisme semblait renvoyer à une corruption de l'enseignement, Montaigne pointe ici des dispositions qui seraient naturellement mauvaises. Il s'agit d'une nouvelle hypothèse pour expliquer le pédantisme, la quatrième examinée dans le chapitre : le pédant est celui qui n'a pas profité de l'étude en raison de mauvaises dispositions. Il se caractérise par un défaut de jugement congénital. Faut-il exclure ces « ames boiteuses » des Collèges pour ne pas leur faire perdre leur temps et celui des enseignants ? Ailleurs, pourtant, Montaigne pratique l'auto-ironie : « Mes conceptions et mon jugement ne marche qu'à tastons, chancelant, bronchant et chopant » (I, 26, 146). Le roi Agésilas, cité dans le chapitre (l. 445), était connu pour sa boiterie, qu'il parvint par ses efforts à atténuer[479]. La claudication est une caractéristique de la raison humaine qui « va tousjours, et torte, et boiteuse, et deshanchée » (II, 12, 565). Un autre développement en fait le titre d'un chapitre entier, « Des Boyteux », et une promesse amusée d'accomplissement érotique : « on dict en Italie, en commun proverbe, que celuy-là ne cognoit pas Venus en sa parfaicte douceur qui n'a couché avec la boiteuse » (III, 11, 1033). Il s'agit d'un contrepoint comique, Montaigne s'attaquant dans ce chapitre à une folie meurtrière dont les prétendues sorcières sont les victimes. Peut-on vraiment faire de la claudication une tare originelle, qui distinguerait dès la naissance les âmes bonnes des mauvaises ? « Ainsi tout âme boite, toute âme est boiteuse dès lors qu'elle entreprend d'exercer son jugement. Boiter n'est pas une caractéristique psychologique de certaines âmes, c'est aux yeux de Montaigne une caractéristique de l'allure même du jugement[480] », commente Hubert Vincent. La boiterie intellectuelle est un vice si répandu que nous pouvons mettre en doute la volonté qu'aurait ici Montaigne d'introduire des discriminations sur cette base.

479 Plutarque, « Agésilas », II.3, *Vies parallèles*, *op. cit.*, p. 1103.
480 Hubert Vincent, *op. cit.*, p. 44.

On peut également se demander dans quelle mesure l'auteur des *Essais* fait de la référence au naturel philosophe une pensée personnelle. L'exclusion des « ames boiteuses » a le statut d'un emprunt, tout comme le passage similaire dans le chapitre « De la vanité » (III, 9). Dans les deux cas, la référence renvoie à la discussion entre Socrate et Glaucon, au livre VI de la *République*, pour déterminer qui est d'un naturel philosophe et qui ne l'est pas, et qui pourra par conséquent faire des études en vue de maîtriser la science de la dialectique[481]. Il existe une autre source du passage, moins explicite, à savoir l'aptitude à la philosophie évoquée par Cicéron[482]. « Tel est l'effet de la philosophie : elle guérit l'âme, dégage des vaines inquiétudes, affranchit des passions, bannit les terreurs. Mais l'influence dont je parle ne s'exerce pas également sur tout le monde : là où elle agit puissamment, c'est lorsqu'elle se déploie dans une nature appropriée[483] », écrit Cicéron dans les *Tusculanes*. La philosophie ne produit pas sur tous les esprits les mêmes effets, mais tous peuvent bénéficier a minima d'une éducation philosophique. En outre, l'invocation du naturel philosophe ne saurait valoir comme dogme dans les *Essais*, puisque le chapitre suivant le soumet explicitement à la critique : « Platon mesme, en sa Republique, me semble leur donner beaucoup d'authorité » (I, 26, 149). À la différence de ce que nous observons chez les animaux[484], nous ne pouvons connaître avec certitude nos dispositions naturelles, qui sont recouvertes par la coutume depuis longtemps. Pourtant, nous n'avons pas non plus la garantie que l'effort d'éducation sera capable de nous transformer en mieux. Plutarque soulignait que « pour faire un homme parfaitement vertueux, il faut que trois choses y soient concurrentes, la nature, la

481 Platon, *La République*, VI, 535c, trad. L. Robin, Gallimard, 1950, t. 1, p. 1130-1131 : « En tout cas, repris-je, la faute actuelle, et c'est pour cela, je l'ai dit auparavant, que le discrédit s'est abattu sur la philosophie, c'est qu'on ne s'y attache pas en proportion du mérite ; car ceux qui devaient s'y attacher, ce n'étaient pas ses fils bâtards, mais ses fils légitimes ! »

482 La source est mentionnée par Pierre Villey, *op. cit.*, (1920), p. 72 : « Ceci est peut-être imité d'une idée de Platon qu'on rencontre à la fois dans le Ménexène et dans la *République* (livre IV), et que Cicéron a reprise dans le *De Officiis* (I, XIX) : « *Praeclarum illud Platonis : non, inquit, solum scientia, quae est remota a iustitia* [...]. »

483 Cicéron, *Tusculanes*, II.11, trad. G. Fohlen et J. Humbert, Paris, Les Belles Lettres, 1970.

484 « Les petits des ours, des chiens, montrent leur inclination naturelle ; mais les hommes, se jettans incontinent en des accoustumances, en des opinions, en des loix, se changent ou se deguisent facilement » (I, 26, 149). Voir aussi II, 8, 386 et II, 12, 456.

raison et l'usage[485]. » Semblablement, Érasme demandait à ce que soient conjoints la nature, la méthode (*ars*) et l'exercice (*usus*) « comme les trois brins d'une cordelette[486] ». Montaigne défait la conjonction de ces trois élements, au profit d'une opposition entre nature et culture, nature et « art » (l. 165-167) qui rend problématique la question de l'éducation. La « naïveté si pure et simple » (I, 31, 206) des Cannibales ne produit-elle pas des effets supérieurs à l'organisation politique imaginée par Platon dans la *République* ? L'invocation de la sagesse populaire atténue la radicalité du propos : « Quand nous voyons un homme mal chaussé, nous disons que ce n'est pas merveille s'il est chaussetier » (l. 359-361). De même, faut-il s'étonner que les enseignants profitent si peu de l'enseignement ? Le cordonnier est mal chaussé, le médecin tombe lui aussi malade, les mœurs du théologien ne sont pas exemplaires, le jugement du savant ne profite guère de la science, etc. L'expression de « theologien moins reformé » pourrait prêter à confusion, par association d'idées avec la Réforme, mais l'adjectif « reformé » a dans les *Essais* un sens moral[487]. L'expression est un euphémisme : elle remplace le « theologien vicieux », que Montaigne a préféré supprimer.

Avec une virtuosité baroque, l'essayiste passe ensuite du dicton populaire à la référence savante, toujours sur la question de l'importance relative du naturel et de l'instruction.

> Aristo Chius avoit anciennement raison de dire que les philosophes nuisoient aux auditeurs, d'autant que la plus part des ames[488] ne se trouvent propres à faire leur profit de telle instruction, qui, si elle ne se met à bien, se met à mal : *asotos ex Aristippi, acerbos ex Zenonis schola exire*[489] (l. 364-369).

485 Plutarque, « Comment il faut nourrir les enfans », trad. J. Amyot, *ibid.* : « J'appelle raison la doctrine des préceptes ; et usage, l'exercitation. Le commencement nous vient de la nature, le progrès et accroissement, des préceptes de la raison ; et l'accomplissement, de l'usage et exercitation ; et puis la cime de la perfection, de tous les trois ensemble ».

486 Érasme, *De pueris*, trad. J.-C. Margolin, *op. cit.*, p. 497-498 : « Or le principe universel de la félicité humaine réside essentiellement en trois choses : la nature, la méthode et l'exercice [...]. Tressons donc ensemble les trois brins de cette cordelette, afin que la nature soit conduite par la raison et que celle-ci soit portée à la perfection par l'exercice ».

487 Alcibiade était [...] « autant reformé en Sparte que voluptueux en Ionie » (I, 26, 286) ; « cette assiette reglée, reformée et devotieuse » (I, 56, 506).

488 À la place de « ames », Montaigne avait d'abord écrit « natures », mot qu'il barre sur l'EB.

489 Cicéron, *De natura deorum*, III, 31 : « l'école d'Aristippe fait des débauchés, celle de Zénon des sauvages ».

L'anecdote est tirée d'un passage du *De natura deorum*, dans lequel Cicéron explique que la raison est un outil précieux, mais que les hommes ne savent guère s'en servir. Les dieux auraient-ils même pu leur nuire davantage qu'en leur faisant don de la raison ? Au regard de ses effets, souvent contre-productifs, la raison ne saurait être considérée comme un bien en soi. Dans le contexte cicéronien, l'enseignement de la philosophie a le statut d'une hypothèse et la valeur d'un exemple : « Ariston de Chios disait souvent que les philosophes nuisaient à ceux de leurs disciples qui prenaient dans un mauvais sens leur bonne doctrine : que les leçons d'Aristippe faisaient des sensuels, celles de Zénon des farouches. Si cela est vrai, les philosophes auraient certainement mieux fait de se taire, que d'ouvrir des écoles d'où l'on sortait avec de mauvais principes, faute d'avoir bien pris la pensée des maîtres. Et de même, si la raison, quoique donnée à l'homme par un bon motif, sert pourtant à le rendre fourbe et méchant, c'est un don que les Dieux auraient dû ne pas nous faire[490]. » L'idée de Cicéron est la suivante : les effets négatifs de la philosophie que l'on peut observer chez les disciples d'Aristippe de Cyrène, fondateur d'une école hédoniste appelée le cyrénaïsme, ou bien chez les disciples de Zénon de Citium, fondateur du stoïcisme, nous interdisent de considérer que la raison est un bien en soi. Tout dépend de l'usage que l'homme fait de sa raison, usage dont il est en quelque sorte responsable. Montaigne ne retient pas ici la critique de la raison, qui constitue pourtant un thème philosophique majeur des *Essais*. Il choisit de radicaliser le propos de Cicéron sur la philosophie en affirmant que celle-ci serait nuisible à « la plus part des ames ». Ce n'est plus une hypothèse (« Si cela est vrai [...]. Et de même, si la raison [...] », précisait Cicéron), mais une opinion à laquelle Montaigne dit soucrire, pour contester l'idée que l'étude de la philosophie aurait en soi une valeur positive.

490 Cicéron, *ibid.* Ariston de Chios soutenait qu'il n'y a de bon que la vertu et de mauvais que le vice, tout le reste étant indifférent : « Il a dit que la fin était de vivre dans l'indifférence [...] » (Diogène Laërce, VII, 160). Il soutenait que forger des maximes n'était « pas digne d'un philosophe, mais d'un maître d'école » (*paedagogus*, écrit Sénèque dans la lettre 89.13). Ariston plaçait tous les indifférents (*adiaphora*) sur un pied d'égalité, refusant de faire la moindre différence entre richesse, pauvreté, connaissance et ignorance, réputation bonne ou mauvaise, etc. Cette doctrine de l'indifférence le rapproche des Cyniques. Au livre V du *De finibus*, Cicéron l'accuse de rendre la vertu inaccessible.

RETOUR AUX MODÈLES ANTIQUES ? (L. 370-428)

Par contraste avec ce qui précède, la tonalité devient soudain hyperbolique, signalant le passage au genre de l'éloge. Montaigne avait d'abord écrit : « Et m'a semblé chose [...] » avant de corriger au profit d'une formule non modulée : « C'est chose digne de tres-grande consideration que, en cette excellente police de Licurgus, et à la vérité monstrueuse par sa perfection [...] » (142, l. 384-385). Quel sens attribuer à l'évocation idéalisée de l'Empire perse et de l'antique Sparte en ces temps glorieux, qui étaient ceux des « maistres de vaillance, prudence et justice » ? La critique insiste sur la volonté de restaurer la « gloire des belles et genereuses actions anciennes » (II, 37, 230) contre l'excès d'esprit critique que Montaigne diagnostique chez ses contemporains[491]. La grandeur des modèles antiques serait une manière de faire honte au présent en donnant « un bon coup de fouet à la bestise ordinaire de son jugement » (I, 23, 116). Une autre lecture pose que les *exempla* tirés de l'histoire antique illustrent le pédantisme de l'auteur : le passage aurait alors valeur ironique[492].

Lorsque l'expérience fait défaut, nous pouvons mobiliser d'autres manières de vivre et de penser afin de mettre les nôtres en perspective. À la Renaissance, l'histoire apporte son précieux concours à l'ouverture d'esprit et à la liberté intellectuelle[493]. Au début du chapitre « Des coutumes anciennes », Montaigne écrit ainsi : « Je veux icy entasser aucunes façons anciennes que j'ay en memoire, les unes de mesme les nostres, les autres differentes, afin qu'ayant en l'imagination cette continuelle variation des choses humaines, nous en ayons le jugement plus esclaircy

491 Voir Timothy Hampton, *Writing from History : The Rhetoric of Exemplarity in Renaissance Literature*, Cornell University Press, 1990, p. 135. À propos du chapitre « Du jeune Caton » (II, 37), le critique souligne : « *The last version of the essay, which appeared in the posthumous 1595 edition of his book, responds to the cynical subversion of the heroic ancients which Montaigne attributes to his contemporaries* ».

492 C'est la lecture proposée notamment par Robert Kilpatrick, « 'Et nous enferrons de nos armes' : Self-irony and Paradox in 'Du pedantisme' », *MS*, « Montaigne and Descartes », n° 25, 2013, p. 207-224.

493 Ernst Cassirer, *Le Problème de la connaissance dans la philosophie et la science des Temps modernes*, trad. R. Fréreux, Paris, Cerf, 2004, p. 146.

et plus ferme » (I, 49, 297). Les *exempla* doivent permettre de prendre ses distances à l'égard des coutumes en vigueur, de libérer le jugement de ce qui relève d'un conditionnement inconscient. Ici, les modèles perse et lacédémonien constituent des références utiles pour mieux juger de ce que devrait être une bonne éducation. La question qui intéresse en priorité la critique a été de savoir dans quelle mesure les réflexions de Montaigne en matière pédagogique peuvent éventuellement déboucher sur une réforme, mais ce n'est pas la question qui préoccupe l'auteur[494]. Dans les chapitres du livre I qui portent directement sur la coutume (I, 23 et I, 49), le nombre de coutumes transposables au présent reste anecdotique. Ainsi, dans la Rome antique, il y avait des cuves à l'angle des rues pour permettre aux passants d'uriner : pourquoi ne pas installer des urinoirs en ville (I, 49, 298) ? Ailleurs, des bassins abritaient des poissons, ce qui rafraîchissait la villa et s'avérait bien pratique à l'heure du déjeuner (I, 49, 299 ; II, 12, 467). En matière politique et sociale, Montaigne rejette explicitement le projet de transposition : « Telle peinture de police serait de mise en un nouveau monde, mais nous prenons les hommes obligés déjà et formés à certaines coutumes ; nous ne les engendrons pas comme Pyrrha ou comme Cadmus » (III, 9, 957). Après le déluge, Pyrrha aurait repeuplé la terre avec Deucalion en jetant des pierres qui devinrent des hommes et des femmes en touchant le sol[495]. L'utopie relève pour Montaigne de la mythologie. Ici comme dans notre chapitre, l'usage du terme « police », étymologiquement proche du grec *politeia*[496], souligne l'importance politique du passage. Quelle est l'intention sous-jacente à l'évocation de cette « excellente police de Licurgus » (l. 384) ? L'organisation lacédémonienne étant aussitôt jugée « monstrueuse par sa perfection », Montaigne fait comprendre qu'il n'est pas question de la transposer dans la réalité. Dans le chapitre « Du jeune Caton », il entend « peindre la vertu la plus belle qui se puisse » (II, 37, 231) : son intention est alors de « recharger d'honneur » la vertu des grands hommes de l'Antiquité et de leurs actions, manière de

494 Sur Montaigne « réformateur », voir Pierre Manent, *op. cit.*, introduction.

495 Ovide, *Métamorphoses*, I, 398-415.

496 En grec, πολιτεια désigne l'organisation de la cité. Le terme est passé en français par l'intermédiaire du bas latin *politia* ; sa traduction latine classique est *res publica*. Sur la place de la coutume dans la pensée politique de Montaigne, voir Pierre Manent, « La raison commandée », *op. cit.*, chap. 6, p. 219-245.

lutter contre la corruption des mœurs de l'époque, souligne Timothy Hampton[497]. Le même schéma d'interprétation s'applique-t-il aux modèles antiques de notre chapitre ?

Les descriptions tirées de l'histoire ancienne doivent permettre à Montaigne et à ses lecteurs de prendre leurs distances par rapport aux coutumes en vigueur et d'imaginer qu'une autre éducation est au moins possible. L'éducation en vigueur relève de la coutume et n'a donc pas de fondement naturel. Il s'agit ici encore de critiquer une coutume existante, de « discourir et raisonner de ses ordonnances », selon les termes d'un programme établi dans le chapitre vingt-trois. L'intention de Montaigne ne saurait être confondue avec l'établissement d'un programme d'études, comme celui qu'il approuve comme Maire de Bordeaux pour le Collège de Guyenne en 1583[498]. Le lecteur peut toutefois sourire à l'idée qu'il faille mobiliser Xénophon, Platon, et se transposer jusque dans l'ancien Empire perse pour dire que les jeunes gentilshommes feraient bien d'apprendre très tôt à monter à cheval – une prescription qui relève, à l'époque, du lieu commun[499]. Ce faisant, Montaigne respecte intégralement les codes appris au cours de sa scolarité. Pour dire qu'il ne faut pas négliger l'éducation physique, il fera donc référence aux rois de perse ; pour rappeler que les parents doivent veiller à l'éducation des enfants, il évoquera l'organisation de la cité spartiate sous Lycurgue, etc. N'est-ce pas « jouer le rolle d'un personnage emprunté » (III, 10, 1011), en l'occurrence celui du bon élève, qui va jusqu'à imiter l'emphase de ses maîtres lorsqu'il est question d'Antiquité ? Le chapitre multiplie les marques d'érudition, comme si l'auteur s'amusait à battre les pédants à

497 Timothy Hampton, *op. cit.*, p. 136 *sq.*

498 Maire de Bordeaux, Montaigne valide en 1583 le programme d'études présenté par Élie Vinet pour le Collège de Guyenne, connu sous le titre de *Schola Aquitanica*. Dans l'adresse des *Schola Aquitanica*, Élie Vinet fait référence aux dispositions antérieures prises par « André de Gouvéa, de Portugal, principal du collège de Bordeaux, homme né pour bien élever la jeunesse ». Les membres du Conseil municipal adoptèrent le plan d'études à l'unanimité et décidèrent de le publier « le plus tôt possible, pour que la règle observée jusqu'à aujourd'hui dans leur collège de Bordeaux fût bien connue et ne pût jamais s'altérer facilement ». Le programme d'enseignement du Collège de Guyenne n'avait guère changé depuis un demi-siècle, depuis l'organisation du Collège par André de Gouveia à partir de 1534. Voir Philippe Desan, *op. cit.* (2014), p. 66.

499 Voir par ex. Rabelais, *Gargantua*, chapitre XII, « Des chevaux factices de Gargantua ». L'art de monter à cheval contribue pour une part importante à l'idéal du gentilhomme chez Montaigne, souligne Jean Balsamo dans « Montaigne, le style (du) cavalier et ses modèles italiens », *NRSS*, 17/2, 1999, p. 253-267.

leur propre jeu. En respectant à la lettre les codes humanistes, Montaigne s'expose lui-même au reproche de pédantisme. La démarche est volontaire, soutient Robert Kilpatrick : le fait de recourir à des autorités si lointaines et si prestigieuses relève en grande partie de l'auto-ironie[500].

À la différence de ce qui se pratiquait à Athènes, les Perses auraient appris aux enfants non pas les lettres, mais la vertu. C'est le sens de la référence à « cette belle institution que Xenophon preste aux Perses[501] » (l. 370-371). L'usage du verbe « prester » introduit toutefois une modulation, par laquelle Montaigne laisse entendre qu'il s'agissait déjà d'une fiction, d'un imaginaire pédagogique et non d'une réalité historique[502]. La bonne éducation serait d'abord une éducation morale. « Le Moyen Âge subordonnait tous les enseignements à la théologie : Montaigne les subordonne à la morale[503] », commente Gabriel Compayré. Mais que faut-il mettre exactement sous le terme de « vertu » ? De la belle éducation que Xénophon prête aux Perses, Montaigne retient surtout l'idée qu'il n'est pas besoin d'enfermer les élèves dans les Collèges. Ils veillaient en effet à « rendre le corps beau et sain, et apres sept ans le duisoient à monter à cheval et aller à la chasse[504] » (l. 376-378). La vertu de l'enfant s'exprime d'abord dans la santé du corps. Montaigne s'imagine-t-il rétrospectivement monter à cheval très jeune, au lieu de rester assis sur les bancs du collège « quatorze ou quinze heures par jour, comme un portefaix » (I, 26, 164) ? L'équitation faisait alors partie du mode de vie des nobles, à tel point que « certains seigneurs pouvaient considérer que leur nature même était de vivre à cheval[505] ». C'est ce que fait l'essayiste dans le chapitre « Des destriers », affichant une appartenance quasi naturelle à la noblesse : « Je ne demonte pas volontiers quand je suis à cheval, car c'est l'assiette en laquelle je me trouve mieux, et sain et malade. Platon la recommande pour la santé [...] » (I, 48, 288). Il n'y a pas de

---

500 Montaigne aurait même accentué les effets d'auto-ironie en relisant le chapitre, soutient Robert Kilpatrick : « successive editions increasingly highlight parallels between Montaigne's own writing and the pedantic speech he satirizes » (*op. cit.*, p. 213).

501 Francis Goyet, « L'éducation "perse" du jugement : Xénophon », *Id.*, *Les Audaces de la prudence*, *op. cit.*, p. 338 *sq.*

502 Le point est souligné par G. Michaut, *op. cit.*, (1936) p. IX.

503 Gabriel Compayré, *op. cit.*, 1905, p. 61.

504 « Il convient d'abord de se livrer à l'exercice de la chasse au sortir de l'enfance, avant de passer aux autres parties de l'éducation [...] » (Xénophon, *L'Art de la chasse*, II, 1).

505 Nicolas Le Roux, *Le Crépuscule de la chevalerie*, *op. cit.*, p. 31 ; Jean Balsamo, entrée « Cheval », *Dictionnaire Montaigne*, *op. cit.*, p. 303 – 304.

nécessité à ce que la première éducation passe par l'apprentissage des lettres. Il n'y a pas de nécessité non plus à la confier aux femmes : « on le donnoit, non à des femmes [...] » (l. 374-375). L'idée, défendue par Platon, selon laquelle il faudrait soustraire les jeunes enfants à l'emprise de leurs mères, a été discutée par Érasme et ses contemporains[506]. Un ajout du chapitre II, 31, « De la colere », motive le rejet de l'éducation domestique par les parents, ici en référence à Aristote, curieusement associé aux lois de Lacédémone :

> La plus part de nos polices, comme dict Aristote, laissent à chacun, en maniere des Cyclopes, la conduitte de leurs femmes et de leurs enfans, selon leur folle et indiscrete fantasie ; et quasi les seules Lacedemonienne et Cretense ont commis aux loix la discipline de l'enfance. Qui ne voit qu'en un estat tout dépend de son education et nourriture ? et cependant, sans aucune discretion, on la laisse à la mercy des parens, tant fols et meschans qu'ils soient. (II, 31, 714)

L'éducation sauvage des Cyclopes est un oxymore pédagogique, qui vaut ici comme métaphore de l'éducation domestique. La référence à Lacédémone, dans notre chapitre, pourrait se comprendre d'après cet éclairage tiré du livre II : il faudrait soustraire l'enfant à la spontanéité familiale pour faire de son éducation un projet réfléchi. L'interprétation paraît toutefois peu convaincante : défenseur de la nature par opposition à l'art (l. 155-157), pourquoi Montaigne se ferait-il ici, sans réserve, l'avocat d'une « discipline de l'enfance » ? Une fois les enfants soustraits à leurs parents, il ne donne guère de précisions sur la nature de l'éducation envisagée, alors que ses contemporains, Pierre de La Primaudaye ou François de La Noue, projettent des académies militaires placées sous l'autorité du Roi[507]. Une autre acception de la vertu est celle des « Eunuches » (l. 375), serviteurs des rois de Perse. Montaigne ne s'attarde pas sur la question, mais le thème de la castration reviendra au livre III, lorsqu'il s'agira de modérer la *libido sciendi* et « l'estude des livres[508] ». Une autre coutume des rois perses, mentionnée dans le chapitre « De la moderation »

506 Isabelle Flandrin, *op. cit.*, p. 125 ; Érasme, « Il faut donner très tôt aux enfants », trad. Jean-Claude Margolin, Érasme, *op. cit.*, p. 482-483.

507 Voir James J. Supple, *op. cit.*, p. 138. L'écriture de ces ouvrages prospectifs n'était pas désintéressée : s'illustrer en la matière, c'était augmenter ses chances d'être appelé à participer à la formation des nobles et au gouvernement du royaume.

508 « C'est aussi chastrer nos appetits desordonnez, d'esmousser cette cupidité qui nous espoinçonne à l'estude des livres [...] » (III, 12, 1039).

(I, 30), consiste à écarter les épouses lors des festins pour faire venir des courtisanes au moment où les rois se préparent à « lâcher la bride à la volupté[509] » (I, 30, 199), sorte de pendant sensuel à l'émasculation. La « vertu » des enuques peut être interprétée comme traduisant leur statut de domestiques, tandis que les plaisirs des rois de Perse apparaissent comme l'un des symboles de leur pouvoir.

Xénophon décrivait une éducation qui enseignerait directement la justice[510]. Il serait étonnant que Montaigne souscrive à ce raccourci pédagogique, comme une lecture superficielle du passage le laisse penser. Ce qui retient son attention, ce n'est pas l'inculcation d'une théorie de la justice, mais des cas d'étude impliquant l'exercice du jugement. Les Perses et les Spartiates ont fait l'économie de la partie théorique de cet enseignement : « ils ont voulu couper chemin » (142, l. 414), c'est-à-dire prendre un raccourci. Montaigne se met lui-même en scène, la référence à la *Cyropédie* de Xénophon étant l'occasion de renouer avec le fil autobiographique : « Notre precepteur m'ayant faict juge de ce different, je jugeay [...] » (l. 402-403). L'écrivain soumet le cas d'étude à son lecteur, tout comme le précepteur l'avait soumis au jeune Montaigne. On s'exerçait au Collège de Guyenne sur des cas d'étude, ce qui interdit de penser que l'essayiste aurait pour dessein d'introduire ici une méthode innovante. Tout se passe à l'inverse comme s'il s'agissait de relire l'expérience scolaire, de revenir sur un autre dépit après celui provoqué par le « pedante » sur scène, en l'occurrence le dépit d'avoir commis une faute de jugement aux yeux du régent : « sur quoi il me remontra que j'avois mal fait [...] » (l. 405-406). Placé en situation de juge, le lecteur est chargé d'évaluer le jugement de l'élève et celui de son précepteur, afin de déterminer si ce dernier a eu raison de réprimander le premier. « Un jugement se fait toujours sous le regard des autres[511] », souligne Francis Goyet. L'histoire fournit un réservoir

509 Voir Plutarque, *Préceptes de mariage*, XIV, ici dans la traduction de Jacques Amyot : « Les Roys de Perse quand ils souppent ou mangent à leur ordinaire, ont leurs femmes espousees assises aupres d'eux à la table : mais quand ils veulent jouer et boire d'autant jusques à s'enyvrer, ils renvoyent leurs femmes en leurs chambres, et font venir leurs concubines, et leurs chanteresses et baladines : et font bien en cela, qu'ils ne veulent point que leurs femmes legitimes voyent ne participent en rien de leurs yvrongneries, et de leurs dissolutions. »

510 Xénophon, *Cyropédie*, I, II, 6, trad. Édouard Delebecque, Paris, Les Belles Lettres, 2019, p. 64 et aussi I, II, 15 ; Francis Goyet, *op. cit.*, (2009), p. 339.

511 Francis Goyet, *op. cit.*, p. 331.

d'exemples qui sont autant de cas d'étude. Ils doivent permettre à chacun d'exercer son jugement personnel, mais aussi d'évaluer le jugement des autres. Alors que nous ne sommes savants que de la « science presente » (l. 144), l'essai du jugement entretient avec la temporalité une relation beaucoup plus souple, en ce qu'il peut toujours se proposer l'évaluation d'un jugement antérieur.

Les lecteurs humanistes connaissent ces cas d'étude, qui leur ont été soumis pendant leur scolarité. Pourquoi Montaigne retravaille-t-il ainsi les modèles de l'éducation perse et spartiate, modèles dont il a une expérience scolaire et qu'il redécouvre en relisant Xénophon, Plutarque et Platon[512] ? La référence à Sparte prend ici la forme d'une « considération[513] », c'est-à-dire d'un élément sur lequel l'auteur attire notre attention dans le but de modifier éventuellement un jugement antérieur. « C'est chose digne de tres-grande consideration que, en cette excellente police de Licurgus[514] [...] » (l. 383-384). La « considération » proposée par Montaigne est une manière de lire la référence : nous devrions nous méfier des contenus théoriques, qui constituent pourtant l'essentiel de l'éducation en vigueur. L'écart par rapport aux sources montre que l'intention de l'auteur est bien de proposer une lecture du modèle spartiate. Plutarque décrivait surtout une éducation à la dure : « Leur apprentissage des lettres se bornait au strict nécessaire ; tout le reste de leur éducation visait à leur apprendre à bien obéir, à endurer

512 « Or, si tu veux bien maintenant porter tes regards sur les richesses, sur le luxe, sur les costumes des Perses, leurs robes à traîne, leurs huiles parfumées, sur la suite innombrable de leurs serviteurs, esurtout ce qu'ils ont encore de raffinements, tu rougirais, en faisant retour sur toi-même, de constater à quel point tu es en reste par rapport à eux ! Que si, en revanche, tu consens à porter ton regard sur ce que les mœurs des Lacédémoniens ont de sage et de bien réglé, sur l'aisance avec laquelle ils s'accommodent de tout, sur l'élévation de leurs sentiments [...] alors tu jugerais n'être qu'un enfant ! » écrit Platon dans l'*Alcibiade majeur*, 122c, ici dans la traduction de L. Robin, Gallimard, 1950, t. 1, p. 230. Il s'agit déjà chez Platon d'une critique du cursus athénien en vigueur, à la lumière d'une référence idéalisée.

513 Au sens de motif, par ex. II, 127, 765 : « Il est possible que j'ay receu d'eux cette dispathie naturelle à la medecine ; mais s'il n'y eut eu que cette consideration, j'eusse essayé de la forcer. » La considération désigne l'aspect subjectif des choses, telles qu'elles nous apparaissent : « Les subjects ont divers lustres et diverses considerations : c'est de là que s'engendre principalement la diversité d'opinions » (II, 12, 581) ; « soit que je sois autre moy-mesme, soit que je saisisse les subjects par autres circonstances et considerations » (III, 2, 805). Sur la « considération » chez Montaigne, voir F. Goyet, *op. cit.*, p. 353 *sq.*

514 À la place de « doctrine », on trouve d'abord « ~~l'apprentissage des lettres~~ », barré ensuite sur l'Exemplaire de Bordeaux.

l'effort et à vaincre au combat[515] ». Les enfants spartiates – ceux, du moins, que le père de famille avait jugé viables – étaient soustraits à leurs familles et confiés à des aînés pour vivre en bandes organisées. Plutarque écrit : « On ne laissait à personne le soin de vivre à son gré ; la cité ressemblait à un camp militaire[516] ». La présentation élogieuse de ce camp militaire pour adolescents chez Montaigne pourrait se lire comme une tentative de réhabilitation de l'*exemplum* spartiate, si l'on suit le schéma d'interprétation classique[517]. « Je voy la pluspart des esprits de mon temps faire les ingenieux à obscurcir la gloire des belles et genereuses actions anciennes [...] » (II, 17, 230). Aveugle aux aspects pré-totalitaires qui nous frappent aujourd'hui, Montaigne ferait, sans réserve, l'éloge de l'éducation spartiate. Il faut cependant être attentif à ne pas se laisser emporter par la réputation ternie de Sparte aujourd'hui, notamment du fait de sa récupération par l'Allemagne nazie[518]. « L'enfant est embrigadé dans des formations de jeunesse dont les catégories hiérarchisées présentent quelque analogie avec celles de notre scoutisme et plus encore avec les mouvements de jeunesse des États totalitaires de type fasciste, *Gioventù fascista* et *Hitlerjugend*[519] », souligne l'historien Henri-Irénée Marrou

515 Plutarque, « Lycurgue », *Vies parallèles*, XVI, 10, trad. A.-M. Ozanam et F. Hartog, *op. cit.*, p. 145.

516 *Ibid.*, XVI, 13 et 14, *op. cit.*, p. 140-141.

517 Voir par ex. Timothy Hampton, *op. cit.*, p. 135 ; Catherine Magnien-Simonin, entrée « Sparte » dans le *Dictionnaire Montaigne*.

518 Helmut Berve, *Sparta* (2de édition, 1937), cité par François Ruzé, *Sparte. Histoire, mythes, géographie*, Paris, Armand Colin, 2017, p. 6 : « éducation de la jeunesse, esprit de corps, forme militaire de vie, juste place assignée à l'individu après une mise à l'épreuve atteignant à l'héroïsme, devoirs et valeurs pour lesquels nous luttons aujourd'hui même. Tout cela sembla voir trouvé dans l'antique Sparte une réalisation exceptionnelle. » L'Empire allemand, puis le Reich nazi, ont cultivé la référence à Sparte. Historien de l'Antiquité, Berve prend sa carte au NSDAP en 1933 ; recteur de l'Université de Leipzig de 1940 à 1943, il conduit « l'engagement de guerre » (*Kriegseinsatz*) – entendons l'usage idéologique – des sciences de l'Antiquité. Il rédige une biographie de Périclès en développant des analogies farfelues avec Hitler et soutient que Sparte préfigure l'Allemagne nazie à la fois comme État militaire et comme communauté liée par le sang. « Dans un tel contexte, on comprend mieux la vision militante d'Henri-Irénée Marrou, qui exprime son horreur de la formation des jeunes Spartiates dans sa remarquable *Histoire de l'éducation dans l'Antiquité*, parue en 1948 », souligne François Ruzé. Dès le XIXe siècle, montre Patrice Brun, les Universités allemandes font l'éloge de Sparte tandis que les Universités françaises défendent Athènes, cité cosmopolite et démocratique.

519 Henri-Irénée Marrou, *Histoire de l'éducation dans l'Antiquité : le monde grec*, Paris, Le Seuil, 1948, rééd. 1981, p. 46. « Idéal totalitaire : la *polis* est tout pour ses citoyens ; c'est elle qui les fait ce qu'ils sont : des hommes. D'où le sentiment profond de solidarité qui

pendant la Seconde Guerre mondiale. « L'ambiance générale est à nos yeux passablement étouffante ; en termes modernes, elle évoque moins le scoutisme que l'encadrement totalitaire de la jeunesse[520] », commente Francis Goyet. L'implication du modèle spartiate dans l'histoire tragique du XXe siècle incite le lecteur contemporain à penser que Montaigne a manqué de lucidité. Il s'agit toutefois d'une lecture rétrospective.

Ce qui motive la « consideration » proposée, c'est d'abord la portion congrue réservée aux enseignements théoriques. Montaigne écarte l'apprentissage de la science sous forme de leçons magistrales au profit d'exercices dialogiques qui portent sur ces cas d'étude. Il retient plus particulièrement ce passage tiré de Plutarque : « après le dîner, l'*irène*, encore allongé, ordonnait à l'un des enfants de chanter ; il posait à un autre des questions qui faisaient appel à la réflexion, par exemple : quel est le plus valeureux des citoyens ? ou : que faut-il penser de la conduite d'Untel[521] ? » Ces entretiens devaient intéresser les jeunes gens aux actions héroïques. La même finalité se retrouve dans l'éducation des princes perses, en référence à l'éducation du jeune Cyrus selon Xénophon[522]. Montaigne y voit le scénario de l'examen du jugement – le même qui sous-tend les entretiens privés avec Turnèbe. De même que le jeune chef spartiate interrogeait ses camarades sur l'action des grands hommes, puis évaluait leurs réponses, Montaigne aurait interrogé Turnèbe sur les affaires d'État, puis évalué ses jugements. N'est-ce pas ce que l'essayiste fait en grand dans les *Essais*, demande Francis Goyet, se demandant jusqu'où Alexandre le Grand mérite d'être loué (I, 1), ou bien pourquoi telle page de Virgile est digne d'éloges[523] (III, 5) ? La formation dialogique des adolescents à Sparte vaut comme préfiguration de l'essai du jugement. Notons que l'exercice implique un raisonnement, et ne saurait être assimilé à l'expression d'une simple opinion subjective : si les Spartiates

unit tous les citoyens d'une même cité, l'ardeur avec laquelle les individus se dévouent pour le salut de la patrice collective, prêts à se sacrifier, eux mortels, pour qu'elle soit immortelle. » (*ibid.*, p. 40-41)

520 Francis Goyet, *op. cit.*, p. 329.

521 Plutarque, « Lycurgue », XVIII.3, trad. Anne-Marie Ozanam (dir.), *op. cit.*, p. 147.

522 C'est ce qui incite Gustave Michaut à penser que la phrase débutant par « la façon de leur discipline » renvoie aux Perses, et non aux Spartiates (*op. cit.*, p. IX). Il s'agirait d'une « addition faite au dernier moment, sur épreuves peut-être et mal placée par l'imprimeur ». L'examen du texte source, chez Plutarque, montre pourtant que c'est bien de l'éducation des jeunes Spartiates dont il est question.

523 Francis Goyet, *op. cit.*, p. 335.

« condamnoient et loüoient ou ce personnage ou ce faict, il falloit raisonner leur dire » (l. 395-396). La pratique raisonnée de l'éloge et du blâme constituait à l'époque le principe même du genre démonstratif, encore appelé genre épidictique. Aussi l'exercice dialogique des Spartiates ne pouvait-il apparaître au lecteur de la Renaissance comme une innovation ; il illustrait l'un des genres de l'éloquence classique, celui qui portait sur l'exaltation de la grandeur morale, du génie militaire, du talent littéraire ou à l'inverse sur la condamnation des actions moralement basses, et des échecs littéraires ou militaires. En mentionnant ironiquement la « belle harangue *in genere Demonstrativo* » (l. 412) que lui aurait faite son régent, Montaigne rappelle l'importance qu'avait à l'époque le genre démonstratif dans l'éducation intellectuelle et morale[524].

La présence du mot « essay » doit ici nous alerter. Montaigne relie son écriture à une Antiquité glorieuse où les connaissances théoriques étaient encore de simples auxiliaires ; il s'agissait avant tout de former des jugements, dont l'exercice quotidien relevait principalement de l'éloge ou du blâme, et de « raisonner [son] dire », c'est-à-dire de construire une argumentation. Selon la version admise, l'éducation humaniste aurait reposé quasi exclusivement sur la mémorisation de contenus théoriques[525]. Or, cette éducation faisait déjà la part belle aux exemples et à l'examen de cas d'étude. Montaigne juge que ce n'est pas suffisant : il faut rompre avec une formation qui repose quasi exclusivement sur la maîtrise des signes linguistiques (le « dire ») au profit d'une préparation à l'action (« le faire ») qui implique la confrontation à l'expérience. La proposition sera reprise au chapitre suivant : les Spartiates « vouloient accoustumer aux faits, non pas aux parolles » (I, 26, 168). Montaigne donne ici une lecture tout à fait explicite de la pédagogie spartiate : « ils ont voulu d'arrivée mettre leurs enfans au propre des effects[526], et les instruire,

524 James Supple, *op. cit.*, p. 154.

525 La tentation est forte ici de voir ici, dans la recommandation de Montaigne, une affinité avec la pensée de John Dewey (1859-1952). « Le divorce entre la vie intellectuelle et la vie morale durera inévitablement dans nos écoles tant que l'enseignement sera distinct de l'activité pratique », écrit par ex. Dewey dans *L'École et l'enfant* (1913), éd. G. Deledalle, Fabert, 2014, p. 103. Dans l'école expérimentale fondée par Dewey à Chicago, les enfants venaient pour faire des choses concrètes (construire un meuble, organiser un débat, etc.), articulant leurs activités autour de projets en petits groupes.

526 Opposée au « discours », la notion d'« effect » implique l'action : « La vertu, dict Antisthenes, se contente de soy : sans disciplines, sans paroles, sans effects » (I, 39, 237) : « non plus

non par ouïr dire, mais par l'essay de l'action, en les formant et moulant vifvement, non seulement de preceptes et parolles, mais principalement d'exemples et d'œuvres[527] [...] » (l. 417-422). La bonne éducation doit impliquer le corps, la bonne mémoire étant elle-même puissance corporelle (« complexion et habitude »), à la différence de contenus abstraits qui concernent superficiellement l'esprit[528]. L'éducation spartiate propose un modèle de sagesse qui fait littéralement corps avec l'individu, souligne Catherine Magnien-Simonin, la vertu étant assimilée au sens organique du terme « par le corps et par l'action[529] ». L'éducation spartiate donne à l'enfant la maîtrise effective de soi, ce qu'illustre ailleurs une anecdote tirée de Plutarque, anecdote racontée deux fois dans les *Essais* (I, 14, 59 et II, 32, 723) : un jeune Lacédémonien, âgé de sept ans, se laisse déchirer le ventre par un renard qu'il cache sous son vêtement plutôt que de perdre la face par rapport à ses camarades et à ses maîtres. L'anecdote paraît incroyable à Bodin, qui accuse Plutarque de crédulité ; Montaigne prend la défense de Plutarque en estimant « un peu hardy » le jugement de Bodin, qui se permet d'« accuser de faute de jugement le plus judicieux autheur du monde » (II, 32, 722-723). On retrouve dans ce chapitre, intitulé « Defense de Seneque et de Plutarque », l'exercice qui consiste à évaluer un autre jugement.

Comment comprendre ici « l'essay de l'action » ? L'action n'est-elle pas aussi une partie de l'art oratoire ? Selon les termes de Jacques Amyot, « la bonne grâce de la voix, geste et contenance, qu'on nomme l'action », vient compléter la partie appelée élocution, qui concerne « le langage orné de beaux mots, et embelli de figures[530] ». Ici, « l'essay de l'action » ne saurait désigner cette partie de l'art oratoire, dans la mesure où Montaigne oppose explicitement la science et l'action dans notre chapitre. Comme « ils estoient grands en science, ils estoient encore plus grands en tout action » (l. 74-75), écrit Montaigne à propos

par discours et par disputes, mais par effect » (II, 35, 748) ; « elles sont, sans comparaison, plus capables et ardentes aux effects de l'amour que nous » (III, 5, 854), etc.

527 L'antécédent spartiate sera repris en I, 26, 168 avec le refus de l'écrit.

528 Robert Kilpatrick, art. cité, p. 219.

529 Catherine Magnien-Simonin, entrée « Sparte », Philippe Desan (dir.), *Dictionnaire Montaigne*, *op. cit.*, p. 1764 : « La *paidéia* spartiate représente pour M. l'idéal d'une institution de l'âme par le corps et par l'action, seule capable d'enseigner "la prudence, la prud'homie et la resolution". »

530 Jacques Amyot, *Projet de l'éloquence royale*, 1579, page 42.

des philosophes antiques ; « si quelquefois on les a mis à la preuve de l'action » (l. 83-84), ils ont su donner la preuve de leur merveilleuse intelligence des choses. Par contraste avec l'éducation athénienne, qui vise le « bien dire », l'éducation spartiate renvoie au « bien faire » (l. 432-433). « Il ne dira pas tant sa leçon, comme il la fera. Il la repetera en ses actions » (I, 26, 168), souligne le chapitre suivant. Semblablement, au début du chapitre « De l'exercitation », Montaigne oppose « l'action » au « discours » :

> Il est malaisé que le discours et l'instruction, encore que nostre creance s'y applique volontiers, soient assez puissantes pour nous acheminer jusques à l'action, si outre cela nous n'exerçons et formons nostre ame par experience au train auquel nous la voulons renger : autrement, quand elle sera au propre des effets, elle s'y trouvera sans doute empeschée. (II, 36, 370)

« Former par expérience » : le précepte permet de souligner ce que la conception théorique de la science peut avoir d'abstrait et d'insuffisant en matière d'éducation. Il en va de même pour les notions d'« effet », plus loin de « preuve[531] », qui ont le sens d'une mise à l'épreuve de ce que l'on croit savoir par la réalité. Dans la lecture que Montaigne donne des modèles perse et lacédémonien, il rompt ouvertement avec la méthode de l'imitation, théorisée avec soin par les humanistes et pratiquée avec assiduité dans les Collèges. « Montaigne, dans un passage justement célèbre, posa très clairement le problème du pédantisme comme le problème intrinsèquement lié à une culture fondée sur l'étude et sur l'imitation des Anciens [...]. Les *studia humanitatis*, en tant qu'études "littéraires", se fondent sur le rôle libérateur qu'exercerait le contact, ou plus exactement la connaissance et le colloque, avec les grands modèles que l'humanité a donnés dans tous les domaines[532] », souligne Eugenio Garin à propos de notre chapitre. En ce sens, sous le terme de pédantisme, Montaigne remet en question la valeur d'inspiration des modèles antiques. « L'imitation des modèles antiques constitue un danger pour l'autonomie de l'individu. Les conventions humanistes voulaient que chaque acte d'écriture soit animé par la rivalité avec les modèles

531 « Voylà pourquoy, parmy les philosophes [...] se sont jettez à escient à la preuve des difficultez ». Pierre Villey traduit « preuve » par « épreuve » (II, 36, 370).

532 Eugenio Garin, *L'éducation de l'homme moderne*, trad. Jacqueline Humbert, Fayard, 1968, p. 100.

littéraires[533] », rappelle Timothy Hampton. Le chapitre reste toutefois ambigu : il faudrait sortir du discours pour aller vers l'action ; à cette fin, Montaigne mobilise encore des modèles tirés de l'Antiquité.

L'apophtegme est un discours bref, associé par Plutarque au laconisme des Spartiates et remis au goût du jour par Érasme au XVIe siècle[534]. C'est une leçon morale ou politique qui se présente dans un format court, facile à mémoriser. Dans la préface aux *Apophtegmes*, Érasme précise qu'il s'agit essentiellement d'une parole remarquable, qui « en peu de mots suggère un sens singulier plutôt qu'elle ne l'exprime[535] ». La *brevitas* des Spartiates, ajoute-t-il, recueille l'assentiment pour deux raisons, soit parce qu'elle montre la priorité accordée aux faits plutôt qu'aux discours, soit parce qu'elle est synonyme d'honnêteté morale[536]. Montaigne voit aussi dans l'apophtegme des Spartiates l'expression de la vigueur du jugement. C'est un discours dense, à la fois économe en mots et approprié à la situation. Dans le premier apophtegme du chapitre, l'analyse philologique montre que Montaigne a supprimé un mot à la relecture, pour faire encore plus concis : « A ce propos, on demandoit à Agesilaus ce qu'il seroit d'advis que les enfans apprinsent : Ce qu'ils doivent faire estants ~~encore~~ hommes, respondit-il » (l. 424-427). Le roi de Lacédémone exclut la rhétorique.

---

533 Timothy Hampton, *op. cit.*, p. 148. Nous traduisons.

534 Les *Apophtegmata* (1er livre, 1531, 1er et 2e livre, 1532) d'Érasme avaient pour titre complet, en latin : « Recueil d'apophtegmes tirés de Plutarque, destinés à l'éducation des hommes d'État ». Les deux livres connurent un succès immédiat et furent réimprimés soixante-dix fois en un demi-siècle. Dès 1536, Antoine Macault propose une « translation » en français ; Gabriel Pot en donne une traduction imprimée à Lyon en 1574. Voir Robert Aulotte, *Amyot et Plutarque : la tradition des* Moralia *au XVIe siècle*, Droz, 1965 ; Hélène Cazes, « Genèse et renaissance des *Apophtegmes* : aventures humanistes », dans *Moralia et Œuvres morales à la Renaissance*, Olivier Guerrier (dir.), Paris, H. Champion, 2008, p. 15-35 ; Robert Kilpatrick, « L'apophtegme d'Érasme à Montaigne », *Érasme et la France*, Blandine Perona et Tristan Vigliano (éd.), Classiques Garnier, 2017, p. 253-267. Notons que les Spartiates étaient connus pour leur brièveté éloquente bien avant Plutarque : Aristote (*Rhétorique*, II, 21, 1394b) et Platon (*Protagoras*, 342de) associent déjà les Lacédémoniens à cette manière de parler avec parcimonie.

535 Érasme, *Apophthegmatum sive scite dictorum libri sex*, p. 2 : « *Optimum apophthegmatis genus est, quod paucis verbis sensum non vulgarem significat potius quam exprimit* [...]. » Voir Nicolas Kiès, « *Cum grano salis* : l'apophtegme humoristique dans la seconde moitié du XVIe siècle », *Littératures classiques*, vol. 84-2, 2014, p. 97-118.

536 Érasme, adage « laconisme », *Apophtegmata*, dans *Opera omnia*, 1987, p. 306 : « *sive quod Lacedaemonii factis magis quam eloquentia praecelluerunt, sive quod in apophthegmatis praecipue valuerunt* », cité par Eric MacPhail, « Montaigne and the Praise of Sparta », *Rhetorica : A Journal of the History of Rhetoric*, vol. 20, nº 2, 2002, p. 197.

L'économie de son discours, réduit à sept mots, illustre un laconisme devenu proverbial. L'apophtegme vaut comme contre-exemple de la prolixité athénienne. « On voit à quel point Montaigne a été attentif à la forme si l'on examine la première réponse d'Agésilas, souligne Robert Kilpatrick. Avec la précision d'un sculpteur, l'écrivain cisèle son matériau jusqu'à ce que la remarque devienne la plus brève possible. De dix mots, dans la réponse d'Amyot et d'Érasme, Montaigne la réduit à sept pour mieux souligner le peu d'importance qu'Agésilas accordait aux arts rhétoriques dans sa conception de l'éducation[537] ». Particulièrement travaillée, la première réponse d'Agésilas fait passer l'éducation d'une question de contenu à une question de finalité : pourquoi enseigner, et pour quel résultat ? Dans le second apophtegme (l. 445-449), Agésilas récuse de nouveau la rhétorique : pourquoi apprendre à persuader, si les citoyens ont appris à obéir ? Montaigne souligne ailleurs la valeur négative de l'art oratoire en politique : « Les republiques qui se sont maintenues en un estat reglé et bien policé, comme la Cretense ou Lacedemonienne, elles n'ont pas faict grand compte d'orateurs » (I, 51, 305). Ici, les apophtegmes d'Argésilas illustrent le type de parole que Montaigne défend à travers la médiation d'une Sparte idéalisée[538]. Ce discours n'est-il pas celui du « livre consubstantiel à son auteur » (II, 18, 665), qui n'a pas besoin d'ajouter de fioritures à la sincérité ?

Reste que dans notre chapitre, l'essayiste montre ce que les Spartiates disent et non ce qu'ils font. Ailleurs, il évoque l'exploit de Léonidas au défilé des Thermopyles (I, 31, 211) : par son sacrifice, le général spartiate a montré qu'il existe certaines défaites plus glorieuses que n'importe quelle victoire. On pourrait s'attendre à l'évocation d'actions militaires, qui abondent au livre I sous la forme de cas d'étude[539], et pas seulement

537 Robert Kilpatrick, *op. cit.*, (2017) p. 263.

538 L'idéalisation de Sparte a elle-même son histoire, retracée par François Ollier, *Le Mirage spartiate. Étude sur l'idéalisation de Sparte dans l'Antiquité grecque de l'origine jusqu'aux Cyniques*, Les Belles Lettres, 1933 ; Elizabeth Rawson, *The Spartan Tradition in European Thought*, Oxford, Clarendon Press, 1969 ; Jacqueline Christien et François Ruzé (éd.), *Sparte. Géographie, mythes et histoire*, Paris, Armand Colin, 2007.

539 Voir par ex. I, 1, « Par divers moyens on arrive à pareille fin », dont les exemples sont exclusivement militaires. Le Prince de Galles ne se laissa nullement fléchir lorsqu'on implora sa pitié, relate Montaigne. C'est l'incroyable courage de trois combattants tenant tête à son armée qui lui fit changer d'avis. En revanche, les Thébains refusant de déposer les armes, Alexandre le Grand entra dans une grande colère : il fit exterminer les six mille combattants et réduisit en esclavage le reste de la population.

à des discours, même très économes en mots. Or, Montaigne cite le roi de Sparte en apophtegmes, phrases particulièrement travaillées dont la structure et la musicalité évoquent moins la concision spartiate que l'éloquence athénienne. « Paradoxalement, donc, le passage peut être lu comme une belle exercitation de la langue, où l'auteur étale toutes les richesses de son éducation humaniste pour condamner celle-ci[540] », note Robert Kilpatrick. Paradoxalement, la parole spartiate illustre une rhétorique de l'anti-rhétorique. Les apophtegmes peuvent être compris comme deux citations supplémentaires, qui relèveraient donc également d'une sagesse empruntée : la référence à Sparte laisserait elle aussi entendre l'ironie de l'auteur[541].

« BIEN DIRE » À ATHÈNES, « BIEN FAIRE » À SPARTE (L. 429-459)

La fin du chapitre est marquée par la radicalisation du propos. Montaigne critique les *studia humanitatis* dans leur ensemble, au motif qu'elles affaibliraient la vaillance guerrière des peuples. Pourtant, cette critique de l'éducation humaniste se fait encore en référence à des modèles et anti-modèles tirés de l'Antiquité. Dans notre chapitre, « Sparte » apparaît comme une promesse de régénération intellectuelle et morale. L'idéal humaniste est-il ici ravivé ?

Sous l'influence combinée de Platon, de Xénophon et de Plutarque, le chapitre reproduit une opposition traditionnelle entre Sparte et Athènes, à l'avantage de la première[542]. Au laconisme vertueux des Spartiates s'oppose la logorrhée corrompue des Athéniens, qui parlent de tout et tout le temps. À travers les deux cités grecques, ce sont deux modèles

540 Robert Kilpatrick, *op. cit.* (2017) p. 264.

541 Robert Kilpatrick, *op. cit.* (2003), p. 223.

542 « Il est surprenant de constater que ce n'est pas Athènes, "berceau de la démocratie", mais Sparte qui a le plus nourri l'imagination et la réflexion politique depuis l'Antiquité ; à la charnière entre les Anciens et les Modernes, Plutarque en est sans doute le grand responsable avec ses vies de Lycurgue, d'Agésilas, de Lysandre, d'Agis et Cléomène, dont on a surtout retenu la première », écrit François Ruzé dans *Sparte*, *op. cit.*, p. 4. L'éloge de Sparte au détriment d'Athènes est un lieu commun de la littérature antique : voir par ex. Xénophon, *Le Gouvernement des Lacédémoniens*, chap. I et II.

de société et d'éducation qui s'affrontent, dans un discours qui frappe ici par son caractère schématique. L'une des deux cités renvoie à l'idéal du « bien dire », l'autre à celui du « bien faire[543] ». Montaigne a conscience de retravailler un lieu commun[544] (« dict-on »), comme il l'a fait avec l'ignorance des ancêtres (« comme on crie », l. 325). La rédaction du chapitre montre que l'opposition entre la maîtrise de la parole et celle de l'action a été accentuée dans le temps. Parmi les citations ajoutées sur l'EB, on trouve celle-ci : « *Odi homines ignava opera, philosopha sententia* », littéralement « je hais les hommes lâches en action, philosophes en paroles[545] » (l. 70). Les philosophes de l'Antiquité étaient dans la première édition des *Essais* « encore plus grands en tout'autre perfection et excellance » (135A), puis à la relecture, simplement « plus grands en tout' action » (135C, l. 74-75), l'accomplissement dans l'action venant se substituer à toute autre forme de perfection et d'excellence. Montaigne, pourtant, fait-il autre chose que parler ? La culture athénienne, qu'il décrit en termes péjoratifs, est la culture qui correspond le mieux à son éducation et à son œuvre. Montaigne, note Pierre Manent, se range paradoxalement du côté d'Athènes en bon élève des humanistes[546]. L'auto-ironie n'est pas absente d'un discours aux effets rhétoriques bien marqués.

> A Athenes on aprenoit à bien dire, et icy, à bien faire ; là, à se desmeler d'un argument sophistique, et à rabattre l'imposture des mots captieusement entrelassez ; icy, à se desmeler des appats de la volupté, et à rabatre d'un grand courage les menasses de la fortune et de la mort. (l. 432-437)

Les épanaphores impriment à la phrase leur rythme balancé[547]. L'auteur des *Essais* souligne ailleurs n'avoir accompli aucune action remarquable :

---

543 L'opposition entre le « dire » et le « faire » constitue par ex. le fil directeur de *L'Art de la chasse* de Xénophon, dans la critique de l'éducation sophistique. Voir Eric MacPhail, *The Sophistic Renaissance*, *op. cit.*, p. 45 : « *The Sophists stand in opposition and inferiority to Xenophon as words do to thoughts, or* onomata *to* gnomai *(13.5), and this dichotomy will remain paradigmatic up until Montaigne ('Du pedantisme') and beyond* ».

544 Joachim Du Bellay souligne au chapitre III de la *Défense et Illustration de la Langue Française* que la pauvreté relative de la langue française s'expliquerait par le fait que « nos majeurs », c'est-à-dire nos ancêtres, auraient eu « en plus grande recommandation le bien faire que le bien dire ».

545 La citation est d'Aulu-Gelle, cité par Juste Lipse dans les *Politica*, I, x, éd. Jan Waszink, Van Gorcum, 2004, p. 290.

546 Pierre Manent, *Montaigne. La vie sans loi*, *op. cit.*, p. 124-125.

547 Épanaphore : figure de style qui consiste en la répétition d'une même formule ou d'un même segment de phrase tout en reproduisant la même structure syntaxique.

« Je ne puis tenir registre de ma vie par mes actions [...] » (III, 9, 945). À l'inverse, l'œuvre écrite des grands hommes de l'Antiquité tirait sa légitimité de leurs actions : « Si les gestes de Xenophon et de Caesar n'eussent de bien loing surpassé leur eloquence, je ne croy pas qu'ils les eussent jamais escris. Ils ont cherché à recommander non leur dire, mais leur faire » (I, 40, 249). Par contraste, Montaigne se recommande seulement par son « dire » : son écriture n'est-elle pas une « continuelle exercitation de la langue » (l. 439) ?

L'opposition entre « Athènes » et « Sparte », cités grecques érigées au rang de figures conceptuelles, donne lieu à un discours schématique qui prend ses libertés par rapport à la vérité historique. Les faits d'armes athéniens sont passés sous silence, tandis que Montaigne feint d'ignorer que la lecture, l'écriture, la musique, la danse et la poésie faisaient partie de l'éducation traditionnelle à Sparte[548]. Dans un ajout supprimé, il mentionnait l'importance de la musique, de la poésie et du chant dans les *Lois* de Platon, en partie inspirées du modèle spartiate[549]. Il préfère s'en tenir ici à un lieu commun (« dict-on ») qui le dispense du souci d'exactitude : « On alloit, dict-on, aux autres Villes de Grece chercher des Rhetoriciens, des peintres et des Musiciens [...] » (l. 429-430). Concernant l'affaire des « cinquante enfants » pris pour otages (l. 441), Robert Kilpatrick note un changement subtil par rapport à la source : dans la réponse collective des Lacédémoniens au général macédonien Antipater, chargé à la mort d'Alexandre de mater la révolte des cités grecques[550], Montaigne remplace les « femmes et vieillards » dont il est question chez Plutarque par des « hommes

548 Plutarque, « Lycurgue », 16.10 *sq.* Avant le combat les Lacédémoniens sacrifiaient aux Muses, rappelle Franchesco Bocchi dans le *Discorso sopra le lite delle arme & delle lettere*, G. Marescotti, Florence, 1580, p. 10 : « *Per le quali cose erano costomati i Lacedemonii, come quelli, che molto di honore alle lettere atribuivano, proma che i loro eserciti appicassero co' nemici la battaglia, di sacrificare alle Muse* [...]. » Cité par James Supple, *op. cit.*, p. 306. Voir aussi Henri-Irénée Marrou, *Histoire de l'éducation...*, *op. cit.*, p. 43 *sq.*

549 Un long ajout a été supprimé (voir Variantes) : « Et si j'ay bone memoire de ce que me demura de la leçon des loix en Platon où il traicte de l'institution de la jeunesse de sa ville, il done peu de part ou nulle part a la science des lettes. De la lutte, de la musique de la chasse, il faict infinis preceptes. Et veut que l'ame s'exerce et proficte en ces corporels exercices. Ses gymnases dict il toutes instructions militeres et ce ranc qu'il preste a l'estude de la poesie il semble le faire pour le service principalement de la musique. » (142C, repris partiellement en I, 26, 166).

550 Il s'agit de la guerre lamiaque en 323 et 322 av. J.-C., qui oppose les cités grecques révoltées aux Macédoniens dirigés par Antipater.

faicts », afin d'augmenter d'autant la valeur des enfants dans l'économie de l'échange[551].

> Parquoy il n'est pas estrange si, Antipater leur demandant cinquante enfans pour ostages, ils respondirent, tout au rebours de ce que nous ferions, qu'ils aymoient mieux donner deux fois autant d'hommes faicts, tant ils estimoient la perte de l'education de leur païs. (l. 440-445)

Dans les autres chapitres des *Essais*, le discours sur les mœurs spartiates n'est pas aussi monolithique. Ainsi, Lycurgue aurait encouragé les adolescents à pratiquer le vol pour se nourrir : « Telle chose est icy abominable, qui apporte recommandation ailleurs, comme en Lacedemone la subtilité de desrober » (II, 12, 580). De quoi « Sparte » est-il le nom dans « Du pedantisme » ? Hélène Moreau y voit un « eldorado de la vertu[552] », Adèle Payen de La Garanderie un « procédé utopique[553] ». L'éducation spartiate fait apparaître comme excessive la priorité que les humanistes accordent à l'étude de la langue. Par contraste avec une éducation verbeuse, Lacédémone enseigne le dévouement à l'État et l'application d'une « discipline militaire » (II, 12, 581), appliquée à la vie humaine dans son ensemble. En revivifiant l'idéal spartiate, il s'agirait de trouver une issue à l'effondrement politique et social, devant lequel les valeurs humanistes sont restées impuissantes. « Affligé de la déliquescence du pouvoir royal contemporain, écrit Catherine Magnien, Montaigne admire ce régime à la fois dyarchique et égalitaire, régime vertueux, fort et durable pour lequel il ne marchande pas les superlatifs jusque dans les derniers ajouts et dont il fait un autre royaume d'utopie[554]. […] Au miroir de Sparte, sorte d'âge d'or de la royauté, puisque "si peu retire l'innocence spartaine à la françoise" (III, 9, 993), les symptômes du mal français apparaissent sans mystère : mépris de la loi, dilution du pouvoir central, perte des vertus guerrières que sont le patriotisme, l'honneur et la loyauté, goût pour la

551 Robert Kilpatrick, *op. cit.*, (2017) p. 264 ; Kyriaki Christhodoulou, « L'image du guerrier grec dans les *Essais* de Montaigne », dans *L'homme de guerre au XVIe siècle*, Presses Universitaires de Saint-Étienne, 1992, p. 97.

552 Hélène Moreau, « Sparte. Une figure de l'autre dans les *Essais* », dans *Montaigne et la Grèce*, éd. Kyriaki Christodoulou, *op. cit.*, p. 36.

553 Adèle Payen de La Garanderie, « L'éducation dans les *Essais* : la fantaisie spartiate de Montaigne », *Educatio* n° 6, 2017.

554 Catherine Magnien-Simonin, entrée « Sparte », *Dictionnaire Montaigne*, *op. cit.*, p. 1764.

parlerie et l'accumulation vaine du savoir[555]. » À la manière d'Érasme, Montaigne trouve dans les réponses d'Agésilas une critique de la société contemporaine[556], souligne Robert Kilpatrick, donnant à l'opposition entre Athènes et Sparte le sens d'un contraste entre la petitesse morale des hommes de son temps et la grandeur des Lacédémoniens d'autrefois.

L'éloge de Sparte est celui d'un État guerrier, dont « celuy des Turcs » (l. 463) fait figure de pendant contemporain. La référence à l'Empire ottoman permet de voir sous le nom de « Sparte » le rêve d'un État bien organisé, dont les succès militaires prouveraient la vertu dans les faits. En faisant l'éloge de Sparte, Montaigne afficherait aussi sa préférence pour l'aptitude aristocratique au combat, souligne Donald Frame, en opposition à l'idéal d'érudition des humanistes[557]. L'hypothèse est assez improbable, rétorque James Supple : d'autres chapitres des *Essais* s'intitulent « De la solitude », « De l'oisiveté », « Des livres » ou « Sur des vers de Virgile[558]. » L'ouvrage étant farci de références littéraires, défendre la frange la plus philistine de la noblesse d'épée reviendrait à mettre le feu à son propre navire (II, 12, 558). Ce ne sont pas ces nobles dépourvus de toute « culture de l'ame » (II, 17, 658) et rétifs à la lecture dont l'auteur cherche ici à recueillir les bonnes grâces. Selon Eric MacPhail, l'éloge de Sparte ne peut relever ici que de l'éloge paradoxal : la condamnation de la rhétorique s'y présente comme un exercice éminemment rhétorique[559]. Montaigne prendrait en réalité ses distances par rapport à l'héroïsme militaire, soutient le critique en référence à la lecture des *Essais* proposée par par David Quint[560]. La leçon s'appuie sur une analyse du chapitre « De la colère », dans lequel le dire et le faire sont également opposés : « Le dire est autre chose que le faire : il faut considerer le presche à part et le prescheur

555 Catherine Magnien-Simonin, *ibid.*, p. 1765.

556 Robert Kilpatrick, art. cité (2017), p. 264.

557 Donald Frame, *Montaigne*, *op. cit.*, p. 127.

558 James Supple, *Arms versus Letters*, *op. cit.*, p. 66.

559 Eric MacPhail, « Montaigne and the Praise of Sparta », art. cité, p. 194 : « *As a specimen of paradoxical encomium, the praise of Spartan simplicity is an exercise in rhetoric and an illustration of the flexibility of language, which can speak on both sides of an issue* ».

560 David Quint, *Montaigne and the Quality of Mercy : Ethical and Political Themes in the Essais*, Princeton, Princeton University Press, 1998, p. 94. L'analyse concerne aussi d'autres chapitres, comme I, 31, II, 2 et II, 32 : « *The moderate Catholic Montaigne distrusts religious fanaticism on either side of the Wars of Religion. He nonetheless appears especially critical of a Huguenot intransigence that has appropriated the langue and gestures of Stoicism* ».

à part » (II, 31, 715). Les Spartiates se donnaient la mort plutôt que d'être réduits en esclavage[561]. Les jeunes Lacédémoniens étaient éduqués, dès l'enfance, à faire preuve de courage jusqu'à l'opiniâtreté, à préférer la mort au déshonneur : certains « ont souffert en l'aage de sept ans d'estre foëtez jusques à la mort, sans altterer leur visage » (I, 14, 59). « Sparte » est synonyme d'héroïsme, mais d'un héroïsme stoïcien excessif, aux antipodes de la vertu d'humanité. La conjonction idéale du dire et du faire est une norme à laquelle Montaigne lui-même dit ne pas se conformer : « Tel faict des Essais qui ne saurait faire des effaicts » (III, 9, 992). Sous couvert d'éloge, Montaigne exprimerait un « sentiment anti-spartiate[562]. » Les passions partisanes à l'œuvre pendant les guerres civiles inspirent à ses compatriotes le goût d'exploits moralement admirables, mais politiquement vains, « dignes d'être comparez à ceux que nous venons de reciter de la vertu Spartaine » (II, 32, 724). En définitive, Montaigne préfèrerait l'irrésolution sceptique à l'excès de la résolution spartiate[563].

La critique d'Athènes est étroitement associée à celle de la rhétorique, art de la tromperie qui permet de faire paraître grandes les choses petites et inversement. « Un Rhetoricien du temps passé disoit que son mestier estoit, de choses petites les faire paroistre et trouver grandes. C'est un cordonnier qui sait faire de grands souliers à un petit pied » (I, 51, 305). Il s'agit d'un lieu commun, rapporté entre autres par Érasme[564]. Mais c'est aussi, aux yeux de Montaigne, un symptôme de la corruption politique étroitement liée aux « guerres civiles » : « L'eloquence a fleury le plus à Rome, lors que les affaires ont esté en plus mauvais estat, et que l'orage des guerres civiles les agitoit [...] » (I, 51, 306). La critique de la rhétorique participe de la dénonciation de l'effondrement politique et moral. « Par un effet en retour qui peut

561 II, 3, 350 ; III, 1, 797.

562 Eric MacPhail, *op. cit.*, (2002) p. 205.

563 Eric MacPhail, *ibid.*, p. 206 : « The patience which France has inherited from Sparta is a form of religious fanaticism that has engulfed France in civil war ».

564 Érasme, *Apophtegmes*, livre 8.13 : « *Interrogatus quid esset Rhetorica : 'Ex parvis, inquit, facere magna, ex magnis parva* », cité par E. MacPhail, art. cité, p. 197. La comparaison avec le cordonnier se trouve chez Plutarque, dans *Les œuvres morales et meslées de Plutarque*, trad. Jacques Amyot, Paris, 1572, I, 209v, dans la bouche d'Agésilas : « On louoit en sa presence un maistre de Retorique, de ce qu'il pouvoit par son eloquence amplifier et rendre grandes les choses petites : et au contraire, appetisser les grandes : Ie ne trouverois pas bon, dit il, un cordouannier, qui à un petit pied chausseroit un grand soulier. »

d'abord surprendre mais se conçoit fort bien, le contexte politique des guerres de religion, favorisant un déluge d'éloquence religieuse, politique, militaire et polémique, engagea les humanistes à une défiance accrue envers la parole éloquente[565] », écrit Patrick Dandrey. Le lien entre le jugement que porte Montaigne sur l'éducation humaniste et le « trouble des guerres civiles de France » (II, 6, 373) est également pointé par Bernard Sève : ce type d'éducation a été impuissant à freiner l'effondrement de la société dont Montaigne est le contemporain[566]. Le psittacisme scolaire, les exploits oratoires et les disputes théologiques n'ont fait qu'aggraver le malheur des temps. À l'inverse, « Cleomène, roy de Sparte » renvoya les ambassadeurs de Samos au motif qu'ils étaient trop éloquents (I, 26, 170). Que faire si un sophiste se présente ? « On luy eut faict donner le fouet en Sparte » (I, 51, 305). Dans notre chapitre, l'éloge de Sparte entretient une relation d'antithèse explicite avec la critique d'Athènes : l'exemple de Sparte doit permettre à Athènes de faire son autocritique. Le but de l'enseignement spartiate était de former les jeunes gens à la droiture morale et à l'efficacité militaire, non de leur donner l'illusion de la toute-puissance sur la base de la seule maîtrise des mots. Montaigne rejoue dans le chapitre l'hostilité de Platon à l'encontre de la rhétorique[567]. Il fait comprendre l'intérêt d'une résistance à l'humanisme, qui répand le culte de la langue[568], et d'une professionnalisation de l'enseignement, qui a précisément pour nom le « pedantisme » (141, l. 331). Comme les arts de l'imitation au livre X de la République, la rhétorique a été bannie de la Cité spartiate comme « art piperesse et mensongere » (I, 51, 305). Les préceptes de la philosophie morale n'ont pas besoin de l'éloquence, pas plus que la vaillance guerrière n'a besoin de longs discours. Avant la bataille, les Spartiates préféraient se « peigner et testonner » (III, 9, 947) plutôt que de se payer de mots. Dans d'autres chapitres, Montaigne apparaît toutefois plus nuancé sur l'intérêt de l'art oratoire en contexte militaire, pointant une

565 Patrick Dandrey, *L'éloge paradoxal de Gorgias à Molière*, *op. cit.*, p. 137.

566 Bernard Sève, *op. cit.*, p. 209 : « Mais le grand rire de Rabelais fait ici défaut : derrière les *disputationes* ridicules, les vaines subtilités, les commentaires de commentaires, et les gloses qui s'accroissent à l'infini, derrière le conflit des interprétations, Montaigne voit la guerre civile ».

567 Voir Marcel Hénaff, *Le prix de la vérité : le don, l'argent, la philosophie*, Paris, Seuil, 2002, p. 69-81.

568 Eric MacPhail, *op. cit.* (2011), p. 94.

efficacité accrue lorsque le discours accompagne l'action[569] : « C'est sans doute une belle harmonie quand le faire et le dire vont ensemble [...] » (II, 31, 716). Dès le chapitre vingt-six, l'opposition entre l'abondance athénienne et le laconisme des Spartiates semble dépassée au profit de la « fécondité » crétoise[570]. « Les Atheniens (dict Platon) ont pour leur part le soing de l'abondance et elegance du parler ; les Lacedemoniens, de la briefveté, et ceux de Crete, de la fecundité des conceptions plus que du langage : ceux-cy sont les meilleurs » (I, 26, 172-173). Notons enfin que la thématique antirhétorique parcout l'ensemble des *Essais*, sans se limiter à l'évocation de Sparte[571]. Ainsi, le chapitre sur l'éducation des enfants pointe à sa manière le risque de pédantisme : on se détourne de ce que l'on veut dire au profit d'une attention exclusive aux mots eux-mêmes. « Il en est de si sots, qui se destournent de leur voye un quart de lieuë, pour courrir après un beau mot [...] » (I, 26, 171). Le pédantisme est le détour fatal que les mots font subir à la pensée. Montaigne cultive une attention paradoxale à la langue, au point que la critique y a vu un « exercice délibéré d'auto-ironie[572] ».

Faisons l'hypothèse selon laquelle la critique de la sophistique contiendrait déjà une critique du pédantisme, qui apparaîtrait alors aussi ancienne que la philosophie elle-même. Le coup d'œil sur le passage de l'*Hippias majeur* qui sert ici de source à Montaigne (l. 450-459) permet d'en préciser la portée[573]. Le premier axe est celui d'une dénonciation de la sophistique comme porteuse d'une conception marchande du savoir. Les Sophistes sont des enseignants professionnels, au sens où l'enseignement leur permet de gagner leur vie. Platon les attaque

569 Par ex. I, 1, 8 : « Epaminondas, qui vint à raconter magnifiquement les choses par luy faites », échappe aux accusations du peuple thébain.

570 Robert Kilpatrick, art. cité, 2013, p. 119-220 ; Antoine Compagnon, « A Long Short Story : Montaigne's Brevity », *op. cit.*, p. 42.

571 Par ex. I, 39, 248.

572 Robert Kilpatrick, *op. cit.* (2013), p. 208 : « *Montaigne develops a highly rhetorical encomium of the anti-rhetorical Sparta* [...]. *Thus, Montaigne's critique of humanism in the first part of 'Du pedantisme' takes the form of an ironic satire that in successive editions increasingly encompasses his own writing, becoming a form of deliberate self-irony* ». Voir aussi Hugo Friedrich, *Montaigne*, Gallimard, 1968, p. 94 : Montaigne « ne peut se réfendre d'un mouvement d'irritation polémique chaque fois qu'il tombe sur une idée formelle et rhétorique de la culture » ; James Supple, 1984, p. 153 ; Eric MacPhail, *op. cit.* (2002), p. 194 ; Pierre Manent, « De l'éloquence à la littérature », *op. cit.*, p. 121-166.

573 Platon, *Le Grand Hippias* ou *Hippias majeur*, 282-283.

sans relâche comme des mercenaires du savoir, Montaigne transpose volontiers ce discours d'accusation en son temps. Selon Eric MacPhail, le chapitre tout entier peut se comprendre comme une diatribe contre les humanistes calquée sur la polémique que Platon conduit à l'encontre des Sophistes[574]. L'argument de la vénalité des Sophistes doit contribuer à discréditer leur activité, par contraste avec la générosité du personnage de Socrate, qui bénéficie du crédit moral lié à la gratuité de son activité[575]. Un autre axe est celui de l'ironie socratique, que Montaigne apprécie comme une forme de rhétorique supérieurement efficace. Socrate feint de valoriser Hippias pour ses talents supposés d'homme d'affaires : « Ce sont là, Hippias, des choses qui dénontent un homme véritablement sage et accompli[576] ! » Les Anciens n'auraient-ils pas fait preuve d'une grande naïveté, en oubliant de se faire payer pour leurs leçons ? Quant à l'enseignement de Socrate lui-même, il n'aurait pas grande valeur, en ce qu'il repose exclusivement sur le don[577]. Est-ce à Sparte que le Sophiste a gagné le plus d'argent, puisque c'est la cité où il s'est le plus souvent rendu[578] ? Hippias avoue qu'il n'y a rien gagné. Or, ce qui ne rapporte rien n'aurait donc aucune valeur, si l'on suit la position défendue par le Sophiste. Aveugle aux subtilités de l'*elenchos* socratique, Hippias finit par admettre de lui-même le caractère inutile de ce qu'il enseigne. « Il est tres-plaisant de voir Socrates, se moquant de Hippias [...] » (l. 450-451) : Montaigne retrace ici avec un plaisir manifeste l'argumentation ironique de Socrate. La référence amusée renoue avec la veine d'un comique cérébral qui traverse l'ensemble du chapitre. Si les revenus tirés de l'enseignement confirment la valeur de ce dernier, ce que soutient Hippias, alors Anaxagore[579] doit être un sot,

574 Eric MacPhail, *The Sophistic Renaissance*, *op. cit.*, p. 92 : « A diatribe against the humanists and the humanities, modeled on Plato's anti-sophist polemic ».

575 Voir Marcel Hénaff, *op. cit.*, p. 41-81.

576 Platon, *Le Grand Hippias*, 281a, trad. L. Robin.

577 Voir Platon (*Apologie de Socrate*, 19), Xénophon (*Économique*, II, 8) et Diogène Laërce (*Vies, doctrines et sentences des philosophes illustres*, II, 24-25).

578 *Ibid.*, 283b-e.

579 Anaxagore est implicitement évoqué dans la référence à Aristote : « Ce qu'Aristote recite d'aucuns [...] ». Dans l'*Éthique à Nicomaque*, VI, 7, 1141b, Aristote évoque Anaxagore et Thalès pour illustrer la distinction entre sagesse et prudence : ces philosophes ont eu la connaissance des choses les plus élevées et les plus nobles, mais ignoré les choses qui leur étaient profitables. Montaigne connaissait les thèses d'Anaxagore par Diogène Laërce, par exemple sur la nature du Soleil comme « pierre ardente » (II, 12, 535). Il est évoqué huit fois dans les *Essais*.

puisqu'il ne s'est pas enrichi, et Hippias de même, puisqu'il n'a pas gagné un sou à Sparte.

Montaigne puise aux sources de l'ironique socratique pour lutter contre le pédantisme. Tout comme le Sophiste est pris au piège de l'ironie socratique, le « pedante » doit faire rire à l'issue de la confrontation verbale dans laquelle il est censé exceller. En se référant à la critique platonicienne des Sophistes, Montaigne trouve une caution prestigieuse à la critique d'une éducation logencentrée. L'exercice critique frappe toutefois par son caractère scolaire et sa rhétorique convenue, ce qui incite le lecteur à y voir aussi beaucoup d'auto-ironie.

L'OBJECTION DE LA FÉROCITÉ GUERRIÈRE (L. 460-FIN)

Les orateurs d'Athènes ont été répudiés, les citoyens-soldats de Sparte encensés. En 1580, Montaigne terminait le chapitre en assignant à l'éducation un but qu'il jugeait beaucoup plus élevé et beaucoup plus noble que la seule maîtrise de la langue, à savoir « la science d'obeïr et de commander[580] » (l. 448-449). Après 1588, la conclusion change de manière radicale. Montaigne pose une corrélation entre l'ignorance et la férocité sur le champ de bataille. L'inculture devient le trait caractéristique des « plus belliqueuses nations » (l. 465-466) et la guerre, le critère qui départage brutalement les peuples. « C'est la culture elle-même qui est mise en cause, et Montaigne la considère comme plus dangereuse encore que ridicule et inopérante[581] », écrit Kazimierz Kupisz. Montaigne fait « le procès de la culture de l'esprit[582] », soutient Paul Porteau. Son discours

580 Plutarque, « Vie d'Agésilas », traduction Jacques Amyot : « Aiant autour de luy le philosophe Xenophon qu'il aimoit, et duquel il fasoit grand compte, il luy suada d'envoyer querir ses enfans pour les faire nourrir en Lacedemone, là où ilz apprendroient la plus belle science que les hommes sauroient apprendre, c'est à sçavoir, obeir et commander ». Un passage semblable se trouve dans les *Dicts notables des Lacaedemoniens*. Voir Pierre Villey, *op. cit.* (1920), p. 73.

581 Kazimierz Kupisz, « Variations montaigniennes sur le thème du pédantisme », *op. cit.*, p. 948.

582 Paul Porteau, « Sur un paradoxe de Montaigne », *op. cit.*, p. 329. Ce procès n'est pas un cas isolé dans les *Essais*, souligne le critique : on peut évoquer aussi le thème du basculement de grands esprits dans la folie, Anaxagore, Lucrèce ou Le Tasse.

s'appuie sur un lieu commun, celui des mérites respectifs des armes et des lettres : l'habitude de soumettre les jeunes gens à une formation scolaire amollirait les courages, tandis que l'absence d'éducation les préparerait à la vaillance au combat[583]. L'essayiste évoque les victoires des Turcs, de Tamerlan, des Scythes, des Parthes et des Goths comme preuves tirées de l'histoire. Le lecteur attend en vain un jugement qui viendrait tempérer la victoire de la férocité. L'essai se conclut sur un renversement scandaleux des valeurs humanistes, commente Eric MacPhail, qui en souligne aussitôt la valeur rhétorique[584]. Quelle est l'intention qui sous-tend la nouvelle conclusion du chapitre ?

Dans les civilisations guerrières, l'éducation vise à former de puissants et valeureux guerriers. La priorité revient à la culture du corps, aux jeux d'adresse et d'endurance, à des exercices physiques conçus comme préparation à la guerre[585]. Que ce soit au contact de la Grèce archaïque (II, 36, 753), des Lacédémoniens, des romans de chevalerie (I, 26, 175 ; III, 5, 857) ou des guerriers amérindiens (I, 31, 210), Montaigne connaît ces héros animés par le sens de l'honneur et l'amour de la gloire. Or, la fin du chapitre n'invoque pas du tout la conduite exemplaire de ces nobles guerriers, à l'instar du « Roy Leonidas et des siens, au pas des Thermopyles » (I, 31, 211), mais une soldatesque ignorante. Pour gagner sur le champ de bataille, est-il besoin de « la plus belle science qui soit » (l. 448), à savoir celle du commandement militaire ? La nouvelle conclusion du chapitre se présente comme une alternance du jugement par rapport à l'opinion admise, selon laquelle la connaissance et l'action se trouveraient réunies en la personne des grands chefs de guerre. Montaigne veut-il choquer son lecteur ? Il ne le semble pas. L'hypothèse selon laquelle l'étude ferait perdre à la civilisation européenne son énergie virile est un lieu commun, que Jean Bodin formule en ces

583 Baldassare Castiglione, *Cortegiano*, livre I : « *i Francesi, che estimano le lettere nuocere alla profession dell'arme* » ; Giraldi, *Progymnasma adversus literas et literatos* (vers 1520) ; Pasquier, *Pourparlers du Prince* (1560), etc. La question des mérites respectifs des armes et des lettres fait l'objet d'une monographie dans l'ouvrage de James J. Supple (1984).

584 Eric MacPhail, *The Sophistic Renaissance*, *op. cit.*, p. 94. Selon le critique, le discours de Montaigne ne saurait être pris à la lettre : « l'éloge de l'ignorance est un thème déclamatoire, un éloge paradoxal, et comme tel, l'une des ressources les plus caractéristiques de la rhétorique sophistique ».

585 Henri-Irénée Marrou, *op. cit.*, p. 14 : C'est une éducation « à dominante militaire, orientée vers la formation du caractère, le développement de la vigueur physique et de l'adresse, plutôt que vers celui de l'intelligence ».

termes : « Il en est de même pour les nations, lorsque après avoir très longtemps porté les armes, elles se mettent à cultiver les lettres ; il leur arrive alors de perdre toute vigueur et toute force d'âme, soit qu'elles aient langui dans le repos et l'inertie, soit que les hommes adonnés à la contemplation des lois divines et naturelles, non contents d'abhorrer le sang et la violence, en arrivent à oublier leur barbarie et leur cruauté ancestrales[586]. » On trouve de semblables déplorations en Italie chez Pic de la Mirandole, Cornelius Agrippa ou encore Ortensio Lando[587]. Au XVIe siècle, ce sont les Français qui ont la réputation d'être des soldats particulièrement ignorants et barbares, que l'essayiste pourrait désigner ici sous le masque de peuples lointains[588]. Le désir de Montaigne d'appartenir à la noblesse d'épée, soutient Donald Frame, le pousserait à cautionner une position anti-intellectualiste[589]. Son discours pourrait également se rattacher au succès polémique du *Prince* de Machiavel tout au long du XVIe siècle : dans les faits, la conquête et l'exercice du pouvoir se passent de considérations morales[590]. Il ne faut donc pas surestimer le caractère subversif de la nouvelle conclusion du chapitre.

Cette fin de chapitre est toutefois dissonante à plus d'un titre. Le lecteur y décèle par exemple des signes d'exagération délibérée[591]. Montaigne sait très bien que les Turcs n'étaient pas aussi grossiers qu'il le soutient ici, rappelant ailleurs des marques de leur civilisation[592]. Dans « Des armes

586 Jean Bodin, *La Méthode de l'histoire*, 2de édition, 1572, trad. P. Mesnard, Paris, Les Belles Lettres, 1941, p. 28.

587 Anthony Grafton & Lisa Jardine, *From Humanism to Humanities, Education and the Liberal Arts in Fifteenth- and Sixteenth-Century Europe*, Duckworth, 1986, avant-propos.

588 Nicolas Machiavel, *Le Prince* (1513) de Machiavel, chapitre XXVI : « Exhortation à s'emparer de l'Italie et à la délivrer des Barbares » ; Francesco Guicciardini, *Histoire d'Italie* (1561) : « Le passage de Charles en Italie provoqua d'innombrables calamités, bouleversements d'États, renversement de régimes, désolation des campagnes, ruine des villes, massacres très cruels. Il fit aussi naître des mœurs nouvelles, de sanguinaires innovations dans la pratique de la guerre. » Lors de la conquête de la péninsule italienne en 1498, une réputation de barbarie précède les Français : voir Ivan Cloulas, *Charles VIII et le mirage italien*, Paris, A. Michel, 1986, p. 123-125, et Nicolas Le Roux, *op. cit.*, p. 19.

589 Donald Frame, *op. cit.*, (2018) p. 127 : « Montaigne s'est sans doute senti tiraillé entre deux extrêmes : les prouesses militaires et l'érudition. Son désir d'être un gentilhomme digne de ce nom est à l'origine d'une grande part de son apparent anti-intellectualisme ».

590 Francis Goyet, *Les Audaces de la prudence*, *op. cit.*, p. 134-135.

591 Voir par ex. James J. Supple, *op. cit.*, p. 66.

592 II, 11, 435 : « Les Turcs ont des aumosnes et des hospitaux pour les bestes ». Voir aussi I, 30, 199 ; I, 49, 297 ; II, 29, 710 ; II, 36, 753. Montaigne a lu *La Republique des Turcs* (1560) et *Histoires orientales et principalement des Turkes* [...] (1575) de Guillaume Postel.

des Parthes » (II, 9), il s'intéresse à l'armement des Parthes, qu'il présente comme des combattants redoutables et non comme des barbares mal dégrossis. Leurs armures permettaient une grande liberté de mouvement tout en déviant efficacement les javelots[593]. Concernant les Scythes[594], ce n'est pas leur férocité qui a fait d'eux des guerriers d'exception. Dans un long ajout au chapitre « De la constance » (I, 12), Montaigne décrit la stratégie d'enlisement qu'ils adoptèrent contre Darius, stratégie qu'il met en parallèle avec le retrait tactique des Lacédémoniens à Platées :

> Et parce que Lachez, se r'advisant, advoue cet usage aux Scythes, et enfin generalement aux gens de cheval, il luy allegue encore l'exemple des gens de pied Lacedemoniens, nation sur toutes duitte à combattre de pied ferme, qui en la journée de Platées, ne pouvant ouvrir la phalange Persienne, s'adviserent de s'escarter et sier arriere[595], pour par l'opinion de leur fuitte faire rompre et dissoudre cette masse en les poursuivant. Par où ils se donnerent la victoire. Touchant les Scythes on dict d'eux, quand Darius alla pour les subjuguer, qu'il manda à leur Roy force reproches pour le voir tousjours reculant devant luy et gauchissant la meslée. (I, 12, 45)

Comme les Scythes ne cessaient de reculer, rapporte Hérodote, Darius crut qu'ils avaient peur et que la victoire était à portée de main[596]. Il se lança à leur poursuite. En réalité, Idanthyrse, le roi scythe, savait que l'affrontement ouvert tournerait en sa défaveur et préféra ordonner un retrait tactique. Épuisée par des longues marches dans les montagnes, l'armée perse fut en définitive contrainte de battre en retraite[597]. La stratégie est également évoquée dans le chapitre « Des vers de Virgile » à propos des femmes : « elles nous battent mieux en fuyant, comme les Scythes » (III, 5, 884). Reculer ne veut pas toujours dire admettre sa défaite. Montaigne souligne tout l'intérêt que revêt l'art de fuir,

---

593 « Ils avoient, dit-il, des armes tissuës en maniere de petites plumes, qui n'empeschoient pas le mouvement de leur corps : et si estoient si forte que nos dards rejalissoient, venant à les hurter (ce sont les escailles dequoy nos ancestres avoient fort accoustumé de se servir) » (II, 9, 405). La description est puisée chez l'historien Ammien Marcellin.

594 Sur les Scythes, voir Hérodote, *Histoires*, livre IV. Montaigne trouve aussi chez les Scythes la peine de mort réservée aux devins qui se trompent (IV.69) évoquée en I, 31, 208 et, une fois n'est pas coutume, assortie d'une proposition de transposition.

595 Au sens de reculer.

596 Hérodote, *Histoires*, livre IV, 87-89 : Darius aurait rassemblé 600 000 hommes pour la conquête de la Scythie.

597 Éric Werner, *Montaigne stratège*, Lausanne, L'Âge d'Homme, 1996, p. 26 : « Darius croit que le maître du jeu, c'est lui, en réalité les maîtres du jeu, ce sont les Scythes ».

élément de stratégie militaire qui contredit littéralement la fin de notre chapitre[598]. Ce n'est donc pas seulement l'étude des lettres, c'est aussi l'intelligence militaire qui se trouve piétinée à la fin du chapitre. Il y a dans ce dernier ajout une volonté de schématisation qui confine à la mauvaise foi, pointe Paul Porteau[599].

L'ouvrage de René de Lucinge sur les Turcs (1588) sert ici de source immédiate à l'essayiste. La leçon de Lucinge est la suivante : les Ottomans ont développé une culture militaire dont les Français feraient bien de s'inspirer[600]. La puissance militaire de l'Empire ottoman, dominante au XVIe siècle, repose essentiellement sur l'organisation de l'État et la formation des soldats. Les « peuples[601] » qui constituent l'Empire ottoman, souligne Montaigne, sont « duicts à l'estimation des armes » (l. 464), autant dire une forte culture militaire. Montaigne ne peut croire que l'inculture et la férocité seraient particulièrement efficaces sur les champs de bataille. Faut-il alors souscrire à l'hypothèse du discours paradoxal, comme le soutient Eric MacPhail ? La fin du chapitre serait un exercice rhétorique qui relèverait plus spécifiquement de l'*epideixis*, une tradition sophistique[602]. On trouve dans les *Essais* de nombreux passages qui relèvent de l'éloge paradoxal : bienfaits de l'amnésie qui fait oublier l'ambition (« Des menteurs », I, 9), apologie du règlement des affaires publiques ou privées par les dés (« Des prognostications », I, 11), éloge de la couardise face à la mort « fût-ce sous la peau d'un veau » (I, 20), plaidoyer en faveur du suicide (II, 3), selon une liste non exhaustive établie par Patrick Dandrey[603].

598 Kyriaki Christodoulou, « L'image du guerrier grec dans les *Essais* de Montaigne », *op. cit.*, p. 91.

599 Paul Porteau, *op. cit.*, p. 257 : « Les plus injurieux des propos ici tenus par Montaigne datent – le lecteur l'a déjà noté – des dernières années de sa vie ».

600 René de Lucinge, *De la naissance, durée et chute des États* (1588), I, 1 : « Il s'est premierement du tout adonné à la Guerre ».

601 Le pluriel de « peuples » s'explique par le fait que l'Empire ottoman était composé de nombreux peuples.

602 Eric MacPhail, *op. cit.* (2001), p. 94 : « *The conclusion to Montaigne's essay is in fact an epideixis, more performance than polemic* », et *op. cit.* (2009), p. 50 : « *it is a rhetorical exercise, what Montaigne dismissively refers to as 'an exercise of the tongue'.* » Le critique fait référence à l'analyse de l'*epideixis* par Barbara Cassin dans *L'effet sophistique*, Gallimard, 1995, p. 195-198. C'est un discours-performance qui vaut d'abord par l'effet qu'il produit. Le modèle en est *L'éloge d'Hélène* de Gorgias. « Le discours sophistique est le paradigme d'un discours qui fait des choses avec des mots », souligne B. Cassin dans *Quand dire, c'est vraiment faire*, Paris, Fayard, 2018, p. 12.

603 Patrick Dandrey, « Montaigne paradoxal. Les maux et les gloses », dans *L'éloge paradoxal…*, *op. cit.*, p. 137.

Faut-il prendre Montaigne au pied de la lettre lorsqu'il fait l'éloge de « l'estimation des armes et mespris des lettres » (l. 464) ? Si c'est un jeu rhétorique, cela veut dire que l'écrivain se range lui-même du côté des pédants[604]. Il s'adonnerait à une « exercication de la langue » en faisant l'éloge de la férocité du soldat qu'il n'est pas. Si le discours est sérieux, Montaigne défendrait un position réaliste, face à un Empire ottoman particulièrement puissant et menaçant[605]. Les efforts en faveur de la paix restent fragiles et il faut se préparer à la guerre ; dans les faits, les armes cèdent rarement devant la toge[606]. De là à soutenir que la force militaire d'un État est proportionnelle à l'inculture de ses sujets, il y a toutefois un fossé logique qui doit retenir notre attention.

Les succès militaires des nations « les plus grossieres et ignorantes » nous obligent à rebrousser le chemin parcouru. Même si l'on peut s'interroger sur l'intention réelle de Montaigne, la thèse qu'il avance est tout à fait explicite : parmi les inconvénients de l'étude, il faut prendre en considération l'amollissement des hommes au combat, inconvénient qui n'est sans doute pas négligeable au regard de ses conséquences sur l'avenir d'un peuple. À l'inverse, l'inculture accroît ses chances qu'a un peuple d'être belliqueux et de l'emporter sur le champ de bataille. Montaigne évoque l'Empire ottoman, « le plus fort Estat » de l'époque, mais ce n'est pas un exemple isolé : « Je trouve Rome plus vaillante avant qu'elle fust sçavante » (l. 464-465). L'opposition entre les deux Rome est reprise dans l'Apologie : « La vieille Rome me semble en avoir bien porté de plus grande valeur, et pour la paix et pour la guerre, que cette Rome sçavante qui se ruyna soy-mesme » (II, 12, 488). On trouve chez René de Lucinge l'anecdote concernant les livres conservés par les Goths pour affaiblir durablement les Grecs : leur chef déclara « qu'il les fallait soigneusement conserver, & laisser (disoit-il) ce poison entre les Grecs, d'autant que peu

604 Eric MacPhail, *op. cit.* (2009), p. 50.

605 La question turque suscite une admiration mêlée de crainte, suite au désastre de Mohács (1526), tournant vite à l'obsession chez un contemporain comme Guillaume Postel. Voir les travaux de Frank Lestringant, « Guillaume Postel et l'obsession turque », dans Guy Tredanel (dir.), *Guillaume Postel 1581-1981*, Dornecy, La Maisnie, 1985, p. 265-298 ; « La Monarchie française au miroir ottoman : le portrait de Soliman le Magnifique, de Charles IX à Henri III », 1992, p. 60 ; *Écrire le monde à la Renaissance. Quinze études sur Rabelais, Postel, Bodin et la littérature géographique*, Caen, Paradigme, 1993.

606 « Cedant arma togae » (Cicéron, *De officiis*, I, 77). La formule, devenue un proverbe, est commentée dans les *Emblèmes* d'Alciat : « Eloquentia fortitudine praestantior : l'éloquence l'emporte sur la force », dans l'éd. de Pierre Laurens, Paris, Les Belles Lettres, 2016, p. 194.

à peu il leur ostera toute vigueur martiale, comme ils ont accoutumé de faire à eux qui s'adonnent trop à l'étude de semblables disciplines et sciences, les rendant de tous poincts mols, effeminés, & du tout ineptes au mestier des armes[607] ». À la Renaissance, l'invasion des Goths a le sens de la ruine de toute bonne littérature[608]. L'appréciation est réversible : la bonne littérature signifie la fin de la vigueur martiale. Montaigne puise également chez Lucinge l'explication littérale de la série de victoires remportées par le roi Charles VIII lors de l'invasion de la péninsule italienne en 1494-1495. Le projet du jeune roi, alors âgé de vingt-quatre ans, lecteur assidu des romans de chevalerie, était de s'emparer du duché de Naples ; ensuite, l'armée française s'embarquerait pour mener une nouvelle croisade contre les Ottomans, reprendre Jérusalem au sultan Bajazet II et placer de nouveau Constantinople et la Terre sainte sous souveraineté chrétienne[609]. Examinons le texte source chez René de Lucinge : « Lorsque Charles VIII Roy de France traversa avec une si petite armée[610] l'Italie, et que sans desguainer son espee, ou abaisser sa lance, il se rendit maistre du Royaume de Naples, et de la plupart de

607 René de Lucinge, *De la naissance, durée et chute des États* (1588), f. 2 v° : « Au temps que les Goths par un sac épouvantable ravagèrent la Grèce [...] entre plusieurs butins il leur tomba entre les mains un grand nombre de livres ». Docteur en droit de l'Université de Toulouse, Lucinge avait accompagné le jeune Charles de Mayenne en 1572 avec trois cents gentilshommes dans une expédition maritime contre les Turcs. Un an après la défaite retentissante de Lépante, l'Empire ottoman réaffirmait sa supériorité en Méditerranée orientale. Dans l'ouvrage de 1588, Lucinge forme le projet d'une Europe unie contre l'envahisseur ottoman.

608 Rabelais, *Pantagruel*, chap. VIII (*op. cit.* (1994), p. 159) : « le temps encore ténébreux et sentant l'infélicité et calamité des Goths, qui avaient mis à destruction toute bonne littérature », écrit Gargantua à son fils Pantagruel ; Mathieu Coignet, *Instruction aux princes pour garder la foy promise*, chap. XII, f. 70 : « J'estime aussi que la conversation avec les muses et l'étude des bonnes lettres rendroient la noblesse plus avisée et constante [...]. Et ne suis de l'advis des Suisses, qui estiment que le beaucoup estudier use le cerveau ; ny de l'Allemant, lequel du temps de l'Empereur Galienius apres que la ville d'Athenes eut esté prise, garda qu'on ne mist le feu à un grand amas qu'on avoit faict de livres, disant laissons les aux Grecs, à fin que s'y adonnant ils soient moins propres à la guerre ».

609 Pierre Milza, *Histoire de l'Italie*, Paris, Fayard, 2005, p. 408.

610 Ce point est débattu par les historiens. La force d'invasion française aurait été « dans ses deux corps d'armée de 40 000 hommes environ (dont 30 000 combattants). C'est, pour l'époque, un effectif effrayant. Dans la péninsule, on grossit le chiffre de bouche à oreille : au printemps 1494, le bruit court que 100 000 Français vont déferler sur l'Italie », écrit Ivan Cloulas, *op. cit.*, p. 48. « Charles VIII parvint à lever une armée d'au moins 18 000 hommes, parmi lesquels figuraient 1 600 hommes d'armes », écrit l'historien Nicolas Le Roux dans *Le crépuscule de la chevalerie...*, *op. cit.*, p. 180 : le ratio entre effectifs de l'armée et combattants à proprement parler paraît ici plus crédible.

la Toscane : les Seigneurs François discourant à part eux d'où pouvoit proceder une si grande lascheté qu'ils avoient trouvez parmy les Princes Italiens, ils en rapporterent tous la cause à l'estude des bonnes lettres, qui amolissent le courage, et que de fait n'estans propres que pour la paix elles rendoient l'homme timide et mal propre et resolu a la guerre. De tout temps & encore aujourd'huy les Turcs ont tenu et estiment les Chrestiens de peu de valeur aux entreprises martialles, à cause de la diversité des arts auxquels ils s'adonnent coutumièrement[611]. » En Italie, les aristocrates français auraient attribué la facilité de leur conquête au goût des seigneurs italiens pour « l'étude des bonnes lettres » – sans doute pour excuser leur philistinisme, et tourner à leur avantage le sentiment d'infériorité qu'ils ont éprouvé en découvrant, émerveillés, l'architecture des palais italiens et leurs jardins[612]. Il s'agit toutefois d'une justification a posteriori qui n'a pas grand-chose à voir avec la réalité.

À l'époque morcelée, la péninsule italienne est soumise à l'influence des grandes puissances européennes. Préalablement à l'invasion, la diplomatie du roi de France s'est assurée de leur non-intervention. « Il en coûta au royaume, outre une importante somme d'argent versée au souverain anglais, l'Artois, la Franche-Comté et le Charolais, acquis par Louis XI et cédés à Maximilien, ainsi que le Roussillon et la Cerdagne[613] » précise l'historien Pierre Milza. Une fois l'invasion lancée, les rivalités locales ont souvent joué en faveur de l'envahisseur : à Milan, Ludovic Sforza réserve un accueil triomphal à l'armée française et se proclame duc de Milan au détriment de son neveu Jean Galéas Sforza, qu'il fera vraisemblablement empoisonner. Le même scénario se répète à Pise, révoltée contre l'occupant florentin ; à Florence, où Jérôme Savonarole restaure la République et salue en Charles VIII un homme providentiel ; à Rome, où la famille Colonna prend sa revanche sur les

---

611 René de Lucinge, *op. cit.*, f. 3r°.

612 Pierre Milza, *op. cit.*, p. 409 ; Nicolas Le Roux, *op. cit.*, p. 188 : ainsi, à Naples, le Roi s'extasie devant ce « bon et beau pays, plein de biens et de richesses », cette citée « belle et gorgiase en toutes choses » (lettre de Charles VIII au duc de Bourbon, Naples, le 22 février 1495). « Au surplus, vous ne pourriez croire les beaulx jardins que j'ay en ceste ville, car sur ma foy il semble qu'il n'y faille qu'Adam et Ève pour en faire un paradis terrestre, tant ilz sont beaux et pleins de toutes bonnes et singulières choses » (lettre de Charles VIII au duc de Bourbon, Naples, le 28 mars 1495). En Italie, Le Tasse évoque également la grossièreté et l'inculture des Français pour explique leur victoire : voir *Essais*, éd. Gallimard, *op. cit.*, p. 1385.

613 Pierre Milza, *op. cit.*, p. 408.

Borgia ; à Naples, où Alphonse abdique au profit de son fils Ferdinand, le condottiere Trivulzio se soumettant à Charles VIII et retournant les armes contre son ancien employeur. Les grandes villes italiennes sont prises sans combattre. La rapidité avec laquelle Charles VIII s'empare de la péninsule est interprétée comme un signe de la volonté de Dieu, ce qui aplanit les résistances. Le roi de France est perçu comme rien moins qu'un nouveau Messie[614] : à Florence, Jérôme Savonarole fait du roi de France un nouveau Cyrus, guerrier invincible capable de mettre à bas les gouvernements corrompus, à commencer par celui du pape, prélude à la restauration de la véritable Église. Marsile Ficin prononce une harangue de bienvenue dans laquelle il assimile le monarque à un envoyé du Christ qui doit libérer Jérusalem. Le jeune roi parcourt les États italiens jusqu'à Naples comme s'il s'agissait d'une simple démonstration de force[615]. La thèse de la férocité avancée par Montaigne se trouve donc de facto invalidée : puisqu'ils n'ont quasiment pas combattu, les Français ne doivent pas leur victoire à leur férocité sur le champ de bataille. La réalité historique est beaucoup plus complexe. Dès le début de l'invasion, l'armée française commet quelques massacres pour l'exemple. Ainsi, le 20 octobre 1494, les Français saccagent la bourgade de Mordano, près d'Imola, et le font savoir par des bulletins imprimés – ce qui contredit le mépris supposé des « lettres » –, une pratique nouvelle qui relève de la propagande militaire[616]. À en croire le texte diffusé par les Français, mille Napolitains et cinq cents hommes de la duchesse de Forlì, Caterina Sforza, auraient été exterminés, alors que les défenseurs de la bourgade n'étaient pas plus de deux cents. La nouvelle produit son effet : les Italiens sont terrorisés. Très impressionné par l'entrée de Charles VIII dans Florence, le chroniqueur Bartolomeo Cerretani écrit que les Français étaient d'une « férocité admirable[617] ». Sur le chemin du retour, la bataille de Fournoue, le 6 juillet 1495, est restée légendaire pour la cruauté qu'ont démontrée les belligérants. Venise avait ordonné de ne pas faire de prisonniers. Aux yeux des Italiens, « les Français n'apparaissaient

614 Nicolas Le Roux, « La traversée de l'Italie », *op. cit.*, p. 186 : « Le Très-Chrétien était le nouveau Messie ».

615 Pierre Milza, *ibid.* : « La conquête du royaume fut donc pour Charles VIII une véritable promenade militaire, émaillée toutefois d'exactions et de violences commises à l'encontre des populations civiles ».

616 Nicolas Le Roux, *op. cit.*, p. 180.

617 B. Cerretani, *Storia fiorentina*, cité par N. Le Roux, p. 182.

pas comme des adversaires honorables, mais plutôt comme des barbares dont l'extermination semblait parfaitement légitime[618]. » Guichardin écrit ainsi dans les *Histoires florentines* qu'avec l'armée française « était entrées en Italie une flamme et une peste qui changèrent non seulement les États, mais encore les façons de les gouverner et les façons de faire la guerre[619]. » Au cours du XVIe siècle, les Français se seraient-ils progressivement civilisés au contact de l'humanisme italien, comme le fit Rome au contact d'Athènes ? Le séjour des nobles français lors de la première guerre d'Italie est de courte durée. Plus tard, lors des campagnes de François Ier dans le nord de l'Italie, Pierre Eyquem dirige une compagnie d'archers pendant une dizaine d'années. On peut supposer le père de Montaigne s'enquiert alors du savoir-faire des maîtres italiens pour améliorer sa pratique de l'équitation, de l'escrime ou de la danse[620]. Selon la version admise, l'humanisme consiste en une sorte de transfert de civilisation. Montaigne tient ici un tout autre discours : il fait l'éloge de l'ignorance des ancêtres, à l'image d'une Rome « vaillante » (l. 465) qui n'aurait pas encore été corrompue par Athènes[621].

La culture savante est menacée par la puissance dévastratrice des « plus belliqueuses nations ». L'adjectif belliqueux renvoie bien à l'agressivité, à l'appétit pour la guerre. Que valent la science et les lettres face à la

618 N. Le Roux, « Tuer avec furie », chap. XI : « la journée Fornoue », *op. cit.*, p. 195-199. « Dans la grande histoire de son temps, publiée à partir de 1550, l'humaniste Paolo Giovio déplore le fait que les Français "ne guerroyaient pas à l'italienne, avec humanité, mais avec une cruauté barbare, en versant le sang". » Étrange guerre, où les seigneurs risquaient de mourir ! De fait, les condottieres n'avaient pas pour habitude de massacrer leurs adversaires, car ils espéraient leur soutirer des rançons. » On pense à l'exhortation de Machiavel dans *Le Prince* à délivrer l'Italie des « barbares » (« *Exhortatio ad capessendam Italiam in libertatemque a barbaris vindicandam* »).

619 Guichardin, *Storie fiorentine* (1509), éd. Aulo Greco, Novara, De Agostini, 1970, p. 138, cité par Jean-Louis Fournel, « Guichardin et la "barbarie" française », dans *L'image de l'Autre européen XVe-XVIIe siècles*, Presses de la Sorbonne nouvelle, 1992, p. 118. Guichardin décrit les innombrables vols, meurtres et viols dont les troupes françaises se sont rendues coupables lors de la conquête, la grossièreté, la vanité et l'arrogance des Français, mais aussi et surtout le fait que l'armée française introduit dans la guerre une rapidité et une brutalité inconnues jusqu'alors.

620 Selon Montaigne, son père aurait eu « fort longue part aux guerres delà les monts », avant de revenir et de se marier en « l'an 1528, qui estoit son trente-troisiesme, retournant d'Italie » (II, 2, 344). Voir Philippe Desan, *op. cit.*, (2014), p. 43. Sur l'art de l'escrime en Italie : « il ne se voit guiere de Romain en l'escole de l'escrime à Romme, qui est plaine de François » (II, 15, 613).

621 Le parallèle avec les vieux Romains est un lieu commun que l'on trouve par exemple chez Du Bellay, au chapitre III de la *Défense et illustration de la langue française*.

force destructrice des Parthes, des Goths, des Turcs, ou face à la *furia francese*, dont la bataille de Fornoue est restée l'illustration quasi légendaire pendant tout le XVIe siècle[622] ? L'attrait pour le conflit et la férocité laisse entrevoir quelque chose qui relève de la pulsion, peut-être de la relation complexe à la figure du père[623]. Notons toutefois que l'essayiste essaie son jugement sur une hypothèse tout à fait explicite : les études seraient non seulement ruineuses pour la santé, mais aussi et surtout inutiles pour la sécurité militaire des États. Montaigne n'ayant de cesse de relativiser la valeur de la science[624], l'examen de cette hypothèse ne devrait pas surprendre le lecteur. Dans sa brève introduction au chapitre, Pierre Villey renvoie à la critique de la science dans l'Apologie, soulignant que « dans les dernières additions de l'essai, il affirme fortement cette idée que la science n'est profitable qu'à une minorité d'esprits biens nés ; que, répandue dans les masses, elle est funeste pour la morale et pour le courage militaire[625] ». La nouvelle chute du chapitre ne saurait être interprétée comme une provocation isolée : Montaigne s'exerce à de nombreuses reprises à résister aux prétentions qu'émet la science à valoir comme idéal, et la confronte à d'autres instances régulatrices, plus efficaces ou moins coûteuses. Ainsi, la coutume transforme tout un peuple en Épicuriens rigoureux (I, 23, 115), alors que la philosophie n'a jamais pu le faire ; la nature enseigne sans effort aux animaux (II, 12, 454), ce que la science humaine ne fait qu'au prix d'immenses difficultés, etc. L'organisation militaire (« martiale police », l. 460) de certains États, comme Sparte ou l'Empire ottoman, est opposable à l'idée que les lettres devraient éclairer les « principaux conseils de nos Roys » (l. 328), selon le scénario privilégié par les humanistes. Dans la logique de l'essai, l'examen de la valeur de la science ne donne pas lieu à un discours auquel il faudrait adhérer, mais à un « contrepoids[626] »

622 Guichardin écrit ainsi dans l'*Histoire d'Italie* que les Français, occupés à « tuer avec furie », n'ont pas fait de prisonniers. Cité par Nicolas Le Roux, *op. cit.*, p. 198.

623 Fausta Garavini évoque ainsi le « vertige sadique » qui affleurerait sous la condamnation de la violence dans *Monstres et chimères. Montaigne, le monstre et le fantasme* (*Mostri e chimere*, 1991), Champion, 1993, chap. 6.

624 « De quel fruit pouvons nous estimer avoir esté à Varro et Aristote cette intelligence de tant de choses ? » (II, 12, 486).

625 Pierre Villey, *Les Essais*, tome I, *op. cit.*, p. 133.

626 Par ex. I, 19, 669 : « toutesfois l'inimitié qu'il portoit à la nostre ne donnoit aucun contrepoix à la balance ».

placé sur la balance du jugement. L'essayiste rappelle la fragilité de la culture par rapport à la menace que représentent les « nations les plus belliqueuses », au sens des nations les plus enclines à la guerre. Selon cette logique, d'autres exemples tirés d'une histoire plus récente viendraient rappeler, si besoin était, la valeur toute relative des accomplissements humains que l'on doit à l'étude.

Mais la férocité au combat, associée à l'absence d'éducation, aurait-elle ici valeur d'inspiration ? La fin du chapitre serait choquante pour l'humaniste, si elle avait le sens d'un éloge de la violence pour la violence. Au premier abord, il s'agit d'un constat, présenté sous forme d'une leçon que le jugement devrait tirer des champs de bataille : « Les exemples nous apprennent [...] » (l. 460). Dans le chapitre « Des Cannibales », Montaigne vante la virilité guerrière d'un peuple qui ne connaît pas l'écriture. « Leur guerre est toute noble et genereuse [...] » (I, 31, 210). On peut également lire la fin du chapitre dans la droite ligne de l'ignorance des ancêtres : que « nos ancestres n'ayent pas faict grand estat des lettres » (l. 326), cela les a sans doute disposés à accepter sans barguigner de « coucher sur la dure, soustenir armé de toutes pieces la chaleur du midy, se paistre d'un cheval et d'un asne, se voir detailler en pieces, et arracher une balle d'entre les os [...] » (I, 14, 56-57). Le désir de Montaigne de se qualifier comme noble d'épée le pousserait-il à accepter la barbarie inhérente à la guerre ? Le passage n'est pas à verser au dossier de l'orgueil nobiliaire de l'auteur, objecte James Supple[627]. Les autres passages analysés montrent que Montaigne n'accorde guère de valeur à la férocité sur le plan militaire. La vaillance des Parthes ou des Scythes est d'abord associée à leur intelligence tactique, et « les Turcs en retiennent quelque chose » (I, 12, 45). L'invocation de la férocité a plutôt le statut d'une alternance du jugement par rapport à l'opinion admise, opinion que l'essayiste a lui-même soutenue dans le chapitre en ces termes : « il se voit, tout au rebours, des suffisans hommes aux maniemens des choses publiques, des grands capitaines et grands conseillers aux affaires d'estat avoir esté ensemble tres sçavans » (l. 37-40). La conjonction du

627 James J. Supple, « Le parfait snob de l'épée », *op. cit.*, chap. 2, p. 26-61. Le dossier de l'orgueil nobiliaire de Montaigne est historiquement épais : il s'ouvre dès le XVIe siècle avec les railleries de Scaliger, avant de se poursuivre au XVIIe avec celles d'Arnaud et Nicole, de Baudier ou de Guez de Balzac. Les critiques à l'encontre de cet orgueil supposé n'ont pas tari depuis.

succès sur le champ de bataille et de la culture savante apparaît alors comme un préjugé de la culture savante.

Comme ses contemporains, Montaigne affiche son admiration pour ceux qui cultivent à la fois les lettres et les armes, la science et les techniques militaires. Archimède a montré que les mathématiciens peuvent se transformer en chefs de guerre redoutables ; dans d'autres chapitres, on trouve conjoints le goût des « lettres » et « l'estimation » des armes en la personne de grands hommes comme Épaminondas ou César, les plus admirés de Montaigne. Ne faut-il pas voir cependant dans l'invocation de ces modèles antiques l'expression d'un préjugé, que l'on appellerait aujourd'hui un biais de confirmation ? La nouvelle conclusion du chapitre se présente comme une alternance du jugement qui a le sens d'une mise en garde : il n'est pas besoin d'être savant pour l'emporter sur le champ de bataille. Il est vrai que ce sont ici de « peuples » et de « nations » dont il est question, ce qui relativise déjà considérablement le rôle des grands hommes.

CONCLUSION

Le chapitre « Du pedantisme » n'établit aucun programme d'études, à l'instar de celui que l'on trouve dans les *Schola Aquitanica* d'Élie Vinet pour le Collège de Guyenne, un programme approuvé en 1583 par Michel de Montaigne, alors Maire de Bordeaux[628]. C'est ici un texte critique, intempestif, qui vient questionner la valeur de la formation reçue par l'auteur et ses lecteurs. La critique est assortie de considérations prospectives qui prennent la forme d'un retour vers des modèles d'éducation situés dans l'Antiquité, conformément aux codes de la pensée humaniste. Ces modèles appartiennent à l'Antiquité au sens large – il est fait mention des Scythes ou de l'ancien Empire perse. Ils n'incluent en revanche aucun modèle chrétien, l'éducation religieuse étant passée sous silence. Montaigne s'intéresse en priorité à un modèle

628 Élie Vinet, *Schola Aquitanica*, Bordeaux, Simon Millanges, 1583 ; rééd. Louis Massebieau, *Schola Aquitanica. Programme d'études du Collège de Guyenne au XVIe siècle*, Paris, Delagrave, 1886. Le programme est approuvé à l'unanimité par le Maire et les jurats de la ville.

dialogique, qu'il repère dans les discussions que les jeunes Spartiates auraient conduites « sur le jugement des hommes et de leurs actions[629] » (l. 394). La référence vient cautionner les entretiens personnels qu'il aurait eus lui-même avec Turnèbe, l'un des plus grands érudits de son temps[630]. La discussion faisait partie de l'éducation humaniste sous la forme de la *disputatio*, au cours de laquelle les élèves s'interrogeaient mutuellement sur la leçon du jour, et de joutes rhétoriques, vantées par Érasme pour l'esprit d'émulation qu'elles instillaient dans l'esprit des jeunes gens[631]. Les élèves échangeaient également en privé avec leur régents. Au cours de ces échanges, le jeune Montaigne aurait interrogé Turnèbe sur des sujets politiques et militaires, renversant les rôles du maître et de l'élève. Si le professeur s'était prononcé sur des questions de grec et de latin, il se serait contenté d'exposer des connaissances ; ici, le jugement du professeur a été en quelque sorte obligé de s'exercer. Les « essais » du jugement apparaissent ainsi dans la continuité d'un scénario originel qui plonge ses racines dans la scolarité de l'auteur. Le scénario privilégié par Montaigne transgresse cependant une norme essentielle au monde scolaire, à savoir la hiérarchie entre le maître et l'élève, hiérarchie fondée sur les connaissances du premier et l'ignorance supposée du second. À travers l'exercice des jugements, Montaigne place à l'origine l'élève (lui-même) et le professeur (Turnèbe) sur un pied d'égalité.

Les pédants « ont la souvenance assez pleine, mais le jugement entierement creux » (l. 268-269). Il serait facile de caractériser le pédantisme en accablant la mémoire, mais la réflexion de Montaigne est plus ambiguë qu'il n'y paraît. Selon la lecture classique du chapitre, l'éducation intellectuelle consiste à s'approprier des pensées choisies, trouvées chez les auteurs. Le savoir doit venir enrichir et vivifier nos facultés propres sous peine de rester lettre morte : « Nous prenons en garde les opinions et le sçavoir d'autruy, et puis c'est tout. Il les faut faire nostres » (l. 180-181). C'est la lecture humaniste du chapitre, lecture dominante qui peut s'appuyer également sur le chapitre vingt-six : « ainsi les pieces

629 Plutarque, « Lycurgue », XVIII.3, dans les *Vies parallèles*, *op. cit.*

630 Roger Trinquet, *La jeunesse de Montaigne*, Paris, Nizet, 1972, p. 518 et p. 543 ; John Lewis, *Adrien Turnèbe. A Humanist Observed*, Genève, Droz, 1998, p. 15. Les entretiens ont peut-être eu lieu à Toulouse, plus vraisemblablement à Paris. Montaigne fait allusion à ces entretiens au début de l'Apologie (II, 12, 440A), au sujet de la *Théologie naturelle* de Raymond Sebond.

631 Madeleine Lazard, *Michel de Montaigne*, Paris, Fayard, 2002, p. 62-63.

empruntées d'autruy, il les transformera et confondera, pour en faire un ouvrage tout sien : à sçavoir son jugement[632] » (I, 26, 152). Il existe toutefois une lecture alternative : il s'agit de penser, de dire et d'agir par soi-même, ce qui implique de rompre avec la pédagogie de l'imitation. Montaigne met l'accent sur la spontanéité, la capacité d'initiative, « l'essay de l'action » (l. 419). La culture de l'emprunt doit être rejetée parce qu'elle place l'esprit dans une situation d'hétéronomie : « Nous nous laissons si fort aller sur les bras d'autruy, que nous aneantissons nos forces » (l. 191-192). En empruntant, on s'abrite derrière les auteurs, on se cache sous des noms connus, on s'épargne la peine d'avoir à « esplucher » par soi-même l'expérience[633]. Il faut à l'inverse mettre son jugement à l'épreuve, faire « l'essay du sens » (l. 295) comme les jeunes magistrats, et « l'essay de l'action » (l. 419), à l'instar des jeunes Spartiates.

Le terme d'essai, au XVIe siècle, a le sens de mise à l'épreuve, mais aussi d'échantillon de nourriture, de mets proposé en dégustation[634]. Pour qui voudra goûter le pédantisme, Montaigne en fait en quelque sorte l'essai devant nous, parsemant sa réflexion d'emprunts en latin, parfois en grec, langue qu'il dit ne guère maîtriser[635], cousant ensemble jusqu'à quatre citations qui font se télescoper les pointes de la poésie satirique de Juvénal et la prose philosophique de Cicéron (l. 203-211). Le pédantisme est le grand bric-à-brac de l'Antiquité. Forçant le trait, Montaigne supprime la traduction d'un vers d'Euripide cité en grec (l. 200), dans

632 Voir Gabriel Compayré, *op. cit.*, 1905, p. 60 : « Le savoir ne vaut que si l'on a su se l'approprier, l'épouser, et faire sienne les opinions qu'on emprunte à autrui. Le travail de l'esprit doit ressembler à celui des abeilles » ; Marie-Dominique Couzinet, *op. cit.*, p. 93 ; Darryl De Marzio, « Michel de Montaigne and the Bridge to Enlightenment and Modernity », *A History of Western Philosophy of Education in the Middle Ages and Renaissance*, Kevin H. Gary (éd.), chap. 8, Bloomsbury, 2021, ici p. 210 : « *When writing on education, Montaigne is especially fond of considering learning as akin to the digestive process.* [...] *To cultivate our judgment is to put our own personal stamp on the material of our learning.* »

633 « Nous n'avons pas l'esprit d'esplucher et faire valoir ce qui se passe devant nous » (III, 13, 1081) ; Gabriel Compayré, *op. cit.*, 1905, p. 52 : « Bien juger, c'est d'abord penser par soi-même » ; Hubert Vincent, *op. cit.*, p. 58.

634 « Pour qui en voudra goûter, j'en ai fait l'essai, son échanson » (III, 13, 1080). Juste Lipse traduit en latin le titre des *Essais* par le mot latin *Gustus*.

635 « Quant au Grec, duquel je n'ay quasi du tout point d'intelligence [...] » (I, 26, 174). Il faut néanmoins relativiser cette déclaration, Montaigne ayant accumulé un nombre important de livres en grec dans sa bibliothèque. Voir Kyriaki Christodoulou, « Sur le grec de Montaigne », *MS*, 1992-4, p. 29 ; Alain Legros, « La main grecque de Montaigne », *BHR*, vol. LXI, 2, 1999, p. 461-478.

un geste qui exclut la quasi-totalité des lecteurs[636]. En contradiction avec sa propre argumentation, il apporte le plus grand soin à la construction rhétorique de ses phrases : « là, c'estoit une continuelle exercitation de la langue ; icy, une continuelle exercitation de l'ame » (l. 438-440). Dans un ajout, il s'inclut lui-même parmi les pédants (l. 138) et « traque non sans humour le pédant qui sommeille en lui[637] », ne laissant guère de doute sur le caractère d'autocritique que revêt le chapitre[638]. Face à cette pathologie intellectuelle, il est à la fois le patient et le médecin, le malade et le pharmacien. Éminemment paradoxal, le chapitre relève sous l'angle rhétorique du genre épidictique ou démonstratif, évoqué avec ironie dans le chapitre sous la forme de la « belle harengue *in genere Demonstrativo* » (l. 412). C'est un blâme, une *vituperatio*[639], souligne Francis Goyet, un discours d'accusation codifié, qui mobilise toute la panoplie des ressources littéraires. Ce serait un protreptique à l'envers, soutient Eric MacPhail, si l'on accepte d'y voir une harangue ironique destinée à mettre en garde le lecteur contre l'étude de la philosophie[640].

Les marques d'auto-ironie contribuent à faire du chapitre « Du pedantisme » un chapitre particulièrement dissonant. Évoquant le « pedante » (l. 2) de la *commedia dell'arte*, Montaigne relate l'expérience d'une déception réitérée qui remonterait à ses années de Collège. Or, loin de donner dans la moquerie, l'auteur prend la défense des hommes de savoir, dont Adrien Turnèbe est dans notre chapitre la figure emblématique[641], Archimède et Thalès de prestigieux ancêtres. Les contours du pédant de comédie,

636 ~~« Je haï, dict-il, le Sage qui n'est pas sage pour soy mesmes. »~~

637 Denis Bjaï, *Les Essais*, Paris, Le Livre de Poche, 2001, introduction au chapitre « Du pédantisme », p. 203.

638 André Tournon, *« Route par ailleurs » : le « nouveau langage » des* Essais, Paris, Classiques Garnier, 2006, p. 65 ; Robert Kilpatrick, *op. cit.*, (2017) p. 260.

639 Encore appelé genre épidictique, le genre démonstratif (« in genere Demonstrativo », l. 412) est l'un des trois genres rhétoriques du discours, à côté du genre judiciaire et du genre délibératif. Il concerne l'éloge (*laus*, en latin) et le blâme (*vituperatio*). Le titre latin de l'*Éloge de la folie* (1511) d'Érasme est *Laus stultitiae*. Voir Francis Goyet, *op. cit.* (2009), p. 261 et suiv. ; Eric MacPhail, *op. cit.* (2011), p. 45.

640 Eric MacPhail, « Theory and Practice in 'Du pedantisme' », dans *Montaigne after Theory/Theory after Montaigne*, Zahi Zalloua (éd.), Seattle, University of Washington Press, 2009, p. 40.

641 L'admiration exprimée par Montaigne était dans l'air du temps, quinze ans après le décès du grand humaniste, souligne John Lewis, *op. cit.*, p. 26 : « *In purely academic terms, Turnèbe enjoyed a reputation which was second to none: tributes to his acumen, diligence, erudition vas memory and prodigious appetite for learning were heaped upon him* ».

personnage-type, restent assez flous[642], et la critique reste modérée par rapport à d'autres passages des *Essais* qui évoquent « l'humeur melancholique d'un furieux maistre d'escole » (I, 26, 164), l'humaniste « tout pituiteux, chassieux et crasseux, que tu vois sortir apres minuit d'un estude » (I, 39, 241), ou encore les pédants martyrisant leurs élèves sous l'effet de la colère (II, 31, 715) et du plaisir sadique à manier la cravache. Le ton d'Érasme était virulent lorsqu'il dressait le portrait de ces « grammairiens » sales et colériques, menant une vie misérable, mais que la « découverte d'un mot rare, *bubsequa*, *bovinator* ou *manticulator*, faisait exulter de joie comme s'ils avaient vaincu l'Afrique ou pris Babylone[643]. » Au théâtre, dans les romans et les poésies satiriques, le personnage est « mal habillé, sale, voire répugnant », moqué dans des situations scabreuses « où viennent se mêler parfois impuissance et homosexualité[644]. » Le personnage finit souvent dépouillé[645], enfermé dans un sac et soumis à des sévices qui peuvent aller jusqu'à la castration. La brutalité des punitions est à l'image des vices dont la comédie italienne affuble le personnage, particulièrement fourbe et cruel. Au XVIe siècle, la figure connaît son apothéose burlesque avec le personnage de Mamfurio, professeur de grammaire, dans le *Chandelier* de Giordano Bruno[646]. Rien de tout cela dans notre chapitre. Le risque de pédantisme est ici inclus dans la philosophie elle-même et les philosophes antiques, tel Socrate dans les *Nuées* d'Aristophane, ont été eux aussi « mesprisez par la liberté Comique de leur temps[647] » (l. 42-43). Reconnaître notre exposition au risque de pédantisme, ce serait faire un premier pas vers la sagesse, alors même que nous continuons d'accumuler le « sçavoir d'autruy » (l. 197) plutôt que d'exercer notre jugement personnel.

L'acquisition de connaissances devrait être un moyen en vue d'autres choses que l'on juge utiles et bonnes. En contexte scolaire, en revanche,

642 Stéphanie Péraud-Puigségur, « Un sage ignorant qui "désenseigne la sottise". L'école paradoxale des *Essais* de Michel de Montaigne », *BSIAM*, n° 71, 2020-1, p. 97-98.

643 Érasme, *Éloge de la folie* (1511), XLIX, trad. Claude Blum, Laffont, 1992, p. 58-59.

644 Jocelyn Royé, *op. cit.*, p. 38.

645 Giordano Bruno, *Chandelier*, V, xxv, trad. Y. Hersant, Paris, Les Belles Lettres, 1993, ici p. 414 : « Mamfurio. Miséricorde ! Prenez les écus, la bourse et tout ce que vous voudrez, *dimittam vobis* ». Voir le commentaire de Marie-Dominique Couzinet, *op. cit.*, p. 98.

646 Giordano Bruno, *op. cit.*, p. 410-412 : « Dans ces parages déambule très souvent, sans que je sache ce qui l'y pousse, un très solennel pédant nommé Mamfurio. Vous le verrez passer, j'en suis sûr ».

647 Philippe Mottet, « Des citations grecques et *Du pedantisme* », *BSAM*, n° 7-8, 1997, p. 10.

l'érudition apparaît comme une fin en soi. À la différence du cordonnier, de l'agriculteur ou du stratège militaire, le pédant parle de choses qu'il ne connaît pas directement et qui ne le concernent pas personnellement. Montaigne reprend une diatribe cynique de Diogène, qui reprochait aux musiciens d'accorder leurs lyres sans savoir accorder leurs âmes. On peut cultiver à l'infini les disciplines scolaires sans que ces efforts correspondent à une quelconque amélioration personnelle ; pire, ces milliers d'heures d'étude peuvent s'avérer contre-productives et diminuer nos aptitudes. Montaigne voit dans le pédantisme une contrefaçon d'éducation, résultat paradoxal et malheureux de l'effort des humanistes pour s'approprier le meilleur de l'Antiquité. C'est aussi une contrefaçon de la philosophie, définie au chapitre vingt-six comme « formatrice des jugements et des mœurs[648] ». Comment en est-on arrivé là ? Le chapitre avance des réponses hypothétiques, aussitôt soumises à examen. L'intention de Montaigne est bien de « formuler une réponse à la question de savoir comment une telle mutation a bien pu advenir[649] », même si aucune réponse ne lui paraît totalement satisfaisante. Le pédantisme persuade les maîtres de son bien-fondé, tout comme la Folie d'Érasme persuadait les grammairiens de leur inégalable félicité[650]. L'emprise du pédantisme est ainsi d'autant plus forte qu'elle passe inaperçue aux yeux des principaux intéressés. À propos de la coutume, le chapitre vingt-trois demandait : « Que ne peut-elle en nos jugemens et nos creances ? » (I, 23, 111) Un pédant n'a pas conscience que l'on se moque de lui pourvu que l'on adopte son « jargon » (l. 255). Écart par rapport au « sens commun » (l. 242) et gros d'un risque de folie, le pédantisme devrait être rejeté ; s'il ne l'est pas ou pas encore, c'est qu'il endort le jugement critique[651]. La logique du chapitre est celle d'un examen du pédantisme comme coutume en vigueur, opinion admise et norme négative du monde scolaire. Il ne

---

648 « Car la philosophie, qui, comme formatrice des jugements et des meurs, sera sa principale leçon, a ce privilege de se mesler par tout » (I, 26, 164). Voir Marc Foglia, *Montaigne, pédagogue du jugement*, *op. cit.*, p. 181 : « L'éducation est alors pensée selon un schéma dynamique de restauration des facultés dans leurs droits, puis d'institution par l'exercice ».

649 Marie-Dominique Couzinet, *op. cit.*, p. 87.

650 Érasme, *Éloge de la folie* (1511), chap. XLIX.

651 « L'assuefaction endort la veue de nostre jugement » (I, 23, 112). La réflexion de Montaigne sur l'éducation est « le point de départ d'une réflexion fondatrice sur le développement de l'esprit critique », écrit Jean-Pierre van Elslande dans « Que philosopher, c'est être enfant : Montaigne pédagogue » (*Revue de Théologie et de Philosophie*, vol. 141-3, 2009, p. 259).

critique pas seulement les références mal digérées des pédants, le « sçavoir qui nage en la superficie de leur cervelle » (l. 246), mais aussi et surtout la croyance selon laquelle la connaissance devrait être nécessairement empruntée. Montaigne entend stimuler la réflexion de ses lecteurs, sans doute eux aussi atteints de ce mal sans en avoir conscience. Il multiplie les critiques et les références, les indignations et les exhortations :

> Mais nous, que disons nous nous mesmes ? que jugeons nous ? que faisons nous ? Autant en diroit bien un perroquet.

BIBLIOGRAPHIE

SOURCES

ÉDITIONS FRANÇAISES DES *ESSAIS*

MONTAIGNE, Michel de, *Les Essais*, édition conforme aux texte de l'Exemplaire de Bordeaux avec les additions de l'édition posthume, l'explication des termes vieillis et la traduction des citations, une étude sur Montaigne, une chronologie de sa vie et de son œuvre, le catalogue de ses livres et la liste des inscriptions qu'il avait fait peindre dans sa librairie, des notices, des notes, un appendice sur l'influence des Essais, et un index, par Pierre Villey (1924), sous la direction et avec une préface de Verdun-Louis Saulnier, Paris, PUF, 1965, 3e édition corrigée « Quadrige », 1999, 3 tomes (édition de référence pour cet ouvrage).

Essais de Messire Michel, Seigneur de Montaigne, Chevalier de l'Ordre du Roy, & Gentilhomme ordinaire de sa Chambre, livres I et II, Bordeaux, Simon Millanges, 1580.

Essais de Messire Michel, Seigneur de Montaigne, Chevalier de l'Ordre du Roy, & Gentilhomme ordinaire de sa Chambre, Maire et Gouverneur de Bourdeaus. Edition seconde, reveuë et augmentée, S. Millanges, Bordeaux, 1582.

Essais de Michel Seigneur de Montaigne, Paris, Abel L'Angelier, 1588.

MONTAIGNE, Michel de, *Les Essais*, éd. Marie de Gournay, Paris, Abel L'Angelier, 1595.

MONTAIGNE, Michel de, *Essais*, éd. Pierre Coste, tomes 1 et 2, Londres, Nourse et Vaillant, 1754.

Essais de Michel de Montaigne, texte de 1580 avec les variantes des éditions de 1582 et 1587, édition R. Dezeimeris et R. Barckhausen, Bordeaux, Féret, 1870

Essais de Messire Michel de Montaigne, publiés sur l'exemplaire de Bordeaux avec une introduction par Fortunat Strowski, Paris, Chronique des Lettres Françaises, 1927-1930, 7 vol.

MONTAIGNE, Michel de, *De l'institution des enfants*, éd. critique, introduction et notes Gustave Michaut, Paris, De Boccard, 1924.

MONTAIGNE, Michel de, « Du pédantisme », éd. critique, introduction et notes Gustave Michaut, Paris, De Boccard, 1936.

MONTAIGNE, Michel de, *Essais*, Tome I, éd. Maurice Rat, édition conforme au texte de l'Exemplaire de Bordeaux, Garnier Frères, 1962.

MONTAIGNE, Michel de, *Les Essais en français moderne*, adaptation par André Lanly, Champion, 1989 et Gallimard, 2009.

MONTAIGNE, Michel de, *Essais*, éd. André Tournon, 3 tomes, Imprimerie nationale, 1998.

MONTAIGNE, Michel de, *Les Essais*, éd. Denis Bjaï, Bénédicte Boudou, Isabelle Pantin et Jean Céard (dir.), édition de 1595, Le Livre de Poche, 2001.

MONTAIGNE, Michel de, *Les Essais*, Jean Balsamo, Michel Magnien et Catherine Magnien-Simonin (éds.), édition sur la base de l'édition de 1595, coll. La Pléiade, Paris, Gallimard, 2007.

MONTAIGNE, Michel de, *Les Essais de Montaigne*, éd. Pierre Villey avec la reproduction en fac-similé de l'Exemplaire de Bordeaux, « The Montaigne Project », ARTFL / University of Chicago, dir. Philippe Desan, en ligne [https://www.lib.uchicago.edu/efts/ARTFL/projects/montaigne/, consulté le 22.02.2022].

MONTAIGNE, Michel de, *Essais*, 1588 (Exemplaire de Bordeaux), éd. Marie-Luce Demonet, Alain Legros, Mathieu Duboc, Lauranne Bertrand, Alexei Lavrentiev : édition numérique génétique (XML-TEI/ PDF), Marie-Luce Demonet (dir.), 2016 [https://halshs.archives-ouvertes.fr/halshs-01337873, consulté le 22.02.2022].

MONTAIGNE, Michel de, *De la phisionomie.* Essais*, III, 12*, éd. Blandine Perona, avec un commentaire suivi, collection « Essais philosophiques sur Montaigne et son temps », n° 7, Paris, Classiques Garnier, 2019.

MONTAIGNE, Michel de, *Sur des vers de Virgile. Essais, III, 5*, éd. Jean Terrel, avec un commentaire suivi, coll. « Essais philosophiques sur Montaigne et son temps », n° 6, Paris, Classiques Garnier, 2019.

TRADUCTIONS DES *ESSAIS* DANS D'AUTRES LANGUES

MONTAIGNE, Michel de, « Of Pedantisme »*, The Essays or Morall, Politike and Militarie Discourses of Lord Michaell de Montaigne*, chapitre 24, traduction John Florio, Londres, Edward Blount, 1603.

MONTAIGNE, Michel de, « Della Pedanteria », *Saggi di Michel sig. di Montagna, overo Discorsi, naturali, politici, e morali*, traduction Marco Ginammi, Venise, 1633.

MONTAIGNE, Michel de, « Del pedantismo », *Ensayos de Montaigne*, traduction Constantino Román y Salamero, Paris, Garnier Frères, 1912, réédition en ligne, Alicante, Biblioteca Virtual Miguel de Cervantes, 2003 (https://www.cervantesvirtual.com/obra-visor/ensayos-de-montaigne--0/html/, consulté le 22.02.2022).

MONTAIGNE, Michel de, « On Schoolmasters' Learning », *The Complete Essays*, Michael Screech (éd.), Penguin Classics, 1991.

MONTAIGNE, Michel de, « Della pedagogia », *Saggi*, chapitre XXV, traduction Fausta Garavini, Adelphi, Milan, 1966, rééd. 1992 et 2007, vol. 1, p. 174-189.

MONTAIGNE, Michel de, « Über die Schulmeisterei », *Essais*, 3 vol., traduction Hans Stilett, Francfort-sur-le-Main, Eichborn, 1998, vol. 1, p. 208-225.

MONTAIGNE, Michel de, « Of Pedantry », *The Complete Works. Essays*, traduction Donald Frame (1958), Everyman's Library, 2003, p. 118-129.

MONTAIGNE, Michel de, « La pedantería », *Los ensayos (según la edición de 1595 de Marie de Gournay)*, traduction J. Bayod Brau, Barcelone, Acantilado, 2007, cap. XXIV, p. 165-182.

ŒUVRES DE L'ANTIQUITÉ (ÉDITIONS DE LA RENAISSANCE)

ARISTOTE, *Metaphysicorum Aristotelis opus re ipsa divinum iuxta novam Bessarionis tralationem*, Leipzig, 1520.

ARISTOTE, *Les Politiques d'Aristote traduictes de Grec en François par Loys Le Roy*, traduction Louis Le Roy, Paris, M. de Vascosan, 1576.

CICÉRON, *Ciceronis Academicarum quaestionum, lib. I. In eundem commentarius, Adriano Turnebo auctore*, 1553.

DIOGÈNE LE CYNIQUE, *Les Epistres de Diogène, philosophe cynicque, Œuvre tres utile, et necessaire, pour en seule veneration de vertu obtenir vraye liberté d'esprit : Et parvenir au mespris, et contemnement de toutes les choses humaines*, traduction Louys du Puys, Poitiers, À l'enseigne du Pelican, Marnef, 1546, rééd. 1549, édition Michèle Clément dans *Le Cynisme à la Renaissance*, Genève, Droz, 2005, p. 221-255.

DIOGÈNE LAËRCE, *De uitis, decretis, et responsis celebrium philosophorum Libri X*, Bâle, H. Froben et N. Episcopius, 1533.

LUCRÈCE, *Titi Lucretii Cari. De rerum natura Libri sex*, éd. Denys Lambin, Paris-Lyon, G. et Ph. Rouillé, 1563.

PERSE, *Les Satyres de Perse translatées de latin, en rithme francoyse*, traduction Abel Foulon, Paris, Jacques Gazeau, 1544.

PLATON, *Omnia divini platonis opera tralatione marsilii ficini*, Bâle, Froben et Nikolaus, 1546.

PLATON, *Divini Platonis opera omnia marsilio Ficino interprete*, Lyon, Antoine Vincente, 1557.

PLUTARQUE, *Les Vies des hommes illustres, Grecs et Romains, comparées l'une avec l'autre par Plutarque de Chéronée*, traduction Jacques Amyot, Paris, Michel de Vascosan, 1565.

PLUTARQUE, « Comment il faut nourrir les enfans », traduction Jacques Amyot dans *Œuvres morales*, Paris, Michel de Vascosan, 1565 ; édition revue et corrigée, Paris, Barthelemy Macé, 1587.

PLUTARQUE, *Consolation à sa femme*, traduction Étienne de La Boëtie, éd. Michel de Montaigne (voir La Boëtie).

SEXTUS EMPIRICUS, *Hypotyposes*, traduction en latin, Henri Estienne, 1562 ; *Adversus Mathematicos*, traduction Gentien Hervet, 1569.

XÉNOPHON, *Xenophontis philosophi et historici clarissimi Opera*, traduction Sébastien Castellion, Bâle, M. Isingrin, 1551 (compilation des traductions latines de Xénophon).

ŒUVRES DE L'ANTIQUITÉ (ÉDITIONS MODERNES)

ARISTOPHANE, *Les Nuées*, texte établi par Victor Coulon et traduit par Hilaire van Daele, 2e éd., Paris, Les Belles Lettres, 1995.

ARISTOTE, *Éthique à Nicomaque*, trad. Jules Tricot, Paris, Vrin, 1959.

ARISTOTE, *Les Politiques*, trad. Pierre Pellegrin, Paris, Flammarion, (1990), 2e éd., 1993.

CICÉRON, *Tusculanes*, trad. G. Fohlen et J. Humbert, Paris, Les Belles Lettres, 1970.

DIOGÈNE LAËRCE, « Diogène », dans *Vies et doctrines des philosophes illustres*, livre VI, trad. Marie-Odile Goulet-Cazé (dir.), Paris, La Pochothèque, 1999.

PLATON, *Le Grand Hippias ou Du beau* et *La République* dans *Œuvres complètes*, trad. Léon Robin, 2 tomes, Paris, Gallimard, 1950.

PLATON, *La r*épublique, trad. Émile Chambry, Paris, Les Belles Lettres, 1996.

PLATON, *Protagoras*, trad. Frédérique Ildefonse, Paris, GF Flammarion, 1997.

PLUTARQUE, *Vies parallèles*, trad. Anne-Marie Ozanam, Paris, Gallimard, 2001.

PLUTARQUE, « De l'éducation des enfants », *Id.*, *Œuvres morales*, tome 1, 1re partie, introduction générale, traités 1-2, trad. André Philippon et Jean Sirinelli, Paris, Les Belles Lettres, 1987.

PLUTARQUE, « De l'exil » et « Que la vertu peut s'enseigner », *Id.*, *Œuvres morales*, tome VIII, trad. Jean Hani, Paris, Les Belles Lettres, 1980.

PLUTARQUE, *Comment écouter*, trad. Pierre Maréchaux, Paris, Payot et Rivages, 1995.

SÉNÈQUE, *Lettres à Lucilius*, trad. Henri Noblot aux Belles Lettres revue par Paul Veyne, dans *Sénèque*, Paris, R. Laffont, 1993.

SÉNÈQUE, *Consolation à Marcia*, trad. et intro. de Paul Veyne, Paris, R. Laffont, 1993, p. 1-41.

XÉNOPHON, *La r*épublique des Lacédémoniens, trad. François Ollier, Lyon, 1934, rééd. New York, 1979.

XÉNOPHON, *L'art de la chasse*, trad. Édouard Delebecque, Paris, Les Belles Lettres, 1970.

XÉNOPHON, *Cyropédie*, trad. Édouard Delebecque, éd. Marcel Bizos, Paris, Les Belles Lettres, 2019.

AUTRES SOURCES, PRINCIPALEMENT DU XVIe ET DU DÉBUT DU XVIIe SIÈCLE

AGRIPPA DE NETTESHEIM, Henri-Corneille, *De incertitudine et vanitate scientiarum atque artium* (1530), trad. fr. Louis Tarquet de Mayerne, *Paradoxe sur l'incertitude, vanité et abus des sciences* (1603), notamment chap. III, « De la grammaire ».

ALBERTI, Leon Battista, *Momus ou le Prince*, trad. Claude Laurens, Paris, Les Belles Lettres, 1993.

ALCIAT, André, *Emblemata*, Augsburg, H. Steyner, 1531 ; éd. Pierre Laurens, Paris, Les Belles Lettres, 2016, fac-similé de l'édition des *Emblemata – Les Emblèmes* à Lyon par Macé-Bonhomme, 1551.

AMYOT, Jacques, *Projet de l'éloquence royale, composé pour Henri III, roy de France*, 1579, Paris, Lamy, 1805, Bibliothèque nationale de France, [texte accessible en ligne https://gallica.bnf.fr/ark:/12148/bpt6k116740m, consulté le 22.02.2022]

ARETINO, Pietro (L'Arétin), *Il Marescalco*, Venezia, Vitali, 1533.

ARIOSTO, Ludovico (L'Arioste), *Orlando furioso*, 1516-1532, trad. fr. *Roland furieux*, Lyon, Sulpice Sabon, 1544.

ARNAULD, Antoine et NICOLE, Pierre, « Premier Discours », *La logique ou l'art de penser* (1662), éd. P. Clair et F. Gribal, Paris, Vrin, 1993.

BACON, Francis, *Du Progrès et de la promotion des savoirs* (1605), éd. Michèle le Dœuff, Gallimard, 1991.

BADUEL, Claude, *De ratione vitae studiosae ac literatae in matrimonio collocandae et degendae*, Lyon, chez Sébastien Gryphus, 1544 ; traduit en français par Guy de la Garde, Paris, 1548.

BALZAC, Jean-Louis Guez de, *Le Barbon*, Paris, A. Courbé, 1648.

BELO, Francesco, *Il Pedante* (1529), rééd. Ireneo Sanesi, *Commedie del Cinquecento*, Laterza, Bari 1912.

BERGERAC, Savinien de (Cyrano), *Le P*édant joué, Paris, Charles de Sercy, 1654.

BERGERAC, Savinien de (Cyrano), *Histoire comique des États et Empires de la Lune*, ou *L'Autre monde* (1657), éd. Madeleine Alcover, H. Champion, 2004.

BINET, Claude, *Discours de la vie de Pierre de Ronsard* (1586), éd. Paul Laumonier, Hachette, 1910.

BODIN, Jean, *Oratio de instituenda in Republica juventute ad Senatum Populumque Tolosatem*, 1559.

BODIN, Jean, *La Méthode de l'histoire* (1566), trad. Pierre Mesnard, Paris, Les Belles Lettres, 1941.

BRUNI, Leonardo, *Isagogicon moralis disciplinae et Cicero novus*, dans *Humanistich-philosophische Schriften*, éd. Hans Baron, Berlin, 1929, rééd. 1969, p. 39 *sq.*

BRUNO, Giordano, *Candelaio*, Paris, Guillaume Julien (Giuliano), 1582 ; *Boniface et le Pédant, comédie en prose imitée de l'italien de Bruno Nolano*, Paris, trad. Pierre Menard, 1633 ; *Le Chandelier*, trad. Yves Hersant, dans *Œuvres complètes*, tome 1, Paris, Les Belles lettres, 1993.

BUDÉ, Guillaume, *Institution du Prince*, dans *Le Prince dans la France des XVIe et XVIIe siècles*, ed. Claude Bontems, Paris, PUF, 1965.

CAMUS, Jean-Pierre, « Jugement des Essais », *Les Diversités*, t. VIII, Paris, Chappelet, 1613.

CASTIGLIONE, Baldassare, *Il libro del cortegiano*, Florence, 1528 ; *Le courtisan*, trad. Jacques Colin, Paris, Sertenas, 1537 et Gabriel Chappuys, Lyon, 1587.

CAURRES, Jean des, *Œuvres morales* et diversifiées en histoires pleines de beaux exemples, Paris, G. de la Nouë, 1577.

CHARRON, Pierre, *De la sagesse*, 1604, éd. Barbara de Negroni, Paris, Fayard, 1986.

CHOLIÈRE, Nicolas de, *Les Neuf Matinées du Seigneur de Cholières*, Paris, chez Jean Richer, 1585.

COIGNET, Matthieu, *Instruction aux princes pour garder la foy promise, contenant un sommaire de la Philosophie chrestienne et morale, et devoir d'un homme de bien*, Paris, Jacques du Puys, 1584.

CORROZET, Gilles, *Divers propos mémorables des nobles et illustres hommes de la chrestienté*, Paris, G. Corrozet, 1557.

COUSTEAU, Pierre *Le Pegme*, Lyon, Macé Bonhomme, 1560.

COUSTEL, Pierre, *Règles de l'éducation des enfants*, Paris, E. Michallet, 1687, dans Irénée Carré, *Les pédagogues de Port-Royal*, Genève, Slatkine Reprints, 1971.

CROUSAZ, Jean-Pierre de, *Traité de l'éducation des enfants*, Vaillant et Prevost, La Haye, 1722

CROUSAZ, Jean-Pierre de, *Discours de la pédanterie*, dans *Divers ouvrages de Monsieur de Crousaz*, Amsterdam, Aux dépens de la compagnie, 1737, III, p. 193 et suivantes.

DANTE, *L'Enfer*, trad. Jacqueline Risset, Flammarion, bilingue, *La divine comédie*, vol. 1, 1992.

DESCARTES, René, *Œuvres*, Ch. Adam et P. Tannery (éds.), Paris, Cerf, 1897-1913, rééd. B. Rochot et P. Costabel, Paris, Vrin-CNRS, 1964-1974 ; rééd. en poche Paris, Vrin, 1996.

DES PÉRIERS, Bonaventure, *Cymbalum mundi en françoys : contenant quatre dialogues poétiques, fort antiques, joyeux et facétieux*, Paris, Jean Morin, 1537.

DES ROCHES, Catherine, « Dialogue de Placide et Sévère », *Id.*, *Secondes Œuvres de Mesdames des Roches de Poictiers, Mere et Fille*, Poitiers, N. Courtoys, 1583, éd. Anne Larsen, Genève, Droz, 1998.

DROIT DE GAILLARD, Pierre, *La manière de lire l'histoire*, 1579, éd. M. J. Heath, Genève, Droz, 1993.

DU BELLAY, Joachim, *Les Regrets. Les Antiquités de Rome. La Défense et Illustration de la Langue française*, Paris, Gallimard, 1967.

DU BELLAY, Joachim, *La Deffense, et Illustration de la Langue Françoyse* (1549), éd. Francis Goyet et Olivier Millet, Paris, Champion, 2003.

DU BELLAY, Martin et Guillaume, *Mémoires* (1569), éd. V.-L. Bourilly et G. Vindry, 4 vol., Paris, 1908-1919.

DUPUYS, Jacques, *Dictionnaire françois latin, auquel les mots François, avec les manieres d'user d'iceulx, sont tournez en Latin*, revu et augmenté par Jean Nicot, chez Jacques du Puys, Paris, 1573.

ÉRASME, *L'éducation du prince chrétien* [*ou l'art de gouverner*] (1516), trad. Anne-Marie Greminger, Paris, Les Belles Lettres, 2016.

ÉRASME, *Éloge de la Folie* (1511), trad. Claude Blum, Paris, R. Laffont, 1992.

ÉRASME, *Ciceronianus, sive de optimo dicendi genere*, Paris, Simon de Colines, 1528.

ÉRASME, *Apophthegmatum sive scite dictorum libri sex, ex optimis quibusque utriusque linguæ autoribus. Plutarcho præsertim, excerptorum, cum brevi commodaque explicatione* […], Bâle, Froben, 1531 ; *Id.*, *Apophtegmata*, dans *Opera omnia*, vol. II, pt. 4, Felix Heinimann and Emanuel Kienzle eds, Amsterdam, 1987

ÉRASME, *Declamatio de pueris statim ac liberaliter educandis,* Bâle, Froben, 1529, trad. Pierre Saliat, *Déclamation contenant la manière de bien instruire les enfans dès leur commencement, avec ung petit traité de la civilité puérile, le tout translaté nouvellement de latin en françois*, Paris, S. de Colines, 1537 ; rééd. B. Jolibert, Paris, Klincksieck, 1990 ; *Id.*, *Il faut donner très tôt aux enfants une éducation libérale*, trad. Jean-Claude Margolin, Droz, 1966, repris dans *Érasme*, Claude Blum, André Godin, Jean-Claude Margolin et Daniel Ménager (éd.), Paris, R. Laffont, 1992, p. 469-548.

ESTIENNE, Henri, *Poesis philosophica*, Genève, 1573.

ESTIENNE, Henri, *Deux dialogues du nouveau français italianizé, et autrement desguizé, principalement entre les courtisans de ce temps. De plusieurs nouveautez qui ont accompagné ceste nouveauté de langage. De quelques courtisianismes modernes et de quelques singularitez courtisianesques* (1578), éd. Paul Ristelhuber, Paris, Lemerre, 1885.

ESTIENNE, Henri, *La précellence du langage françois* (1579), éd. Léon Feugère, Paris, Delalain, 1850.

FARET, Nicolas, *L'honnête homme ou l'Art de plaire à la cour*, 1630, éd. M. Magendie, Genève, Slatkine, s1970.

FOLENGO, Teofilo (Merlin Coccai), *Balbus*, Venise, 1517, édition bilingue, 3 tomes, Paris, Les Belles Lettres, 2004-2006.

FURETIÈRE, Antoine, « Pédant », *Dictionnaire universel*, La Haye et Rotterdam, Leers, 1690, lettre P, feuillet 81.

GENTILLET, Innocent, *Discours sur l'art de bien gouverner (Anti-Machiavel)*, Genève, J. Stoer, 1576, éd. C. E. Rathé, Genève, Droz, 1968.

GOHORY, Jacques, *Le Tresieme Livre d'Amadis de Gaule (...) traduit nouvellement d'Espagnol en Francois par I.G.P. adressé à madame la Comtesse de Retz*, Anvers, G. Guzman, et Paris, L. Breyer, 1571.

GOURNAY, Marie de, *Abrégé d'institution, pour le Prince souverain* (1626) dans Marie de Gournay, *Œuvres complètes*, éd. Jean-Claude Arnould (dir.), Paris, Classiques Garnier, 2002, p. 818-840.

GRÉVIN, Jacques, *La Tresoriere*, Paris, Vincent Sertenas, 1561.

GUAZZO, Stefano, *La Civil conversatione*, Brescia, 1571 et 1574, trad. fr. *La conversation civile*, Gabriel Chappuys, J. Béraud, Lyon, 1579.

GUICHARDIN, François (Francesco Guicciardini), *Storie fiorentine* (1509), éd. Aulo Greco, Novara, De Agostini, 1970.

HÉROARD, Jean, *De l'Institution du prince*, Paris, J. Jannon, 1609.

LA BOËTIE, Estienne de, *La Mesnagerie de Xénophon, les Règles de mariage de Plutarque, Lettre de consolation de Plutarque à sa femme*, le tout traduict de grec en françois par feu M. Estienne de La Boëtie, éd. Michel de Montaigne, Paris, F. Morel, 1571.

LA BOËTIE, Estienne de, *Discours de la servitude volontaire*, 1576, éd. André et Luc Tournon, Vrin, 2002.

LA MOTHE LE VAYER, François de, « La Promenade. Dialogues », dans *Œuvres*, Dresde, Groell, 1756-1759, IV, 1, p. 1-272.

LA MOTHE LE VAYER, François de, *De la patrie et des étrangers et autres petits traités sceptiques* (1644), Paris, Desjonquères, 2003.

LA MOTHE LE VAYER, François de, *Le parasite Mormon. Histoire comique*, 1650, Hachette/BNF, 2013.

LANNEL, Jean de, *Lettres de Monsieur de Lannel*, Paris, T. du Bray, 1625.

LA NOUE, François de, « Cinquième discours : de la bonne nourriture et institution qu'il est nécessaire de donner aux jeunes gentilshommes françoys », *Id.*, *Discours politiques et militaires*, éd. Philippe Canaye, François Forest, Bâle, 1587, f. 118 *sq.*

LA PRIMAUDAYE, Pierre de, *Academie francoise, en laquelle il est traité de l'institution des mœurs, et de ce qui concerne le bien & heureusement vivre en tous Estats & conditions...* 1577-1596.

LARIVEY, Pierre de, *Les Escholiers* et *Le Laquais*, *Id.*, *Six comédies facétieuses*, Paris, Abel L'Angelier, 1579.

LARIVEY, Pierre de, *Les Esprits*, 1579, éd. M. J. Freeman, préface de Madeleine Lazard, Genève, Droz, 1987.

LE LOYER, Pierre, *Les Œuvres et meslanges poetiques de Pierre Le Loyer… ensemble la comedie Nephelococugie, ou la Nuee des Cocus, non moins docte que facetieuse*, Paris, J. Poupy, 1579.

LE ROY, Louis, *De la vicissitude et varieté des choses en l'univers, et concurrence des armes et des lettres par les premieres et plus illustres nations du monde*, Paris, Pierre L'Huillier, 1577.

LE ROY, Loys (dit Regius), *De la vicissitude et varieté des choses en l'univers, et concurrence des armes et des lettres par les premieres et plus illustres nations du monde, depuis le temps où a commencé la civilité, et mémoire humaine jusqu'à present*, Paris, Pierre l'Huilier, 1575.

L'ESTOILE, Pierre de, *Mémoires-journaux*, tome 9, *Journal de Henri IV* (1607-1609), Paris, Libraire des Bibliophiles, 1881.

L'HERMITE, Tristan, *Le Page disgracié*, Toussainct Quinet, 1643, rééd. Jacques Prévot, Paris, Gallimard, 1994 (en partic. 1re partie, chap. 3).

LIPSE, Juste, *Politicorum sive civilis doctrinæ libri sex. Qui ad Principatum maxime spectant*, Leyde, Plantin-Raphelengius, 1589 ; *Politica*, éd. Jan Waszink, Assen, Van Gorcum, 2004.

LOCKE, John, *Some Thoughts Concerning Education*, Londres, Awnsham et Churchill, 1693, trad. Pierre Coste, *L'Éducation des enfants*, Amsterdam, A. Shelte, 1695.

LOPEZ DE GOMARA, *Histoire générale des Indes*, trad. P. Fumée, Paris, M. Sonnius, 1584.

LORTIGUES, Annibal de, « Invective contre un Pedant » (1617), dans F. Fleuret et L. Perceau, *Les Satires françaises du XVIIe siècle*, Paris, Garnier, 1923, p. 79-83.

LUCINGE, René de, *De la naissance, durée et cheute des estats*, M. Orry, Paris, 1588 ; rééd. Michael J. Heath, Genève, Droz, 1984.

LUCINGE, René de, *La Manière de lire l'histoire* (1611), éd. M. J. Heath, Genève, Droz, 1993.

MACHIAVEL, Nicolas, *Discours sur la première décade de Tite-Live* (1531) trad. Christian Bec, dans *Machiavel. Œuvres*, Paris, R. Laffont, 1996.

MALEBRANCHE, Nicolas, *De la recherche de la vérité* (1674), éd. Geneviève Rodis-Lewis, Paris, Gallimard, tome 1, 1979.

MÉLANCHTHON, Philippe, *De miseriis paedagogorum/ Über die Leiden der Lehrer* (1533), trad. Carolin Ritter, Stuttgart, Reclam, 2015.

MÉRÉ (Antoine Gombaud), *Les Conversations*, Paris, Claude Barbin, 1670.

MIRANDOLE, Pic de la, *Disputationes adversus astrologiam divinatricem* (1494), éd. Eugenio Garin, Florence, Vallechi, 1946.

MOLIÈRE, *Les Femmes savantes*, éd. Lise Michel, Paris, Flammarion, 2018.
MURET, Marc Antoine, *Commentarii in Aristotelis X. Libros Ethicorum ad Nicomachum, et in Oeconomica*, Ingolstadt, 1602.
NICOT, Jean, *Thresor de la langue francoyse, tant ancienne que moderne…*, Paris, David Douceur, 1606.
PALISSY, Bernard, *Discours admirables, de la nature des eaux et fontaines, tant naturelles qu'artificielles, des métaux, des sels et salines, des pierres, des terres, du feu et des émaux*, Paris, Martin le Jeune, 1580.
PALMIERI, Matteo, *Vita civile*, éd. G. Belloni, Florence, 1982.
PASCAL, Blaise, *Pensées*, éd. Dominique Descotes et Gilles Proust, 2011 *sq.*, en ligne http://www.penseesdepascal.fr/ (consultée le 22.02.2022).
PASQUIER, Étienne, *Les Recherches de la France*, Paris, L. Sonnius, 1621, éd. M. Fragonnard et F. Roudault (dir.), Paris, Champion, 1996.
PASQUIER, Étienne, *Pourparlers du Prince*, 1560, éd. Béatrice Périgot, Paris, Classiques Garnier, 1995.
PASQUIER, Étienne, *Les Lettres d'Estienne Pasquier, Conseiller et advocat general du Roy en la chambre des comptes de Paris*, Paris, L'Angelier, 1986.
PASQUIER, Étienne, *Choix de lettres sur la littérature, la langue et la traduction*, éd. D. Thickett, Genève, Droz, 1956.
PELLETIER, Thomas, *La Nourriture de la noblesse, où sont représentées comme en un Tableau, toutes les plus belles vertus, qui peuvent accomplir un jeune Gentilhomme*, Paris, Mamert Patisson, 1604.
PÉRION, Joachim, *De optimo genere interpretandi Commentarii* (inclut le commentaire de l'*Éthique à Nicomaque*), Paris, Tiletanus, 1540.
PERRIN, François, *Les Escoliers*, Paris, G. Chaudière (1586) ; rééd. Martens, Bruxelles, 1866.
PICCOLOMINI, Aeneas Silvius, *Tractatus de liberorum educatione* (1450), texte latin et traduction anglaise, *The Education of Boys*, in Craig Kallendorf, *Educational Treatises of the Humanists*, Cambridge (Mass.), Harvard University Press, 2002, p. 126-259.
PONCET, Maurice, *Remonstrance à la Noblesse de France, de l'utilité & repos que le Roy apporte à son peuple, & de l'instruction qu'il doibt avoir pour le bien gouverner*, Paris, Michel Sonnius, 1572.
POSTEL, Guillaume, *De la Republique des Turcs, & là ou l'occasion s'offrera, des meurs & loy de tous Muhamedistes, par Guillaume Postel cosmopolite*, Poitiers, Enguilbert de Marnef, 1560.
RABELAIS, François, *Œuvres complètes*, éd. Mireille Huchon, Paris, Gallimard, 1994.
ROUSSEAU, Jean-Jacques, *Discours qui a remporté le prix à l'Académie de Dijon. En l'année 1750. Sur cette Question proposée par la même Académie : Si le rétablissement*

des Sciences et des Arts a contribué à épurer les mœurs. Par un Citoyen de Genève, Genève, Barillot, 1751 ; éd. F. Bouchardy, *Discours sur les sciences et les arts*, dans *Rousseau. Œuvres complètes*, tome III, éd. B. Gagnebin et M. Raymond, Paris, Gallimard, 1964.

ROUSSEAU, Jean-Jacques, *Émile ou de l'éducation. Émile et Sophie*, éd. Claude Wirz et Pierre Burgelin, *Id.*, *Œuvres complètes*, t. IV, Paris, Gallimard, 1969.

ROUSSEAU, Jean-Jacques, *Essai sur l'origine des langues, où il est parlé de la mélodie et de l'imitation musicale*, 1755, 1re édition posthume, 1781, éd. Catherine Kintzler, Paris, Flammarion, GF, 1993

SALES, François de, *Introduction à la vie dévote*, 1609, éd. Étienne-Marie Lajeunie, Paris, Le Seuil, 2019.

SAMBUCUS, Johannes (János Zsámboky), *Emblemata et aliquot nummi antiqui operis*, Anvers, C. Plantin, 1564, rééd. 1569, 1573 et 1584.

TAHUREAU, Jacques, *Dialogues, non moins profitables que facetieus* (1565), éd. Max Gauna, Genève, Droz, 1981.

TALON, Omer, *Academica*, Paris, Mathieu David, 1550.

TALPIN, Jean, *Institution d'un Prince chrestien*, Paris, N. Chesneau, 1567.

TURNÈBE, Adrien, *M. Ciceronis Academicarum quaestionum Lib.*, Paris, apud Adrianum Turnebum Typographum, 1552.

TURNÈBE, Adrien, *Disputatio ad lib. Ciceronis de fato*, Paris, Michel Vascosan, 1556.

VINET, Élie, *Schola Aquitanica*, Bordeaux, Simon Millanges, 1583 ; rééd. Louis Massebieau, *Schola Aquitanica. Programme d'études du Collège de Guyenne au XVIe siècle*, Paris, Delagrave, 1886 ; « Montaigne maire de Bordeaux : approbation de la publication de la *Schola Aquitanica*, publiée par Elie Vinet », Projet MONLOE, 2016.

VIVÈS, Juan Luis, *De Institutione feminae christianae*, 1523 ; *L'éducation de la femme chrétienne*, trad. Pierre de Changy, Paris, L'Harmattan, 2010.

VIVÈS, Juan Luis, *De Disciplinis. Savoir et enseigner. I. De causis corruptarum artium / Les causes de la corruption des arts. II. De tradendis disciplinis / La transmission des savoirs* (1531), trad. Tristan Vigliano, Paris, Les Belles Lettres, 2013.

VIVÈS, Juan Luis, *Dialogues, traduits de latin en fançois pour l'exercice des deux langues …*, Lyon, 1560, Genève, 1567, Anvers, 1571.

LITTÉRATURE SECONDAIRE

ARTICLES, CHAPITRES D'OUVRAGES ET OUVRAGES PRIORITAIREMENT CONSACRÉS AU CHAPITRE « DU PEDANTISME »

AULOTTE, Robert, « 'Du pedantisme' : *Laus Lycurgo Lacedaemoniisque* » in *Montaigne et l'histoire des Hellènes (1592-1992)*, ed. Kyriaki Christodoulou, actes du colloque de Lesbos, Paris, Klincksieck, 1994, p. 131-138.

BONNET, Pierre, « Le "souffler prou souffler" de Montaigne et son interprétation possible », *BSAM*, n° 11-12, 1959, p. 33-43.

CHATEAU, Jean, « Les pédants, les savants et les sciences », *Id.*, *Montaigne, psychologue et pédagogue*, chapitre VII, Paris, Vrin (1964), 2e éd. 1971, p. 119-132.

COUZINET, Marie-Dominique, « Montaigne : le pédantisme miroir déformé de l'humanisme », *Id.*, *Pierre Ramus et la critique du pédantisme*, Paris, Honoré Champion, 2015, p. 82-116.

FEYTAUD, Jacques de, « À propos de virgules. (Brouha prou brouha) », *BSAM*, 19, 1961, p. 34-39.

GODART, Simon, « Montaigne als Erzieher. Rhetorik und Imitation in *Du Pedantisme* und *De l'institution des enfants* (I 25 und 26) », *Id.*, *Passagen. Zitat und skeptische Poetik bei Michel de Montaigne und Pierre Bayle*, Kapitel 1 : Pädagogik, Brill, Die Humanistische Bibliothek (I, 65), 2020, p. 10-21.

KILPATRICK, Robert, « 'Et nous enferrons de nos armes' : Self-irony and Paradox in 'Du pedantisme' », *MS*, « Montaigne and Descartes », n° 25, 2013, p. 207-224.

KILPATRICK, Robert, « L'apophtegme d'Érasme à Montaigne », dans *Érasme et la France*, éd. Blandine Perona et Tristan Vigliano, Classiques Garnier, 2017, p. 253-267.

KUPISZ, Kazimierz, « Variations montaigniennes sur le thème du pédantisme », *Revue d'Histoire littéraire de la France*, 88e Année, n° 5, Paris, Presses Universitaires de France, 1988, p. 944-948.

LEAKE, Roy E., « Montaigne's Gascon Proverb Again », *Neophilologus*, 52, oct. 1968, p. 248-255.

MACPHAIL, Eric, « Montaigne and the Praise of Sparta », *Rhetorica : A Journal of the History of Rhetoric*, vol. 20, n° 2, 2002, p. 193-211.

MACPHAIL, Eric, « Theory and Practice in 'Du pedantisme' », *Montaigne after Theory/Theory after Montaigne*, Zahi Zalloua (éd.), Seattle, University of Washington Press, 2009, p. 39-54.

MARCHAND, Ernest, « Montaigne and the Cult of Ignorance », *Romanic Review*, n° 36-4, 1945, p. 275-282.

MOTTET, Philippe, « Des citations grecques et *Du pedantisme* », *BSAM*, 8e série, n° 7-8, 1997, p. 9-20.

PANICHI, Nicola, « Pédantisme », *Dictionnaire Montaigne*, éd. Philippe Desan, Paris, Classiques Garnier, 2018, p. 1435-1438.

PORTEAU, Paul, « Le savoir livresque, danger social », *Id.*, *Montaigne et la vie pédagogique de son temps*, Paris, Droz, 1935, chap. XVII, p. 255-268.

PORTEAU, Paul, « Montaigne disciple des pédants », *BSAM*, avril 1941, p. 23.

SALLES, M. A., « Montaigne disciple des "pedantes" », *BSAM*, mai 1938, p. 32.

SUPPLE, James J., *Arms versus Letters. The Military and Literary Ideals in the 'Essais' of Montaigne*, Oxford, Clarendon Press, 1984.

VILLEY, Pierre, introduction au chapitre I, 25, dans *Les Essais*, éd. Pierre Villey, révisée par Verdun-Louis Saulnier, Paris, Presses Universitaires de France, 1924, rééd. 1999.

VINCENT, Hubert, « Éducation et scepticisme chez Montaigne », *Id.*, *Éducation et scepticisme chez Montaigne, ou pédantisme et exercice du jugement*, Paris, L'Harmattan, 1997, 1re partie, p. 5-76.

AUTRES ARTICLES ET OUVRAGES CITÉS

ADAM, Michel, *Essai sur la bêtise*, Paris, Presses universitaires de France, 1975, éd. augmentée, Paris, La Table Ronde, 2004.

ADAM, Michel, « René Descartes et Pierre Charron », *Revue philosophique de la France et de l'étranger*, n° 182-4, 1992, p. 467-483.

ADAM, Michel, *Études sur Pierre Charron*, Bordeaux, Presses Universitaires de Bordeaux, 1991.

ALAIN, *Propos sur l'éducation*, Presses Universitaires de France, 1932.

ALAIN, *Abrégés pour les aveugles*, *Id.*, *Les Passions et la Sagesse*, éd. Georges Bénézé, Paris, Gallimard, 1960.

ARIÈS, Philippe, *L'enfant et la vie familiale sous l'Ancien Régime*, Paris, Seuil, 1975.

ARIÈS, Philippe et MARGOLIN, Jean-Claude (éd.), *Les jeux à la Renaissance. Actes du XXIIIe colloque d'études humanistes de Tours*, Paris, Vrin, 1982.

AUBENQUE, Pierre, *La prudence chez Aristote*, Paris, PUF, 1963.

AULOTTE, Robert, *Amyot et Plutarque : la tradition des* Moralia *au XVIe siècle*, Genève, Droz, 1965.

AUERBACH, Erich, « L'humaine condition », *Id.*, *Mimésis. La représentation de la réalité dans la littérature occidentale* (*Mimesis : Dargestellte Wirklichkeit in der abendländischen Literatur*, Francke, Bern, 1946), trad. Cornélius Heim, Gallimard, 1968, p. 287-313.

AZAR FILHO, Celso Martins, « Montaigne : O aprendizado da virtude », *Kaloskagatos*, 1-2004.

BAKHTINE, Mikhaïl, *L'œuvre de François Rabelais et la culture populaire au Moyen Âge et sous la Renaissance*, Paris, Gallimard, 1982.

BALSAMO, Jean, « Montaigne, le style (du) cavalier et ses modèles italiens », *NRSS*, 17/2, 1999, p. 253-267 ; entrée « Cheval », *Dictionnaire Montaigne*, Paris, Classiques Garnier, 2018, p. 303-304.

BALSAMO, Jean, « Les libraires du Palais et les poètes (1530-1610) », *Les poètes français de la Renaissance et leurs « libraires »*, dir. Denis Bjaï et François Rouget, Droz, Genève, 2015, p. 77-99.

BARSI, Monica, entrée « Proverbes », *Dictionnaire Montaigne*, Paris, Classiques Garnier, 2018, p. 1577-1579.

BAUSCHATZ, Cathleen M., « 'Leur plus universelle qualité, c'est la diversité' : Women as Ideal Readers in Montaigne's *Essais*" », *Journal of Medieval and Renaissance Studies*, n° 19, 1989, p. 83-101.

BAUSCHATZ, Cathleen M., « Montaigne au féminin. Lecture et diversion. L'ordre des chapitres 3, 4 et 5 du livre II des *Essais* », Noël A. Peacock et James J. Supple (dir.), *Lire les Essais de Montaigne*, Classiques Garnier, 2000, p. 125-141.

BERVE, Helmut, *Sparta*, 1920, nouvelle édition, Leipzig, Bibliographisches Institut, 1937.

BIERLAIRE, Franz, « L'*exemplum* chez Érasme : théorie et pratique », *Mélanges de l'école française de Rome*, 1995, 107-2, p. 525-549.

BLOCH, Marc André, « Montaigne », *Nouvelle éducation et réforme de l'enseignement*, Paris, PUF, 1978, chapitre I.

BOMBART, Mathilde, « La parole et le livre. Camus orateur et auteur selon le "Jugement des *Essais* de Michel de Montaigne" et la Conférence académique », *Dix-septième siècle*, n° 251, 2011-2, p. 279-285.

BOUDOU, Bénédicte, « La présence de Juvénal dans les *Essais* », *MS*, n° 17, 2005, p. 119-133.

BOUDOU, Bénédicte, « La langue des proverbes chez Montaigne », *La langue de Rabelais – La langue de Montaigne*, Actes du Colloque de Rome, sept. 2003, éd. Franco Giacone, Genève, Droz, 2009, « Travaux d'Humanisme et Renaissance » n°CDLXII, 2009, p. 463-480.

BOUTCHER, Warren, « Schooling America : Donald Frame, Pierre Villey and the Educational History of the Essays », *MS*, n° 20, 2008, p. 117-128.

BOUTCHER, Warren, *The School of Montaigne in Early Modern Europe*, vol. 2 : "The Reader-Writer", Oxford, Oxford University Press, 2017.

BLUMENBERG, Hans, *Le Rire de la servante thrace. Une histoire des origines de la théorie*, trad. L. Cassagnau, Paris, L'Arche, 2000.

BORSELLINO, Nino, « Francesco Bello », *Dizionario Biografico degli Italiani*, vol. 8, Treccani, 1966.

BOURIAU, Christophe, « La valeur de la métamorphose. Nietzsche, Pic de la Mirandole, Montaigne », *Noesis*, n° 10, 2006, p. 73-92.

BOWEN, Barbara, *The Age of Bluff : Paradox and Ambiguity in Rabelais and Montaigne*, Urbana, University of Illinois Press, 1972.

BOWEN, Barbara, « Montaigne's anti-Phaedrus : « Sur des vers de Virgile (*Essais*, III, v) », *Journal of Medieval and Renaissance Studies*, 5, 1975, p. 107-121.

BRUN, Patrice, « Un braquage dans l'Histoire : la prise en otage de Sparte et d'Athènes par les universités allemandes et françaises », *Essais*, n° 10, 2016, p. 165-182.

BURY, Emmanuel, *Littérature et politesse. L'invention de l'honnête homme 1580-1750*, Paris, Presses Universitaires de France, 1996.

BUSSON, Henri, *Le rationalisme dans la littérature française de la Renaissance*, Paris, Vrin, 1922, rééd. 1957.

CAZES, Hélène, « Genèse et renaissance des *Apophtegmes* : aventures humanistes », dans *Moralia et Œuvres morales à la Renaissance*, Olivier Guerrier (dir.), Paris, H. Champion, 2008, p. 15-35.

CAPPA, Carlo, *L'educazione nella torre. La formazione nell'individuo nel Rinascimento e gli* Essais *di Montaigne*, Milano, FrancoAngeli, 2011.

CARRAUD, Vincent, *Pascal et la philosophie*, Paris, Presses Universitaires de France, 1992.

CASSIN, Barbara, *L'effet sophistique*, Paris, Gallimard, 1995.

CASSIN, Barbara, *Quand dire, c'est vraiment faire. Homère, Gorgias et le peuple arc-en-ciel*, Paris, Fayard, 2018.

CASSIRER, Ernst et SCHRECKER, Paul, « La place de la "Recherche de la Vérité par la lumière naturelle" dans l'œuvre de Descartes », *Revue philosophique de la France et de l'étranger*, n° 127 (5-6), Paris, PUF, 1939, p. 262-300.

CASSIRER, Ernst, *Le problème de la connaissance dans la philosophie et la science des Temps modernes*, trad. René Fréreux, Paris, Cerf, 2004.

CASTOR, Castor et CAVE, Terence (éd.), *Neo-Latin and the Vernacular in Renaissance France*, Oxford, Clarendon Press, 1984.

CÉARD, Jean, « La culture du corps. Montaigne et la diététique de son temps », *Le Parcours des Essais, Montaigne 1588-1988*, éd. M. Tetel et G. Mallary Masters, Paris, Aux amateurs de livres, 1989, p. 83-92.

CHRISTIEN, Jacqueline et RUZÉ François, *Sparte : Géographie, mythes et histoire*, Paris, Armand Colin, 2007 ; 2e édition, 2017.

CHRISTODOULOU, Kyriaki, « Sur le grec de Montaigne », *MS*, 1992, n° 4, p. 19-39.

CHRISTODOULOU, Kyriaki, « L'image du guerrier grec dans les *Essais* de Montaigne », *L'homme de guerre au XVIe siècle*, actes du colloque de l'association RHR, Cannes 1989, Presses Universitaires de Saint-Étienne, 1992, p. 91-104.

Clark, Carol, « The Images of Education », *The Web of Metaphor. Studies in the Imagery of Montaigne's Essais*, Lexington, *French Forum*, 1978, p. 53-63.

Cloulas, Ivan, *Charles VIII et le mirage italien*, Paris, Albin Michel, 1986.

Compagnon, Antoine, « A Long Short Story : Montaigne's Brevity », *Yale French Studies*, n° 64, *Montaigne : Essays in Reading*, Yale University Press, 1983, p. 24-50.

Compayré, Gabriel, *Histoire critique des doctrines de l'éducation en France depuis le Seizième siècle*, Paris, Hachette, 1879, rééd. 1904 et 1911.

Compayré, Gabriel, *Montaigne, « De l'institution des enfants ». Les* Essais*, I, xxv. Quelques extraits pédagogiques*, Paris, Hachette, 1888.

Compayré, Gabriel, *Montaigne et l'éducation du jugement*, Paris, Delaplane, 1905.

Compayré, Gabriel, entrée « Montaigne », *Nouveau Dictionnaire de pédagogie et d'instruction primaire*, 1911, Institut Français de l'Éducation (http://www.inrp.fr/edition-electronique/lodel/dictionnaire-ferdinand-buisson/, consulté le 22.02.2022)

Conche, Marcel, *Montaigne et la philosophie*, Paris, PUF, 1996.

Couzinet, Marie-Dominique, « Notes sur les méditations cosmographiques et le pédantisme chez Montaigne », *Cahiers V.-L. Saulnier*, n° 26, 2009, p. 187-196.

Couzinet, Marie-Dominique, *Pierre Ramus et la critique du pédantisme*, Bibliothèque Littéraire de la Renaissance, n° 91, Paris, Honoré Champion, 2015.

Curtius, Ernst Robert, « L'humanisme comme initiative », *Bulletin de l'Association Guillaume Budé*, 1977-2, p. 149-167 (traduction d'un chapitre du livre *Deutscher Geist in Gefahr*, Berlin, 1932).

Dagron, Tristan, « Stratégie de survie et idéal éthique : Diogène de Sinope », *Pratiques en santé mentale*, vol. 61, n° 2, 2015, p. 15-18.

Dandrey, Patrick, « Montaigne paradoxal. Les maux et les gloses », *Id.*, *L'éloge paradoxal de Gorgias à Molière*, Paris, PUF, 1997, p. 137-172.

Degas, Ludovic, « Le Système pédagogique de Montaigne », *La Revue pédagogique*, 1909, n° 54-1, p. 105-117.

Deloince-Louette, Christiane, « Frère Jean des Entommeures : chasseur et cynique », *Revue d'histoire littéraire de la France*, Paris, PUF, vol. 101, 1, 2001, p. 3-20.

De Marzio, Darryl M., « Michel de Montaigne and the Bridge to Enlightenment and Modernity », *A History of Western Philosophy of Education in the Middle Ages and Renaissance*, Kevin H. Gary (éd.), chap. 8, Londres, Bloomsbury, 2021, p. 201-225.

Desan, Philippe, introduction à Hugo Friedrich, *Montaigne*, trad. Drawn Eng, University of California Press, 1991.

Desan, Philippe, *Les Commerces de Montaigne. Le discours économique des* Essais, Paris, Nizet, 2005.

DESAN, Philippe, « Éléments d'une sociologie des *Essais* », Pierre Magnard et Thierry Gontier (dir.), *Montaigne*, Paris, Cerf, 2010, p. 45-66.

DESAN, Philippe, *Montaigne. Une biographie politique*, Paris, Odile Jacob, 2014.

DESAN, Philippe (dir.), *Dictionnaire Montaigne*, Paris, Classiques Garnier, 2018.

DESAN, Philippe, « De l'usage anecdotique de Montaigne dans les sciences sociales », Philippe Desan (dir.), *Les usages philosophiques de Montaigne*, Paris, Hermann, 2018, p. 439-459.

DEWEY, John, *Democracy and education. An Introduction to the Philosophy of Education*, Macmillan, 1916.

DUFLO, Colas, « Y a-t-il une actualité de Descartes ? », *Autres Temps*, nº 54, 1997, p. 89-97.

DUPUY, Nathanaëlle, « Le libertinage érudit et la formation de l'homme : le caractère paradoxal de François de La Mothe Le Vayer », *Le Télémaque*, 2018/2, nº 54, p. 147-162.

DURKHEIM, Émile, *Les Règles de la méthode sociologique* (1894), Paris, GF Flammarion, 1988.

DURKHEIM, Émile, « La pédagogie de Montaigne », *Id.*, *L'Évolution pédagogique en France* (cours de 1904-1905), Alcan, 1938, 2 tomes, tome 1, p. 61-67 ; repris dans « la pédagogie de la Renaissance (conclusion) », *Id.*, *L'Évolution pédagogique en France*, préface de F. Dubet, Paris, PUF, 3e édition, 2014, p. 254-260.

EISENSTEIN, Elizabeth, *The Printing Press as an Agent of Change : Communications and Cultural Transformations in Early-Modern Europe*, New York, Cambridge University Press, 1979.

ELSLANDE, Jean-Pierre van, « Érasme, Rabelais, Montaigne et les jeunes pousses de la littérature renaissante », dans *Versants, revue suisse des littératures romanes*, nº 55, 2008, ETH Zürich.

ELSLANDE, Jean-Pierre van, « Que philosopher, c'est être enfant : Montaigne pédagogue », *Revue de Théologie et de Philosophie*, vol. 141-3, Librairie Droz, 2009, p. 253-259.

FAGUET, Émile, « Montaigne sociologue », *Études littéraires. Seizième siècle*, Paris, Lecène, Oudin et Cie, 1894, p. 63-70 ; rééd. 1898, p. 400-407.

FAGUET, Émile, *Autour de Montaigne*, préface d'Antoine Compagnon, Paris, Champion, 1999.

FAYE, Emmanuel, *Philosophie et perfection de l'homme*, Paris, Vrin, 1996.

FAYE, Emmanuel, *Descartes et la Renaissance*, Paris, H. Champion, 1999.

FERRARI, Emiliano, « Ce que les *Essais* de Montaigne nous apprennent sur la valeur cognitive et morale de la littérature », revue *Essais*, 2016, hors-série 3, « Usages critiques de Montaigne », p. 84-98 (en ligne https://journals.openedition.org/essais/6874, consulté le 22.02.2022).

FLANDROIS, Isabelle, « le savoir du prince », dans *L'institution du Prince au début du XVIe siècle*, Paris, Presses Universitaires de France, 1992, p. 101 *sq.*

FOGLIA, Marc, « La méthode d'évaluation *iudicio alternante* dans les *Essais* », *MS*, n° 15, 2003, p. 191-206.

FOGLIA, Marc, *Montaigne, pédagogue du jugement*, Paris, Classiques Garnier, 2011.

FOGLIA, Marc, « Montaigne en 1912, un pédagogue républicain », *BSAM*, 2012-2, n° 56, p. 25-40.

FOGLIA, Marc, *Montaigne*, Paris, Ellipses, 2021.

FOUCAULT, Michel, *Les Mots et les Choses*, Paris, Gallimard, 1966.

FOURNEL, Jean-Louis, « Guichardin et la "barbarie" française », Jean Dufournet, Adelin Charles Fiorato et Augustin Redondo (dir.), *L'image de l'Autre européen XVe-XVIIe siècles*, Paris, Presses de la Sorbonne nouvelle, 1992, p. 109-121.

FRAME, Donald, « Ideas on education and other particular subjects », dans *Montaigne in France 1812-1852*, New York, Columbia University Press, 1940, p. 118-130.

FRAME, Donald, *Montaigne. Une vie, une œuvre*, trad. Jean-Claude Arnould, Nathalie Dauvois et Patricia Eichel-Lojkine, Paris, Classiques Garnier, 2018.

FRIEDRICH, Hugo, *Montaigne*, Berne, Francke, 1949, trad. Robert Rovini, Paris, Gallimard, 1968, réédition 1984.

FUMAROLI, Marc, « Les *Essais* de Montaigne : l'éloquence du for intérieur », *Id.*, *La Diplomatie de l'esprit*, Paris, Gallimard, 1998, p. 125-162.

GADOFFRE, Gilbert, « Le *Discours de la méthode* et l'histoire littéraire », *French Studies*, II-4, octobre 1949, p. 301-314.

GADOFFRE, Gilbert, *La Révolution culturelle dans la France des humanistes*, Genève, Droz, 1997.

GAILLARD, Robert, *La pédagogie de Montaigne à J.-J. Rousseau*, Paris, René Debresse éd., avant-propos de Jean Zay, 1938.

GARAVINI, Fausta, *Monstres et chimères. Montaigne, le monstre et le fantasme*, Paris, H. Champion, 1993.

GARIN, Eugenio, *Il pensiero pedagogico dell'umanesimo*, Giuntine-Sansoni, Florence, 1958.

GARIN, Eugenio, *L'éducation de l'homme moderne. La pédagogie de la Renaissance 1400-1600*, trad. Jacqueline Humbert, Paris, Fayard, 1968.

GARIN, Eugenio, *L'homme de la Renaissance*, trad. Monique Aymard et Paul-Adnré Lesort, Paris, Le Seuil, 1990, rééd. 2002.

GAUFRÈS, Mathieu-Jules, *Claude Baduel et la réforme des études au XVIe siècle*, Paris, Hachette, 1880.

GILSON, Étienne, *Discours de la méthode. Texte et commentaire*, Paris, Vrin, 1925, rééd. 1947 et 1966.

GIRAUD, Claude, *Histoire de la sociologie*, Paris, PUF, 2004.

GITTLER, Bernard, « L'héritage de Montaigne dans le second *Discours* de Rousseau : politique et anthropologie », Philippe Desan (dir.), *Les usages de Montaigne*, Paris, Hermann, 2018, p. 159-177.

GONTIER, Thierry, *De l'homme à l'animal. Montaigne, Descartes ou les paradoxes de la philosophie moderne sur la nature des animaux*, Paris, Vrin, 1998.

GONTIER, Thierry, « Intelligence et vertus animales : Montaigne lecteur de la zoologie antique », *Rursus*, n° 2, 2007 (https://journals.openedition.org/rursus/115, consulté le 22.02.2022)

GONTIER, Thierry et MAYER, Suzel, *Le socratisme de Montaigne*, Paris, Classiques Garnier, 2010.

GONTIER, THIERRY, « Prudence et sagesse chez Montaigne », *Archives de Philosophie*, vol. 75, 2012-1, p. 113-130.

GORRIS CAMOS, Rosanna, « "Toujours il a frayé avec des hommes de cette farine" : André de Gouvéa, principal du Collège de Guyenne et des "Bordaleses" », *MS*, n° 13, 2001, p. 13-43.

GOUGEOT-ARNAUDEAU, Simone, *Entre gouvernants et gouvernés : le pédagogue du XVIIIe siècle*, Villeneuve d'Ascq, Presses universitaires du Septentrion, 2000.

GOULET-CAZÉ, Marie-Odile « La contestation de la loi dans le cynisme ancien », *Mélanges de l'Université Saint-Joseph (Beyrouth)*, vol. LXI, 2009, p. 405-433.

GOURINAT Jean-Baptiste et ROMEYER-DHERBEY, Gilbert, *Les Stoïciens*, Paris, Vrin, 2005.

GOYET, Francis, « Montaigne and the notion of prudence », Ullrich Langer (dir.), *The Cambridge Companion of Montaigne*, Cambridge University Press, 2005, p. 116-141.

GOYET, Francis, « Lecture circonstanciée : (I) comment former le jugement », *Id., Les Audaces de la prudence. Littérature et politique au XVIe et XVIIe siècles*, Paris, Classiques Garnier, 2009, p. 325-346.

GRAFTON, Anthony et JARDINE Lisa, *From Humanism to Humanities, Education and the Liberal Arts in Fifteenth- and Sixteenth-Century Europe*, London, Duckworth, 1986.

GRENDLER, Paul F., « The rejection of Learning in Mid-Cinquecento Italy », *Studies in the Renaissance*, n° 13, Cambridge University Press, 1966, p. 230-249.

GUEX, François, *Histoire de l'instruction et de l'éducation*, Paris, Alcan, 1906.

GUIZOT, François Pierre Guillaume, *Annales de l'éducation*, 6 vol., Paris, Lenormant, 1811-1812.

HALBWACHS, Maurice, *Les cadres sociaux de la mémoire*, Paris, Alcan, 1925 ; rééd. Albin Michel, 1994.

HALPIN, David, « Essaying and Reflective Practice in Education : The Legacy of Michel de Montaigne », *Journal of Philosophy of Education*, vol. 49-1, fév. 2015, p. 129-141.

HAMPTON, Timothy, « Montaigne : Writing against History », *Id.*, *Writing from History : The Rhetoric of Exemplarity in Renaissance Literature*, Ithaca et Londres, Cornell University Press, 1990, p. 134-197.

HEATH, Michael J., *Crusading Commonplaces : La Noue, Lucinge and Rhetoric against the Turks*, Genève, Droz, 1986.

HÉNAFF, Marcel, *Le prix de la vérité : le don, l'argent, la philosophie*, Paris, Le Seuil, 2002.

HOFFMANN, George, « Fonder une méthode à la Renaissance : Montaigne et ses professeurs de philosophie. I. La logique : influence de Grouchy », *BSAM*, *L'expérience philosophique*, n° 21-22, 1990, p. 32-59.

HOFFMANN, George, *Montaigne's career*, Oxford University Press, Oxford, 1998

HOFFMANN, George, « The investigation of nature », *The Cambridge Companion to Montaigne*, éd. Ullrich Langer, Cambridge University Press, 2005, p. 163-182.

HOFFMANN, George et LEGROS Alain, « Secrétaire(s) », *Dictionnaire Montaigne*, 2018, p. 1699-1704.

HORKHEIMER, Max, « Montaigne und die Funktion der Skepsis », *Zeitschrift für Sozialforschung*, vol. 7, 1-2, 1938, p. 1-54 ; rééd. Frankfurt, Fischer, 1971.

HOUPERT-MERLY, Danièle, « Éducation en procès, processus en éducation dans les *Essais* de Montaigne », *Expressions*, nov. 1992 [en ligne : https://hal.univ-reunion.fr/hal-02399769, consulté le 01.12.2019]

HUPPERT, George, *Public schools in Renaissance France*, Urbana, University of Illinois Press, 1984.

INSDORF, Cecile, *Montaigne and Feminism*, Chapel Hill, University of North Carolina, 1977.

JENZER, Carlo, *Lebensnähe, Lebensferne und Realismus in den pädagogischen Ansichten von Michel de Montaigne*, Berne, Herbert Lang, 1969.

JOLIBERT, Bernard, *Montaigne. L'éducation humaniste*, Paris, L'Harmattan, 2009.

JOUANNA, Arlette, *Montaigne*, Paris, Gallimard, 2017.

KENNY, Nail, « Montaigne et les femmes "attachées à la rhétorique" : autour d'un passage de l'essai III.3, "De trois commerces" », John O'Brien, Malcolm Quainton, James Supple (dir.), *Montaigne et la rhétorique : actes du colloque de St Andrews (28–31 mars 1992)*, Paris, Champion, 1995, p. 203-219.

KIÈS, Nicolas, « *Cum grano salis* : l'apophtegme humoristique dans la seconde moitié du XVIe siècle », *Littératures classiques*, vol. 84-2, 2014, p. 97-118.

KONSTANTINOVIC, Isabelle, *Montaigne et Plutarque*, Genève, Droz, 1989.

LANSON, Gustave, *Les Essais de Montaigne*, Paris, Mellottée, 1929, rééd. 1948.

LAZARD, Madeleine, *La comédie humaniste au XVIe siècle et ses personnages*, Paris, PUF, 1978.

LAZARD, Madeleine, *Michel de Montaigne*, Paris, Fayard, 1992, rééd. 2002.

LETHIERRY, Hugues, « Pour une critique “cynique” des idées en pédagogie », *Les Idées pédagogiques : patrimoine éducatif ?* [https://books.openedition.org/purh/11813, consulté le 22.02.2022], Presses universitaires de Rouen et du Havre, 2002.

LEGROS, Alain, « La main grecque de Montaigne », *BHR*, vol. 61, 1999-2, p. 461-478.

LEGROS, Alain, *Essais sur poutres. Peintures et inscriptions chez Montaigne*, Paris, Klincksieck, 2000.

LEGROS, Alain, « De Perse à Montaigne : dire le vide, exposer l'intime », *MS* n° 17, 2005, p. 63-80.

LEGROS, Alain, « Le “Discours de la servitude volontaire”, dans *Les Mémoires de l'état de France sous Charles IX* (première édition, 1577) », projet MONLOE, introduction, 2015 [https://montaigne.univ-tours.fr/discours-servitude-volontaire/#Introduction consulté le 22.02.2022].

LE ROUX, Nicolas, *Le crépuscule de la chevalerie. Noblesse et guerre au siècle de la Renaissance*, Paris, Champ Vallon, 2015.

LESCHEMELLE, Pierre, *Montaigne ou le mal à l'âme*, Paris, Imago, 1991.

LESTRINGANT, Frank, « Guillaume Postel et l'obsession turque », Guy Tredanel (dir.), *Guillaume Postel 1581-1981*, Paris, La Maisnie, 1985, p. 265-298.

LESTRINGANT, Frank, « La Monarchie française au miroir ottoman : le portrait de Soliman le Magnifique, de Charles IX à Henri III », dans *Soliman Le Magnifique et son temps*, Actes du colloque de Paris, Galeries nationales du Grand Palais, 7-10 mars 1990, éd. G. Veinstein, La Documentation Française, 1992, p. 51-68.

LESTRINGANT, Frank, *Écrire le monde à la Renaissance. Quinze études sur Rabelais, Postel, Bodin et la littérature géographique*, Caen, Paradigme, 1993.

LÉVI-STRAUSS, Claude, « En relisant Montaigne », *Histoire de lynx*, Paris, Plon, 1991, chapitre XVIII, p. 277-297.

LÉVY, Carlos, « Cicéron créateur du vocabulaire latin de la connaissance : essai de synthèse », *Publications de l'École Française de Rome*, n° 161, 1992, p. 91-106.

LEWIS, John, *Adrien Turnèbe (1512-1565). A Humanist Observed*, Travaux d'Humanisme et de Renaissance, n° CCCXX, Genève, Droz, 1998.

LLINÀS BEGON, Joan Lluís, *Educació, filosofia i escriptura en Montaigne. Un comentari a “De l'Educatió des infants”*, Palma, Universitat de les Illes Balears, 2001.

LLINÀS BEGON, Joan Lluís (éd.), *Montaigne*, Comares, Grenade, 2020.

LOGAN, George M. « The relation of Montaigne to Renaissance Humanism », *Journal of the History of Ideas*, n° 36, 1975, p. 613-632.

MACPHAIL, Eric M., *The Sophistic Renaissance*, Genève, Droz, 2011.

MACPHAIL, Eric M., *Dancing Around the Well. The Circulation of Commonplaces in Renaissance Humanism*, Leyde, Brill, 2014.

MAGNIEN, Michel, « Montaigne et Érasme : bilan et perspective », Paul J. Smith et Karl A. E. Enenkel (éd.), *Montaigne and the Low Countries (1580-1700)*, Leyde, 2007, p. 17-45.

MAGNIEN-SIMONIN, Catherine, « Sparte », *Dictionnaire Montaigne*, Classiques Garnier, 2018, p. 1763-1765.

MANENT, Pierre, *Montaigne. La vie sans loi*, Paris, Flammarion, 2014, rééd. 2021.

MARINI, Guillermo, « Michel Montaigne como Formador de Profesores : la Necesidad de Ensayar la Propia Posición Pedagógica », *Trans/Form/Ação* [en ligne], 38/3, 2015, p. 117-132 [https://doi.org/10.1590/S0101-31732015000300008, consulté le 22.02.2022]

MARROU, Henri-Irénée, *Histoire de l'éducation dans l'Antiquité : le monde grec*, Paris, Le Seuil, 1948, rééd. 1981.

MATHIAS, Paul, *Sur l'éducation. Trois essais de Montaigne*, Paris, Agora Press Pocket, 1990.

MATHIAS, Paul, *Montaigne ou l'usage du monde*, Paris, Vrin, 2006.

MELANÇON, Robert, « Les masques de Joachim Du Bellay », *Ars poetica*, vol. 22-3, 1990.

MÉNISSIER, Thierry, « L'insuffisance des classiques : Machiavel et Montaigne dans la culture européenne », *Id.*, *Machiavel ou la politique du centaure*, Paris, Hermann, 2010, p. 35-66.

MIC, Constant, *La Commedia Dell'arte ou le théâtre des comédiens italiens des XVIe, XVIIe et XVIIIe siècles*, Paris, Librairie théâtrale, 1980.

MICHELET, Jules, *Nos fils* (1869), Paris, Calmann-Lévy, 1903.

MILLET, Olivier, *La première réception des* Essais *(1580-1640)*, Paris, Honoré Champion, 1995.

MILZA, Pierre, *Histoire de l'Italie*, Paris, Fayard, 2005.

MOREAU, Hélène, « Sparte. Une figure de l'autre dans les *Essais* », *Montaigne et la Grèce. Actes du colloque de Calamata et de Messene (23-26 septembre 1988)*, éd. Kyriaki Christodoulou, Paris, Aux Amateurs de Livres, 1991, p. 97-103.

MOSELEY, Alexander (éd.), « Montaigne », *Id.*, *John Locke*, chap. 14, Bloomsbury, Bloomsbury Library of Educational Thought, 2008.

NARDONE, Jean-Luc, *Pétrarque et le pétrarquisme*, Paris, PUF, 1998.

NODIER, Charles, *Dictionnaire raisonné des onomatopées françaises*, Paris, Demonville, 1808.

OLLIER, François, *Le mirage spartiate. Étude sur l'idéalisation de Sparte dans l'Antiquité grecque de l'origine jusqu'aux Cyniques*, Paris, Les Belles Lettres, 1933.

ORDYNSKI, Rémi, « L'influence des traditions de consolation avant et dans le premier livre des *Essais*. La phrase, le chapitre, le livre », *BSAM*, 2021, n° 73, p. 129-150.

ORSUCCI, Andrea, « Dilthey et la redécouverte de Montaigne à la fin du XIXe siècle », dans *Les usages philosophiques de Montaigne du XVIe au XXIe siècle*, éd. Philippe Desan, Paris, Hermann, 2018, p. 275-286.

PAISSE, Jean-Marie, « Montaigne et la pédagogie », *BSAM*, nº 22-23, 1970, p. 7-15.

PASSUELLO, Luigina, *La Prospettiva pedagogica di Michel de Montaigne*, Padoue, Liviana, 1971.

PAYEN DE LA GARANDERIE, Adèle, « L'éducation dans les *Essais* : la fantaisie spartiate de Montaigne », *Educatio* nº 6, 2017 [http://revue-educatio.eu/wp/author/a-payen, le 22.02.2022]

PELLEGRIN, Marie-Frédérique, « Un "pédant à la cavalière" : le procès de l'imagination montaignienne chez Malebranche », P. Desan (éd.), *Les usages philosophiques de Montaigne (XXe-XXIe siècles)*, Paris, Hermann, 2018, p. 83-102.

PÉRAUD-PUIGSÉGUR, Stéphanie, « Un sage ignorant qui "désenseigne la sottise". L'école paradoxale des *Essais* de Michel de Montaigne », *BSIAM*, nº 71, 2020-1, p. 95-114.

POPKIN, Richard *Histoire du scepticisme d'Érasme à Spinoza*, trad. Christine Hivet, Paris, Presses Universitaires de France, 1995.

PORTEAU, Paul, *Montaigne et la vie pédagogique de son temps*, Paris, Droz, 1935.

PORTEAU, Paul, « Sur un paradoxe de Montaigne », 1935, *Mélanges de littérature, d'histoire et de philosophie, offerts à Paul Laumonier par ses élèves et ses amis*, Genève, Slaktine Reprints, 1972, p. 329-346.

QUINT, David, *Montaigne and the Quality of Mercy: Ethical and Political Themes in the Essais*, Princeton, Princeton University Press, 1998.

RAGGHIANTI, Renzo, « De Victor Cousin à Alain : le refoulement de Montaigne philosophe », *Les usages philosophiques de Montaigne*, P. Desan (dir.), Paris, Hermann, 2018, p. 287-300.

RAT, Maurice, « Montaigne pédagogue », *BSAM*, nº 31, 1964, p. 39-43.

RAWSON, Elizabeth, *The Spartan Tradition in European Thought*, Oxford, Clarendon Press, 1969.

RODIS-LEWIS Geneviève, « Doute pratique et doute spéculatif chez Montaigne et Descartes », *Revue philosophique de la France et de l'étranger*, 182-4, 1992, p. 439-449, repris dans *Id.*, *Le développement de la pensée de Descartes*, chap. IV, Paris, Vrin, 1997.

ROMANO, Claude, *Être soi-même*, Paris, Gallimard, 2019.

RIGOLOT, François, « Les jeux de Montaigne », dans *Les jeux à la Renaissance*, Paris, Vrin, 1982, p. 325-339.

RIGOLOT, François (éd.), *Journal de voyage de Michel de Montaigne*, Paris, PUF, 1992.

RIGOLOT, François, « Montaigne et Aristote : La conversion à l'*Éthique à Nicomaque* », Ullrich Langer (éd.), *Au-delà de la Poétique : Aristote et la littérature de la Renaissance*, Genève, Droz, 2002, p. 47-63.

ROYÉ, Jocelyn, « Pédant et bel esprit : la représentation du savant mondain et du mondain savant dans les comédies du XVIIe siècle », *Littératures classiques*, n° 58, 2005-3, p. 105-113.

ROYÉ, Jocelyn, *La figure du pédant de Montaigne à Molière*, Genève, Droz, 2008.

ROYÉ, Jocelyn, « La bibliothèque pédante ou l'érudition virtuelle », dans *Les Bibliothèques, entre imaginaires et réalités*, Claudine Nédelec (dir.), Arras, Artois Presses Université, 2009, p. 262-270 [https://books.openedition.org/apu/12546, consulté le 22.02.2022]

SABRIÉ, Jean-Baptiste, *De l'humanisme au rationalisme, Pierre Charron, 1541-1603. L'homme, l'œuvre et l'influence*, Paris, Alcan, 1913 ; rééd. Genève, Slatkine Reprints, 1970.

SAINT-MARTIN, Joseph, « "L'homme d'entendement de précepteur" de Montaigne », *BSAM*, n° 11-12, 1959, p. 7-15.

SAYHI-PÉRIGOT, Béatrice, « les vicissitudes de la sentence des rois-philosophes », *Littératures*, 32, 1995, p. 5-20.

SÈVE, Bernard, *Montaigne. Des règles pour l'esprit*, Paris, PUF, 2007.

STAROBINSKI, Jean, « Rousseau dans la marge de Montaigne. Cinq notes inédites », *Le Débat*, n° 90, 1996-3, p. 3-26.

STÄUBLE, Antonio, *Parlar per lettera : il pedante nella commedia del cinquecento e altri saggi sul teatro rinascimentale*, Rome, Bulzoni, 1991.

STROWSKI, Fortunat, *Montaigne*, Paris, Alcan, 1906, rééd. 1931.

SUPPLE, James J., « La critique thématique et les femmes », Noël A. Peacock et James J. Supple (dir.), *Lire les Essais de Montaigne*, Paris, Classiques Garnier, 2000, p. 155-180.

TARRÊTE, Alexandre, « Remarques sur le genre du dialogue de consolation à la Renaissance », *Bulletin de l'Association d'études sur la renaissance, l'humanisme et la réforme*, n° 57, 2003, p. 133-161.

THOMPSON, Doug, « Montaigne's Political Education : Raison d'État in the *Essais* », *History of Political Thought*, vol. 34, 2013-2, p. 195-224.

TOURNON, André, *Montaigne. La glose et l'essai*, Lyon, Presses Universitaires de Lyon, 1984, rééd. Classiques Garnier, 2000.

TOURNON, André, « Advenu ou non advenu… », *Montaigne et l'Histoire*, éd. Claude-Gilbert Dubois, Paris, Klincksieck 1991, p. 31-38.

TOURNON, André, « "Ny de la ponctuation". Sur quelques avatars de la segmentation autographe des *Essais* », *Nouvelle Revue du Seizième siècle*, 1999, n° 17-1, p. 147-159.

TOURNON, André, *« Route par ailleurs » : le « nouveau langage » des* Essais, Paris, Classiques Garnier, « Études montaignistes », n° 48, 2006.

TOURNON, André, « Désenseigner. Montaigne et le paradoxe de la pédagogie pyrrhonienne », J. C. Colbus et B. Hébert (dir.), *Les Outils de la connaissance.*

Enseignement et formation intellectuelle en Europe entre 1453 et 1715, Publications de l'Université de Saint-Etienne, 2006, p. 325-335.

TRINQUET, Roger, *La jeunesse de Montaigne*, Paris, Nizet, 1972.

TROTTMANN, Christian, « *Vita activa, vita contemplativa* : enjeux pour le Moyen Âge », *Mélanges de l'École française de Rome*, 117-1, 2005, p. 7-25.

VAILLANCOURT, Luc, « La rhétorique des titres chez Montaigne », *Revue d'Histoire littéraire de la France*, 1, 1997, p. 3-17.

VASSILEIOU, Alain, « Le riche Calvisius Sabinus (Sénèque *Ep 27 5-8*) », *L'Antiquité classique*, 43-1, 1974, p. 241-256.

VIEILLARD-BARON, Jean-Louis, *Qu'est-ce que l'éducation ? Montaigne, Fichte et Lavelle*, Paris, Vrin, 1994.

VIEILLARD-BARON, Jean-Louis, « l'éducation humaniste aujourd'hui », dans *Éducation, transmission, rénovation à la Renaissance*, éd. Bruno Pinchard et Pierre Servet, *Cahiers du Gadges*, n° 4, Lyon, Université Jean Moulin-Lyon 3, diffusion Droz, 2006, p. 29-40.

VIGNES, Jean, « La lettre de consolation de Plutarque à sa femme traduite par La Boétie et ses prolongements chez Montaigne, Céline et Michaël Fœssel », *Exercices de rhétorique*, n° 9, 2017.

VILLEY, Pierre, *Les Sources et l'évolution des* Essais *de Montaigne*, thèse de doctorat, 2 tomes, Paris, Hachette, 1908 ; seconde réédition revue et enrichie, 1933.

VILLEY, Pierre, *L'Influence de Montaigne sur les idées pédagogiques de Locke et de Rousseau*, Paris, Hachette, 1911.

VILLEY, Pierre, *Les sources des idées au* XVIe *siècle*, Paris, Plon, 1912.

VILLEY, Pierre, *Montaigne et Francis Bacon* (1913), Genève, Slatkine Reprints, 1973.

VILLEY, Pierre, *Les sources des Essais. Annotations et éclaircissements*, Bordeaux, Pech, 1920.

VILLEY, Pierre, *Lexique de la langue des* Essais *et index des noms propres*, avec la collaboration de Miss Grace Norton, Bordeaux, Pech, 1933.

VILLEY, Pierre, *Montaigne devant la postérité*, Paris, Boivin, 1935.

WERNER, Éric, *Montaigne stratège*, Lausanne, L'Âge d'Homme, 1996.

WORMSER, Gérard, « Montaigne », *Penseurs de l'éducation*, collection « Perspectives », Unesco, Bureau international d'éducation, vol. 24, n° 1-2, 1994, p. 157-171.

WOTLING, Patrick, « "Qu'un tel homme ait écrit a de fait augmenté le plaisir de vivre sur cette terre". Montaigne éducateur selon Nietzsche », dans *BSAM*, « *Montaigne parmi les philosophes* », n° 44-45, 2008, p. 113-126.

ZUBER, Roger, « Les éléments populaires de la culture savante : les humanistes et le comique », *Histoire sociale, sensibilités collectives et mentalités. Mélanges Robert Mandrou*, Paris, PUF, éd. Philippe Joutard et Jean Lecuir, 1985, p. 283-290.

INDEX NOMINUM

ADAM, Michel : 25-26, 166, 247
AGÉSILAS : 60, 189, 206-207, 211-212, 216
AGRIPPA DE NETTESHEIM, Henri-Corneille : 17, 71, 98, 218, 239, 247
ALAIN : 35, 40, 247, 257
ALCIBIADE : 95, 191, 199
ALEXANDRE LE GRAND : 27, 60, 106, 135, 201, 206
AMYOT, Jacques : 91, 112, 115-116, 125, 131, 169, 185, 191, 198, 203, 205-206,, 212, 216, 238-239, 247
ANAXAGORE : 48, 106-108, 215-216
ANTISTHÈNE : 134, 202
ARCHIMÈDE : 47, 103, 228, 231
ARETINO, Pietro (L'Arétin) : 79, 239
ARIÈS, Philippe : 139, 247
ARIOSTO, Ludovico (L'Arioste) : 158, 239
ARISTIPPE (de Cyrène) : 58, 191-192
ARISTON (de Chios) : 58, 192
ARISTOPHANE : 75, 144, 238
ARISTOTE : 25, 30, 67, 79, 104-106, 108-109, 128, 131, 143, 152, 163, 197, 205, 215, 226, 237-238, 247, 257
ARNAULD, Antoine : 95
AUERBACH, Erich : 18, 37, 40, 95, 247
AULOTTE, Robert : 205, 246-247
AZAR FILHO, Celso Martins : 247

BACON, Francis : 27, 247, 259
BADUEL, Claude : 239, 252
BAKHTINE, Mikhaïl : 248
BALSAMO, Jean : 20, 78, 140, 168, 172, 180, 195-196, 236, 248
BALZAC, Jean-Louis Guez de : 227, 239
BARON, Hans : 240
BARSI, Monica : 119, 248
BAUSCHATZ, Cathleen M. : 173, 248
BAYOD BRAU, J. : 237
BEC, Christian : 243
BELO, Francesco : 79, 239
BERGERAC, Savinien de (Cyrano) : 75, 239
BERTRAND, Lauranne : 236
BIERLAIRE, Franz : 94
BINET, Claude : 146, 239
BIZOS, Marcel : 239
BJAÏ, Denis : 15, 41, 172, 231, 236, 248
BLOCH, Marc André : 248
BLUMENBERG, Hans : 104, 248
BODIN, Jean : 203, 217-218, 240, 255
BOMBART, Mathilde : 23, 248
BONNET, Pierre : 117-118, 136, 246
BONTEMS, Claude : 240
BORSELLINO, Nino : 79, 248
BOUDOU, Bénédicte : 118, 132, 236, 248
BOURIAU, Christophe : 34, 249
BOUTCHER, Warren : 20, 22-23, 28-29, 34, 176, 248
BOWEN, Barbara : 133, 171, 249
BRUNI, Leonardo : 69, 240
BRUNO, Giordano : 148, 232, 240
BUDÉ, Guillaume : 38, 168, 170, 182, 240
BUSSON, Henri : 152, 249

CALVISIUS SABINUS : 50, 122-123, 128, 259
CAMUS, Jean-Pierre : 23-24, 240
CANAYE, Philippe : 242
CAPPA, Carlo : 20, 249
CARRAUD, Vincent : 30, 249
CARRÉ, Irénée : 240
CASSIN, Barbara : 220, 249

CASSIRER, Ernst : 18-19, 26-27, 37, 40, 153, 193, 249
CASTELLION, Sébastien : 238
CASTIGLIONE, Baldassare : 16, 168, 217, 240
CATON : 94
CAURRES, Jean des : 240
CAZES, Hélène : 205, 249
CÉARD, Jean : 11, 91, 119, 147, 236, 249
CERVANTES, Miguel de : 159
CÉSAR : 27, 177, 228
CHAMBRY, Émile : 238
CHAPPUYS, Gabriel : 240, 242
CHARLES VIII : 61, 113, 218, 222-224, 250
CHARRON, Pierre : 23-26, 30, 33, 240, 247, 258
CHATEAU, Jean : 37, 39-41, 246
CHOLIÈRE, Nicolas de : 240
CHRISTIEN, Jacqueline : 249
CHRISTODOULOU, Kyriaki : 210, 220, 230, 246, 249, 256
CICÉRON : 12, 16, 25, 50-52, 56, 58, 67, 85-86, 98-99, 115-117, 126-132, 135, 143, 165, 190-192, 221, 230, 237-238, 255
CLARK, Carol : 91, 112, 182-183, 246
CLÉMENT, Michèle : 130, 133-134, 138, 237
CLOULAS, Ivan : 218, 222, 250
COIGNET, Mathieu : 169, 222, 240
COLINES, Simon de : 69, 241
COMPAGNON, Antoine : 36, 73, 214, 250
COMPAYRÉ, Gabriel : 19, 35-38, 93, 96, 107, 111, 139, 141, 168, 171, 178-179, 185, 188, 196, 230, 250
CONCHE, Marcel : 122, 250
CORROZET, Gilles : 56, 172, 240
COSTE, Pierre : 28-29, 94, 235, 243
COULON, Victor : 238
COUSTEAU, Pierre : 105, 240
COUZINET, Marie-Dominique : 143, 230, 232-233, 246, 250
CRATÈS : 12-13, 48, 64, 76, 96, 134-135, 138, 182
CROUSAZ, Jean-Pierre de : 33, 178, 240
CYRUS (le Grand) : 28, 59, 105, 201, 224

DAELE, Hilaire van : 75, 238
DAGRON, Tristan : 136, 250
DANDREY, Patrick : 95, 213, 220, 250
DANTE : 240
DARIUS : 219
DEGAS, Ludovic : 178, 250
DELEBECQUE, Édouard : 198, 239
DELOINCE-LOUETTE, Christiane : 80, 250
DE MARZIO, Darryl M. : 230, 250
DEMONET, Marie-Luce : 104, 236
DESAN, Philippe : 3, 9, 23, 39, 70, 89, 142, 160, 174, 184, 195, 203, 225, 236, 247, 250-251, 253, 257
DESCARTES, René : 13, 19, 25-27, 29, 30, 38, 41, 112, 153, 193, 240, 246-247, 249, 251, 253, 257
DES ROCHES, Catherine : 171, 241
DEWEY, John : 202, 251
DEZEIMERIS, R. : 95, 235
DIOGÈNE : 52, 80, 94, 102, 117, 133-138, 162, 165, 192, 215, 233, 237-238, 250
DROIT DE GAILLARD, Pierre : 177, 241
DU BELLAY, Joachim : 15-16, 22, 45, 67-68, 72-74, 77, 86, 91, 114, 168, 174, 208, 225, 241, 256
DU BELLAY, Martin et Guillaume : 158, 241
DUBOC, Mathieu : 236
DUFLO, Colas : 26, 251
DUPUY, Nathanaëlle : 31
DUPUYS, Jacques : 72, 241
DU PUYS, Louis : 237, 240, 241
DURKHEIM, Émile : 38-39, 72, 109, 179, 184-185, 188, 251

EISENSTEIN, Elizabeth : 72, 251
ELSLANDE, Jean-Pierre van : 80, 233, 251
EMPÉDOCLE : 12-13, 48, 96, 102, 170, 182
ÉPAMINONDAS : 106, 214, 228

ÉRASME : 22, 30, 39, 69, 75, 80-81, 94, 98, 112, 120, 122-123, 127, 146-147, 168, 176, 181-184, 186, 191, 197, 205, 212, 229, 232-233, 241, 246, 248, 251, 256
ESTIENNE, Henri : 17, 68, 72, 95, 153, 176, 238, 241-242
ESTOILE, Pierre de l' : 169, 243
EURIPIDE : 52, 131, 161, 230
EYQUEM, Pierre : 78-79, 141, 143, 152, 160, 225

FAGUET, Émile : 36, 175, 251
FARET, Nicolas : 30, 242
FAYE, Emmanuel : 25-26, 98, 251
FERRARI, Emiliano : 77, 148, 251
FEUGÈRE, Léon : 241
FEYTAUD, Jacques de : 246
FICIN, Marsile (Marsilio Ficino) : 98, 224
FLANDROIS, Isabelle : 70, 81, 170, 252
FLORIO, John : 20, 28, 236
FOGLIA, Marc : 36, 41, 91, 100, 114, 154, 156, 186, 233
FOLENGO, Teofilo (Merlin Coccai) : 159, 242
FOREST, François : 142, 242
FOUCAULT, Michel : 159, 252
FOULON, Abel : 151, 237
FRAME, Donald : 11-12, 18, 32, 35, 79, 83, 142, 151, 160, 163, 211, 218, 237, 248, 252
FRIEDRICH, Hugo : 22, 29, 34, 40, 73, 156, 214, 250, 252
FROBEN : 95, 237, 241
FUMAROLI, Marc : 252
FURETIÈRE : 30, 242

GADOFFRE, Gilbert : 26, 29, 168, 252
GAILLARD, Antoine : 31
GAILLARD, Robert : 252
GARAVINI, Fausta : 226, 237, 252
GARGANTUA : 15, 17, 45, 78, 80, 95, 103, 139, 176, 195, 222
GARIN, Eugenio : 85, 126, 204, 243, 252
GAUFRÈS, Mathieu-Jules : 252
GAZEAU, Jacques : 151, 237
GENTILLET, Innocent : 177, 242
GILSON, Étienne : 26, 252
GIRAUD, Claude : 175, 252
GITTLER, Bernard : 33, 253
GODART, Simon : 20, 246
GODIN, André : 241
GOHORY, Jacques : 158, 242
GONTIER, Thierry : 3, 13, 96-97, 102-104, 107, 112, 184, 251, 253
GORGIAS : 95, 165, 213, 220, 249, 250
GORRIS CAMOS, Rosanna : 79, 253
GOUGEOT-ARNAUDEAU, Simone : 253
GOULET-CAZÉ, Marie-Odile : 134, 238, 253
GOURINAT, Jean-Baptiste : 164, 253
GOURNAY, Marie de : 31, 70, 184, 188, 235, 237, 242
GOUVÉA, Antoine de : 79, 195, 253
GOYET, Francis : 30, 108, 140, 160, 196-199, 201, 218, 231, 241, 253
GRAFTON, Anthony : 218, 253
GREMINGER, Anne-Marie : 98, 181, 241
GRENDLER, Paul F. : 253
GRÉVIN, Jacques : 74, 242
GROUCHY : 17, 22, 254
GRYPHUS, Sébastien : 239
GUAZZO, Stefano : 177, 242
GUERRIER, Olivier : 205, 249
GUEX, François : 109, 178, 253
GUICHARDIN, François (Francesco Guicciardini) : 218, 225-226, 242

HALPIN, David : 253
HAMPTON, Timothy : 94, 193, 195, 200, 205, 254
HANI, Jean : 238
HEATH, Michael J. : 158, 241, 243, 254
HÉNAFF, Marcel : 213, 215, 254
HENRI III : 88, 169-170, 182, 221, 239, 255
HÉRACLITE : 12-13, 48, 64, 76, 94, 96, 102-13, 114, 140, 170, 182

HÉROARD, Jean : 242
HÉRODOTE : 72, 219
HERSANT, Yves : 148, 232, 240
HERVET, Gentien : 17, 238
HIPPIAS : 12, 60, 75, 78, 144, 214-216, 238
HOFFMANN, George : 22, 101, 123, 143, 254
HOMÈRE : 51, 106, 122, 128, 152, 249
HORKHEIMER, Max : 40, 179
HOUPERT-MERLY, Danièle : 254
HUCHON, Mireille : 15, 244
HUMBERT, Jacqueline : 126, 190, 204, 238, 252
HUPPERT, George : 254

ILDEFONSE, Frédérique : 145, 238
INSDORF, Cécile : 171, 238, 254
ISINGRIN, M. : 238

JARDINE, Lisa : 218, 253
JENZER, Carlo : 254
JOHANNES SAMBUCUS (János Zsámboky) : 75, 245
JOLIBERT, Bertrand : 19-20, 241, 254
JULIEN L'APOSTAT : 106
JUVÉNAL : 12, 52, 55, 105, 131-132, 151, 230, 248

KALLENDORF, Craig : 244
KENNY, Nail : 171-173, 254
KIÈS, Nicolas : 205, 254
KILPATRICK, Robert : 13, 41, 85, 113, 118, 123, 131, 133, 193, 196, 203, 205, 206-207, 209-211, 214, 231, 246
KONSTANTINOVIC, Isabelle : 112, 254
KUPISZ, Kazimierz : 12, 77, 82, 144, 216, 246

LA BOËTIE, Étienne de : 86, 100, 123, 129-130, 171, 238, 242, 259
LAËRCE, Diogène : 94, 102, 134-138, 162, 192, 215, 237-238
LA MOTHE LE VAYER, François de : 31, 171-173, 242, 251
LANDO, Ortensio : 218
L'ANGELIER, Abel : 11, 147, 150, 184, 235, 243-244
LANLY, André : 77, 99, 111, 123, 145, 236
LANNEL, Jean de : 116, 242
LA NOUE, François de : 126, 142, 169-170, 177, 185, 197, 240, 242, 254
LANSON, Gustave : 11, 20, 36-37, 254
LA PRIMAUDAYE, Pierre de : 169-170, 197, 242
LARIVEY, Pierre de : 74, 172, 243
LARSEN, Anne : 171, 241
LAUMONIER, Paul : 146, 167, 239, 257
LAURENS, Pierre : 221, 239
LAVRENTIEV, Alexei : 236
LAZARD, Madeleine : 17, 74, 83, 129, 143, 152, 172, 229, 243, 254
LEAKE, Roy E. : 117-118, 120, 136, 246
LE DOEUFF, Michèle : 239
LEGROS, Alain : 65, 93, 100-101, 123, 133, 151, 230, 236, 254-255
LE LOYER, Pierre : 144, 243
LÉONIDAS : 206, 217
LE ROUX, Nicolas : 158, 196, 218, 222-226, 255
LE ROY, Georges : 26
LE ROY, Louis (Regius) : 105, 237, 243
LESCHEMELLE, Pierre : 171
LESTRINGANT, Frank : 221, 255
LETHIERRY, Hugues : 255
LÉVI-STRAUSS, Claude : 175, 255
LÉVY, Carlos : 67, 255
LEWIS, John : 86, 152-153, 229, 231, 255
L'HERMITE, Tristan : 243
LIPSE, Juste : 153-154, 208, 230
LLINÀS BEGON, Joan Lluís : 20, 107, 255
LOCKE, John : 28-29, 89, 163, 243, 256, 259
LOGAN, George M. : 255
LOPEZ DE GOMARA : 243
LORTIGUES, Annibal de : 243
LUCINGE, René de : 158, 220-223, 243, 258
LUCRÈCE : 115, 122, 216, 237

LUCULLUS : 51, 126-127
LYCURGUE : 17, 25, 58, 193, 195, 199-201, 207, 209-210, 229
LYSANDRE : 140, 207

MACHIAVEL, Nicolas (Niccolò Machiavelli) : 96, 106, 108, 177, 218, 225, 242-243, 256
MACPHAIL, Eric M. : 17, 41, 104, 107, 131, 133, 144, 174-177, 205, 208, 211-215, 217, 220-221, 231, 246, 255
MAGNIEN, Michel : 20, 78, 147, 168, 236
MAGNIEN-SIMONIN, Catherine : 20, 78, 168, 200, 203, 210-211, 236, 256
MALEBRANCHE, Nicolas : 23-24, 243, 257
MANENT, Pierre : 76, 120, 194, 208, 214, 256
MARCHAND, Ernest : 78, 246
MARÉCHAUX, Pierre : 238
MARGOLIN, Jean-Claude : 69, 176, 183-184, 186, 191, 197, 241, 247
MARINI, Guillermo : 126, 256
MARROU, Henri-Irénée : 200, 209, 217, 256
MATHIAS, Paul : 20, 256
MAYER, Suzel : 97, 253
MÉLANCHTHON, Philippe (Philipp Melanchton) : 69, 75, 146, 176, 243
MELANÇON, Robert : 16, 22, 77, 256
MÉNAGER, Daniel : 241
MÉNISSIER, Thierry : 106, 256
MESNARD, Pierre : 218, 240
MÉTROCLÈS : 134, 138
MICHAUT, Gustave : 11-12, 21, 36-38, 77-78, 84, 88, 96, 113, 119, 122, 167, 178, 196, 201, 235-236
MILLANGES, Simon : 11, 21, 95, 142, 228, 235, 245
MILLET, Olivier : 23, 241, 256
MILZA, Pierre : 222-224, 256
MITHRIDATE : 51, 127
MOREAU, Hélène : 210, 256
MOSELEY, Alexander : 29, 256
MOTTET, Philippe : 21, 41, 130-131, 148, 161, 232, 247
MURET, Marc Antoine : 17, 79, 83-84, 189, 244

NARDONE, Jean-Luc : 74, 256
NEGRONI, Barbara de : 24, 240
NICOLE, Pierre : 95, 227, 239
NICOT, Jean : 72, 241, 244
NIETZSCHE, Friedrich : 34-35, 143, 249, 259
NOBLOT, Henri : 121, 163, 178, 238

OLLIER, François : 206, 239, 256
ORDYNSKI, Rémi : 130, 256
ORSUCCI, Andrea : 33, 257
OZANAM, Anne-Marie : 200-201, 238

PAISSE, Jean-Marie : 257
PALISSY, Bernard : 149, 244
PALMIERI, Matteo : 244
PANICHI, Nicola : 124, 143, 166, 247
PANTIN, Isabelle : 236
PASQUIER, Étienne : 21, 71, 73, 147, 169, 182, 217, 244
PASSUELLO, Luigina : 257
PAYEN DE LA GARANDERIE, Adèle : 167, 210, 257
PELLEGRIN, Marie-Frédérique : 23-24, 257
PELLEGRIN, Pierre : 104, 238
PELLETIER, Thomas : 169, 244
PÉRAUD-PUIGSÉGUR, Stéphanie : 18, 232, 257
PÉRICLÈS : 108, 200
PÉRION, Joachim : 22, 244
PERONA, Blandine : 69, 123, 165, 205, 236, 246
PERRIN, François : 244
PERSE : 12, 54, 150-151, 193, 237, 255
PÉTRARQUE : 74, 79, 85, 94, 256
PHILIPPON, André : 238
PICCOLOMINI, Aeneas Silvius : 91, 244
PIC DE LA MIRANDOLE : 22, 35, 186, 218, 249

PLATON : 12-13, 16-17, 25-26, 30, 47, 50, 53, 57-58, 60, 64-66, 75, 82, 85, 87, 94-95, 97-99, 101-105, 110, 115, 128, 135-136, 141, 144-145, 151, 157, 162, 164-165, 170, 175, 178, 180-186, 188, 190-191, 195-197, 199, 205, 207, 209, 213-215, 237-238
PLUTARQUE : 11-12, 16, 45, 69, 86, 91, 94, 99, 103, 112, 115-116, 125, 127, 129-131, 135-137, 140, 166, 171, 185, 189-191, 198-203, 205, 207, 209, 212, 216, 229, 238, 242, 247, 249, 254, 259
PONCET, Maurice : 170, 244
POPKIN, Richard : 24, 257
PORTEAU, Paul : 40, 109, 127, 141-144, 155, 162, 166-168, 179, 216, 220, 247, 257
POSTEL, Guillaume : 218, 221, 244, 255
PROTAGORAS : 53, 144-145, 183, 205, 238

QUINT, Charles : 106, 182, 211
QUINT, David : 257

RABELAIS : 15, 17, 22, 35, 38-39, 45, 75, 80, 95, 103, 106, 114, 118, 130, 133, 136, 139, 147, 159, 170, 176, 195, 213, 221-222, 244, 248-249, 251, 255
RAGGHIANTI, Renzo : 35, 40, 257
RAMUS, Pierre : 143, 246, 250
RAT, Maurice : 91, 236
RAWSON, Elizabeth : 206, 257
RIGOLOT, François : 124, 140-141, 257
RISSET, Jacqueline : 240
RISTELHUBER, Paul : 72, 241
ROBIN, Léon : 102, 238
RODIS-LEWIS, Geneviève : 23, 26, 243, 257
ROMANO, Claude : 257
ROMÁN Y SALAMERO, Constantino : 236
ROMEYER-DHERBEY, Gilbert : 164, 253
ROUSSEAU, Jean-Jacques : 25, 28, 32-33, 89, 119, 163, 244-245, 253, 258-259
ROYÉ, Jocelyn : 30-32, 71, 80, 96, 110, 144, 173, 177, 180, 185, 232, 258
RUZÉ, François : 200, 206-207, 249

SABON, Sulpice : 239
SABRIÉ, Jean-Baptiste : 24, 258
SAINT-MARTIN, Joseph : 151, 258
SALES, François de : 172, 245
SALIAT, Pierre : 69, 183, 241
SANESI, Ireneo : 239
SAULNIER, Verdun-Louis : 116, 167, 235, 247, 250
SAVONAROLE, Jérôle (Girolamo Savonarola) : 223-224
SAYHI-PÉRIGOT, Béatrice : 182, 258
SCHRECKER, Paul : 19, 26, 37, 153, 249
SCIPION L'AFRICAIN : 94, 106, 140
SCREECH, Michael : 71, 81, 237
SÉNÈQUE : 11, 50-51, 56-57, 75, 89, 94, 111-112, 116-118, 121-123, 128-130, 144, 163-164, 178-179, 192, 203, 238, 259
SERRES, Jean de : 141
SERTENAS, Vincent : 240, 242
SEXTUX EMPIRICUS : 17, 118, 238
SIRINELLI, Jean : 238
SOCRATE : 12, 60-61, 66, 75-76, 78, 80, 92, 95-100, 102, 106, 127, 133, 135, 140, 157, 183, 187, 190, 215, 232
SOLIMAN LE MAGNIFIQUE : 221, 255
STAROBINSKI, Jean : 32, 258
STÄUBLE, Antonio : 258
STILETT, Hans : 18, 83, 237
STROWSKI, Fortunat : 20-21, 40, 137, 173, 188, 235, 258
SUPPLE, James J. : 41, 126, 167-168, 170-171, 179-181, 185, 187-188, 197, 202, 207, 209, 211, 214, 217-218, 227, 237, 247-248, 254

TAHUREAU, Jacques : 245
TALON, Omer : 143, 245
TALPIN, Jean : 151, 245
TARQUET DE MAYERNE, Louis : 17, 98, 239
TARRÊTE, Alexandre : 9, 130, 258
TERREL, Jean : 166, 236
THALÈS : 48, 63-64, 77, 102-108, 154, 215, 231

THOMAS D'AQUIN : 127, 152
TOURNON, André : 9, 13, 70-72, 82, 111, 113, 116, 118, 129-131, 133, 148, 184, 231, 236, 242, 258
TOURNON, Luc : 242
TRINQUET, Roger : 149-152, 155, 229, 259
TROTTMANN, Christian : 107, 259
TURNÈBE, Adrien (Turnebus) : 16, 18, 54, 72-73, 79, 86, 107, 132, 136, 143, 146, 149-157, 187, 201, 229, 231, 245, 255, 264

VAILLANCOURT, Luc : 67, 259
VASCOSAN, Michel de : 91, 129, 143, 237-238, 245
VASSILEIOU, Alain : 123, 259
VEYNE, Paul : 94, 130, 163, 238
VIEILLARD-BARON, Jean-Louis : 37, 259
VIGLIANO, Tristan : 70, 98, 123, 146, 205, 245-246
VIGNES, Jean : 130, 259
VILLEY, Pierre : 9, 11, 18, 21, 27-29, 32-33, 36-38, 40, 54, 78, 80, 88-89, 92, 96, 98, 114, 116, 123, 126, 140, 145, 147, 149-150, 163, 167-168, 177, 181, 190, 204, 216, 226, 235-236, 247-248s, 259
VINCENT, Hubert : 18, 20, 27, 35, 41, 80, 100, 112-113, 124, 129, 143, 166, 189, 230
VINET, Élie : 142, 195, 228, 245
VIRGILE : 201
VIVÈS, Juan Luis (Jean-Louis) : 70, 98, 107, 139, 146, 155, 169, 172, 176, 245

WERNER, Éric : 219, 259
WORMSER, Gérard : 259
WOTLING, Patrick : 34, 259

XÉNOPHON : 12, 58-60, 140, 171, 175, 195-196, 198-199, 201, 207-209, 215-216, 238-239, 242

ZALLOUA, Zahi : 104, 231, 246
ZÉNON : 58, 121, 131, 191-192
ZUBER, Roger : 17, 259

TABLE DES MATIÈRES

ABRÉVIATIONS 7

AVANT-PROPOS 9

INTRODUCTION 11

Rédaction 11

Structure 14

Situation 19

Réception 22

ESSAIS,
LIVRE I, CHAPITRE 25
DU PEDANTISME

DU PEDANTISME 45

VARIANTES SIGNIFICATIVES 63

COMMENTAIRE SUIVI 67

Le titre : « Du pedantisme » 67

« Je me suis souvent despité, en mon enfance » :
une déception réitérée (l. 20) 76

Doute sur la valeur de l'étude et première hypothèse
(l. 20-35) 87

Alternance du jugement : nous profitons des connaissances acquises (l. 35-114) 93
Seconde hypothèse : une mauvaise pédagogie (l. 115-160) ... 110
Critique de la conception mimétique du savoir (l. 161-217) 120
Une éducation inutile ? (l. 218-237) 139
Le risque de folie et une exception, Turnèbe (l. 238-292) 146
Réflexion sur la finalité de l'école (l. 293-315) 160
L'éducation des femmes et celle des aïeux (l. 316-338) 167
Autres hypothèses : la condition sociale des maîtres et les mauvaises dispositions naturelles (l. 338-369) 175
Retour aux modèles antiques ? (l. 370-428) 193
« Bien dire » à Athènes, « bien faire » à Sparte (l. 429-459) 207
L'objection de la férocité guerrière (l. 460-fin) 216
Conclusion 228

BIBLIOGRAPHIE 235

INDEX NOMINUM 261

COLLECTION « ESSAIS PHILOSOPHIQUES SUR MONTAIGNE ET SON TEMPS »

À partir de lectures philosophiques de Montaigne, ce sont les fondements mêmes de la connaissance et de ses expressions diverses qui forment le cadre de cette collection. Les *Essais* d'abord dans leur temps, mais aussi comme texte en dialogue permanent avec ses contemporains et la tradition philosophique moderne.

Retrouvez tous les titres de la collection en scannant ce code QR :

Et pour recevoir nos dernières actualités, abonnez-vous ici :

